lonely planet

L'essentiel de la Floride

Pour découvrir le meilleur de la Floride

Édition écrite et actualisée par

Adam Karlin,
Jennifer Rasin Denniston,
Paula Hardy, Benedict Walker

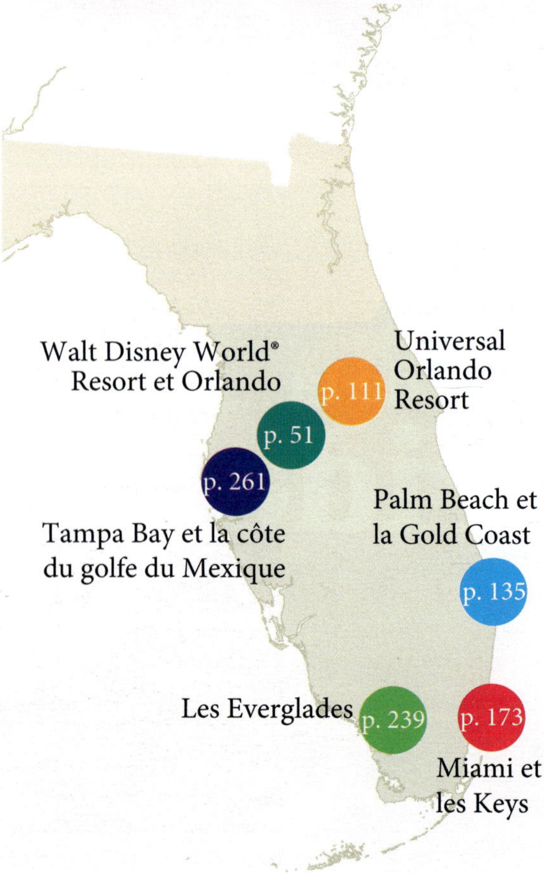

Palm Beach et la Gold Coast

- Fort Lauderdale
- Hollywood Beach et Broadwalk
- Flagler Museum
- Morikami Museum & Japanese Gardens
- Gumbo Limbo Nature Center

Miami et les Keys

- Quartier Art déco de Miami
- Key West
- Maison d'Hemingway
- Little Havana
- L'Overseas Highway à vélo

Walt Disney World® Resort et Orlando

- Les parades et les spectacles son et lumière de Disney
- Epcot Center
- Fantasyland
- Sunset Boulevard
- Animal Kingdom

Universal Orlando Resort

- Wizarding World of Harry Potter
- Islands of Adventure
- Universal Studios
- Production Central
- Springfield

Les Everglades

- Everglades National Park
- Big Cypress National Preserve
- Hell's Bay
- Camping dans un chickee
- Everglades International Hostel

Sommaire

Avant le départ

Sur la route

Sommaire

Sur la route

En savoir plus

Carnet pratique

Quelques mots sur la Floride

La Floride est le terrain de jeu des États-Unis. Ses marécages brûlant sous un soleil de plomb, ses lacs azur, ses eaux turquoise, ses plages de sable blanc, ses rivières émeraude découpant la plaine tropicale en une symphonie de couleurs et ses villes dédiées à la cuisine, au shopping, aux sorties et aux loisirs n'attendent que vous.

Cet État exerce un puissant attrait. Génération après génération, les visiteurs reviennent. Les plus âgés pour y passer leur retraite et les jeunes parents pour y revoir les sirènes, les lamantins et Mickey, que leurs enfants se remémoreront plus tard avec la même nostalgie.

Ces souvenirs incarnent à merveille l'esprit "Old Florida". Mais cette Floride d'antan côtoie la nouvelle, qui réinvente constamment le meilleur du tourisme. Vous y trouverez tout ce dont vous rêvez, de toutes les couleurs, tailles et formes imaginables.

Les centres commerciaux près de Fort Myers assouviront vos fantasmes consuméristes les plus fous. Grâce à la proximité de petits marchés de producteurs, ces commerces s'approvisionnent en produits frais, locaux et bio. À Orlando, les parcs à thème sont foison. Dans les Everglades et le long du fleuve Apalachicola, des parcs nationaux abritent un environnement subtropical unique, que des citoyens dévoués aident à préserver.

À Miami, les plages se déploient sur plusieurs kilomètres. À deux pas de là, la ville renferme un quartier artistique audacieux. Tandis que la très huppée Palm Beach est le royaume des gadgets et des modes dernier cri, à quelques heures au sud, Key West vit au rythme des fêtes de rue.

Et, partout en Floride, les visiteurs sont rois. Ils y trouvent tout, et souvent plus, que ce qu'ils imaginaient. Préparez-vous à rejoindre leurs rangs, vous ne le regretterez pas !

> "La Floride est le terrain de jeu des États-Unis"

Poste de secours, Miami (p. 182)

10 ST
NO
LIFEGUARD
ON
DUTY

Floride

ALABAMA
Dothan
Lake Seminole
Mobile
Havana
Fort Walton Beach
Grayton Beach State Park
Pensacola
Pensacola Beach
Destin
Panama City
Panama City Beach
Fuseau horaire Centre
Fuseau horaire Est
25
Tallahassee
Apalachicola National Forest
Apalachicola
Apalachee Bay
Apalachicola
Suwannee
Suwannee
Cedar Key
30°N
29°N
28°N
27°N
26°N
25°N
GOLFE DU MEXIQUE
ALTITUDE
400 m
0
0 100 km
0 60 miles
88°O
87°O
86°O
85°O
84°O
83°O

25

expériences incontournables

1. Walt Disney World® Resort
2. Quartier historique Art déco de Miami
3. Quartier colonial de St Augustine
4. Faune sauvage dans l'Everglades National Park
5. Key West
6. Le plein de coquillages à Sanibel Island
7. Hollywood Beach
8. Snorkeling dans les Keys
9. Amelia Island
10. Salvador Dalí Museum
11. Lamantins
12. Mote Marine Laboratory
13. Promenade en gondole à Fort Lauderdale
14. Scène artistique de Miami
15. Îles du golfe du Mexique
16. Shopping à Palm Beach
17. Robert Is Here
18. Wizarding World of Harry Potter
19. Les sirènes du Weeki Wachee Springs State Park
20. Virée en voiture sur l'Overseas Hwy
21. Blowing Rocks Preserve
22. Fantômes de St Augustine
23. Morikami Museum & Japanese Gardens
24. Winter Park
25. Apalachicola National Forest

25 expériences incontournables

Walt Disney World® Resort

La Floride peut s'enorgueillir de posséder le meilleur et le plus grand terrain de jeu au monde, Walt Disney World® Resort (p. 60) ! Cet immense parc à thème, l'un des premiers créés sur la planète, incarne l'imagination et les rêves les plus fous. Les enfants exploreront un royaume magique qui comblera tous leurs désirs, alors que les adultes en profiteront pour retomber en enfance. Certes, l'endroit est bondé, mais c'est le prix à payer pour profiter du meilleur des divertissements à l'américaine. De plus, si vous n'y allez pas, vos enfants ne vous le pardonneront jamais. Ci-dessous : Expedition Everest (p. 69)

1

RICHARD GREEN/ALAMY ©

2

Quartier historique Art déco de Miami

L'Art déco ne se contente pas d'être un signe distinctif de Miami ; dans le quartier historique (p. 183), il prédomine largement. Ce courant architectural du début du XXe siècle incarne des mouvements apparemment contradictoires – la modernité se mêle à la nostalgie, la simplicité aux ornements, les tons pastel aux frénésies de couleurs. La plus grande concentration de bâtiments de ce style emblématique du sud de la Floride se trouve à Miami et Miami Beach.

Quartier colonial de St Augustine

Si les États de la Nouvelle-Angleterre et de Virginie sont souvent considérés comme les plus anciens d'Amérique, le record de longévité d'une ville habitée sans interruption aux États-Unis est détenu par St Augustine, fondée en 1565. Son quartier colonial (p. 306) couvre près d'un hectare et fait revivre l'année 1740. Des comédiens vont jusqu'à dormir en costume d'époque dans des camps installés aux abords du complexe pour que vous puissiez avoir un aperçu authentique des racines européennes de la Floride – et de l'Amérique.

3

Les meilleurs...
Parcs à thème

WALT DISNEY WORLD® RESORT
Le plus connu de tous les parcs à thème porte des oreilles de Mickey en guise de couronne. (p. 60)

UNIVERSAL STUDIOS
Complexe d'avant-garde, présentant les attractions les plus innovantes. (p. 123)

ADVENTURE ISLAND
Des heures de divertissement dans un parc aquatique de plus de 12 ha. (p. 301)

BUSCH GARDENS
Sur le thème de l'Afrique, ce parc mêle faune sauvage et loisirs en famille. (p. 301)

WEEKI WACHEE SPRINGS STATE PARK
Les gracieuses sirènes font rêver petits et grands depuis plusieurs décennies. (p. 296)

Les meilleurs... Sites historiques

QUARTIER HISTORIQUE ART DÉCO
Le quartier Art déco de Miami Beach englobe le meilleur de South Beach. (p. 183)

EDISON & FORD WINTER ESTATES
Les résidences d'hiver de deux magnats de l'industrie américains. (p. 294)

MAISON D'HEMINGWAY
Où l'auteur vivait, aimait, buvait, se battait contre ses démons et écrivait. (p. 231)

INDIAN KEY HISTORIC STATE PARK
Ruines envahies par la végétation sur une île autrefois habitée, accessible uniquement en bateau. (p. 226)

VILLA VIZCAYA
La plus grande, originale et majestueuse des riches demeures de Miami. (p. 201)

4 Faune sauvage dans l'Everglades National Park

En Floride, le patrimoine naturel est en lien direct avec l'ère préhistorique. Au Royal Palm Visitor Center (p. 251), de grands hérons aux airs de ptérodactyles battent des ailes au-dessus de l'eau sombre, des tortues serpentines remontant au pléistocène se prélassent au soleil, et des dizaines d'alligators – à la peau cuirassée et au large sourire – guettent leurs proies ; leur mode opératoire n'ayant pas changé depuis des millions d'années. À gauche : alligator

5 Key West

Voici un lieu qui réunit deux mondes. Key West est un royaume enveloppé de mangrove qui accueille les esprits excentriques, mais c'est aussi une destination familiale, un refuge ensoleillé préservant une splendide architecture tropicale et une excellente scène culinaire saupoudrée d'un zeste de charme de l'Amérique éternelle. Découvrez les deux facettes de l'île lors des fêtes de rue de Mallory Square (p. 229), tous les jours au coucher du soleil. À gauche : artiste de rue, Mallory Square

Le plein de coquillages à Sanibel Island

6

Renommée dans le monde entier pour l'abondance et les couleurs de ses coquillages, la magnifique Sanibel Island (p. 297) attire de nombreux ramasseurs allant le dos voûté (*stooping* en anglais), d'où *Sanibel stoop*, une expression courante pour désigner cette position favorite du collectionneur à l'affût des joyaux nacrés sur le sable.

7

Hollywood Beach

À Hollywood Beach (p. 170), nombreux sont les "beautiful people" à ressembler à des stars de Los Angeles, et, certains soirs, quelques vraies célébrités se mêlent à la foule. Toutefois, c'est aussi une plage accueillante et familiale, où l'on peut acheter un souvenir un peu kitsch puis croiser un petit groupe de top models qui se rendent chez un glacier de la promenade.

Snorkeling dans les Keys

Le seul récif corallien de l'Amérique du Nord continentale se trouve en Floride. Rendez-vous à Key Largo, île la plus au nord de l'archipel des Keys, puis rejoignez le John Pennekamp Coral Reef State Park (p. 224). Pour l'admirer dans toute sa splendeur, faites une sortie en bateau depuis la marina et plongez sous l'eau transparente, où vous trouverez une profusion de poissons de toutes les couleurs. Si vous n'avez pas encore de brevet, l'apprentissage de la plongée est ici un grand classique.

8

Les meilleures... Plages

HOLLYWOOD BEACH
Un minimum d'attitude et beaucoup de tape-à-l'œil. (p. 170)

BAHIA HONDA STATE PARK
Sauvage, venteuse et superbe : une plage à l'emblème des Keys. (p. 228)

BOWMAN'S BEACH
Sable scintillant et collecte de coquillages en famille sur la paisible Sanibel Island. (p. 298)

FORT LAUDERDALE BEACH
Une plage en tout point parfaite, avec vue dégagée sur l'océan Atlantique. (p. 163)

SOUTH BEACH
Sable, célébrités et sensualité sous un soleil de plomb. (p. 183)

Amelia Island

Le nord de la Floride c'est aussi le Grand Sud, et l'un des plus beaux exemples de cette particularité géographique est Amelia Island (p. 306). Au cœur de cette île drapée de mousse et de magnolias, située à 21 km seulement de la frontière avec la Géorgie, Fernandina Beach est l'un des plus beaux joyaux historiques du sud des États-Unis. Sans oublier les jolis restaurants et cafés, les nombreux vestiges de la guerre de Sécession, les chênaies majestueuses et les superbes plages de l'île.

9

Les meilleures... Activités de plein air

RAMASSER DES COQUILLAGES SUR SANIBEL ISLAND
Ces jolis coquillages valent bien un petit coup de soleil et des genoux endoloris. (p. 297)

VÉLO À MIAMI
Le terrain plat de Miami se prête idéalement aux aventures sur deux-roues. (p. 206)

KAYAK SUR LE PANHANDLE
Parcourez les eaux de l'Apalachicola National Forest en pagayant. (p. 308)

RANDONNÉE DANS LES EVERGLADES
Les longs parcours et les petits sentiers d'un parc de légende. (p. 253)

CAYO COSTA STATE PARK
Cette île semi-déserte ne demande qu'à être explorée. (p. 288)

10 Salvador Dalí Museum

Il existe d'autres musées consacrés à Dalí dans le monde, mais la gageure était d'en créer un sur le sol américain qui soit à la hauteur de la créativité débordante de l'artiste. Le Salvador Dalí Museum (p. 281), conçu par Yann Weymouth, relève le défi. En plus d'être l'un des meilleurs musées d'art moderne de Floride, il vous plonge dans le processus créatif de Dalí grâce à des expériences innovantes et des astuces architecturales (comme une salle de méditation et un salon de jardin). De plus, le personnel est très compétent.

11 Lamantins

Le lamantin, icône du mouvement de préservation de l'environnement de la Floride, est certainement l'une des espèces les plus fascinantes au monde. Il n'est ni particulièrement majestueux, ni même mignon au sens conventionnel du terme, mais formidablement attachant par son air pataud et apaisant. À Crystal River (p. 302), on peut nager lentement aux côtés de ces doux géants. La meilleure période pour les voir est en hiver, lorsque des centaines de lamantins se rassemblent dans les eaux bleues et tièdes de Kings Bay.

STEPHEN FRINK/GETTY IMAGES ©

MICHAEL VENTURA/ALAMY ©

12

Mote Marine Laboratory

Peut-être n'aimez-vous pas les aquariums parce que la science n'y est pas assez présente ou, au contraire, y est expliquée de façon trop confuse. Aucune de ces deux critiques ne peut s'appliquer au Mote Marine Laboratory (p. 291), à Sarasota. Moitié centre de recherches, moitié aquarium, ce site très instructif et accessible à tous, de l'érudit au profane, est l'un des meilleurs aquariums d'un État spécialiste du genre.

FREE PRESS PHOTO

13

Promenade en gondole à Fort Lauderdale

Si Las Olas Blvd constitue le cœur de Fort Lauderdale, alors les centaines de canaux qui sillonnent la ville en sont ses veines et ses vaisseaux. Le meilleur moyen d'explorer la deuxième ville du sud de la Floride est de prendre place dans une gondole (p. 165). La visite commentée par un guide donne un bon aperçu de la face cachée de Lauderdale, tandis qu'une simple promenade sur l'eau promet une expérience plus romantique.

Scène artistique de Miami

À Miami, le coup de maître des urbanistes a été d'utiliser l'art comme moteur du renouveau de la ville. Cette initiative a pris la forme de projets tels que l'Adrienne Arsht Center for the Performing Arts et le superbe New World Center, et a permis l'installation de dizaines de galeries d'art et d'ateliers en dehors du centre-ville. Tous les week-ends, des balades artistiques (p. 182) dans de nombreux quartiers de Miami permettent de découvrir diverses peintures ; la plupart du temps, on vous servira même un verre. Ci-dessous : Art Basel (p. 45), Miami, peinture murale de Mr. Brainwash (tous droits réservés)

14

Les meilleurs... Lieux de sortie

DOWNTOWN/MIDTOWN MIAMI
C'est ici qu'on trouve les meilleurs endroits pour sortir à Miami. (p. 194)

ORLANDO
Le centre-ville et l'agglomération d'Orlando bénéficient d'une scène festive dynamique. (p. 91)

YBOR CITY
Tout Tampa danse et s'amuse dans ce quartier. (p. 271)

KEY WEST
Une chose est sûre, Key West a vraiment le goût de la fête. (p. 229)

MIAMI BEACH
Belle, tape-à-l'œil, sexy et remplie de célébrités... mais parfois étonnamment terre-à-terre ! (p. 190)

Les meilleurs... Sites culturels et artistiques

SALVADOR DALÍ MUSEUM
Fascinant musée mettant en lumière la vie et l'œuvre du surréaliste. (p. 281)

ADRIENNE ARSHT CENTER FOR THE PERFORMING ARTS
Ce lieu merveilleux de Miami se dresse telle une somptueuse parure de coquillages (p. 194)

MORIKAMI MUSEUM & JAPANESE GARDENS
Îlot d'art japonais d'une grande sensibilité esthétique à Delray Beach. (p. 157)

STRAZ CENTER FOR THE PERFORMING ARTS
Le joyau de Tampa est le meilleur théâtre de la côte du golfe du Mexique. (p. 279)

ORLANDO MUSEUM OF ART
Après votre visite de Disney, faites le plein de culture dans ce musée. (p. 92)

15

Îles du golfe du Mexique

La côte atlantique attire son lot de touristes, certes, mais la côte du golfe du Mexique incarne à merveille l'esprit décontracté qui fait le charme de la Floride. Calmes, intimistes et tropicales, les îles de la "Gulf Coast" ont pour attraits une abondante faune sauvage, de belles plages et de jolies villes côtières. Des petites îles paisibles ayant fait l'objet d'une urbanisation maîtrisée comme Sanibel et Captiva aux hameaux animés tels que Siesta Key, en passant par la sérénité zen de Cayo Costa (p. 288), il y en a pour tous les goûts. À gauche : plage, Santa Rosa Island

Shopping à Palm Beach

16

Si le conte d'Andersen *Les Habits neufs de l'empereur* vous a toujours fasciné et que vous cherchez une occasion de refaire votre garde-robe, rendez-vous dans Worth Ave (p. 148), à Palm Beach. Le shopping y est roi, mais nul besoin d'un portefeuille bien garni pour apprécier la ville (même si cela peut aider). Le simple fait de marcher dans Worth Ave donne l'impression de faire partie, ne serait-ce qu'un court instant, de la jet-set et de son côté glamour. À droite : Worth Ave, Palm Beach

HOBERMAN COLLECTION/UIG VIA GETTY IMAGES ©

Robert Is Here

17

Robert Is Here (pour connaître l'origine de ce nom, voir p. 257) est bien plus qu'un étal de marché. C'est une vitrine originale, établie de longue date, de la production agricole du sud de l'État, qui témoigne de l'excentricité de la Floride d'hier et d'aujourd'hui. Dans ce marché installé au bord de la route, on peut caresser des animaux et goûter l'un des meilleurs jus d'orange au monde. Robert Is Here est une expérience en soi, et si vous passez près de Homestead, vous devez vous y arrêter.

Wizarding World of Harry Potter

En Floride, l'expérience des parcs à thème ne semble pas avoir de limites. À moins de se procurer un balai magique et de survoler le terrain de Quidditch, le Wizarding World of Harry Potter, aux Universal Studios (p. 124), est le meilleur moyen de plonger dans l'univers de Poudlard. Même les visiteurs les plus blasés sont époustouflés par la magie de l'endroit, et, si vous avez un peu d'imagination, vous serez bluffé. Ci-dessous : Hogwarts (Poudlard)

18

Les meilleures... Idées de shopping

WORTH AVENUE
La plus luxueuse artère commerçante de Floride. (p. 148)

DESIGN DISTRICT
Le meilleur de Miami pour les meubles, objets d'art et articles ménagers créés par des designers. (p. 195)

ST ARMAND'S CIRCLE
Plus qu'un centre commercial, St Armand's Circle est le deuxième centre-ville de Sarasota. (p. 292)

KEY WEST
L'endroit idéal pour trouver des cadeaux, objets et souvenirs originaux, doublés d'une touche artistique. (p. 236)

CITYPLACE
West Palm Beach adore son immense et charmant centre commercial en plein air. (p. 148)

Les sirènes du Weeki Wachee Springs State Park

19

La Floride a le mérite de préserver une certaine idée de la nostalgie et de la fantaisie, et Weeki Wachee Springs (p. 296) ne déroge pas à la règle. Depuis 1947, ses "sirènes" subjuguent les visiteurs, parmi lesquels ont figuré Elvis Presley et Esther Williams. Ce ballet sous-marin impressionnant est aussi une fenêtre sur le passé et l'une des attractions kitsch qui font de la Floride une destination de vacances si appréciée. À droite : spectacle de sirènes

AURORA PHOTOS/ALAMY ©

Les meilleurs... Restaurants

TAMPA
La capitale de la côte du golfe du Mexique regorge de restaurants de grande qualité. (p. 270)

FORT LAUDERDALE
L'offre culinaire de Fort Lauderdale fait le tour du monde et met les produits locaux à l'honneur. (p. 163)

MIDTOWN MIAMI
Oubliez South Beach ; c'est ici que les habitants viennent déguster la meilleure cuisine de Miami. (p. 216)

KEY WEST
Cette petite île compte une formidable variété de restaurants. (p. 235)

ST PETERSBURG
La deuxième ville du golfe du Mexique peut s'enorgueillir d'une scène culinaire raffinée. (p. 285)

DANITA DELIMONT/GETTY IMAGES ©

20 Virée en voiture sur l'Overseas Hwy

Les voyages aux États-Unis sont étroitement associés aux *road trips*, sur des routes traversant des champs de blé, des zones montagneuses ou des déserts. Celui de l'Overseas Hwy (p. 228) parcourt plus de 160 km sur des ponts et des chaussées surplombant de charmants îlots de mangrove dispersés entre les eaux turquoise de la baie de Floride et celles bleu profond du golfe du Mexique. Cette route relie le continent à l'archipel des Keys, ses personnages excentriques, son soleil et ses horizons infinis. À gauche : Seven Mile Bridge, Pigeon Key

Blowing Rocks Preserve

21

Blowing Rocks (p. 160) est un trésor naturel : un affleurement calcaire parfaitement positionné sur la côte atlantique sud-est, dans lequel l'eau jaillit parfois comme d'un geyser. Cependant, son véritable atout est son éloignement de l'urbanisation galopante qui sévit dans le sud de l'État. Dans cette zone protégée, vous trouverez des biomes intacts qui vous feront découvrir le cœur sauvage de la Floride.

22

Fantômes de St Augustine

St Augustine existe depuis près de 500 ans, occupée par des conquistadors, des contrebandiers et des pirates. Pour explorer son côté sombre, réservez l'une des excellentes visites guidées de St Augustine City Walks (p. 306). Vous verrez des lieux qui font la fierté des habitants, des curiosités et de nombreux sites qui, dit-on, sont hantés par les fantômes du passé. Ci-dessus : Castillo de San Marcos National Monument (p. 306), St Augustine

Morikami Museum & Japanese Gardens

À Delray Beach, on ne s'attend pas à trouver une porte vers la sagesse zen et l'esthétique japonaise, mais la Floride est pleine de surprises. Si vous passez dans le coin, ne manquez pas de visiter les sublimes Morikami Museum and Japanese Gardens (p. 157), qui renferment la meilleure collection d'art japonais de l'État et un magnifique exemple d'aménagement paysager. L'histoire du jardin est aussi émouvante que ses arbustes soigneusement taillés.

23

Les meilleures... Escapades sauvages

HOMOSASSA SPRINGS WILDLIFE STATE PARK
Un petit safari pour voir le meilleur de la faune de Floride. (p. 301)

EVERGLADES NATIONAL PARK
Observez des alligators, des oiseaux aquatiques, des serpents et la Floride dans toute sa splendeur. (p. 248)

JN 'DING' DARLING NATIONAL WILDLIFE REFUGE
Un aperçu paisible de la nature et de la faune sauvages de la côte du golfe du Mexique. (p. 298)

JOHN PENNEKAMP CORAL REEF STATE PARK
Faites-vous une idée de la faune marine floridienne. (p. 224)

BAIGNADE AVEC LES LAMANTINS
Une plongée en état de grâce aux côtés des doux géants de la Floride. (p. 302)

Winter Park

Les parcs à thème d'Orlando sont la principale attraction touristique du centre de la Floride – à juste titre. Cependant, si vous trouvez le temps de faire une pause entre Disney et Universal, nous vous recommandons vivement de passer une journée à parcourir les librairies et les jolies galeries d'art de Winter Park (p. 96). Cette banlieue est un vrai petit bijou, un lieu idéal pour échanger avec les habitants, siroter un expressc dans un café, se régaler dans d'excellents restaurants et passe en revue les nouveautés artistiques et les expositions.

24

Les meilleurs... Parcs naturels

EVERGLADES NATIONAL PARK
Cette zone humide sauvage est un prestigieux trésor naturel. (p. 248)

BISCAYNE NATIONAL PARK
Un parc presque entièrement sous l'eau, idéal pour la plongée et le canotage. (p. 257)

JOHN PENNEKAMP CORAL REEF STATE PARK
Faites de la plongée, du snorkeling ou du bateau autour du récif corallien de Key Largo. (p. 224)

CAYO COSTA STATE PARK
Cette île sublime au large des côtes se prête aux aventures sans prétention. (p. 288)

WEKIWA SPRINGS STATE PARK
Près d'Orlando, un bon aperçu de la nature de l'intérieur de la Floride. (p. 93)

25

Apalachicola National Forest

La plupart des visiteurs de la Floride connaissent les trésors naturels des Everglades, mais pas ceux de l'Apalachicola National Forest (p. 308), la plus grande forêt nationale de l'État, qui couvre plus de 2 400 km^2. Dans les pinèdes et les zones humides du nord de la Floride, vous pourrez emprunter de nombreux sentiers de randonnée, pêcher, croiser des ours, des coyotes, des renards, des alligators et des groupes d'oiseaux, et admirer de superbes étendues marécageuses plantées de cyprès et de tupélos séculaires.

Les meilleurs itinéraires de Floride

De Harry Potter à Disney
Parcs à thème en fête

5 JOURS

À Orlando, prenez le temps de découvrir certains des meilleurs parcs à thème au monde et de profiter de la fine cuisine, du shopping et des plaisirs offerts par ces univers grandioses.

1 Islands of Adventure (p. 120)

Commençons ce florilège de parcs à thème par le plus audacieux de tous : Islands of Adventure. Au sein de l'Universal Studio Resort, il ravit les adolescents et les adultes qui ont gardé une part d'enfance en eux. La pièce maîtresse du parc est **Wizarding World of Harry Potter**, sans doute la plus impressionnante des attractions. Dînez à l'excellent **Yellow Dog Eats** (essayez le barbecue), dans la localité voisine de Windermere.

ISLANDS OF ADVENTURE ➔ MAGIC KINGDOM

30 minutes La route la plus pratique entre les deux parcs est l'I-4E.

2 Magic Kingdom (p. 60)

Rejoignez ensuite le Magic Kingdom, première pierre du Walt Disney World® Resort. Le **château de Cendrillon** enchante toujours les petites filles et le succès de **Pirates of the Caribbean** ne se dément pas, tout comme celui de **Space Mountain**. À l'issue de la journée, prenez le **monorail** pour un repas rétro à l'américaine au **50's Prime Time Cafe**.

Big Thunder Mountain Railroad (p. 61), Walt Disney World®
PETER PTSCHELINZEW/GETTY IMAGES ©

MAGIC KINGDOM ➔ EPCOT CENTER

1 heure Liaison par monorail, bus ou bateau via le Transportation & Ticket Center.

3 Epcot Center (p. 65)

Petit-déjeunez au très tendance **White Wolf Café**, à Orlando, puis direction le parc. Dominé par son dôme géodésique, Epcot représente le futur imaginé jadis par Walt Disney. Le **World Showcase** est l'un des meilleurs endroits pour y déguster un repas. Restez pour admirer l'excellent spectacle **Illuminations**. Si vous rentrez dormir à Orlando, faites étape au **Ravenous Pig**, un délicieux pub gastronomique très animé.

EPCOT CENTER ➔ DOWNTOWN DISNEY

1 heure Liaison par monorail, bus ou bateau via le Transportation & Ticket Center.

4 Downtown Disney (p. 73)

Énorme complexe commercial et hôtelier, **Downtown Disney** est le terrain de jeu des adultes. On y trouve certains des meilleurs restaurants du Walt Disney World® Resort. Si vous avez un peu de temps, sortez du parc et allez vous baigner au **Typhoon Lagoon**.

5 JOURS

De Fort Lauderdale à Jupiter
Découverte de la Gold Coast

Si le sud-est de la Floride doit son nom (Côte d'Or) aux pièces d'or récupérées dans les épaves de navires, aujourd'hui la côte mérite toujours ce titre pour ses plages de sable doré, ses couchers de soleil éclatants et l'opulence de villes comme Palm Beach.

1 Fort Lauderdale (p. 163)

Le principal atout de la deuxième ville du sud de la Floride est la superbe étendue de sable de **Fort Lauderdale Beach et sa promenade**. Promenez-vous au bord de l'eau, puis explorez en **gondole** les nombreux canaux de Fort Lauderdale. Prenez le temps de flâner sur la venteuse **Riverwalk** et sur le **Las Olas Riverfront**, avant de parcourir le joli port à bord du **Carrie B**, un bateau à aubes du XIXe siècle.

FORT LAUDERDALE ➔ DELRAY BEACH

30 minutes Delray Beach est située au nord de Fort Lauderdale par l'I-95.

2 Delray Beach (p. 157)

Filez vers le nord de Fort Lauderdale et arrêtez-vous à Boca Raton pour visiter le **Gumbo Limbo Nature Center**, une merveilleuse réserve abritant un centre de réhabilitation des tortues marines. Déjeunez et passez le reste de la journée dans le charmant **Mizner Park**. Un peu plus au nord, la localité de Delray Beach abrite les **Morikami Museum and Japanese Gardens**, lieu empreint de sérénité où sont exposés des objets d'art de tout le Japon. Pour dîner, optez pour les spécialités méditerranéennes du **Joseph's Wine Bar**.

DELRAY BEACH ➔ PALM BEACH

30 minutes Palm Beach est située au nord de Delray Beach par l'I-95.

3 Palm Beach (p. 144)

Ne manquez pas de faire étape à **Lake Worth Beach**, à mi-chemin entre Delray et Palm Beach, souvent considérée comme l'une des plus belles plages du sud de la Floride. Vous pouvez y passer la moitié de la journée à flâner en bord de mer. Le midi, dégustez une excellent cuisine italienne de saison au **Paradiso Ristorante**. Une fois à Palm Beach, admirez l'opulence de la jet-set au **Flagler Museum**, sur le luxueux Ocean Blvd et le long de la très chic **Worth Ave**. Le lendemain matin, prenez un délicieux brunch au **Circle**, le fameux restaurant du Breakers Resort.

PALM BEACH ➔ JUPITER

1 heure 30 Vers le nord via l'US 1 ou l'I-95.

4 Jupiter (p. 160)

Après un court trajet panoramique au nord de Palm Beach, vous trouverez la charmante ville de Jupiter, l'un des meilleurs spots de surf de Floride. À proximité, l'eau qui jaillit de la **Blowing Rocks Preserve** offre un spectacle époustouflant qui évoque les geysers de Yellowstone. Un peu plus au nord, le **Hobe Sound National Wildlife Refuge** déploie 5 km de plage immaculée où les tortues marines viennent pondre en juin et juillet.

Blowing Rocks Preserve (p. 160)

10 JOURS

De Tampa à Universal Studios
De la côte du Golfe à Gryffondor

Cet itinéraire met l'accent sur l'art, la culture, le kitsch et la beauté naturelle de la côte du golfe du Mexique, plus calme et aux eaux plus chaudes que la côte atlantique, avant de bifurquer vers l'intérieur des terres pour rejoindre les parcs à thème d'Universal Studios.

1 Tampa (p. 270)

Découvrez le côté familial et culturel de Tampa en visitant le **Lowry Park Zoo** et le **Tampa Museum of Art** – on peut visiter les deux en une journée, avec une pause-déjeuner au **Columbia Restaurant**. Le soir, si vous avez envie de cigares et de bière (ou de voir les lumières de la ville), rendez-vous dans le quartier d'**Ybor City**, aux influences cubaines.

TAMPA ➜ BUSCH GARDENS

20 minutes Prenez l'I-275 vers le nord ; les Busch Gardens se trouvent à la sortie 50.

2 Busch Gardens (p. 301)

À quelques kilomètres du centre-ville de Tampa se tiennent les **Busch Gardens**, un parc à thème divisé en neuf régions "africaines", qui comprend des montagnes russes, une savane peuplée d'animaux d'Afrique et, à proximité, le parc aquatique d'**Adventure Island**. L'offre de restauration est correcte, mais vous mangerez mieux au restaurant **Refinery** à Tampa.

BUSCH GARDENS ➜ ST PETERSBURG

40 minutes Prenez l'I-275 jusqu'à St Petersburg, à 51 km au sud.

3 St Petersburg (p. 280)

"St Pete" est voué à la culture, à la cuisine et au divertissement. Parcourez le charmant quartier historique de **Coffee Pot Bayou**, puis faites un bond dans le temps à l'ultramoderne **Dalí Museum**. Le midi, déjeunez à l'**Alesia**, élégant restaurant franco-vietnamien.

ST PETERSBURG ➜ ST PETE BEACH

25 minutes St Pete Beach est situé à 14,5 km à l'ouest du centre de St Petersburg.

45 minutes La Pinellas Suncoast Transit Authority (PSTA) propose un forfait journalier à 4,50 $.

4 St Pete Beach (p. 289)

Fort DeSoto Park and Beach est l'une des plus belles plages de la côte du Golfe. Faites un crochet à **St Pete Beach**, jolie ville balnéaire regorgeant de restaurants et de bars. Passez la nuit dans l'accueillante colonie artistique de **Gulfport**.

ST PETERSBURG ➜ SARASOTA

45 minutes Au sud de St Petersburg via l'I-275 et l'US-301.

5 Sarasota (p. 291)

Savourez le meilleur petit-déjeuner de la ville à la **Jim's Small-Batch Bakery**, puis passez la journée au **Mote Marine Laboratory**, un centre de recherches doté d'un aquarium exceptionnel. Le soir, flânez à **St Armand's Circle**, charmante zone commerciale en plein air.

SARASOTA ➜ UNIVERSAL STUDIOS

2 heures 30 I-75N depuis Sarasota, sortie 261 puis I-4E jusqu'à Orlando.

6 Universal Studios (p. 123)

Quittez le calme de la côte du Golfe pour le tapageur **Universal Studio Resort**. Le parc **Islands of Adventure** possède certaines des meilleures attractions et zones thématiques d'Orlando. Ne manquez pas le génial **Wizarding World of Harry Potter**, où un véritable "Choixpeau" vous attribuera l'une des quatre maisons de Poudlard : Poufsouffle, Serdaigle, Serpentard (bof) ou Gryffondor (oui !).

Le Tampa Museum of Art (p. 271), dessiné par l'architecte Stanley Saitowitz

10 JOURS

De Miami à Key West
Le meilleur du sud de la Floride

Ce voyage offre un régal pour les yeux : les "beautiful people" et la silhouette urbaine de Miami, le sable fin et l'architecture de Miami Beach, la splendeur éthérée des Everglades et la beauté excentrique de Key West et des îles voisines.

1 South Beach (p. 183)

Visitez le **quartier historique Art déco**, puis entrez au **Wolfsonian-FIU** pour en savoir plus sur le design et l'architecture de Miami. Le soir, promenez-vous sur **Ocean Dr**, avenue bordée de néons. Quand vous en aurez assez vu, dégustez un excellent dîner haïtien au **Tap Tap**.

SOUTH BEACH ➔ DOWNTOWN MIAMI

30 minutes Les voies MacArthur et Venetian relient South Beach au centre-ville. **30 minutes à 1 heure** Bus A, C, S, M et 120 ; plus d'informations sur www.miamidade.gov/transit.

2 Downtown Miami (p. 194)

Dans le centre de Miami, empruntez le monorail gratuit **Metromover** pour admirer la silhouette de la ville. Le soir, rejoignez le **Design District** pour découvrir le meilleur des restaurants et de la vie nocturne de Miami ; nous vous recommandons les tapas créatives de **Michy's**.

DOWNTOWN MIAMI ➔ CORAL GABLES

15 à 30 minutes Juste au sud de Downtown Miami.

3 Coral Gables (p. 202)

Le cœur officiel de la communauté cubaine de Miami est Little Havana ; arrêtez-vous au **Maximo Gomez Park** pour voir les anciens jouer aux échecs et aux dominos. Juste à côté, Coral Gables arbore de nombreuses maisons de style méditerranéen, des boutiques de luxe sur **Miracle Mile** et des édifices majestueux tels que la **Vizcaya Mansion**. Parcourez aussi les rayons de **Books and Books**, la meilleure librairie indépendante de Miami.

CORAL GABLES ➔ EVERGLADES

1 heure Au sud par l'US 1 ou SW 177th Ave/Krome Ave.

4 Les Everglades (p. 248)

Dans cette zone humide unique au monde, vous pourrez apercevoir des dizaines d'alligators au **Royal Palm Visitor Center**, faire une randonnée sur le parcours des **Pinelands** ou admirer le coucher du soleil depuis le **Pa-hay-okee Overlook**.

EVERGLADES ➔ ISLAMORADA

1 heure 30 Au sud par l'US 1, qui devient Overseas Hwy à Key Largo. **2 à 3 heures** Des bus de banlieue circulent entre Homestead et les Keys ; attendez-vous à de longs trajets.

5 Islamorada (p. 226)

La route parcourant les Keys est l'une des plus pittoresques des États-Unis. À Key Largo, faites une promenade en bateau à fond de verre au **John Pennekamp Coral Reef State Park**. Plus au sud, à Islamorada, nourrissez les poissons géants de **Robbie's Marina**.

ISLAMORADA ➔ KEY WEST

2 heures La route par l'Overseas Hwy est absolument magnifique. **2 à 3 heures** Des bus de banlieue circulent, mais leurs horaires sont irréguliers.

6 Key West (p. 229)

Faites une étape au **Turtle Hospital**, à Marathon. Sur la route pour Key West, vous verrez des cerfs nains à **Big Pine Key**. Une fois à Key West, profitez du carnaval nocturne aux accents oniriques de **Mallory Sq**.

Pa-hay-okee Overlook (p. 252)

14 JOURS

De Fort Lauderdale à Orlando La Floride, d'une côte à l'autre

Ce parcours de 2 semaines forme une boucle qui part de la côte atlantique, rejoint les eaux plus calmes du golfe du Mexique et s'achève dans les parcs à thème d'Orlando. En chemin, les alligators du parc des Everglades ajoutent un peu de piment.

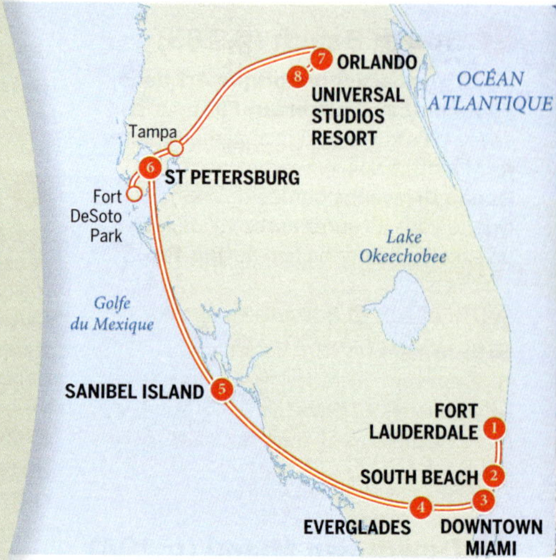

1 Fort Lauderdale (p. 163)

Parcourue de canaux, la deuxième ville du sud de la Floride est surnommée la "Venise de l'Amérique". Alliez lèche-vitrine et salles de restaurant dans **Las Olas** et prévoyez de passer une bonne partie de la journée à flâner sur la jolie **promenade** bordant la plage.

FORT LAUDERDALE ➜ SOUTH BEACH

45 minutes L'I-95S est la route la plus directe, mais l'itinéraire par Collins Ave est plus pittoresque.

2 South Beach (p. 183)

South Beach est assurément l'un des plus beaux quartiers balnéaires des États-Unis. Admirez tout ce que vous pouvez, du sable blanc bordant l'océan au **quartier historique Art déco**, en passant par la population branchée qui arpente **Lincoln Rd**.

SOUTH BEACH ➜ DOWNTOWN MIAMI

30 minutes Cinq voies relient Miami Beach au centre de Miami. **30 minutes à 1 heure** Bus A, C, S, M et 120, notamment ; consultez www.miamidade.gov/transit.

3 Downtown Miami (p. 194)

Le centre-ville est encadré par la fascinante **Little Havana**, cœur de la communauté cubaine de Miami, **Wynwood** et le **Design District**, les deux quartiers artistiques de la ville. Admirez au passage l'architecture du saisissant **Adrienne Arsht Center for the Performing Arts**.

DOWNTOWN MIAMI ➜ EVERGLADES

1 heure Prenez le Tamiami Trail, l'US 41 ou 8th St de Miami à Shark Valley.

4 Les Everglades (p. 248)

Les Everglades constituent le cœur naturel et sauvage de la Floride. À **Shark Valley**, empruntez un tramway familial, faites du vélo ou de la marche sur un sentier qui permet d'apercevoir des dizaines d'alligators et des oiseaux aquatiques. Passez voir les photos de la **Clyde Butcher Gallery** avant de partir. Vous pouvez camper dans le parc ou trouver un hébergement à **Everglades City**.

EVERGLADES ➜ SANIBEL ISLAND

3 heures Prenez l'US-41 jusqu'à Naples, puis l'I-75N jusqu'à Sanibel.

Plage de sable blanc, Sanibel Island (p. 297)
DANITA DELIMONT/GETTY IMAGES ©

5 Sanibel Island (p. 297)

Sanibel Island est une jolie île du golfe du Mexique reliée au continent par une route. Le développement des infrastructres a eu peu d'impact sur l'environnement, si bien que vous pourrez y apprécier le paysage partout où vous vous promènerez. Nous vous conseillons de passer par le **JN 'Ding' Darling Wildlife Refuge**, pour communier avec la beauté naturelle de la Floride, et de **ramasser des coquillages** sur les plages de sable blanc – une activité incontournable de l'île.

SANIBEL ISLAND ➜ ST PETERSBURG

3 heures L'I-75N est la route la plus pratique pour rejoindre St Petersburg.

6 St Petersburg (p. 280)

Faites un détour pour aller voir les plages de "St Pete", notamment **Fort DeSoto Park**, familiale et digne d'une carte postale. Dînez dans l'un des restaurants raffinés de St Petersburg et ne manquez pas de visiter le Salvador Dalí Museum, un excellent musée d'art moderne, ou d'assister à un spectacle au merveilleux **Straz Center** de Tampa.

ST PETERSBURG ➜ ORLANDO

2 heures Prenez l'I-4E pour rejoindre Orlando.

7 Orlando (p. 91)

Orlando ne se limite pas à ses parcs à thème, loin s'en faut. Flânez dans les galeries d'art et les cafés du **Winter Park** et, si vous cherchez encore plus de créativité, le vaste et instructif **Orlando Museum of Art** comblera toutes vos attentes. Le confortable restaurant **Bikes, Beans & Bordeaux** sert une cuisine française à base de produits bio.

ORLANDO ➜ UNIVERSAL STUDIOS

20 minutes Prenez l'I-4W pour rejoindre Universal Studios.

8 Universal Orlando Resort (p. 111)

On trouve toutes sortes de parcs à thème à Orlando, mais nous adorons l'Universal Orlando Resort pour son attraction **Wizarding World of Harry Potter**. Si vous préférez la féerie de **Disney World**, nous vous recommandons l'univers nostalgique du **Magic Kingdom** ou les royaumes futuristes de l'**Epcot Center**.

L'agenda

Les grands rendez-vous

- **Carnaval de Miami**, mars
- **Fantasy Fest**, octobre
- **SunFest**, mai
- **Goombay Festival**, juin
- **Gay Days**, juin

Janvier

College Football Bowl Games

Le 1er janvier, les Floridiens se passionnent pour les matchs de football américain des universités. Les principaux se disputent à Orlando (Capital One Bowl), Tampa (Outback Bowl), Jacksonville (Gator Bowl) et Miami (Orange Bowl, le 3 janvier).

Février

Edison Festival of Light

Durant 2 semaines, Fort Myers rend hommage à Thomas Edison avec une fête de quartier, des concerts et une grande foire scientifique. Le 11 février, date anniversaire de l'inventeur, culmine avec une grande parade (www.edisonfestival.org).

Speed Weeks

La première quinzaine de février, plus de 200 000 personnes participent à deux grandes courses automobiles – la Rolex 24 Hour Race et la Daytona 500.

Florida State Fair

Cette foire de Tampa existe depuis plus d'un siècle. Pendant 2 semaines à la mi-février, vous aurez droit à la présentation du bétail, à une musique tonitruante et à un vrai carnaval à l'ancienne.

South Beach Wine & Food Festival

Fin février, cet événement financé par la chaîne Food Network célèbre la cuisine, les grands chefs et les grands crus (www.sobefest.com).

Mardi Gras

Qu'il tombe fin février ou début mars, Mardi gras s'accompagne de fêtes dans tout l'État, mais celle de Pensacola Beach est la plus animée.

À gauche : octobre Fantasy Fest
WENDELL METZEN/GETTY IMAGES ©

Mars

Spring Break

De mars à mi-avril, les étudiants débarquent en masse sur les plages de Floride pour des soirées festives. Les lieux les plus chauds ? Panama City Beach, Pensacola, Daytona et Fort Lauderdale.

Baseball Spring Training

La Floride accueille les équipes de base-ball de la Major League (la "*Grapefruit League*") pour l'entraînement du printemps. Les 13 équipes s'entraînent et disputent des matchs dans la région d'Orlando, de Tampa Bay et dans le sud-est de l'État.

Carnaval de Miami

Pendant 9 jours début mars, cette fête présente des spectacles de drag-queens, des compétitions de rollers, des tournois de dominos, la grande fête de la Calle Ocho, l'élection de Miss Carnaval Miami, et plus encore (www.carnavalmiami.com).

Florida Film Festival

Le Winter Park, près d'Orlando, abrite ce festival de cinéma indépendant en passe de devenir l'un des plus grands du sud-est des États-Unis.

Captain Robert Searle's Raid

St Augustine organise une reconstitution méticuleuse du pillage de la ville par Robert Searle en 1668. Les pirates remettent leur costume en juin pour le Sir Francis Drake's Raid.

St Patrick's Day

Le saint patron de l'Irlande est fêté (et arrosé) dans toute la Floride le 17 mars ; Miami est la plus fervente !

Winter Music Conference

Durant 5 jours fin mars, DJ, musiciens, promoteurs et producteurs convergent à Miami pour faire la fête, négocier des contrats, écouter de nouvelles musiques et découvrir les dernières technologies (www.wmcon.com).

Avril

Interstate Mullet Toss

Fin avril à Perdido Key, près de Pensacola, les habitants lancent des poissons morts de l'autre côté de la frontière Floride-Alabama. Si la distance prime sur le style, certains lancers ne manquent pas d'allure.

Mai

Ponte des tortues de mer

De mai à octobre, des tortues de mer viennent pondre sur les plages de Floride ; 2 mois plus tard (du milieu de l'été à l'automne), les petits brisent leur coquille et rejoignent la mer.

Isle of Eight Flags Shrimp Festival

Le premier week-end de mai, une foule joyeuse envahit Amelia Island pour fêter les crevettes, les arts et les pirates.

SunFest

Sur 5 jours début mai, 250 000 personnes se rassemblent à West Palm Beach pour le plus grand festival d'art et de musique en bord de mer du sud de la Floride (www.sunfest.com).

Memorial Day Circuit Party

Fin mai, lors du week-end du Memorial Day, Pensacola devient une immense fête gay de 3 jours, avec moult DJ, danses et alcools.

Juin

Gay Days

Pendant une semaine à partir du premier samedi de juin, quelque 40 000 gays et lesbiennes envahissent le Magic Kingdom et d'autres parcs à thème, hôtels et clubs d'Orlando. Habillez-vous en rouge (www.gaydays.com).

Goombay Festival

Début juin, dans Coconut Grove à Miami, cette fête de rue de 4 jours attire plus de 300 000 personnes qui célèbrent la culture bahamienne de la ville avec musique, danse et défilés. C'est l'une des plus grandes fêtes de la culture noire aux États-Unis (www.goombayfestivalcoconutgrove.com).

Juillet

4 juillet

La fête de l'Indépendance s'accompagne de défilés et de feux d'artifice dans toute la Floride. Les feux d'artifice et le spectacle laser de Miami attirent les foules.

Saison des coquilles Saint-Jacques à Steinhatchee

Lors de l'ouverture de la saison des saint-jacques à Steinhatchee, plus de 1 000 personnes viennent pêcher ce coquillage. La chasse au trésor, ouverte à tous, dure 2 mois.

Août

Miami Spice

Les restaurants de Miami proposent des menus à prix fixe midi et soir pour attirer les citadins hors de leurs tanières.

Septembre

Halloween chez Mickey

À Disney World, certains soirs pendant 2 mois (à partir de septembre), les enfants peuvent fêter Halloween au pied du château de Cendrillon, en compagnie des personnages de Disney. Un défilé se déroule sur le thème d'Halloween.

Octobre

Fantasy Fest

Key West se déchaîne pendant cette semaine d'extravagance costumée, qui culmine avec Halloween. Le Goombay Festival (festival de percussions) de Key West a lieu la même semaine.

MoonFest

West Palm Beach organise une fête de quartier débridée pour Halloween, le 31 octobre. Il est conseillé de venir costumé. Des dizaines de groupes locaux se produisent gratuitement.

Novembre

White Party

Turbulente célébration gay et lesbienne (et levée de fonds pour le sida), la White Party se compose de fêtes et d'événements dans les night-clubs de Miami Beach et Fort Lauderdale pendant une semaine, fin novembre (www.whiteparty.net). Tenue blanche de rigueur.

Tampa Cigar Heritage Festival

Ybor City, à Tampa, a longtemps été la capitale de la fabrication des cigares aux États-Unis. Une journée de fête célèbre cet héritage (www.cigarheritagefestival.com).

St Augustine Pirate Gathering

Pendant 3 jours à la mi-novembre, St Augustine fête les pirates.

Page de gauche : juin Goombay Festival ;
Ci-dessous : juillet fête du 4 juillet, Miami

PHOTOGRAPHERS: (PAGE DE GAUCHE) R H PRODUCTIONS/GETTY IMAGES © ; (CI-DESSOUS) RODRIGO BLANCO/GETTY IMAGES ©

Décembre

La haute saison débute sur les plages du sud de la Floride. Les lamantins arrivent dans les chaudes eaux côtières.

Art Basel Miami Beach

Début décembre, l'une des plus grandes expositions d'art international au monde, avec plus de 150 galeries représentées et 4 jours de festivités (www.artbaselmiamibeach.com).

Victorian Christmas Stroll

À Tampa, le vénérable Tampa Bay Hotel (devenu un musée) met à l'honneur le style victorien et fête Noël pendant 3 semaines, avec des acteurs en costume d'époque.

King Mango Strut

À Miami, Coconut Grove célèbre le Nouvel An avec ce défilé farfelu, qui parodie l'actualité et les politiciens locaux (www.kingmangostrut.org).

Quoi de neuf ?

Pour cette édition, nos auteurs sont partis en quête de nouveautés, de trouvailles insolites et de bons plans, dont voici une courte sélection. Visitez aussi le site www.lonelyplanet.fr/destinations/amerique/usa/floride.

1 NOUVEAU FANTASYLAND

Magic Kingdom est la partie la plus ancienne de Walt Disney World® Resort, et l'un de ses "pays", Fantasyland, a toujours séduit les plus nostalgiques. Mais quand vous lirez ces lignes, le New Fantasyland aura ouvert ses portes, avec son grand huit sur le thème de Blanche-Neige et son restaurant Be Our Guest – le seul du Magic Kingdom à servir de l'alcool (bière et vin). Parents, réjouissez-vous ! (p. 63)

2 PÉREZ ART MUSEUM MIAMI

Après de longues années de travaux, le musée d'Art de Miami (PAMM) et son Museum Park ont ouverts au public. La façade de style tropical contemporain constitue d'ores et déjà un élément emblématique du front de mer de Miami. (p. 194)

3 DECOBIKE

Baladez-vous dans South Beach en toute décontraction (et contribuez à limiter les émissions de gaz provoquées par les innombrables véhicules, et notamment les 4x4) sur une jolie DecoBike. (p. 205)

4 COLISEUM BALLROOM

Après d'importantes rénovations, l'historique Coliseum Ballroom de St Petersburg est à nouveau ouvert au public. Ne manquez pas le somptueux intérieur de cet ancien dancing, construit en 1924. (p. 286)

5 LEGACY TRAIL

Admirez les cours d'eau limpides et la végétation subtropicale en pédalant tranquillement sur le Legacy Trail, une piste cyclable qui relie Sarasota à Venice. (p. 293)

6 GREAT CALUSA BLUEWAY

Découvrez les eaux paisibles du sud-ouest de la Floride en pagayant sur le Buck Key Paddling Trail, un parcours écologique qui vient de rouvrir. Vous explorerez ainsi des mangroves, des plages et des marécages du Great Calusa Blueway. (p. 294)

7 WIZARDING WORLD OF HARRY POTTER

Moldus, réjouissez-vous ! Les coffres de la banque Gringotts et le Londres cher à Harry Potter sont arrivés dans Diagon Alley, à l'Universal Orlando Resort. Vous pouvez même emprunter le Hogwarts Express (Poudlard Express) pour rejoindre l'autre "monde ensorcelé" (Hogsmeade) à Islands of Adventure. (p. 124)

8 SPRINGFIELD

Si vous rêvez de marcher dans les rues de Springfield, de boire une bière Duff ou un cocktail Flaming Moe et de manger au Krusty Burger, ne manquez pas l'espace dédié aux *Simpson* à l'Universal Orlando Resort. (p. 123)

9 WOOD TAVERN

Ce nouvel établissement est une belle contribution à la vie nocturne de Miami grâce à son service efficace, son immense terrasse, sa clientèle décontractée et sa longue carte de bières. (p. 221)

10 PROMENADE BIEN MOUILLÉE

Pour une escapade authentique dans les Everglades, lancez-vous dans une randonnée au cœur des marécages. Quoi de plus impressionnant que de se balader à quelques mètres d'un alligator ? (p. 249)

En avant-goût

Livres

- **Swamplandia** (2011). L'épopée surréaliste et tragicomique d'une famille de dresseurs d'alligators, par Karen Russell.
- **Miami Vaudou** (2014). Un polar captivant et plein d'humour de David Owie, disciple de James Ellroy et de Stephen King. Format e-book.
- **Continents à la dérive** (1985). L'émouvante histoire d'un col bleu qui se réfugie en Floride, contée par Russell Banks.
- **Le Voleur d'orchidées** (2006). Une enquête passionnante sur un vol d'orchidées rares dans les marais de Floride, par la journaliste Susan Orlean.

Films

- **Mary à tout prix** (1998). Hilarante comédie des frères Farrelly mettant en scène l'amour, Miami et... le gel pour cheveux !
- **Key Largo** (1948). Grand classique avec Humphrey Bogart et Lauren Bacall.
- **Monster** (2003). Charlize Theron incarne la face cachée du rêve floridien.
- **Scarface** (1983). L'ascension et la chute d'un gangster cubain immigré à Miami.

Musique

- **Primitive Love** (1985). Gloria Estefan fait connaître la musique américano-cubaine.
- **Losing Streak** (1996). Album emblématique du groupe ska-punk Less Than Jake.
- **Changes in Latitudes, Changes in Attitudes** (1977). Le meilleur opus de Jimmy Buffet.
- **R.O.O.T.S** (2009). Le deuxième album de Flo Rida, très travaillé, contient de nombreux titres entraînants.
- **Ocean Avenue** (2003). La chanson éponyme a révélé le groupe pop-punk Yellowcard au monde entier.

Sites Internet

- **Office du tourisme américain à Paris** (www.office-tourisme-usa.com). Une mine d'informations pour préparer son voyage. *Newsletter*. En français.
- **Florida State Parks** (www.floridastateparks.org). Tous les parcs de l'État, avec une carte interactive. En anglais.
- **Lonely Planet** (www.lonelyplanet.fr). Infos sur le pays, forum de voyageurs...

Sur le départ ?

Si vous deviez n'en choisir qu'un...

Un livre *En avoir ou pas* d'Ernest Hemingway. Un roman poignant, dont l'action se situe en Floride.

Un film *The Birdcage de* Mike Nichols. Ce truculent remake de *La Cage aux folles*, avec Robin Williams, se déroule à Miami Beach.

Un disque Lynyrd Skynyrd, (prononcer *'lĕh-'nérd 'skin-'nérd*). Le premier album du groupe est l'œuvre fondatrice du rock sudiste.

Un site www.visitflorida.com, le site touristique officiel de la Floride, très complet. En français.

Pavillon, Key Largo (p. 224)
CRISTIAN LAZZARI/GETTY IMAGES ©

Ce qu'il faut savoir

Monnaie
Dollar américain ($)

Langues
L'anglais, mais aussi l'espagnol.

Argent
Distributeurs de billets un peu partout. Paiement par carte largement accepté.

Visas
Pas de visa pour les Français et ressortissants des pays participant au Visa Waiver Program (séjour n'excédant pas 90 jours).

Téléphone portable
La norme européenne GSM 900/1800 est incompatible avec la norme américaine.

Wi-Fi
Généralement gratuit dans la plupart des hôtels, les cafés, les bibliothèques et les centres commerciaux.

Accès Internet
Fréquent dans les hôtels. Nombreux cybercafés en ville.

Pourboire
Pourboires (15 à 20%) obligatoires dans les restaurants. On donne également quelques dollars aux barmen, chauffeurs de taxi et employés des hôtels.

Pour plus de détails, voir le *Carnet pratique* (p. 349).

Quand partir

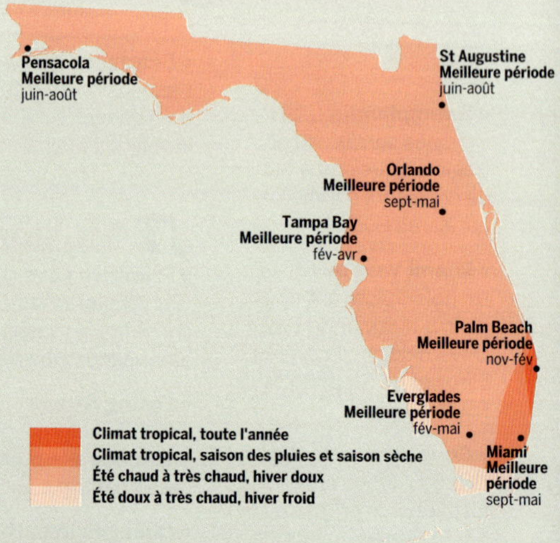

Haute saison
(mars-août)

- Les plages du Sud sont bondées pendant les congés du *Spring Break*.
- Le Panhandle et les plages du Nord font le plein en été.
- Il y a foule aux parcs à thème d'Orlando en été.

Saison intermédiaire
(fév et sept)

- Le sud de la Floride jouit d'un temps sec en février.
- Les plages du Nord/parcs à thème sont moins bondés, mais il fait toujours chaud.
- Les prix baissent de 20 à 30%.

Basse saison
(oct-jan)

- Le calme retombe sur les stations balnéaires.
- L'hébergement peut coûter moitié moins cher.
- La saison sèche d'hiver (nov-avril) est idéale pour randonner et camper.

À prévoir

- **Trois mois à l'avance** Commencez à préparer vos principaux itinéraires, notamment les trajets entre les destinations les plus importantes. Pour bénéficier de tarifs avantageux, c'est le moment de réserver vos billets d'avion et votre hébergement.
- **Un mois à l'avance** Réservez dans les restaurants haut de gamme et organisez vos locations de voiture ou vos déplacements en bus.
- **Une semaine avant** Surfez sur Internet pour voir si des concerts, pièces de théâtre ou autres spectacles ont lieu pendant votre visite.

Budget quotidien

Petits budgets
Moins de 150 $

- Dortoir/camping : 25-50 $
- Courses au supermarché et petits restaurants

Catégorie moyenne
De 150 à 300 $

- Hôtel petits budgets à catégorie moyenne : 80-150 $
- Parcs thématiques et plages en moyenne saison
- Location de voiture : 40-80 $/jour, plus cher avec l'assurance

Catégorie supérieure
Plus de 300 $

- Boutique-hôtel et parcs à thème : 200-500 $
- Hôtel de plage/*resort* en haute saison : 250-400 $
- Séjour de 4 à 7 jours dans un parc thématique : 1 500-4 000 $, tout compris

Taux de change

Zone euro	1 €	1,07 $
Suisse	1 FS	1,05 $
Canada	1 $C	0,82 $

Pour connaître les derniers taux de change, consultez www.xe.com/fr

À emporter

- **Crème solaire** Le soleil de Floride tape fort en permanence ; prévoyez une protection adaptée.
- **Pull ou sweat-shirt** L'hiver, il peut faire frais la nuit, y compris à Miami (et même froid dans le nord de la Floride).
- **Pièce d'identité** Prenez une pièce d'identité si vous sortez le soir. Les videurs les vérifient toujours.
- **GPS** Un bon GPS est indispensable, notamment pour circuler sur les petites routes.

Arriver en Floride

- **Miami International Airport**

Metrobus Toutes les 30 minutes de 6h à 23h, tous les jours ; Miami Beach est à 35 minutes

Navette (minibus) 20-26 $

Taxi 38 $ pour South Beach

- **Orlando International Airport**

Lynx Bus 2 $/trajet ; toutes les 30 minutes de 6h à 22h30 tous les jours ; le centre-ville est à 40 minutes, Walt Disney World® Resort à 1 heure 10

Navette (minibus) 20-30 $

Taxi 50-60 $; plus cher pour Walt Disney World® Resort

- **Tampa International Airport**

HART Buses 2 $/trajet ; toutes les 15 minutes de 5h30 à 23h30 lun-ven, toutes les 30 minutes de 7h à 20h30 sam-dim ; le centre-ville est à 40 minutes

Navette (minibus) 12-32 $

Taxi 30 $

Comment circuler

- **Voiture** Un réseau routier étendu sillonne la Floride ; certaines grandes routes sont à péage.
- **Bus** Greyhound dessert les grandes villes et quelques villes moyennes de l'État.
- **Train** Amtrak dessert les principales villes.
- **Avion** De courts trajets sont possibles, mais chers.
- **Bateau** Des ferries relient Key West à Fort Myers et Marco Island.

Se loger

- **Boutique-hôtels** Petits établissements indépendants, faisant preuve de créativité.
- **Resorts** Vastes complexes, parfois en formule tout inclus, proposant de multiples activités.
- **Hôtels** Chaînes d'hôtels d'affaires, entre autres.
- **B&B** Petits établissements, souvent installés dans des maisons, incluant le petit-déjeuner.
- **Auberges de jeunesse** Dortoirs, petits budgets.
- **Motels** Petits budgets, généralement à proximité des axes routiers.

Mises en garde

- **Ouragans** La saison officielle des ouragans s'étend du 1er juin au 30 novembre.
- **Circulation** Souvent très dense dans les grandes villes de Floride.
- **Vie animale** Les méduses sont une nuisance sur les plages ; les alligators sont moins dérangeants, mais ne les nourrissez jamais.

Walt Disney World® Resort et Orlando

Walt Disney World® est le résultat de la rencontre entre innocence et imagination. Si la Floride promet d'exaucer vos vœux, Walt Disney World® incarne vos rêves devenus réalité. Le décor de ce royaume de l'enfance est Orlando, capitale mondiale des parcs d'attractions. Du nostalgique Magic Kingdom au futuriste Epcot, en passant par les somptueux Hollywood Studios, Walt Disney World® comble toutes les attentes des enfants : la princesse est sauvée, l'amour triomphe et le bien l'emporte sur le mal. Ce qui accompagne cette promesse ? Illusion, magie et manèges ; spectacles et parades ; échappée hors du quotidien et de la vie ordinaire. Quand vous serez prêt à retourner dans le monde réel, explorer les excellents musées et parcs d'Orlando – un endroit toujours merveilleux, même dans l'ombre du château de Cendrillon.

Epcot Center (p. 65)

Splash Mountain (p. 61)
HELEN SESSIONS/ALAMY ©

Walt Disney World® Resort et Orlando

Walt Disney World® Resort et Orlando À ne pas manquer

Les parades et les spectacles son et lumière de Disney

Dans le parc Magic Kingdom, dédié aux films Disney, vous pourrez voir vos rêves prendre vie lors de spectacles quotidiens (p. 68). La journée, regardez vos personnages préférés marcher d'un pas allègre dans les défilés de la Main Street Electrical Parade et du Celebrate a Dream Come True le soir venu, contemplez le ciel qui s'anime de lasers, de feux d'artifice et de sons pendant les animations Fantasmic! et IllumiNations. Château de Cendrillon illuminé pendant la Main Street Electrical Parade (p. 68)

1

2 Epcot Center

Si le Magic Kingdom donne vie aux rêves, Epcot (p. 65) est axé sur la science-fiction et les pays du monde. Dans le Future World, les attractions donnent un aperçu disneyien des progrès révélés par la science et l'exploration. Ainsi, le World Showcase propose un tour du monde express jouant ouvertement sur les clichés, de la danse orientale aux drakkars norvégiens. Mission Space (p. 66)

BLAINE HARRINGTON III/CORBIS ©

Fantasyland

Fantasyland (p. 63) offre le meilleur de Disney pour les jeunes enfants et leurs parents. Les manèges et attractions sont plus paisibles et un charme désuet confère à cette section du Magic Kingdom un peu plus de chaleur humaine que dans les autres parties du parc. Cela dit, vous auriez tort de ne pas jeter un coup d'œil à Mickey's PhilharMagic, une plongée en 3D au cœur de l'expérience Disney. Manège Dumbo

3

MARK GREEN/ALAMY ©

4

Sunset Boulevard

Que faire avec des enfants plus grands qui sont gênés de poser avec Dumbo, mais ne sont pas encore des adolescents indépendants ? Emmenez-les sur Sunset Boulevard (p. 70), aux Hollywood Studios. Le Rock 'n' Roller Coaster et la Twilight Zone Tower of Terror procurent des sensations fortes aux enfants prêts à quitter le Magic Kingdom (mais pas assez dégourdis pour se passer de papa et maman).

5

Animal Kingdom

On s'amuse énormément à Animal Kingdom (p. 69). En plus des montagnes russes et des parades inspirées du *Roi Lion*, on peut apercevoir gorilles et félins lors d'un safari ou faire une randonnée dans la jungle et croiser des tigres et de vrais dragons. Même si la magie de Disney opère ici à travers un filtre (ou derrière une clôture en bambou), une impression de nature authentique persiste. Gorille

Walt Disney World® Resort et Orlando : le best of

Manèges et attractions

- **It's a Small World** Ce manège à l'ancienne réveille l'enfant qui sommeille en chacun de nous. (p. 61)

- **Twilight Zone Tower of Terror** Des sensations fortes, comme il se doit ! (p. 71)

- **Turtle Talk with Crush** La tortue Crush du *Monde de Nemo* guide cette géniale expérience interactive. (p. 67)

- **Expedition Everest** Des montagnes russes dans un décor népalais. (p. 69)

- **Toy Story Midway Mania!** Une autre fantastique immersion interactive dans un film Pixar. (p. 61)

Restaurants

- **Yellow Dog Eats** Délicieux barbecues dans une ancienne épicerie. (p. 105)

- **Dandelion Communitea Cafe** Les végétariens adoreront ce restaurant bio. (p. 106)

- **Sci-Fi Dine-in Theater** Un drive-in rétro pour dîner dans une voiture en regardant des films de science-fiction. (p. 82)

- **La Hacienda de San Angel** Les saveurs latines imprègnent cette adresse courue du World Showcase. (p. 80)

Hôtels

- **EO Inn & Spa** Un B&B tranquille pour échapper aux foules. (p. 100)

- **Bay Hill Club & Lounge** Charme à l'ancienne et service chaleureux. (p. 101)

- **Disney's Grand Floridian Resort & Spa** Le *resort* le plus chic de Disney, avec le charme de la Floride d'antan. (p. 76)

- **Disney's Animal Kingdom Lodge** Notre hôtel thématique préféré rappelle l'esthétique du *Roi Lion*. (p. 78)

Spectacles

Finding Nemo: The Musical Le décor et les costumes originaux en font le meilleur spectacle de Disney. (p. 88)

IllumiNations L'histoire de la Terre présentée en un étincelant son et lumière. (p. 68)

Jammin' Jungle Marionnettes d'animaux et danse africaine. (p. 68)

Fantasmic! Les méchants de Disney attaquent Mickey. (p. 68)

Main Street Electrical Parade Avis aux nostalgiques : les personnages emblématiques de Disney défilent dans une parade illuminée. (p. 68)

À gauche : parade, Main Street, USA (p. 61) ;
ssus : Seas With Nemo & Friends Pavilion (p. 66)

Ce qu'il faut savoir

MISES EN GARDE

L'I-4 est le principal axe routier de la région d'Orlando. De 8h à 10h et de 16h à 18h, la circulation est souvent cauchemardesque, avec certains des pires bouchons du pays.

À PRÉVOIR

Hôtels Si vous désirez séjourner au Walt Disney World® Resort ou visiter la région en période de fête ou de festival, réservez votre hébergement longtemps à l'avance.

Locations de voiture Tâchez de vous organiser au moins un mois à l'avance ; les loueurs de voitures affichent vite complet à Orlando.

Restaurants Les adresses haut de gamme et les repas thématiques, en compagnie de personnages Disney par exemple, doivent être réservés suffisamment tôt.

Baby-sitters Pour passer du temps sans les enfants, réservez une baby-sitter avant votre départ ; voir www.kidsniteout.com.

Billets Achetez un Fastpass le plus tôt possible pour éviter les longues files d'attente de Disney.

ADRESSES UTILES

The Orlando Sentinel Le meilleur journal couvrant toute la région et fournissant des informations exhaustives sur les spectacles, les événements artistiques, les sorties, etc. ; www.orlandosentinel.com

The Daily Disney Walt Disney World® vu par l'*Orlando Sentinel*, comprenant des instantanés des coulisses du parc ; www.orlandosentinel.com/the-daily-disney

All Ears Un guide non officiel pour circuler à Walt Disney World® ; allears.net

COMMENT CIRCULER

Voiture L'I-4 est le principal axe routier d'Orlando.

Monorail Trois lignes de monorail traversent le cœur de Walt Disney World®.

Bateau De multiples navettes relient les principaux parcs Disney aux complexes hôteliers.

Bus Toutes les zones de Walt Disney World®, à l'exception du Magic Kingdom, sont desservies par des bus.

Suggestions d'itinéraires

Vous trouverez deux royaumes, 11 nations à Epcot et plusieurs dimensions à vos rêves, plus une ville aux multiples facettes : Orlando.

4 JOURS

RÊVES D'ENFANT

DU MAGIC KINGDOM À ORLANDO

Cet itinéraire est idéal pour les familles avec de jeunes enfants (10 ans ou moins). Commencez par le 1 **Magic Kingdom**, où vous passerez la première journée à vous promener, de 2 **Fantasyland** à 3 **Adventureland**, et tout autour. En vous y prenant un peu à l'avance, vous pouvez organiser un 4 **repas en compagnie de personnages Disney** pour vos enfants. Ne manquez pas la parade 5 **Spectromagic** et le feu d'artifice 6 **Wishes Nighttime Spectacular** à la nuit tombée.

Le lendemain, visitez les Hollywood Studios ; 7 **Pixar Pals Countdown for Fun** met en scène des personnages familiers, tandis que 8 **Toy Story Midway Mania** vous plonge au cœur d'un jeu vidéo. Le troisième jour, flânez dans le 9 **Wekiwa Springs State Park** d'Orlando puis dînez au délicieux 10 **Yellow Dog Eats**, dont le menu plaira même aux bambins les plus difficiles. Si vous pensez que vos enfants n'apprécieront pas une journée à Orlando, rendez-vous au parc 11 **Epcot Center**, où ils retrouveront l'univers Disney et plus encore.

En haut : manège Mad Tea Party, Magic Kingdom (p. 60) ;
À droite : Splash Mountain (p. 61)

3 JOURS

ENFANTS PLUS GRANDS ET ADULTES

D'ANIMAL KINGDOM AU WINTER PARK

Commencez par 1 **Animal Kingdom** ; 2 **Expedition Everest** est une montagne russe époustouflante, mais le parc est surtout axé sur l'observation des animaux. Passez devant des tigres et des dragons (de Komodo) lors du 3 **Maharajah Jungle Trek** et faites une promenade zoologique avec le 4 **Kilimanjaro Safari**. Si vous réservez suffisamment à l'avance, optez pour une rencontre animalière rapprochée en vous inscrivant au 5 **Wild Africa Trek**. Autre incontournable, 6 **Finding Nemo: the Musical** est une expérience théâtrale amusante avec des marionnettes géantes, des voix rigolotes et beaucoup de couleurs.

Le lendemain, direction Orlando et le Winter Park. Si vous n'avez pas d'enfants, visitez le 7 **Mennello Museum of American Art** ; sinon, les collections de l' 8 **Orlando Museum of Art** intéresseront davantage les ados et pré-ados. Terminez la journée par un dîner à l'excellent 9 **Ravenous Pig**.

Découvrir Walt Disney World® Resort et Orlando

Les incontournables

- **Magic Kingdom** (p. 60). Peu de sensations fortes, mais les petits adorent le château de Cendrillon et les feux d'artifice. Un classique.
- **Epcot** (p. 65). Plein de manèges, mais aussi des restaurants, des boutiques et des attractions sur le thème des pays du monde.
- **Animal Kingdom** (p. 69). Entre zoo et foire animée, l'Afrique revue et signée Disney.
- **Orlando** (p. 91). Ville cosmopolite, qui sait s'encanailler le soir venu.

Château de Cendrillon, Magic Kingdom

MEL LONGHURST/ROBERT HARDING ©

WALT DISNEY WORLD® RESORT

Quelques minutes avant l'ouverture du Magic Kingdom, Alice au pays des merveilles, Cendrillon, Donald et plusieurs autres personnages se mettent à chanter "Zippidee Doo Dah" en jetant des confettis sur la foule. Ils se ruent ensuite dans un petit train, les portes du "royaume" s'ouvrent et enfants, adultes, amoureux, grands-parents et tous les autres visiteurs envahissent l'impeccable Main Street, en route vers le château de Cendrillon. Cette image est aussi américaine que le Grand Canyon ou la statue de la Liberté. Et pendant ces quelques minutes, c'est l'endroit le plus joyeux du monde.

Oui, il y aura des files d'attente interminables et vous reviendrez à votre hôtel épuisé, en vous jurant que l'on ne vous y reprendra plus. Mais, avant de sombrer dans le sommeil, vous revoyez votre enfant regarder Winnie l'ourson avec adoration ou tendre les bras vers un Donald qui surgit d'un film en 3D. Alors, vous vous dites que les vacances à la plage pourront attendre encore un peu.

À voir

Walt Disney World® Resort couvre une surface plus grande que celle de Paris intra-muros, et comprend quatre parcs à thème et deux parcs aquatiques, le tout relié par un vaste réseau de monorail, bateau et bus, et traversé par des routes et autoroutes.

MAGIC KINGDOM

Lorsqu'ils pensent à Walt Disney World® Resort, la plupart des gens songent au

Magic Kingdom (carte p. 62 ; 407-939-5277 ; www.disneyworld.disney.go.com ; 1180 Seven Seas Dr ; adulte/3-10 ans 95/89 $; 9h-21h, horaires variables ; Disney, Disney, monorail Disney). C'est le "royaume enchanté" des princesses, des pirates et de la fée Clochette, où tournent les manèges les plus connus comme "*It's a Small World*" et "*Space Mountain*".

Main Street, USA — Point de repère

(Carte p. 62 ; www.disneyworld.disney.go.com ; billet d'entrée au parc requis ; 9h-21h, horaires variables ; ; Disney, Disney, Lynx 50, 56). Conçu sur le modèle de la ville natale de Walt Disney, Marceline (dans le Missouri), l'animation de Main Street, USA est d'autant plus appréciable que l'on s'y balade sans but précis. Admirez les dioramas miniatures de Peter Pan et de Blanche-Neige dans les vitrines, entrez pour regarder les films Disney en noir et blanc ou faites emplette de souvenirs.

Adventureland — Manèges, spectacle

(Carte p. 62 ; www.disneyworld.disney.go.com ; billet d'entrée au parc requis ; 9h-21h, horaires variables ; ; Disney, Disney, Lynx 50, 56). L'aventure à la Disney est ici synonyme de pirates, de jungles, de tapis magiques, de maisons dans les arbres, de bébêtes fantaisistes et de lieux enchantés. Ne manquez pas **Pirates of the Caribbean** – ce lent circuit en intérieur sur un bateau, à travers l'univers sombre des pirates.

Frontierland — Manèges, spectacle

(Carte p. 62 ; www.disneyworld.disney.go.com ; billet d'entrée au parc requis ; 9h-21h, horaires variables ; ; Disney, Disney, Lynx 50, 56). Ce territoire rend hommage à l'Ouest et au Sud américain d'antan. **Splash Mountain** dépeint les turpitudes de Bibi Lapin, Basile et Boniface, vivant leurs aventures parmi des grenouilles, des canards et autres créatures. La chute dans la rivière à 60 km/h est l'un des plus grands frissons du parc. On en ressort très, très mouillé ! Pas de chute raide ni de virage serré pour le **Big Thunder Mountain Railroad** : idéal pour les petits.

Ma sélection

Walt Disney World® Resort

LES CONSEILS DE DEWAYNE BEVIL, JOURNALISTE, ORLANDO SENTINEL

1 MAGIC KINGDOM
Ne manquez pas le Magic Kingdom (p. 60), qui a changé la face du tourisme en Floride. La nostalgie et les attractions classiques prédominent, et certains grands succès comme la Haunted Mansion et l'Enchanted Tiki Room ont été modernisées. Les petites princesses adorent !

2 TOY STORY MIDWAY MANIA
Une fois à l'intérieur de cette attraction très prisée, les visiteurs se retrouvent plongés dans un jeu vidéo avec des personnes de films Pixar, au milieu d'une fête foraine virtuelle. En sortant, la plupart des gens veulent revenir ; rendez-vous à Toy Story (p. 71) pour obtenir un FastPass gratuit, qui vous permettra de revenir à un horaire précis.

3 WILD AFRICA TREK
Cette visite guidée (p. 69) d'Animal Kingdom offre une expérience unique dans les coulisses lors des Kilimanjaro Safaris. Limitée à une douzaine de participants chaque jour, cette attraction coûte au minimum 189 $/personne, en plus de l'entrée à Animal Kingdom.

4 EPCOT INTERNATIONAL FOOD & WINE FESTIVAL
En septembre, cet événement met en vedette les cuisines du monde dans des kiosques dispersés à travers le World Showcase. Des spécialités sont servies en petites portions pendant six semaines.

5 FEUX D'ARTIFICE
Les grands feux d'artifice sont un événement nocturne de Walt Disney World® Resort. Le spectacle Wishes (p. 68), où la fée Clochette surgit en volant du château de Cendrillon, couronne la journée au Magic Kingdom, tandis qu'IllumiNations constitue l'apothéose impressionnante d'Epcot.

Walt Disney World® Resort

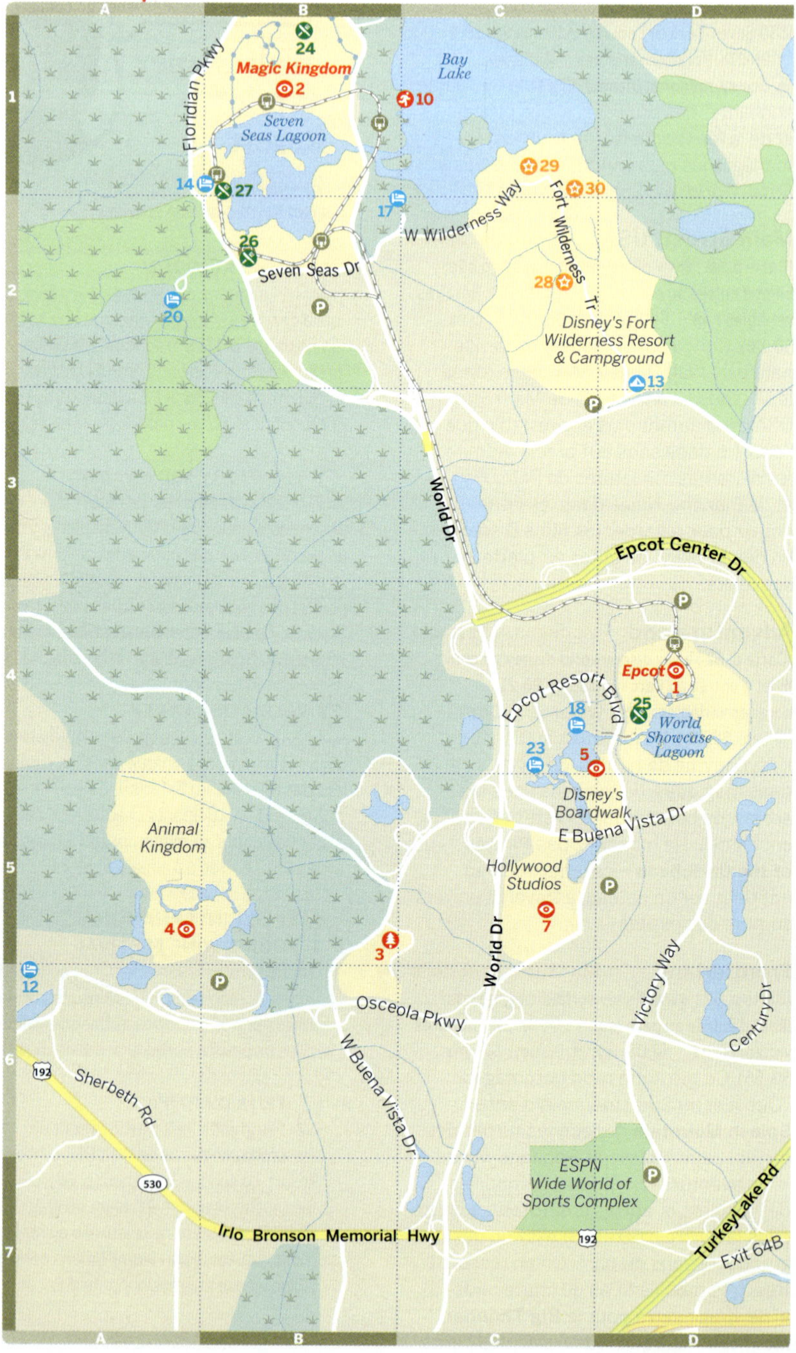

Liberty Square — Manèges, spectacle

(Carte p. 62 ; www.disneyworld.disney.go.com ; billet d'entrée au parc requis ; 9h-21h, horaires variables ; Disney, Disney, Lynx 50, 56). Cette demeure délabrée du XIXe siècle renferme la **Haunted Mansion** (maison hantée), autre classique et seul vrai manège de Liberty Sq. Traversez doucement la salle à manger, où dansent des apparitions, mais attention aux fantômes qui font du stop – ils pourraient sauter à l'improviste dans votre voiture !

Fantasyland — Manèges, spectacle

(Carte p. 62 ; www.disneyworld.disney.go.com/new-fantasyland ; Magic Kingdom ; billet d'entrée au parc requis ; 9h-21h, horaires variables ; ; Disney, Disney, Lynx 50, 56). Fantasyland émerveille tous les moins de 8 ans et les amateurs des classiques de Disney. Les adolescents peuvent cependant s'ennuyer. De nouvelles attractions viennent agrandir le parc depuis 2013, comme celles sur le thème de *La Belle et la Bête* et le **Seven Dwarfs Mine Train**, des montagnes russes inspirées de *Blanche-Neige*.

Tomorrowland — Manèges, spectacle

(Carte p. 62 ; www.disneyworld.disney.go.com ; Magic Kingdom ; billet d'entrée au parc requis ; 9h-21h, horaires variables ; ; Disney, Disney, Lynx 50, 56). Si le futur vu depuis les années 1960 n'a rien d'un scoop, Tomorrowland n'en compte pas moins plusieurs attractions phares de Disney. Venez à la première heure ou en utilisant votre FastPass+ au **Space Mountain**, des montagnes russes fermées qui vous emmèneront dans une version "rétrofuturiste" de l'espace intersidéral que ne renierait pas Jules Verne, et au **Buzz Lightyear's Space Ranger Spin**, à mi-chemin entre le manège et le jeu vidéo.

Rose Garden — Jardin

(Carte p. 62 ; www.disneyworld.disney.go.com ; Magic Kingdom ; billet d'entrée au parc requis ; 9h-21h, horaires variables ; Disney, Disney, Lynx 50, 56). Besoin de lever le pied ? Le pavillon couvert au bord de l'eau, près du pont à droite du château de Cendrillon, est l'endroit idéal pour grignoter un en-cas et se reposer un peu.

Walt Disney World® Resort

Les incontournables

1 Epcot D4
2 Magic Kingdom B1

À voir

Adventureland .... (voir 2)
Africa .... (voir 4)
Asia .... (voir 4)
3 Blizzard Beach B5
Characters in Flight .... (voir 6)
Club Cool .... (voir 1)
Dinoland .... (voir 4)
Discovery Island .... (voir 4)
DisneyQuest Indoor Interactive Theme Park .... (voir 6)
4 Disney's Animal Kingdom A5
5 Disney's BoardWalk D4
6 Downtown Disney F4
Ellen's Energy Adventure .... (voir 1)
Fantasyland .... (voir 2)
Frontierland .... (voir 2)
7 Hollywood Boulevard & Echo Lake C5
Liberty Square .... (voir 2)
Main Street, USA .... (voir 2)
Mission Space .... (voir 1)
Oasis .... (voir 4)
8 Old Town F7
Pixar Place & Mickey Avenue .... (voir 7)
Rafiki's Planet Watch .... (voir 4)
Rose Garden .... (voir 2)
Seas with Nemo & Friends Pavilion .... (voir 1)
Soarin' .... (voir 1)
Spaceship Earth .... (voir 1)
Star Tours: The Adventure Continues .... (voir 7)
Sunset Boulevard .... (voir 7)
Test Track .... (voir 1)
Tomorrowland .... (voir 2)
9 Typhoon Lagoon E5

Activités

Animation Academy .... (voir 7)
Fort Wilderness Tri-Circle-D Ranch .... (voir 13)
10 Sammy Duvall's Watersports Centre C1
Surrey Bikes at the Boardwalk .... (voir 5)

Où se loger

11 Barefoot Suites F7
12 Disney's Animal Kingdom Lodge A6
Disney's BoardWalk Inn .... (voir 5)
13 Disney's Fort Wilderness Resort D2
14 Disney's Grand Floridian Resort & Spa B1
15 Disney's Old Key West Resort E4
16 Disney's Port Orleans French Quarter and Riverside Resorts E4
17 Disney's Wilderness Lodge B2
18 Disney's Yacht Club Resort and Disney's Beach Club Resort C4
19 Hilton Orlando Bonnet Creek E5
20 Shades of Green Resort A2
21 Villas of Grand Cypress E2
22 Waldorf Astoria E5
23 Walt Disney World Swan & Dolphin Hotels C4

Où se restaurer

50's Prime Time Café .... (voir 7)
Be Our Guest .... (voir 2)
Biergarten .... (voir 1)
Chefs de France .... (voir 1)
Cheshire Cafe .... (voir 2)
Cinderella's Royal Table .... (voir 2)
Earl of Sandwich .... (voir 6)
Flying Fish .... (voir 5)
Fresh-A-Peel .... (voir 6)
24 Gaston's Tavern B1
Jiko .... (voir 12)
Kouzzina by Cat Cora .... (voir 5)
La Cava del Tequila .... (voir 1)
La Hacienda de San Angel .... (voir 1)
25 Le Cellier Steakhouse D4
Les Halles Boulangerie Patisserie .... (voir 1)
26 'Ohana B2
Paradiso 37 .... (voir 6)
Restaurant Marrakesh .... (voir 1)
Rose & Crown .... (voir 1)
San Angel Inn .... (voir 1)
Sci-Fi Dine-In Theater .... (voir 7)
Teppan Edo .... (voir 1)
Via Napoli .... (voir 1)
27 Victoria & Albert's B1
Writer's Stop .... (voir 7)
Yak and Yeti .... (voir 4)

Où prendre un verre et faire la fête

Belle Vue Room .... (voir 5)
Big River Grille & Brewing Works .... (voir 5)
Jellyrolls .... (voir 5)
Raglan Road .... (voir 6)

Où sortir

28 Chip 'n' Dale Campfire Singalong C2
Cirque du Soleil La Nouba .... (voir 6)
29 Hoop-Dee-Doo Musical Revue C1
House of Blues .... (voir 6)
30 Mickey's Backyard Barbecue C1
Spirit of Aloha .... (voir 26)

Achats

Bibbidee Bobbidee Boutique .... (voir 2)
Lego Imagination Center .... (voir 6)
Once Upon a Toy .... (voir 6)
World of Disney .... (voir 6)

Indiqué mais pas légendé sur la carte du Magic Kingdom, vous trouverez ce havre de tranquillité sur le chemin de Tomorrowland.

Comment s'y rendre et circuler

Les seuls moyens de transport directs vers le Magic Kingdom sont le bateau ou le monorail depuis le Grand Floridian, le Grand Polynesian Resort, le Contemporary Resort, le Fort Wilderness Resort ou le Wilderness Lodge, et le ferry (600 passagers) ou le monorail depuis le Transportation & Ticket Center. Si vous êtes en voiture, vous devrez vous garer au Transportation & Ticket Center puis prendre le monorail ou le ferry jusqu'au parc.

Avec son parking gigantesque et des files interminables pour prendre les navettes, le Transportation & Ticket Center peut s'avérer infernal. Pour l'éviter, vous pouvez rejoindre le Contemporary Resort, le Grand Floridian ou le Polynesian Resort en monorail ou en bateau, puis prendre un taxi jusqu'à votre hôtel.

EPCOT CENTER

Dénué de montagnes russes, de parade, de manège aquatique, mais foisonnant de verdure, Epcot constitue un pan un peu plus calme de Walt Disney World® Resort. Faites une pause, respirez les encens du Maroc, écoutez les Beatles au Royaume-Uni et dégustez une pizza en Italie ou une soupe *miso* au Japon – avant de vous envoler vers le futur.

World Showcase — Attraction

(www.disneyworld.disney.go.com ; Epcot ; billet d'entrée au parc requis ; 9h-18h, horaires variables ; Disney, Disney, monorail Disney). World Showcase, l'une des deux sections thématiques d'Epcot, regroupe 11 pays autour d'une lagune. Après un moment d'exploration et d'éventuelles emplettes, vous pourrez contempler les feux d'artifice tirés en l'honneur de la paix et de l'harmonie dans un monde dont Disney avait raison de dire qu'il n'était pas si grand.

Soarin' — Manège

(Carte p. 62 ; www.disneyworld.disney.go.com ; Future World, Epcot ; billet d'entrée au parc requis ; 9h-18h, horaires variables ; Disney, Disney, monorail Disney). Voltigez, montez, descendez devant l'écran qui vous fait survoler des vergers d'agrumes, des montagnes, des rivières et des villes de Californie et, bouquet final, un vol au cœur des feux d'artifice, au-dessus du château de Cendrillon. Vous sentirez le parfum des oranges et vos pieds frôleront les surfeurs.

FastPass

Le FastPass est un billet papier gratuit qui vous permet de revenir à une attraction pendant une période précise en évitant de faire la queue. Bon à savoir : si une attraction a une option FastPass, il y a des distributeurs automatiques à l'entrée. Introduisez votre ticket de parking et votre FastPass sortira, avec votre horaire de retour. Revenez à l'heure indiquée, présentez votre billet FastPass dans la file FastPass et accédez à l'attraction en moins de 15 minutes. Une astuce ? Regardez en bas de votre FastPass pour voir si vous pouvez réintroduire votre ticket pour avoir un autre FastPass – l'affluence détermine la possibilité d'en obtenir un second avant l'heure d'utilisation du premier, et vous n'en aurez jamais plus de deux à la fois. Les FastPass pour les attractions les plus prisées peuvent être épuisés avant midi, et ne soyez pas surpris si votre horaire de retour ne dépasse pas cinq heures après le moment où vous obtenez votre pass. Si vous voulez absolument voir une attraction en particulier, procurez-vous votre FastPass le plus tôt possible.

Mission Space Manège

(Carte p. 62 ; www.disneyworld.disney.go.com ; Future World, Epcot ; billet d'entrée au parc requis ; 9h-18h, horaires variables ; Disney, Disney). Voici l'un des deux manèges à sensation de Future World. Attaché dans le cockpit d'un petit vaisseau spatial de 4 places, vous vous y trouverez projeté dans l'espace. Bien qu'il s'agisse d'une simulation et que la vitesse en soit modérée, des nausées peuvent survenir et les avertissements ont de quoi décourager les estomacs les mieux accrochés. Deux options s'offrent à vous, l'une moins intense que l'autre.

Ellen's Energy Adventure Manège

(Carte p. 62 ; 407-939-5277 ; www.disneyworld.disney.go.com ; Future World, Epcot ; billet d'entrée au parc requis ; 9h-18h, horaires variables ; Disney, Disney, monorail Disney). Cette attraction de 45 minutes est le manège le plus étrange d'Orlando, voire de Floride ! Au gré d'une scénographie tarabiscotée – l'humoriste et animatrice Ellen DeGeneres doit y gagner au jeu télévisé *Jeopardy!* –, vous embarquerez pour un voyage dans l'histoire afin de découvrir les sources d'énergie. Installé dans un véhicule de 96 places, vous glissez doucement dans le noir pour un périple qui vous emmènera au crétacé.

Spaceship Earth Manège

(Carte p. 62 ; www.disneyworld.disney.go.com ; Future World, Epcot ; ticket d'entrée au parc requis ; 9h-18h, horaires variables ; Disney, Disney). Spaceship Earth vous fera parcourir à petite vitesse le temps et l'histoire technique humaine, une activité un peu kitsch mais très amusante, menée dans la fameuse sphère géodésique d'Epcot.

Seas with Nemo & Friends Pavilion Manège, spectacle

(Carte p. 62 ; www.disneyworld.disney.go.com ; Future World, Epcot ; billet d'entrée au parc requis ; 9h-18h, horaires variables ; Disney, Disney, monorail Disney). Les enfants de

À gauche : Kilimanjaro Safaris (p. 69) ; **Ci-dessous** : Monorail
(À GAUCHE) D. TROZZO/ALAMY © ; (CI-DESSOUS) IAN DAGNALL/ALAMY ©

moins de 10 ans adoreront les deux attractions de ce pavillon. Parcourez l'océan avec Nemo sur un coquillage au **Seas with Nemo & Friends** et parlez avec Crush dans l'attraction interactive **Turtle Talk with Crush**, une activité très prisée des enfants.

Test Track

Manège

(Carte p. 62 ; www.disneyworld.disney.go.com ; Future World, Epcot ; billet d'entrée au parc requis ; 9h-18h, horaires variables ; Disney, Disney). À bord d'une voiture, affrontez la chaleur, le froid et les tests d'accélération, de freinage et de résistance au choc. Ainsi, un énorme semi-remorque foncera sur vous en vous aveuglant de ses phares et en klaxonnant. En test d'accélération, la voiture fait des pointes à 90 km/h sur une distance très courte, mais il y a peu de virages et pas de descentes. À l'entrée du manège, vous pourrez créer votre propre voiture virtuelle ; à la sortie, des jeux et des simulateurs vous attendent.

Comment s'y rendre et circuler

Un bateau et un sentier au bord de l'eau, goudronné et bien éclairé, relient Epcot à Hollywood Studios, Disney's BoardWalk et aux resorts (ou complexes hôteliers) suivants : Walt Disney World® Swan & Dolphin, Disney's Yacht Club & Disney's Beach Club, et Disney's BoardWalk Inn. Le monorail assure une liaison directe entre Epcot et le Transportation & Ticket Center ; de là, prenez un monorail ou le ferry jusqu'au Magic Kingdom. Les bus Disney partant de l'extérieur d'Epcot rejoignent les resorts ainsi qu'Hollywood Studios et Animal Kingdom.

Dans le parc, un bateau dessert le Maroc et l'Allemagne. Départ des deux embarcadères du Showcase Plaza, juste devant le Future World.

Club Cool (carte p. 62 ; www.disneyworld.disney.go.com ; Future World, Epcot ; billet d'entrée au parc requis ; 9h-18h, horaires variables ; Disney, Disney). Échantillons gratuits de boissons sans alcool provenant d'autres pays. Goûtez le Smart Watermelon de Chine, le Vegitabeta du Japon et le Beverley d'Italie, entre autres.

HELEN SESSIONS/ALAMY ©

À ne pas manquer
Les parades et spectacles de Disney

Il faut être bien organisé pour assister aux différentes parades et animations nocturnes de Disney. D'autant que les horaires changent en fonction des jours et des saisons. Outre les événements phares listés ci-dessous, d'autres festivités méritent le coup d'œil : consultez www.disneyworld.disney.go.com pour plus de détails.

Wishes Nighttime Spectacular (20h) est probablement la plus emblématique des animations Disney. Jiminy Cricket accompagne de ses commentaires ce feu d'artifice incontournable tiré au-dessus du château de Cendrillon, dans le Magic Kingdom.

Créé en 2014, le **Festival of Fantasy** (matin et après-midi, horaires variables) met en scène des chars élaborés sur lesquels dansent des personnages, tels que Peter Pan et la Belle au bois dormant.

Le récit **IllumiNations** (de nuit, horaires variables), somptueux spectacle de lumières et de feux d'artifice, se déroule autour d'un colossal globe au centre de l'Epcot's World Showcase Lagoon.

Durant la **Main Street Electrical Parade** (de nuit, horaires variables), des milliers de lumières scintillent, illuminant les personnages de Disney et leurs chars. Les temps forts ? Peter et Eliott le dragon, ou encore Alice au sommet d'un champignon géant.

Celebrate the Magic (de nuit, horaires variables), situé au château de Cendrillon, est un spectacle son et lumière qui change à chaque saison et met en scène les films et personnages Disney du Magic Kingdom.

D'imposantes marionnettes d'animaux et des personnages Disney en tenue de safari s'animent lors du **Jammin' Jungle** (de jour, horaires variables, Animal Kingdom)

Fantasmic (de nuit). Des torrents d'eau, de la musique et des lumières animent une histoire au cours de laquelle Mickey triomphe d'une bande de méchants. On peut s'installer 1 heure 30 avant le début du spectacle, et, même si l'amphithéâtre extérieur compte plus de 6 000 places, il est toujours bondé.

ANIMAL KINGDOM

À l'écart du reste de Disney, **Animal Kingdom** (carte p. 62 ; 407-939-5277 ; www.disneyworld.disney.go.com ; 2101 Osceola Pkwy ; Walt Disney World® Resort ; adulte/enfant 90/84 $; 9h-18h, horaires variables ; Disney) mêle ingénieusement zoo et parc à thème, carnaval et safari africain, le tout mâtiné d'une bonne dose de personnages Disney, d'histoires et de magie.

Oasis — Zoo

(Carte p. 62 ; www.disneyworld.disney.go.com ; Animal Kingdom ; billet d'entrée au parc requis ; 9h-18h, horaires variables ; ; Disney). Toute première section à thème d'Animal Kingdom, Oasis abrite de sympathiques créatures, dont un fourmilier géant, mais mieux vaut passer d'abord aux autres attractions et s'arrêter ici en repartant.

Discovery Island — Spectacle

(Carte p. 62 ; www.disneyworld.disney.go.com ; Animal Kingdom ; billet d'entrée au parc requis ; 9h-18h, horaires variables ; Disney). L'unique attraction de l'île est **It's Tough to Be a Bug!**, film en 4D sur le thème du dessin animé *1001 Pattes*, comprenant des périodes d'obscurité, de fumée artificielle et de lumières violentes. Bien qu'amusant et mignon, ce spectacle peut faire peur aux petits – on y entend souvent des enfants pleurer à la fin.

Africa — Manèges, spectacle

(Carte p. 62 ; www.disneyworld.disney.go.com ; Animal Kingdom ; billet d'entrée au parc requis ; 9h-18h, horaires variables ; Disney). Parcourez la savane africaine à bord d'une jeep dans **Kilimanjaro Safaris**, et arrêtez-vous pour admirer zèbres, lions, girafes, etc., dans une savane reconstituée. C'est une attractions très courue : venez-y de bonne heure ou utilisez votre FastPass+. Bien que le **Festival of the Lion King** – spectacle dansé et chanté inspiré du *Roi Lion* – reçoive des éloges dithyrambiques, nous l'avons trouvé peu intéressant.

Asia — Manèges, spectacle

(Carte p. 62 ; www.disneyworld.disney.go.com ; Animal Kingdom ; billet d'entrée au parc requis ; 9h-18h, horaires variables ; Disney). Cette section regroupe deux des manèges les plus prisés d'Animal Kingdom : **Expedition Everest**, des montagnes russes sur fond de yéti ; et **Kali River Rapids**, un manège aquatique. Chouettes et faucons pèlerins fascinent le public de **Flights of Wonder**. Les animaux sont impressionnants lorsqu'ils volent au-dessus des têtes.

Dinoland — Manèges, spectacle

(Carte p. 62 ; www.disneyworld.disney.go.com ; Animal Kingdom ; billet d'entrée au parc requis ; 9h-18h, horaires variables ; Disney). Ce curieux endroit d'inspiration paléontologique déçoit un peu avec ses dinosaures en plastique tape-à-l'œil et ses attractions foraines. Mais les petits aimeront les montagnes russes **Primeval Whirl**, et le manège aquatique **Dinosaur** se révèle très plaisant avec son côté *Jurassic Park*. Soyez prévenu, ça mouille !

Autour du monde en 80 minutes (et des poussières)

Pour profiter au mieux de World Showcase, flânez dans les boutiques et les restaurants et profitez des films promotionnels présentés au bureau du tourisme et de manèges plutôt calmes. Donald le canard et ses comparses vous emmèneront au Mexique à travers un grand circuit ; en Norvège, où vous embarquerez avec les Vikings et les trolls sur un fond de cascades ; quant au spectacle *American Adventure*, il vous présentera une version simplifiée de l'histoire des États-Unis, illustrée au moyen de personnages robotisés. Les pays représentés (de gauche à droite autour de l'eau) sont le Mexique, la Norvège, la Chine, l'Allemagne, l'Italie, les États-Unis, le Japon, le Maroc, la France, le Royaume-Uni et le Canada.

Rafiki's Planet Watch Zoo

(Carte p. 62 ; www.disneyworld.disney.go.com ; Animal Kingdom ; billet d'entrée au parc requis ; 9h-18h, horaires variables ; ; Disney). Des vétérinaires soignent les animaux malades ou blessés à la **Conservation Station** et l'on a parfois le droit d'approcher les animaux. On peut aller voir les adorables tamarins et caresser les moutons et les chèvres à l'**Affection Section**, mais c'est le **Wildlife Express Train**, que l'on emprunte pour venir, qui est peut-être le meilleur atout de l'endroit.

Depuis/vers Animal Kingdom

Les bus Disney s'arrêtent à Animal Kingdom, mais le trajet peut prendre 45 minutes, voire plus. Un parking est aménagé à l'entrée du parc.

HOLLYWOOD STUDIOS

Hollywood Studios n'a rien du charme suranné du Magic Kingdom, des aventures sophistiquées d'Epcot ou du divertissement kitsch d'Animal Kingdom. Il est censé rappeler l'âge d'or d'Hollywood, même si la plupart des attractions sont directement inspirées du XXIe siècle.

Le chapeau de sorcier de 40 m de haut sert de point de repère. Prenez à droite dans Sunset Blvd pour les grands manèges, le spectacle de *La Belle et la Bête* et Fantasmic! (animation nocturne spectaculaire), et à gauche vers New York pour les curiosités cinématographiques.

Sunset Boulevard Manèges, spectacle

(Carte p. 62 ; www.disneyworld.disney.go.com ; Hollywood Studios ; billet d'entrée au parc requis ; horaires de Hollywood Studios ; ; Disney, Disney). Le spectacle en plein air **Beauty and the Beast – Live on Stage** suit l'histoire de *La Belle et la Bête*, intègre les chansons du film et n'a recours ni aux effets spéciaux ni aux péripéties loufoques. Simple et très mignon, il ravira les admiratrices des princesses Disney. Si vous préférez les frissons, deux des attractions les plus célèbres de Disney se trouvent sur Sunset Blvd.

Pixar Place et Mickey Avenue Manèges, spectacles

(Carte p. 62 ; www.disneyworld.disney.go.com ; Hollywood Studios ; billet d'entrée au parc

Guitare d'Aerosmith, Rock 'n' Roller Coaster

HELEN SESSIONS/ALAMY ©

Le meilleur d'Hollywood Studios

Les horaires de retour d'un FastPass pour la Tower of Terror et le Rock 'n' Roller Coaster peuvent s'étendre après la tombée de la nuit (tant que le parc est ouvert). Arrivez donc dès l'ouverture, tournez à droite au chapeau de sorcier et retirez aussitôt un FastPass pour l'une des attractions, puis faites la queue pour l'autre.

Twilight Zone Tower of Terror Chute libre en ascenseur dans un hôtel hanté, un grand classique Disney.

Rock 'n' Roller Coaster Grand huit en intérieur, une attraction particulièrement appréciée.

Beauty and the Beast – Live on Stage Spectacle en plein air tiré de *La Belle et la Bête*. Un des meilleurs de Disney.

Voyage of the Little Mermaid Charmante comédie musicale à la lumière noire, superbe mais trop courte.

Toy Story Mania! Une aventure dans un jeu vidéo en 3D.

Pixar Pals Countdown to Fun parade Les personnages Pixar dansent dans les rues.

Sci-Fi Dine-In Theater (p. 82) Hamburgers et boissons fluo servis dans un décor de drive-in.

50's Prime Time Café (p. 82) Le meilleur restaurant à thème de Disney.

requis ; horaires de Hollywood Studios ; ; Disney, Disney). L'attente est toujours longue devant **Toy Story Mania!** (FastPass+), où les visiteurs enfilent des lunettes 3D et passent rapidement d'un stand de fête foraine à l'autre en tentant de marquer des points. **The Legend of Captain Jack Sparrow**, qui se visite à pied, est un must pour les fans de *Pirates des Caraïbes*. Notez que cette dernière attraction sera fermée pour des travaux de maintenance de mai 2015 jusqu'à l'automne 2015.

Hollywood Boulevard & Echo Lake — Manèges, spectacles

(Carte p. 62 ; www.disneyworld.disney.go.com ; Hollywood Studios ; billet d'entrée au parc requis ; horaires de Hollywood Studios ; ; Disney, Disney). C'est ici que vous trouverez **Star Tours** (FastPass+), attraction de *Star Wars* qui est l'une des plus récentes et des meilleures expériences 3D de Disney, le spectacle de cascadeurs **Indiana Jones Epic Stunt Spectacular** (Fastpass+), qui a lieu dans un amphithéâtre en plein air, et **American Idol** (*La Nouvelle Star* américaine), qui propose plusieurs concours par jour – consultez le site Internet pour savoir comment participer.

Star Tours : The Adventure Continues — Manège

(Carte p. 62 ; www.disneyworld.disney.go.com ; Hollywood Studios ; billet d'entrée au parc requis ; horaires de Hollywood Studios ; ; Disney, Disney) Embarquez à bord d'un Star Speeder 1000 et parcourez la galaxie dans ce simulateur 3D inspiré de *Star Wars*.

Depuis/vers Hollywood Studios

Une allée goudronnée au bord de l'eau et un bateau-navette relient Hollywood Studios au BoardWalk et aux *resorts* d'Epcot suivants : Walt Disney World® Swan & Dolphin, Disney's

Animation Academy

À l'heure de Photoshop et de l'animation par ordinateur, difficile d'imaginer le travail artisanal très méticuleux à l'origine des films d'animations classiques de Disney. pous pourrez dessiner votre personnage Disney préféré lors d'un cours dispensé par un professionnel au sein de l'**Animation Academy** (carte p. 62 ; à partir de 10h30, toutes les 30 min ;), installée dans l'attraction The Magic of Disney Animation aux Hollywood Studios. Environ 40 tables à dessin sont garnies de papier et de crayons, et votre œuvre restera peut-être l'un des plus beaux souvenirs de votre voyage !

Yacht Club & Disney's Beach Club et Disney's BoardWalk Inn. Les bus Disney vous transporteront vers les autres parcs et hôtels, moyennant parfois une correspondance.

TYPHOON LAGOON ET BLIZZARD BEACH

En plus de ses 4 parcs à thème, Disney s'enorgueillit de 2 parcs aquatiques. Si Blizzard Beach est le plus propice aux frissons, Typhoon Lagoon a la meilleure piscine à vagues. Les familles avec de jeunes enfants préféreront ce dernier pour sa formidable piscine-rivière et son aire de jeux pour les bambins. Et il y a de la place sur la plage pour jouer et s'éclabousser.

Typhoon Lagoon Parc aquatique

(Carte p. 62 ; 407-939-5277, 407-560-4120 ; www.disneyworld.disney.go.com ; 1145 Buena Vista Dr, Walt Disney World® Resort ; adulte/enfant 53/45 $, inclus dans l'option Water Park Fun & More du ticket Magic Your Way ; horaires variables ; Disney). Des palmiers en abondance, une piscine à pente douce avec une plage de sable blanc, des toboggans à grande vitesse et la meilleure piscine à vagues d'Orlando en font l'un des plus beaux parcs aquatiques de Floride. Les petits adoreront barboter dans **Castaway Creek** et s'éclabousser dans **Ketchakiddee Creek**.

Blizzard Beach Parc aquatique

(Carte p. 62 ; 407-560-3400, 407-939-5277 ; www.disneyworld.disney.go.com ; 1534 Blizzard Beach Dr, Walt Disney World® Resort ; adulte/enfant 53/45 $, inclus dans l'option Water Park Fun & More du ticket Magic Your Way ; horaires variables ; Disney). Le plus récent des deux parcs aquatiques Disney, conçu à la manière d'une station de ski dont la neige aurait fondu – n'est pas à la hauteur du Typhoon Lagoon. Au centre trône le **Mt Gushmore**, d'où s'élancent des toboggans.

Renseignements

Les maillots de bain ou les T-shirts ornés de métal sont interdits sur la plupart des toboggans. Les horaires varient selon les jours et les saisons ; appelez les parcs pour plus de précisions. D'octobre à mars, un seul parc aquatique Disney est ouvert. L'accès aux deux parcs aquatiques est inclus dans l'option Water Park Fun & More.

Depuis/vers Typhoon Lagoon et Blizzard Beach

Les bus Disney s'arrêtent à Typhoon Lagoon et à Blizzard Beach. Parkings gratuits également.

DISNEY'S BOARDWALK

Moins bondé que Downtown Disney, le petit espace de **Disney's BoardWalk** (carte p. 62 ; 407-939-5277 ; www.disneyworld.disney.go.com ; 2101 Epcot Resorts Blvd, Walt Disney World® Resort ; Disney, Disney), en face d'Epcot et le long du lac Crescent, rappelle les promenades de front de mer des anciennes stations balnéaires de la Nouvelle-Angleterre. Spectacles de magiciens, jongleurs et musiciens les jeudis, vendredis et samedis soir. Achetez un beignet ou un gâteau en forme de Mickey à la boulangerie et baladez-vous en Rosalie, voiturette à pédales pour 2 personnes, surmontée d'un auvent.

Renseignements

Les espaces publics de Disney's BoardWalk sont ouverts de 8h à 2h du matin.

Depuis/vers Disney's BoardWalk

Un chemin asphalté et bien éclairé et des petits bateaux relient le BoardWalk à Epcot et Hollywood Studios, ainsi qu'aux *resorts* Walt Disney World® Swan & Dolphin et Disney's Yacht Club & Disney's Beach Club. Des bus Disney s'arrêtent au BoardWalk Inn, un hôtel situé au milieu de la promenade.

DOWNTOWN DISNEY

Déployé au bord de l'eau, **Downtown Disney** (carte p. 62 ; 407-939-6244 ; www.disneyworld.disney.go.com ; 1490 E Buena Vista Dr, Walt Disney World® Resort ; 8h30-2h ; Disney, Disney, Lynx 50) est un grand centre commercial à ciel ouvert comprenant trois secteurs de boutiques, de restaurants et de salles de concerts : **West Side** abrite un cinéma multiplexe où l'on peut dîner et le spectacle *La Nouba* du Cirque du Soleil, **Marketplace** la plus grande boutique Disney au monde, et **Pleasure Island** plusieurs restaurants, bars et discothèques. L'ambiance est festive et bon enfant, en particulier le week-end : les visiteurs se baladent, les artistes de rue dansent sur des échasses et les familles font du shopping.

Actuellement en pleine réhabilitation, Downtown Disney a été rebaptisé **Disney Springs** et ses infrastructures vont être rajeunies (fin des travaux prévue en 2016).

DisneyQuest Indoor Interactive Theme Park Jeux vidéo
(Carte p. 62 ; 407-828-3800 ; www.disneyworld.disney.go.com ; Downtown Disney ; adulte/enfant 48/42 $, inclus dans l'option Water Park Fun & More du ticket Magic Your Way ; 11h30-22h lun-ven, 11h30-23h sam-dim ; ; Disney, Disney, Lynx 50). Avec

Disney's BoardWalk au crépuscule

BLAINE HARRINGTON III/ALAMY ©

Rencontrer les personnages Disney

Des visiteurs de tous âges dépensent beaucoup d'argent et passent un temps fou à faire la queue pour se faire photographier avec Winnie l'ourson, Blanche-Neige ou d'autres figures emblématiques de Disney. Sachez que vous pouvez rencontrer ces personnages dans les hôtels *resorts* – il n'est donc pas nécessaire de posséder un billet d'entrée au parc.

RENCONTRES GRATUITES

Outre des lieux fixes, tels Epcot et Animal Kingdom, où l'on peut saluer les personnages Disney, repérez sur les plans la main gantée qui indique les heures et endroits pour les retrouver, et consultez le *Times Guide* pour de plus amples détails. Chaque parc dispose de sites spécifiques. Il suffit de faire la queue pour rencontrer les personnages et prendre une photo avec eux. Si Mickey, Minnie, Pluto, Donald et Dingo se promènent un peu partout, on rencontre les stars de Pixar uniquement aux Hollywood Studios, où vous avez aussi le plus de chance de trouver les nouveaux personnages de Disney. C'est au Magic Kingdom que vous aurez le plus de chance de rencontrer des princesses.

REPAS AVEC DES PERSONNAGES DISNEY

Réservez jusqu'à 6 mois à l'avance, sur Internet ou par téléphone, auprès de Walt Disney World® Dining (☎407-939-3462), pour participer à l'un des nombreux repas avec personnages des parcs à thème et des *resorts*. Le Grand Floridian Resort organise un buffet petit-déjeuner en présence de Winnie, Mary Poppins et Alice, ainsi que des déjeuners, goûters et dîners avec les princesses. Au Chef Mickey's du Contemporary Resort, les petits-déjeuners et dîners en compagnie de Dingo et ses amis font salle comble, tandis que Winnie et ses amis se restaurent trois fois par jour au Crystal Palace du Magic Kingdom. Les places les plus convoitées sont celles de Cinderella's Royal Table (p. 79), à l'intérieur du château de Cendrillon. Celle-ci accueille les invités et pose pour la photo (comprise dans le prix), puis un repas à table est servi à l'étage. Sachez que ces repas n'ont rien de gastronomique ni d'intime. Les personnages évoluent dans la salle, s'arrêtant quelques instants à chaque table pour faire des photos et signer des autographes.

4 étages étourdissants dédiés aux jeux vidéo, ce "parc à thème interactif" est tout indiqué pour un après-midi trop chaud ou pluvieux. Parmi les jeux de réalité virtuelle, citons la balade sur le tapis volant d'Aladin au-dessus d'Agrabah et une descente sur une rivière à l'ère mésozoïque. Vous pourrez concevoir votre propre montagne russe virtuelle et passer des heures sur d'anciens jeux vidéo et des flippers.

Characters in Flight Manège

(Carte p. 62 ; ☎407-939-7529 ; www.disneyworld.disney.go.com ; Downtown Disney ; adulte/enfant 18/12 $; ⌚8h30-minuit ; 🚌Disney, ⛴Disney, 🚌Lynx 50). Les visiteurs montent dans la nacelle et s'élèvent à 120 m d'altitude pour profiter d'un panorama à 360°.

ℹ Renseignements

Les espaces publics de Downtown Disney sont ouverts de 8h à 2h du matin.

Comment s'y rendre et circuler

Downtown Disney est accessible en bateau depuis les complexes hôteliers de Downtown Disney et en bus depuis les autres sites. Il y a un parking gratuit, mais pas de transport direct pour les parcs à thème. Vous pourrez marcher le long de Downtown Disney, ou prendre un bateau-navette qui s'arrête dans chaque district.

Activités

Disney compte un choix impressionnant d'activités ; organisées pour la plupart dans les hôtels Disney, aucune n'implique l'achat d'un ticket d'entrée au parc. Appelez **Walt Disney World Recreation** (**407-939-7529**) pour réserver et obtenir des renseignements. Pour des informations générales sur Walt Disney World® Resort, consultez www.disneyworld.disney.go.com.

VÉLO

Les sentiers au bord des lacs, à travers les bois et le long des *resorts* et des terrains de golf sont parfaits pour les balades en famille. Plusieurs hôtels Disney louent des vélos (9 $/heure, 18 $/jour) et des Rosalies (22 $/30 min).

Surrey Bikes at the Boardwalk Location de Rosalies

(Carte p. 62 ; 407-560-8754 ; www.disneyworld.disney.go.com ; Disney's BoardWalk ; 22 $/30 min ; Disney, Disney). Promenez-vous au bord de l'eau en faisant retentir votre sonnette dans une Rosalie surmontée d'un auvent.

BALADES À CHEVAL

Des promenades en calèche sont organisées au Disney's Port Orleans Resort.

Pause nature

Autour de Discovery Island, de courts sentiers desservent des coins paisibles au bord de l'eau où quelques bancs vous attendent pour vous détendre en grignotant. Vous pourrez apercevoir des animaux tels des tortues ou des singes.

Walt Disney World® Resort Swan & Dolphin Hotels (p. 77)

TIM E WHITE/ALAMY ©

Fort Wilderness Tri-Circle-D Ranch Balades à cheval
(Carte p. 62 ; 407-824-2832 ; www.disneyworld.disney.go.com ; 4510 N Wilderness Trail, Disney's Fort Wilderness Resort & Campground ; 10-45 $/30 min ; Disney, Disney). Randonnées guidées, poney, balades en chariot ou en attelage.

SPORTS AQUATIQUES

Une bonne dizaine d'hôtels Disney louent des kayaks, des canoës, des Jet-Skis et des bateaux pontons, entre autres.

Sammy Duvall's Watersports Centre Sports nautiques
(Carte p. 62 ; 407-939-0754 ; www.sammyduvall.com ; 4600 World Dr, Disney's Contemporary Resort ; Jet Ski 135 $/heure , ski nautique, wakeboard et tubing jusqu'à 5 pers 165 $/heure ; 10h-17h ; Disney, Disney, monorail Disney). Cours, location et parachute ascensionnel.

Où se loger

Les *resorts* (complexes hôteliers) sont classés en fonction de leur emplacement, et les transports depuis/vers celui-ci, assurés par Disney, sont souvent inclus. Les prix varient très fortement en fonction de la saison (il existe plus de 20 tarifs différents dans l'année !) et les *resorts* deluxe affichent parfois plus de 10 types de chambres. Les prix indiqués ci-après correspondent au tarif le plus bas/tarif du week-end ; notez que les prix en semaine seront un peu moins élevés.

Dans une catégorie à part, le **Shades of Green Resort** (carte p. 62 ; 407-824-3400 ; www.shadesofgreen.org ; 1950 W Magnolia Palm Dr ; ch 90-150 $, ste 235-250 $; Disney) est situé dans Walt Disney World® Resort mais appartient au centre de loisirs de l'armée. Seuls les membres actifs ou retraités des forces armées américaines (National Guard incluse) et leur veuf/veuve peuvent y séjourner, et les prix sont classés en trois catégories, en fonction du grade.

MAGIC KINGDOM

Le principal avantage de loger dans l'un de ces hôtels de Bay Lake est qu'ils sont directement reliés en monorail ou en bateau au Magic Kingdom et permettent de se rendre au parc sans transfert.

Disney's Fort Wilderness Resort Camping, chalets $$
(Carte p. 62 ; 407-939-5277, 407-824-2900 ; www.disneyworld.disney.go.com ; 4510 N Fort Wilderness Trail ; empl tente tarif basse saison/saison intermédiaire/haute saison 55/79/91 $, empl camping-car 74/102/130 $, chalet 6 pers 330/403/456 $; Disney, Disney). Cette immense réserve naturelle ombragée satisfait les enfants et les familles avec ses promenades dans des charrettes à foin, des parties de pêche et des chants au coin du feu. Les bungalows logent jusqu'à 6 personnes et disposent de TV câblée et de cuisine équipée. Les voitures ne sont pas autorisées dans le complexe, mais vous pourrez louer une voiturette de golf pour vous déplacer.

Disney's Grand Floridian Resort & Spa Resort $$$
(Carte p. 62 ; 407-824-3000, 407-939-5277 ; www.disneyworld.disney.go.com ; 4401 Floridian Way ; ch tarif basse saison/saison intermédiaire/haute saison 550/606/714 $, ste 6 pers à partir de 1 412 $; P ; Disney, Disney, monorail Disney). À un arrêt de monorail du Magic Kingdom, le Grand Floridian a la réputation d'être le domaine la plus élégant de Disney World ; et de fait il en émane un charme indéniable. Le hall sur 4 niveaux, où un orchestre joue du jazz (et naturellement des classiques Disney), rappelle le style et la classe de la Floride d'antan.

Disney's Wilderness Lodge Resort $$$
(Carte p. 62 ; 407-824-3200, 407-939-5277 ; www.disneyworld.disney.go.com ; 901 Timberline Dr, Walt Disney World® Resort ; ch tarif basse saison/saison intermédiaire/haute saison 325/394/471 $, ste 6 pers à partir de 688 $; P ; Disney, Disney). Les lustres en forme de tipi du magnifique hall, les totems et l'immense cheminée rappellent l'Ouest américain. Le faux

geyser et les serveurs qui poussent la chansonnette dans le restaurant effacent toutefois très vite la sensation d'être perdu au fond des bois.

EPCOT

Principal atout de ces hôtels : l'accès privilégié aux restaurants et loisirs d'Epcot, d'Hollywood Studios et de la Disney's BoardWalk.

Disney's BoardWalk Inn — Resort $$$

(Carte p. 62 ; ✆ 407-939-5277, 407-939-6200 ; www.disneyworld.disney.go.com ; 2101 Epcot Resorts Blvd ; ch tarif basse saison/saison intermédiaire/haute saison 411/477/569 $, bungalows et ste 6 pers à partir de 756 $; P ❄ @ ᯤ ≋ ; 🚌 Disney, ⛴ Disney). Sur la rive de lac Crescent, ce complexe incarne le charme de l'âge d'or d'Atlantic City, avec un front de mer couleur caramel, des tandems surmontés d'auvents à rayures et une promenade en bois qui fait le tour du domaine. Le charmant hall arbore des murs verts, un parquet et des salons fleuris à l'ancienne. Les chambres, élégantes, sont pourvues de terrasses ou de balcons.

Walt Disney World Swan & Dolphin Hotels — Resort $$

(Carte p. 62 ; ✆ Dolphin 407-934-4000, Swan 407-934-3000 ; www.swandolphin.com ; 1200 et 1500 Epcot Resorts Blvd ; ch 160-380 $; 🚌 Disney, ⛴ Disney). Ces deux tours de luxe conçues par Michael Graves se font face et partagent les mêmes équipements ; la touche Disney y est moins accentuée, mais le complexe garde tous les avantages afférents, notamment les transports et les Magic Hours (des horaires étendus en matinée et en soirée pour les seuls clients des hôtels Disney).

Disney's Yacht Club Resort & Disney's Beach Club Resort — Resort $$$

(Carte p. 62 ; ✆ Beach Club 407-934-8000, Walt Disney World 407-939-5277, Yacht Club 407-934-7000 ; www.waltdisneyworld.disney.go.com ; 1700 & 1800 Epcot Resorts Blvd, Walt Disney World® Resort ; ch tarif basse saison/saison intermédiaire/haute saison 400/465/554 $, ste 8 pers à partir de 1 633 $; ❄ ᯤ ≋ ; 🚌 Disney, ⛴ Disney). Ces magnifiques complexes jumeaux très bien situés au bord de l'eau, à 5 minutes à pied d'Epcot, exhalent un charme balnéaire qui fait penser à la Nouvelle-Angleterre. Les piscines, avec plage de sable et toboggan dévalant du mât d'un navire, reçoivent d'innombrables louanges mais nous les avons trouvées plutôt exiguës et défraîchies.

ANIMAL KINGDOM

Pour se rendre de ces hôtels jusqu'à Epcot, Hollywood Studios, Animal Kingdom, Downtown Disney et Disney's BoardWalk, il faut prendre le bus (ou la

Disney's Animal Kingdom Lodge (p. 78)
NIK WHEELER/ALAMY ©

voiture), et pour Magic Kingdom le bus puis le monorail ou le bateau.

Disney's Animal Kingdom Lodge — Resort $$$

(Carte p. 62 ; ☎ 407-939-5277, 407-938-3000 ; www.disneyworld.disney.go.com ; 2901 Osceola Blvd ; ch tarif basse saison/saison intermédiaire/haute saison 319/389/465 $, ste 6/8 pers à partir de 930/1 697 $; P ❄ @ ≋ ; 🚌 Disney). Ce complexe a l'avantage d'être contigu à 16 ha de savane, ce qui permet aux hôtes de voir l'arche de Noé défiler sous leurs fenêtres et balcons. Des rangers répondront à vos questions sur la faune sauvage, et les restaurants, recommandés, servent une cuisine d'inspiration africaine.

DOWNTOWN DISNEY

Ces hôtels ont un accès facile et plaisant en bateau à Downtown Disney, mais seuls les bus Disney desservent les parcs à thème et la Disney's BoardWalk.

Disney's Port Orleans French Quarter and Riverside Resorts — Resort $$

(Carte p. 62 ; ☎ French Quarter 407-934-5000, Riverside 407-934-6000 ; www.disneyworld.disney.go.com ; 1251 Riverside ; ch tarif basse saison/saison intermédiaire/haute saison 182/211/237 $; P ❄ @ ≋ ; 🚌 Disney, ⛴ Disney). Jardins luxuriants, Mardi gras, etc. promettent une ambiance digne de la Louisiane. Ces deux complexes jumeaux, aux chambres simples un peu datées, proposent une myriade d'activités : toboggan serpent de mer, location de bateaux, promenades en attelage… C'est l'un des plus grands complexes de Disney ; une navette en bateau relie les deux propriétés (vous pourrez faire le trajet en 15 min à pied).

Disney's Old Key West Resort — Resort $$$

(Carte p. 62 ; ☎ 407-939-5277, 407-827-7700 ; www.disneyworld.disney.go.com ; 1510 N Cove Rd ; studios tarif basse saison/saison intermédiaire/haute saison 327/368/431 $, villas 1 chambre 452/508/556 $, villas 2 chambres 618/742/903 $; P ❄ @ ≋ ; 🚌 Disney, ⛴ Disney). Les touches pastel soulignées de tons chauds, les bouquets de palmiers et les eaux bleu azur fleurent bon les villégiatures de la Belle Époque. Ce complexe comprend uniquement des villas. Les studios peuvent accueillir

Rose & Crown (p. 80)

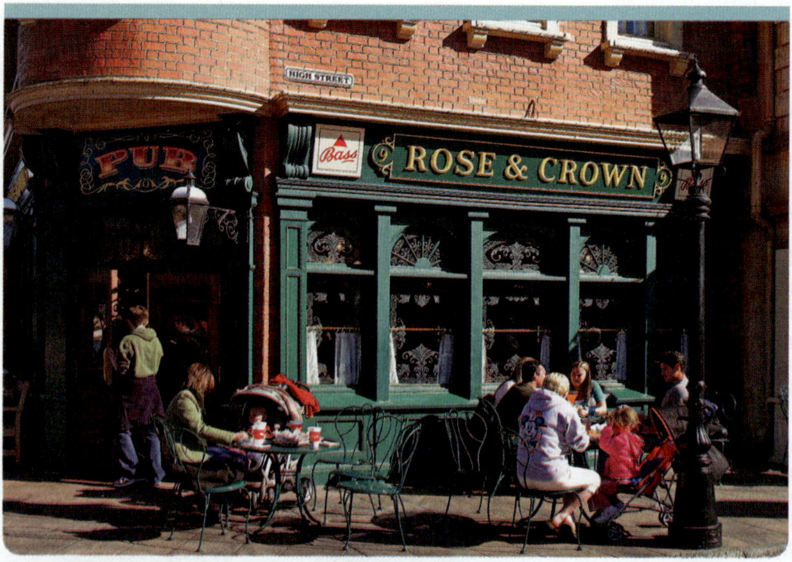

MEL LONGHURST/ALAMY ©

Victoria & Albert's : interdit aux enfants

Lorsque Disney a annoncé que les moins de 10 ans ne seraient plus admis au Victoria & Albert's, le fin du fin de la scène gastronomique d'Orlando, cette interdiction a suscité des réactions indignées dans les médias. Pourtant, avec près de 100 autres restaurants, les familles ne devraient pas avoir de difficultés à trouver d'autres formules que ce dîner de 3 heures comprenant 7 plats (150 $/pers, supp vin assorti 65 $). La cuisine du Victoria & Albert's est exquise, le service irréprochable et le décor d'inspiration victorienne, mariant les tons brun et crème. À l'instar de Cinderella's Table, cet établissement situé dans le Grand Floridian Resort affiche complet plusieurs mois à l'avance ; réservez au ☎407-939-3463 le matin du 180e jour (6 mois) avant la date où vous souhaitez venir.

4 personnes, les villas d'une et 2 chambres, 8 personnes, et les villas de 3 chambres, 12 personnes.

Où se restaurer

Les restaurants avec service à table acceptent les réservations "assises" prioritaires, jusqu'à 180 jours à l'avance sauf mention contraire. Appelez Disney Dining au ☎407-939-3463 ou rendez-vous sur www.disneyworld.disney.go.com.

MAGIC KINGDOM

Un repas au Magic Kingdom repose moins sur la cuisine que sur le décor, l'ambiance festive et la possibilité d'avoir des personnages Disney à votre table. Vous y trouverez quantité de snacks, fast-foods et restaurants avec service en salle.

Be Our Guest Américain **$$**

(Carte p. 62 ; ☎407-939-3463 ; www.disneyworld.disney.go.com ; Magic Kingdom ; plats midi 9-14 $, soir 18-32 $; ⏲10h30-14h30 et 16h-21h30, horaires variables ; 📶 👪 ; 🚌Disney, ⛴Disney, 🚌Lynx 50, 56). Installé dans le merveilleux château de la Bête, le plus récent et le plus tendance des restaurants Disney est incontournable pour les fans de *La Belle et la Bête*. On y mange du porc braisé, des découpes de dinde et des Master's Cupcakes – le dernier dessert à la mode.

Gaston's Tavern Américain **$**

(www.disneyworld.disney.go.com ; Magic Kingdom ; plats 6-10 $; billet d'entrée au parc requis ; ⏲9h-fermeture du parc ; 📶 👪 ; 🚌Disney, ⛴Disney, 🚌Lynx 50, 56). Jarrets de porc, roulés géants à la cannelle et houmous rendent hommage à l'ego musclé de Gaston de *La Belle et la Bête*. Malgré un curieux mélange de plats rapides, la reconstitution de la taverne ornée du portrait géant du personnage est réussie et la nourriture plutôt bonne. Goûtez la bière Le Fou's Brew, une boisson sans alcool à base de jus de pomme givré, concurrente de la Butterbeer des studios Universal.

Cinderella's Royal Table Américain

(Carte p. 62 ; ☎407-934-2927 ; www.disneyworld.disney.go.com ; Cinderella's Castle, Magic Kingdom ; adulte 60-75 $, enfant 36-45 $; ⏲8h-10h40, 11h45-14h40, 16h-22h ; 📶 👪 ; 🚌Disney, ⛴Disney, 🚌Lynx 50, 56). Cendrillon accueille les invités et pose pour la photo (comprise dans le prix), puis un repas à table avec les princesses est servi à l'étage. C'est l'unique moyen pour manger dans ce château emblématique. Réservations 6 mois à l'avance. Horaires variables.

Cheshire Cafe Boulangerie **$**

(Carte p. 62 ; www.disneyworld.disney.go.com ; Magic Kingdom ; cupcakes 4-10 $, billet d'entrée au parc requis ; ⏲9h-fermeture du parc ; 🚌Disney,

Disney, Lynx 50, 56). Leurs délicieux cupcakes – recouverts de plusieurs couches de crème et couronnés de décors évoquant *Alice au pays des merveilles* – sont assez gros pour être partagés.

EPCOT

Bon nombre de restaurants d'Epcot s'ingénient à recréer l'ambiance du pays qu'ils représentent.

La Cava del Tequila — Mexicain $

(Carte p. 62 ; 407-939-3463 ; www.disneyworld.disney.go.com ; Epcot ; tapas 6-12 $, billet d'entrée au parc requis ; 12h-fermeture du parc ; Disney, Disney, monorail Disney). Choisissez entre une margarita au concombre, aux fruits de la passion ou à l'orange sanguine, ou goûtez un peu de chaque boisson ! Le menu annonce plus de 70 sortes de tequilas et une petite variété de tapas. Ambiance cosy avec lumière diffuse, sols carrelés, fresques mexicaines aux murs et poutres apparentes. La Cava est reliée à la San Angel Inn, un restaurant avec service à table, mais elle ne prend pas les réservations.

La Hacienda de San Angel — Mexicain $$

(Carte p. 62 ; 407-939-3463 ; www.disneyworld.disney.go.com ; Epcot ; plats 23-30 $, billet d'entrée au parc requis ; 16h-fermeture du parc ; ; Disney, Disney, monorail Disney). Cet authentique restaurant mexicain (plutôt que tex mex), au bord du lagon, propose des tortillas de maïs fraîches du jour, des sauces à la mangue et au *chipotle* et des margaritas *on the rocks* allant du Rosita (parfumé à la rose) à la version classique, servie dans un verre givré au sel parfumé au cactus et à la citronnelle.

Via Napoli — Pizzeria $$

(Carte p. 62 ; 407-939-3463 ; www.disneyworld.disney.go.com ; Epcot ; pizzas 13-22 $, billet d'entrée au parc requis ; 11h30-fermeture du parc ; ; Disney, Disney, monorail Disney). La pizza à la pâte fine et croustillante, cuite au feu de bois, est savoureuse et les garnitures sont variées.

San Angel Inn — Mexicain $$

(Carte p. 62 ; 407-939-3463 ; www.disneyworld.disney.go.com ; Epcot ; plats 17-28 $, billet d'entrée au parc requis ; 11h30-fermeture du parc ; ; Disney, Disney, monorail Disney). Installé dans une pyramide aztèque et entouré d'un marché mexicain, sous un ciel nocturne scintillant d'étoiles, ce restaurant sert des chips mexicaines accompagnées de *salsa* fraîche et de *pico de gallo* (sauce aux tomates, aux oignons et aux piments *jalapeños*), une cuisine consistante et, en dessert, du gâteau de riz aux raisins et à la cannelle. Plats végétariens.

Rose & Crown — Anglais $$

(Carte p. 62 ; 407-939-3463 ; www.disneyworld.disney.go.com ; Epcot ; plats

Earl of Sandwich (p. 84)
JEFF GREENBERG/ALAMY ©

13-21 $, billet d'entrée au parc requis ; 11h-fermeture du parc ; ; Disney, Disney, monorail Disney). Dans ce pub anglais, dégustez un *ploughman's lunch* (pain, fromage, pickles et salade), un steak, un *fish & chips* ou un savoureux curry de légumes. Arrosez le tout d'une bière Bass à la pression et écoutez un concert en plein air des Fab Four, ou installez-vous dans le patio pour le spectacle nocturne "Illuminations".

Les Chefs de France — Français $$

(Carte p. 62 ; 407-939-3463 ; www.disneyworld.disney.go.com ; Epcot ; plats 19-35 $, billet d'entrée au parc requis ; 12h-15h et 16h30-femeture du parc ; ; Disney, Disney, monorail Disney). Agrémentée de tons jaune vif et de grandes fenêtres, cette brasserie française animée propose des steak-frites et autres classiques. Quatre fois par jour, du lundi au samedi, Rémy de *Ratatouille* fait une apparition. Il ne s'arrête pas à toutes les tables, comme le font d'autres personnages, mais danse et marque une pause où bon lui semble.

Biergarten — Allemand $$

(Carte p. 62 ; 407-939-3463 ; www.disneyworld.disney.go.com ; Epcot ; déj buffet adulte/enfant 20/11 $, dîner buffet 27/13 $, billet d'entrée au parc requis ; 11h-fermeture du parc ; ; Disney, Disney, monorail Disney). Les gros appétits apprécieront les plats allemands traditionnels, les incontournables bretzels et la bière. La décoration intérieure évoque un village allemand traditionnel, avec pavés, arbres et musique folklorique bavaroise pour l'ambiance vespérale.

Restaurant Marrakesh — Marocain $$$

(Carte p. 62 ; 407-939-3463 ; www.disneyworld.disney.go.com ; Epcot ; plats 21-36 $, billet d'entrée au parc requis ; 11h30-fermeture du parc ; ; Disney, Disney, monorail Disney). Les pétillantes danseuses orientales déambulent entre les imposantes colonnes et autour des tables du Palais du Sultan, décoré de mosaïques, velours et dorures. Les brochettes d'agneau, le couscous et les autres mets sont décevants, mais ce joli établissement est parfait pour fuir la chaleur, et les enfants aiment se joindre aux danseuses.

Faites une pause dans le Magic Kingdom

Le pavillon couvert au bord de l'eau, dans la roseraie près du pont à droite du château de Cendrillon, est l'endroit idéal pour se reposer un peu à l'écart de la foule. Vous trouverez ce havre de tranquillité, indiqué mais pas légendé sur la carte du Magic Kingdom, en marchant vers Tomorrowland.

Le Cellier Steakhouse — Grill $$$

(Carte p. 62 ; 407-939-3463 ; www.disneyworld.disney.go.com ; Epcot ; plats 21-35 $, billet d'entrée au parc requis ; 11h-fermeture du parc ; ; Disney, Disney, monorail Disney). Idéal pour les amateurs de viande, de bison en particulier. Sombre, avec murs en pierre et lanternes, allez-y pour échapper à la chaleur même si les sauces épaisses et les énormes desserts ne vont pas vous aider à finir la journée...

Teppan Edo — Japonais $$

(Carte p. 62 ; 407-939-3463 ; www.disneyworld.disney.go.com ; Epcot ; plats 16-29 $, billet d'entrée au parc requis ; 11h-fermeture du parc ; ; Disney, Disney, monorail Disney). Les chefs font rissoler le poulet, jouent des baguettes et coupent frénétiquement les légumes dans la cuisine ouverte. Jolis jardins japonais attenants.

Les Halles Boulangerie Pâtisserie — Français $

(Carte p. 62 ; www.disneyworld.disney.go.com ; Epcot ; pâtisseries et sandwichs 2-10 $, billet d'entrée requis ; 9h-fermeture du parc ; Disney, Disney). La plupart des clients viennent pour les gâteaux, éclairs et cookies, mais il y a aussi des "pizzas sur pain français", des quiches et des sandwichs baguette, ainsi que du vin et du champagne.

Ci-dessous : Downtown Disney ; **À droite** : Via Napoli (p. 80)

ANIMAL KINGDOM

Yak and Yeti — Asiatique $$

(Carte p. 62 ; 407-939-3463, 407-824-9384 ; www.disneyworld.disney.go ; Animal Kingdom ; plats 14-29 $, billet d'entrée au parc requis ; 11h-fermeture du parc ; ; Disney). Empruntant son nom à un luxueux hôtel de Katmandou, le Yak and Yeti, au pied du Mt Everest, est décoré dans un style vaguement népalais, mais cela est suffisant pour transporter les hôtes sur les contreforts himalayens. Nouilles sautées, raviolis et tempuras arrosés de Tsingtao fraîche : contre toute attente, ce restaurant compte parmi les meilleurs du parc.

HOLLYWOOD STUDIOS

50's Prime Time Café — Américain $$

(Carte p. 62 ; 407-939-3463 ; www.disneyworld.disney.go.com ; Hollywood Studios ; plats 13-21 $, billet d'entrée au parc requis ; 11h-fermeture du parc ; ; Disney, Disney).

L'accueil se fait dans une maison typique des années 1950 et vous y dégusterez une cuisine familiale – tourte au poulet de grand-mère, poulet rôti de la tante Liz ou bœuf braisé à l'ancienne – servie sur une table en Formica. Des serveuses en robe rose et tablier blanc vous encourageront à finir votre assiette et réprimanderont gentiment les convives qui mettent les coudes sur la table.

Sci-Fi Dine-In Theater — Américain $$

(Carte p. 62 ; 407-939-3463 ; www.disneyworld.disney.go.com ; Hollywood Studios ; plats 13-30 $, billet d'entrée au parc requis ; 11h-fermeture du parc ; ; Disney, Disney). Restaurant-concept poussé à son paroxysme, cette reconstitution d'un drive-in des années 1950 permet de manger devant un nanar d'épouvante ou de science-fiction. Alors, prenez place dans l'une des Cadillac décapotables et commandez des hamburgers, des

grillades ou des boissons "Lunar Landing" à l'une des serveuses.

Writer's Stop Boulangerie $

(Carte p. 62 ; www.disneyworld.disney.go.com ; Hollywood Studios ; plats 6-12 $, billet d'entrée au parc requis ; 9h-fermeture du parc ; ; Disney, Disney). Bon café et gourmandises servies dans une boutique aménagée à la manière d'une petite librairie. S'il reste de la place, profitez-en pour vous reposer en regardant les dessins animés Disney diffusés sur écran.

DISNEY'S BOARDWALK

Kouzzina by Cat Cora Grec $$$

(Carte p. 62 ; 407-939-3463, 407-939-2380 ; www.disneyworld.disney.go.com ; Disney's Boardwalk ; plats 15-35 $; 7h-11h et 17h-22h30 ; ; Disney). Si l'atmosphère est bruyante et agitée, le menu vaut le détour. Venez au petit-déjeuner pour les pancakes orange-myrtilles et les saucisses au poulet, ou le soir pour le poulet mijoté à la cannelle et un ouzo rafraîchissant.

Flying Fish Poisson, fruits de mer $$$

(Carte p. 62 ; 407-939-3463, 407-939-2359 ; www.disneyworld.disney.go.com ; Disney's Boardwalk ; plats 26-39 $; 17h-22h ; ; Disney). Aussi inventives que raffinées, les préparations des produits de la mer du Flying Fish lui valent d'être tenu pour l'un des meilleurs restaurants haut de gamme de Disney. Réservation nécessaire pour le menu gastronomique 5 plats avec vin assorti. Le menu enfant est bien plus économique (entre 6 et 15 $).

DOWNTOWN DISNEY

Paradiso 37 Sud-américain $$

(Carte p. 62 ; 407-934-3700 ; www.paradiso37.com ; Downtown Disney ; plats 15-25 $; 11h30-23h dim-jeu, 11h30-minuit ven-sam ; P ; Disney, Disney, Lynx 50). Avec plus de 15 tequilas différentes, une impressionnante carte de cocktails et un menu qui représenterait 37 pays du continent américain, cet établissement moderne au bord de l'eau est l'un des meilleurs de Downtown Disney.

Si vous aimez... Les dîners-spectacles Disney

Pour assister à l'un de ces trois dîners-spectacles, il convient de réserver jusqu'à 6 mois à l'avance. Vous pourrez annuler jusqu'à 48 heures à l'avance sans frais. La bière et le vin sont inclus dans le tarif. Billet d'entrée au parc non requis.

1 **HOOP-DEE-DOO MUSICAL REVUE** (p. 87) C'est l'un des spectacles les plus anciens de Disney et l'on s'y amuse beaucoup, une fois que l'on est rassasié et dans l'ambiance.

2 **SPIRIT OF ALOHA SHOW** (p. 86) Au Polynesian Resort, des hommes et des femmes en tenue hawaïenne sautent sur scène, dansent et manient le feu au son des cris et des tambours, dans la tradition des *luau* du Pacifique Sud.

3 **MICKEY'S BACKYARD BARBECUE** (Carte p. 62 ; 407-824-1593, 407-939-3463 ; www.disneyworld.disney.go.com ; 4510 N Fort Wilderness Trail, Disney's Fort Wilderness Resort ; adulte 50-60 $, enfant 36-40 $; 18h30 ; ; Disney, Disney). Le seul dîner-spectacle auquel participent des personnages Disney. Chansons et danses country, et accessoires Mickey loufoques. Un classique du Fort Wilderness.

Earl of Sandwich — Sandwichs $

(Carte p. 62 ; www.disneyworld.disney.go.com ; Downtown Disney ; sandwichs 5-8 $; 8h30-23h ; P ; Disney, Disney, Lynx 50). Des sandwichs étonnamment bons, qu'ils soient basiques ou exotiques. Une des solutions les plus copieuses et avantageuses pour déjeuner dans le parc. Reste qu'il ne s'agit que de la succursale d'une chaîne de sandwicheries.

Fresh-A-Peel — Américain $

(Carte p. 62 ; www.disneyworld.disney.go.com ; Downtown Disney ; plats 5-12 $; 9h30-23h30, 9h30-minuit ven et sam ; P ; Disney, Disney, Lynx 50). Hot dogs sans nitrate au pain complet, hamburgers végétariens ou à la dinde, et "frites légères", vous ne trouverez pas plus sain à Disney.

HÔTELS RESORTS

Jiko — Africain $$$

(Carte p. 62 ; 407-938-4733, 407-939-3463 ; www.disneyworld.disney.go.com ; 2901 Osceola Pkwy, Disney's Animal Kingdom Lodge ; plats 24-35 $; 17h30-22h ; ; Disney). Une cuisine excellente et innovante à base de céréales variées et de légumes, un bar minuscule et un cadre africain très réussi font de cet établissement l'un de nos préférés à Disney. Après une journée à Animal Kingdom, venez dîner ou prendre un verre de vin sur la terrasse arrière de l'hôtel, en contemplant les animaux de la savane.

'Ohana — Américain $$

(Carte p. 62 ; 407-939-3463 ; www.disneyworld.disney.go.com ; 1600 Seven Seas Dr, Disney's Polynesian Resort ; plats 15-30 $; 7h30-11h et 17h-22h ; ; Disney, Disney). Plafond orné de dessins d'animaux, énormes brochettes cuisant sur un gril et animation garantie dans ce restaurant polynésien. Démonstrations de danse hawaïenne, courses de noix de coco (poussées par les enfants à l'aide d'un balai) et autres festivités qui plairont aux enfants. Le choix se limite à de copieuses brochettes familiales de viande et de légumes. Le petit-déjeuner met à l'honneur Lilo et Stitch.

Victoria & Albert's — Américain $$$

(Carte p. 62 ; 407-939-3463 ; www.disneyworld.disney.go.com ; 4401 Floridian Way, Disney's Grand Floridian Resort ; prix fixe 150 $, supp vin assorti 65 $; 17h-22h30 ; Disney, Disney, monorail Disney). Faites-vous plaisir dans ce restaurant chic dont le décor d'inspiration victorienne marie les tons brun et crème. Fin du fin de la scène culinaire d'Orlando, une réservation ici est très convoitée. Menu sept plats, verres en cristal et violoncelle pour une soirée romantique.

Le dîner à l'intime Chef's Table ou dans la salle Queen Victoria comprend 10 plats. C'est l'unique établissement du parc à ne pas accepter les enfants. Si vous en avez, le **Disney's Children Activity Center** (**407-939-3463 ; www.disneyworld.disney.com.go ; sélectionner Disney Resort Hotels ; 12 $ de l'heure/enfant, 2 heures minimum, dîner inclus ; variable)** du Polynesian Resort est situé à deux pas du monorail.

Où prendre un verre et faire la fête

Downtown Disney et la Disney's BoardWalk, plus petite, sont les zones de Walt Disney World® Resort dévolues au shopping, aux bars et aux loisirs, mais vous trouverez aussi des cafés et parfois des concerts dans les complexes Disney et les parcs d'attractions. Le Magic Kingdom est le seul parc qui ne vend pas d'alcool.

Belle Vue Room — Bar

(Carte p. 62 ; 407-939-6200 ; www.disneyworld.disney.go.com ; 2101 Epcot Resorts Blvd, Disney's BoardWalk Inn ; 7h-11h et 17h-minuit ; Disney, Disney). Sis au 2e niveau du Disney's BoardWalk Inn, c'est un lieu idéal pour un verre au calme. On s'y sent plus dans un salon que dans un bar : vous pourrez vous détendre, jouer à un jeu de société, écouter la radio ou vous balancer dans un rocking-chair sur le balcon en regardant le ballet des passants sur la Disney's Boardwalk.

Raglan Road — Pub

(Carte p. 62 ; 407-938-0300 ; www.raglanroad.com ; Downtown Disney ; 11h-minuit, concert à partir de 16h ; Disney, Disney). Un lieu où retrouver l'ambiance irlandaise, entre chansons, danse et cuisine. Ce pub cosy sert les habituelles Guinness, Harp, Smithwicks et Kilkenny.

Big River Grille & Brewing Works — Brasserie

(Carte p. 62 ; 407-560-0253 ; www.disneyworld.disney.go.com ; Disney's BoardWalk ; 11h30-23h). Microbrasserie en plein air avec terrasse plaisante au bord de l'eau.

Où sortir

Disney offre tellement d'adresses où prendre un verre et sortir que vous aurez de quoi vous occuper chaque soir pendant au moins un mois.

Cirque du Soleil La Nouba — Arts de la scène

(Carte p. 62 ; 407-939-7600, 407-939-7328 ; www.cirquedusoleil.com ; Downtown Disney ; adulte 65-150 $, enfant 55-125 $; 18h et 21h mar-sam ; Disney, Disney, Lynx 50). Le meilleur spectacle de Disney se révèle d'une belle cohérence artistique, avec des acrobaties impressionnantes et d'éblouissants jeux de lumière, décors

Sculpture, House of Blues (p. 86)

Billets d'entrée

Les billets de Walt Disney World® sont appelés **Magic Your Way**. Le billet de base, qui donne accès à un parc pendant une journée, coûte 99 $ pour les adultes et 93 $ pour les enfants de 3 à 9 ans. À ce billet, vous pourrez ajouter des jours et des options, au moment de l'achat ou n'importe quand dans les 14 jours suivant la première utilisation.

- **Multi-jours, jusqu'à 10 jours** Le tarif journalier baisse de 50% avec un billet de base de 7 jours ou plus. Les billets multi-jours donnent un accès illimité aux 4 parcs à thème Disney (mais pas aux parcs aquatiques). Vous pourrez entrer dans un parc et en sortir autant de fois que vous le souhaitez, mais n'aurez droit qu'à un seul parc à thème par jour. Ces billets peuvent être utilisés librement pendant 14 jours consécutifs. Le prix par adulte pour 2/3/4/5/6/7/8/9/10 jours est de 188/274/294/304/314/324/334/344/354 $. Les billets pour les enfants de 3 à 10 ans sont 10 à 20 $ moins chers.
- **Water Park Fun & More (60 $)** Inclut une entrée par jour au choix entre le parc aquatique Blizzard Beach ou Typhoon Lagoon, le DisneyQuest Indoor Interactive Theme Park (à Downtown Disney), l'ESPN Wide World of Sports et le Disney's Oak Trail Golf Course (avec horaire de départ à réserver). On vous donnera un pass pour chaque jour prévu par votre billet Magic Your Way, et vous pourrez utiliser ces pass où et quand vous voudrez.
- **No Expiration** Avec cette option, les jours inutilisés d'un billet multi-jours n'expirent pas 14 jours après la première utilisation. Le prix varie de 22 $ pour un billet de 2 jours à 67 $ pour un billet de 4 jours.
- **Park Hopper (40-60 $)** Permet un accès illimité aux 4 parcs à thème dans la même journée : vous pourrez passer la matinée au Magic Kingdom, l'après-midi à Animal Kingdom et la soirée à Epcot. Le prix de cette option est le même quel que soit le moment où vous l'ajoutez et la durée du billet.

et costumes. Le numéro avec la princesse et la grenouille évoque Disney. La petite salle en hémicycle compte 20 rangées, de la scène aux gradins supérieurs, sans balcons.

Chip 'n' Dale Campfire Singalong — Cinéma

(Carte p. 62 ; ☎407-939-7529 ; www.disneyworld.disney.go.com ; 4510 N Wilderness Trail, Disney's Fort Wilderness Resort ; 19h l'hiver, 20h l'été ; Disney, Disney). Comptant parmi les meilleures expériences à vivre à Disney World, cette sortie intime et tranquille permet de chanter et danser avec Tic et Tac (Chip and Dale) autour d'un feu où grillent des Chamallows, puis de visionner un film Disney à la belle étoile. Un film différent est projeté chaque soir, mais Disney ne mentionne pas lequel sur son site – appelez ou cherchez sur Internet.

House of Blues — Concerts

(Carte p. 62 ; ☎407-934-2583 ; www.houseofblues.com ; Downtown Disney ; 10h-23h lun-jeu, 10h-minuit ven et sam, 10h30-23h dim ; ; Disney, Disney, Lynx 50). De talentueux musiciens viennent jouer dans ce restaurant de chaîne axé sur la cuisine du Sud et le blues. Le buffet dominical Gospel Brunch est très apprécié.

Spirit of Aloha — Danse

(Carte p. 62 ; ☎407-939-3463 ; www.disneyworld.disney.go.com ; 1600 Seven Seas Dr,

Disney's Polynesian Resort ; adulte 60-75 $, enfant 30-40 $; 17h15 et 20h15 ; Disney, Disney, monorail Disney). Des hommes et des femmes font du hula-hoop sur la scène, dansent, jouent et manient le feu dans la tradition des *luau* du Pacifique Sud. Du porc émincé, des travers de porc au barbecue et des spécialités des îles (tel qu'un pain noix de coco ananas) sont servis à la bonne franquette.

Hoop-Dee-Doo Musical Revue — Comédie

(Carte p. 62 ; 407-939-3463, 407-824-2803 ; www.disneyworld.disney.go.com ; 4510 N Wilderness Trail, Disney's Fort Wilderness Resort ; adulte 55-70 $, enfant 28-36 $; 16h, 18h15 et 20h30 tlj, horaires variables ; ; Disney, Disney). Ce vaudeville du XIXe siècle se tient au Disney's Fort Wilderness Resort. Des travers de porc sont servis dans des récipients en métal, des comédiens racontent des blagues éculées tandis que le public reprend en chœur *Hokey Pokey* et *My Darling Clementine*.

Jellyrolls — Bar

(Carte p. 62 ; 407-560-8770 ; www.disneyworld.disney.go.com ; Disney's BoardWalk ; 12 $; 19h-2h). Les comédiens se lancent dans un duel de piano et incitent le public à participer à toutes sortes d'extravagances musicales.

ESPN Wide World of Sports — Événements sportifs

(407-939-4263, Visitors Center 407-541-5600 ; www.espnwwos.disney.go.com ; 700 S Victory Way, Walt Disney World® Resort) Ce complexe sportif de 115 ha situé dans Walt Disney World® accueille les Atlanta Braves pour les camps d'entraînement et des centaines d'événements sportifs.

Achats

La plupart des boutiques sont thématiques : à la sortie du manège Winnie, vous trouverez de nombreux articles à l'effigie du célèbre ourson, et en sortant du manège Indiana Jones, le chapeau en feutre du héros est incontournable.

Bibbidee Bobbidee Boutique — Enfants

(Carte p. 62 ; 407-939-7895 ; www.disneyworld.disney.go.com ; Magic Kingdom ; coiffure et maquillage, à partir de 49 $; 10h-20h, horaires variables). Dans le château de Cendrillon, les marraines-fées transformeront vos fillettes en princesses.

Once Upon a Toy — Enfants

(Carte p. 62 ; 407-824-4321 ; www.disneyworld.disney.go.com ; Downtown Disney ; 10h-23h ; Disney, Disney, Lynx 50). Ici, les enfants peuvent concevoir leur propre Petit Poney, monter leur sabre-laser ou créer leur diadème. C'est un magasins de jouets de rêve, et l'on y trouve les classiques, des jeux de société, des figurines, des peluches, etc.

Lego Imagination Center — Enfants

(Carte p. 62 ; 407-828-0065 ; www.disneyworld.disney.go.com ; Downtown Disney ; 9h-23h ; Disney, Disney, Lynx 50). Admirez les constructions en Lego grandeur nature puis fabriquez vos propres chefs-d'œuvre. Il y a même un mur en Lego dont chaque brique affiche un prix.

World of Disney — Souvenirs

(Carte p. 62 ; 407-939-6224 ; www.disneyworld.disney.go.com ; Downtown Disney ; 9h-23h ; Disney, Disney, Lynx 50). Les produits dérivés Disney, dans un immense magasin.

J'ai perdu mon billet !

Toute personne devant être munie d'un billet nominatif, identifié à chaque entrée des parcs par lecture des empreintes digitales, vous serez bloqué si vous perdez le vôtre. Si vous avez photocopié ou photographié le dos de votre billet (côté bande magnétique), le point accueil Guest Relations pourra peut-être vous en délivrer un nouveau.

Renseignements

Chenils

À l'exception de quelques emplacements du Disney's Fort Wilderness Resort & Campground, les animaux ne sont pas admis à Disney World. **Best Friends Pet Care at Walt Disney World®** (**877-493-9738 ; www.bestfriendspetcare.com/waltdisneyworldresort.com ; 2510 Bonnet Creek Pkwy ; 18-72 $ par jour, 38-78 $ la nuit ; 1 heure avant l'ouverture des parcs Walt Disney World et 1 heure après la fermeture)** garde vos chiens, chats et petits animaux, de jour comme de nuit. Les tarifs varient en fonction de l'animal ; téléphonez pour plus de détails.

Garde d'enfants

Tous les parcs comportent des garderies climatisées avec quantité de jouets ;certaines passent des dessins animés Disney. On peut y acheter des couches, du lait infantile, du talc et des médicaments sans ordonnance. Walt Disney World® Resort recourt au service **Kid's Nite Out** (**407-828-0920, 800-696-8105 ; www.kidsniteout.com ; 1/2/3/4 enfants 16/18,50/21/23,50 $ par heure, 4 heures minimum, plus 10 $ de frais de transport ; baby-sitters 24h/24, 7j/7)** pour garder les enfants dans les chambres d'hôtel et les parcs.

Plusieurs *resorts* proposent des centres aérés (11,50 $/heure par enfant, repas compris ; 2 heures minimum) pour les enfants de 3 à 12 ans. L'inscription inclut activités encadrées, jouets, matériel de dessin, repas et projection d'un film Disney le soir. Il n'est pas nécessaire d'être client d'un hôtel pour utiliser son centre aéré.

Heures d'ouverture

Les horaires des parcs d'attractions varient non seulement selon les saisons, mais aussi d'un jour à l'autre pendant le même mois. Généralement, les parcs ouvrent à 8h ou 9h et ferment entre 18h et 22h. Chaque jour, l'un des quatre parcs à thème reste ouvert toute la nuit ou ferme plus tard pour les clients des hôtels de Walt Disney World® Resort. Ces "*Magic Hours*" sont un argument fort pour loger dans l'un de ces établissements.

Location de poussettes

Des poussettes (simple/double 15/31 $ par jour, 13/27 $ si plusieurs jours) sont à disposition dans les quatre parcs Disney ainsi qu'à Downtown Disney. Premier arrivé, premier servi. Des poussettes-cannes sont également en vente. Il n'y a pas de location de poussettes dans les deux parcs aquatiques, à Disney's BoardWalk et dans les hôtels Disney.

Offices du tourisme

Pour obtenir des renseignements et des plans, adressez-vous aux guichets "Guest Services", à l'entrée des parcs thématiques et aquatiques.

Si vous appelez Disney, un répondeur pose systématiquement des questions pour des enquêtes. Appuyez sur "0" pour couper la boîte vocale et parler avec un correspondant.

Finding Nemo – The Musical

Probablement le meilleur spectacle de Walt Disney World® Resort, aussi bien pour les enfants que pour les adultes. Cette comédie musicale très bien jouée est mise en scène par Peter Brosius, directeur artistique de la Children's Theater Company de Minneapolis. Les imposantes marionnettes sont l'œuvre de Michael Curry, co-créateur de celles de la comédie musicale *Le Roi Lion* pour Broadway. La musique est entraînante, les interprètes remarquables et le schéma narratif fidèle au film *Le Monde de Nemo*. En réservant un déjeuner au buffet de la Tusker House entre 13h et 13h45, vous obtiendrez une place assise pour la représentation de 15h15, ce qui vous évitera de faire la queue (pas de frais supplémentaires, mais précisez que vous êtes intéressé quand vous réservez). Étonnamment, Disney ne regroupe pas les attractions sur le thème de Nemo dans un seul parc : ainsi, Turtle Talk with Crush et Seas with Nemo & Friends, deux grands succès auprès des petits, sont à Epcot.

Parking

Si vous séjournez dans un hôtel Disney, le stationnement est gratuit dans tous les parcs ; autrement, il s'élève à 17 $ par jour. Des parkings sont localisés à l'entrée de chaque parc, à l'exception du Magic Kingdom. Si vous rejoignez ce dernier en voiture, il faudra vous garer au Transportation & Ticket Center et prendre un monorail ou un ferry jusqu'à destination.

Services médicaux

Des infrastructures médicales sont installées dans chaque parc à thème et parc aquatique ; voir les cartes du parc pour les situer.

Sites internet

En faisant des recherches sur le parc, on tombe rapidement sur quantité de blogs et de sites bardés d'astuces et autres détails relatifs aux restaurants et attractions. On sature rapidement, mais certaines informations sont salutaires. Voici quelques sites fiables et complets (en anglais) :

Walt Disney World (www.disneyworld.disney.go.com). Site officiel.

Walt Disney World Information (www.wdwinfo.com). Exceptionnellement clair et minutieux.

All Ears (www.allears.net). Actualité, menus, etc.

MouseSavers (www.mousesavers.com). Réductions.

Build a Better Mousetrip (www.buildabettermousetrip.com). Programme et horaires des films.

Kenny the Pirate (kennythepirate.com). Le B-A BA pour rencontrer les personnages de Disney.

Disney Food Blog (www.disneyfoodblog.com). Tout sur les restaurants Disney, notamment une liste d'établissements pour les régimes spéciaux.

Mouse on Wheels (www.themouseonwheels.com). Pour découvrir Disney en fauteuil roulant.

Voyageurs handicapés

Le *Guidebook for Guests with Disabilities* est disponible aux Guest Services (points d'accueil) de chaque parc et sur le site Internet de Disney. Il comporte des plans et des guides, manège par manège, avec des renseignements sur les sous-titrages, les accès en fauteuil roulant et les chiens d'aveugle. Dans de nombreux manèges, les personnes en fauteuil sont prioritaires dans la file d'attente. Vous pourrez emprunter des guides en braille et des audioguides aux Guest Services, et louer des fauteuils manuels (12 $) et électriques (50 $) dans les parcs ainsi qu'à Downtown Disney. Premier arrivé, premier servi. Pas de réservation.

Les transports en commun sont accessibles en fauteuil roulant et certains complexes hôteliers proposent des services pour les clients handicapés. Appelez le 407-824-4321 ou le 407-827-5141 pour plus d'informations. Des informations complètes sur la circulation en fauteuil dans les parcs figurent sur www.themouseonwheels.com.

Depuis/vers Walt Disney World

Aéroport

Vous pouvez réserver un transport en bus haut de gamme depuis/vers l'aéroport auprès de Disney's Magical Express (p. 108).

Navette

Appelez un jour à l'avance pour organiser un transfert depuis/vers Universal Orlando Resort et SeaWorld avec Mears Transportation (p. 108). Aller-retour : 19 $ par personne.

Taxi

On trouve des taxis devant les hôtels, les parcs à thème (sauf pour le Magic Kingdom, auquel on ne peut accéder par une route), au Transportation & Ticket Center, à l'ESPN Wide World of Sports et à Downtown Disney.

Voiture et moto

Disney se situe à 25 minutes au sud du centre d'Orlando. Prendre l'I-4 jusqu'aux sorties 64, 65 ou 67 (bien indiquées). Le **Disney Car Care Center** (**407-824-0976, navette pour location de voiture 407-824-3470 ; 1000 W Car Care Dr, Walt Disney World® ; 6h-20h lun-ven, 6h-18h sam-dim**), près de la sortie du parking du Magic Kingdom, comporte un garage polyvalent et une agence de location Alamo. Une autre agence Alamo se trouve dans le Walt Disney World® Dolphin Resort.

Comment circuler

Le Transportation & Ticket Center est la plaque tournante du système. Sachez qu'il faut parfois 1 heure pour aller d'un site à l'autre avec les transports Disney, et que les liaisons ne sont pas toujours directes.

Agglomération d'Orlando

Bateau

Des navettes relient directement le Magic Kingdom au Grand Floridian Resort & Spa et au Polynesian Resort ; une autre ligne rattache le Magic Kingdom au Fort Wilderness Resort & Campground et au Wilderness Lodge ; et une troisième ligne, pouvant accueillir 600 passagers, connecte le Magic Kingdom au Transportation & Ticket Center. Des bateaux relient également Epcot et Hollywood Studios aux *resorts* Disney's BoardWalk Inn & Villas, Disney's Yacht Club & Disney's Beach Club et Walt Disney World® Swan & Dolphin. Des bateaux circulent entre Downtown Disney et les hôtels de Downtown Disney.

Bus

À l'exception du Magic Kingdom, toutes les zones sont accessibles par navette gratuite (semblable à un bus de ville), mais les destinations ne sont pas toutes reliées directement.

Monorail

Trois lignes de monorail desservent certains sites de Walt Disney World. Le Resort Monorail circule entre le Transportation & Ticket Center, le Polynesian Resort, le Grand Floridian Resort

Agglomération d'Orlando

& Spa, le Magic Kingdom et le Contemporary Resort. Un deuxième monorail raccorde le Transportation & Ticket Center à Epcot, et un troisième le Transportation & Ticket Center au Magic Kingdom.

ORLANDO ET SES ENVIRONS

Les parcs à thème sont la principale raison qui amène les voyageurs à visiter la région d'Orlando, mais beaucoup de visiteurs ratent malheureusement la ville en elle-même : de charmants quartiers bordés d'arbres, des communautés bien établies ayant à cœur de valoriser l'histoire de l'État, une vie artistique intense et de formidables jardins, parcs et musées.

À voir

CENTRE-VILLE D'ORLANDO

Lake Eola Park — Parc

(Carte p. 92 ; 407-246-2378 ; 195 N Rosalind Ave ; 6h-minuit ;). Joli et ombragé, ce petit parc se situe entre le centre-ville d'Orlando et Thornton Park. Un chemin goudronné fait le tour du lac, une aire de jeux s'étend sur la rive et on peut louer un pédalo-cygne (15 $ pour 30 min). Le samedi matin, le parc accueille le marché fermier d'Orlando (p. 108).

Thornton Park — Quartier

(Carte p. 92). Le très branché Thornton Park borde la rive est du lac Eola. Il s'étend sur quelques pâtés de maisons seulement, mais compte plusieurs bons restaurants et quelques bars de quartier ; le week-end, l'affluence de jeunes gens et de familles contribue à l'agréable ambiance.

Wells' Built Museum of African American History & Culture — Musée

(Carte p. 90 ; 407-245-7535 ; 511 W South St ; adulte/enfant 5/2 $; 9h-17h lun-ven). Le Dr Wells, l'un des premiers médecins noirs d'Orlando, s'installa en ville en 1917. En 1921, il fit bâtir un établissement pour les Afro-Américains interdits d'hôtels en Floride, et fonda peu après le South Street Casino, une salle qui accueillait des artistes noirs. Ce petit musée est aménagé dans l'hôtel d'origine.

Gallery at Avalon Island — Galerie d'art

(Carte p. 92 ; www.avalongallery.org ; 39 S Magnolia Ave ; 11h-18h jeu-sam) GRATUIT Galerie d'art contemporain située dans le plus ancien bâtiment commercial d'Orlando (1886 environ).

Orange County Regional History Center — Musée

(Carte p. 92 ; 407-836-8500 ; www.thehistorycenter.org ; 65 E Central Blvd ; tarif plein/enfant 3-12 ans/senior 10/3,50/6,50 $;

Centre-ville d'Orlando

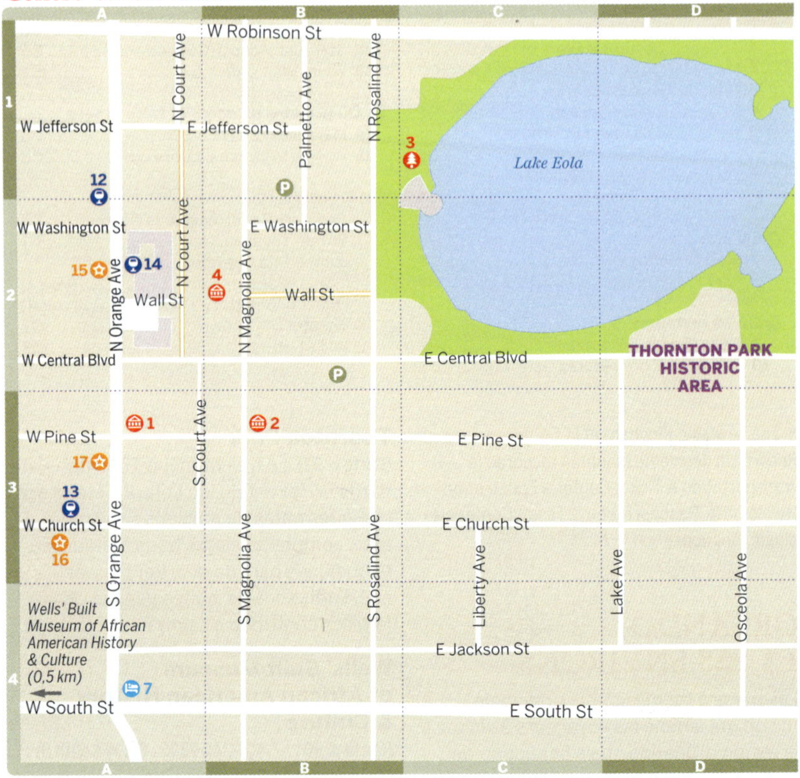

10h-17h lun-sam, 12h-17h dim ;). Les collections permanentes abordent la Floride préhistorique, la colonisation européenne, les rapports entre les groupes ethniques et la production d'agrumes. Également des répliques d'une maison de pionnier et d'un tribunal de 1927.

City Arts Factory — Galerie d'art

(Carte p. 92 ; 407-648-7060 ; www.cityartsfactory.com ; 29 S Orange Ave ; 11h-18h lun-sam). GRATUIT Le rendez-vous incontournable du milieu artistique dans le centre-ville d'Orlando.

LOCH HAVEN PARK

Le pittoresque Loch Haven Park, avec ses 18 ha de parc, ses immenses arbres et ses trois lacs, abrite plusieurs musées et théâtres accessibles entre eux à pied.

Orlando Museum of Art — Musée

(Carte p. 90 ; 407-896-4231 ; www.omart.org ; 2416 N Mills Ave ; adulte/enfant 8/5 $; 10h-16h mar-ven, à partir de 12h sam-dim ; ; Lynx 125, Florida Hospital Health Village). Fondé en 1924, le grand centre d'art d'Orlando, d'un blanc étincelant, conserve une remarquable collection et organise nombre d'événements et cours pour adultes et enfants. Très populaire, le **First Thursday** **(10 $, 18h-21h, 1er jeu du mois)** met à l'honneur les artistes locaux avec des expositions, des concerts et des plats venant des restaurants d'Orlando.

Mennello Museum of American Art — Musée

(Carte p. 90 ; 407-246-4278 ; www.mennellomuseum.com ; 900 E Princeton St ; adulte/enfant 6-18 ans 5/1 $; 10h30-16h30 mar-sam, 12h-16h30 dim ;). En bord de

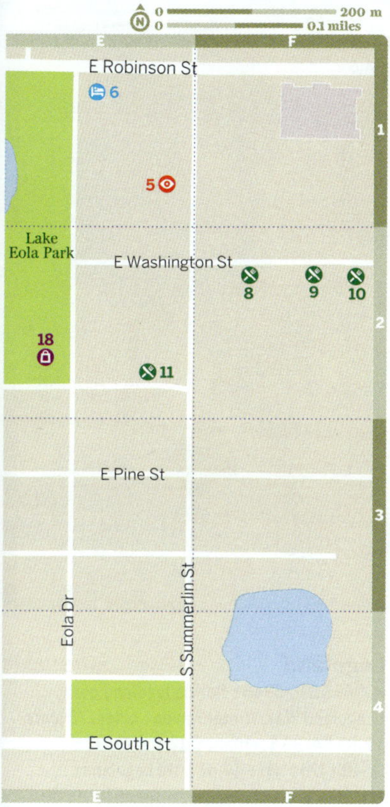

Centre-ville d'Orlando

À voir

1	City Arts Factory	A3
2	Gallery at Avalon Island	B3
3	Lake Eola Park	C1
4	Orange County Regional History Center	B2
5	Thornton Park	E1

Où se loger

6	EO Inn & Spa	E1
7	Westin Grand Bohemian	A4

Où se restaurer

8	Benjamin French Bakery	F2
9	Dexters of Thornton Park	F2
10	Graffiti Junktion American Burger Bar	F2
11	Shari Sushi	E2

Où prendre un verre et faire la fête

	Bösendorfer Lounge	(voir 7)
12	Courtesy Bar	A1
13	Latitudes	A3
14	Woods	A2

Où sortir

15	Beacham & the Social	A2
16	Mad Cow Theatre	A3
	SAK Comedy Lab	(voir 1)
17	Tanqueray's	A3

Achats

18	Orlando Farmers Market	E2

lac, ce musée d'art minuscule mais excellent met à l'honneur l'œuvre d'Earl Cunningham (1893-1977) et ses images colorées, fusion entre le pop art et l'art traditionnel. Les expositions temporaires sont souvent dédiées à l'art traditionnel américain.

Orlando Science Center — Musée

(Carte p. 90 ; ☎407-514-2000 ; www.osc.org ; 777 E Princeton St ; adulte/enfant 19/13 $; ⏲10h-17h jeu-mar ; 👪 ; 🚌Lynx 125, 🚆Florida Hospital Health Village). Des expositions tournantes sur les dinosaures, le corps humain, le système solaire et autres sujets scientifiques, pour les enfants de 5 à 12 ans. Un arbre géant pousse à travers l'atrium haut de 3 étages ; à son pied, vous verrez des alligators et une salle de découverte des sciences naturelles.

AGGLOMÉRATION D'ORLANDO

Wekiwa Springs State Park — Plein air

(☎407-884-2008 ; www.floridastateparks.org/wekiwasprings ; 1800 Wekiwa Circle, Apopka ; 6 $, camping 5 $/pers, raccordement électrique 24 $; ⏲7h-crépuscule). Rafraîchissez-vous dans un bassin alimenté par une source glaciale, marchez sur des kilomètres de sentiers et pagayez sur les eaux paisibles de la **Wekiva River**. À l'intérieur du parc, **Nature Adventures (☎407-884-4311 ; www.canoewekiva.com ; 1800 Wekiwa Circle, Wekiwa Springs State Park, Apopka ; canoë/kayak 17 $/2 heures, 3 $/heure supp ; ⏲8h-20h ; 👪)** propose des circuits guidés de 2 heures 30, loue des kayaks et des canoës (2 heures, 17 $, 3 $/heure supp) et fournit du matériel de camping. Les réservations sont obligatoires pour louer les bivouacs (basiques) au bord de la rivière.

Winter Park

Winter Park

À voir

1 Albin Polasek Museum & Sculpture Gardens D2
2 Charles Hosmer Morse Museum of American Art B1
3 Cornell Fine Arts Museum C3

Activités

4 Scenic Boat Tour C2

Où se loger

5 Alfond Inn C2
6 Park Plaza Hotel B2

Gatorland Zoo

(800 393 5297 ; www.gatorland.com ; 14501 S Orange Blossom Trail/Hwy 17 ; adulte/enfant 27/19 $; 10h-17h ; ; Lynx 108). Pas de montagnes russes ni de glissades mouillées dans ce parc tourné vers la Floride d'antan, un peu kitsch et fourmillant d'alligators. Au marais d'élevage, on emprunte une passerelle en bois qui sinue au milieu de centaines d'alligators et de crocodiles – on peut même acheter des hot dogs pour les nourrir. La tyrolienne "Gator Zip Line" (365 m de long) surplombe le domaine.

Legoland Parc d'attractions

(863-318-5346 ; florida.legoland.com ; 1 Legoland Way, Winter Haven ; billet 1/2 jours adulte 84/99 $, enfant 9-12 ans 75/92 $; 10h-17h ; ; navette Legoland). Ici, il n'y a pas trop de monde ni de gadgets et les files d'attente sont raisonnables. Legoland, situé en bordure de lac, est un parc à l'ancienne où tout semble un peu daté, mais l'ambiance, décontractée à souhait, est très plaisante. Les manèges et les attractions, notamment le parc aquatique attenant, s'adressent à des enfants de 2 à 12 ans. Économisez jusqu'à 15 $ en réservant en ligne. Les heures d'ouverture varient selon les saisons.

Bok Tower Gardens Jardins

(863-676-1408 ; www.boktowergardens.org ; 1151 Tower Blvd, lac Wales ; adulte/enfant 12/3 $, visite de la maison 5 $; 8h-18h, dernière entrée 17h ;). Conçu par Frederick Law Olmstead Jr., ce site historique de 125 ha comprend un clocher minutieusement sculpté de 65 m de haut (le carillon sonne deux fois par jour), de beaux jardins, une superbe demeure de style méditerranéen des années 1930 (Pinewood Estates) et un café avec jardin. Les enfants peuvent récupérer du papier spécial à l'entrée et repérer les poteaux qui révèlent, une fois le papier frotté dessus, un animal différent. Les jardins accueillent des concerts de musique classique en plein air (25 $).

SeaWorld Parc à thème

(**888-800-5447 ; www.seaworldparks.com ; 7007 Sea World Dr ; adulte/enfant 92/87 $, accès illimité 14 jours avec le billet pour Discovery Cove ; 9h-19h ; ; Lynx 8, 38, 50, 111, I-Ride Trolley Red Line arrêt 33).** Outre les dauphins bondissants, les otaries pataudes et les orques facétieux des célèbres spectacles de SeaWorld, ce parc possède d'immenses aquariums où évoluent raies et dauphins, avec possibilité de les nourrir. Le parc renferme aussi deux des manèges les plus exaltants de la ville. Si les spectacles et les rencontres avec des animaux marins remportent un succès non démenti, ces structures sont de plus en plus critiquées par des groupes de défense des animaux qui affirment que la vie en captivité affaiblit et stresse les créatures, des phénomènes accentués par les interactions avec l'homme.

Aquatica Parc aquatique

(**407-351-3600 ; www.aquaticabyseaworld.com ; 5800 Water Play Way ; adulte/enfant 56/41 $, réservation en ligne Splash & Save 19-28 $, accès illimité pendant 14 jours avec entrée à SeaWorld adulte/enfant 119/114 $; 9h-18h ; ; Lynx 8, 38, 50, 111, navette SeaWorld, I-Ride Trolley Red Line arrêt 34).** Joli et propre, ce parc aquatique doté de végétation tropicale est d'inspiration polynésienne et permet de voir quelques animaux marins. Allez-y pour vous amuser dans l'eau, flotter sur la rivière, jouer dans les piscines à vagues et dévaler les toboggans, comme on le fait dans tous les parcs aquatiques.

SeaWorld, propriétaire d'Aquatica, a fait l'objet d'enquêtes relatives aux conditions de vie des dauphins en captivité, et des associations de défense

Ma sélection

Winter Park

LES CONSEILS D'ALICE MOULTON, MEMBRE DES CONSEILS D'ADMINISTRATION DE LA WINTER PARK HISTORICAL ASSOCIATION ET DU WINTER PARK SIDEWALK ART FESTIVAL.

1 MORSE MUSEUM
Le Charles Hosmer Morse Museum of American Art conserve la plus importante collection au monde d'œuvres d'art de Louis Comfort Tiffany. Une récente extension expose des vitraux et autres objets architecturaux provenant de la résidence de Tiffany à Long Island, Laurelton Hall.

2 CORNELL FINE ARTS MUSEUM
Le Cornell Fine Arts Museum, situé sur le campus du Rollins College, renferme une collection d'art parmi les plus vastes et les plus réputées de Floride. Celle-ci comporte des œuvres de John Frederick Kensett, Henri Matisse, Pablo Picasso, Ed Ruscha, le Tintoret ou Tiepolo.

3 PARK PLAZA HOTEL
Les mordus d'histoire séjourneront au Park Plaza Hotel, le plus ancien hôtel de Winter Park et le seul situé au centre-ville. Nommé Hamilton Hotel lors de son inauguration en 1922, il a subi d'importants travaux de rénovation mais garde son charme rétro et sa valeur historique.

4 SCENIC BOAT TOUR
Les amoureux de la nature ne manqueront pas cette visite guidée sur l'eau. Un bateau ponton de 18 places serpente sur les canaux et navigue sur trois lacs pour faire découvrir la végétation tropicale, la faune sauvage et les superbes demeures de l'historique Winter Park.

5 WINTER PARK SIDEWALK ARTS FESTIVAL
Le troisième week-end de mars, sur 3 jours, ce festival d'art avec jury (www.wpsaf.org) se déroule au milieu de chênes majestueux et de boutiques pittoresques, et attire plus de 300 000 visiteurs.

MICHAEL DEFREITAS/ROBERT HARDING ©

À ne pas manquer
Winter Park

Fondée en 1858, cette charmante localité universitaire concentre certains des secrets les mieux gardés d'Orlando.

Le **Charles Hosmer Morse Museum of American Art** (407-645-5311 ; www.morsemuseum.org ; 445 N Park Ave, Winter Park ; adulte/enfant 5 $/gratuit ; 9h-16h mar-sam, 13h-16h dim, 9h-20h ven nov-avr ;) abrite la plus importante collection au monde de lampes en verre teinté, vitraux, bijoux, objets en verre soufflé, céramiques et émaux Tiffany.

Dans le cadre majestueux des **Albin Polasek Museum & Sculpture Gardens** (www.polasek.org ; 633 Osceola Ave, Winter Park ; adulte/enfant 5 $/gratuit ; 10h-16h mar-sam, 13h-16h dim) sont exposées les œuvres du sculpteur tchèque Albin Polasek. La modeste villa jaune perchée sur les berges du lac Osceola était la résidence de l'artiste.

Sur le campus du Rollins College, le petit **Cornell Fine Arts Museum** (www.rollins.edu/cfam ; Rollins College, 1000 Holt Ave, Winter Park ; adulte/enfant 5 $/gratuit ; 10h-16h mar-ven, 12h-17h sam-dim) conserve une collection éclectique d'art historique et contemporain.

Murs en brique, mobilier aux lignes pures, antiquités et somptueuse literie en coton blanc confèrent une élégance simple aux chambres du Park Plaza Hotel (p. 101), hôtel historique sur 2 niveaux.

Le Ravenous Pig (p. 106), l'un des restaurants les plus courus d'Orlando, mérite sa réputation pour sa délicieuse cuisine créative. Essayez le *shrimp and grits* (gruau de maïs accompagné de crevettes) ou le taco garni de langouste.

Le **Scenic Boat Tour** (407-644-4056 ; www.scenicboattours.com ; 312 E Morse Blvd, Winter Park ; adulte/enfant 12/6 $; toutes les heures 10h-16h ;), promenade d'une heure en bateau, parcourt près de 20 km de canaux et lacs tropicaux.

Pour accéder à Winter Park, prenez l'I-4 à l'est jusqu'à Fairbanks Ave, poursuivez vers l'est pendant 3 km jusqu'à Park Ave et tournez à gauche.

des animaux s'élèvent de plus en plus contre cette pratique ; voir p. 95.

Discovery Cove — Parc à thème

(☎877-434-7268 ; www.discoverycove.com ; 6000 Discovery Cove Way ; avec accès illimité pendant 14 jours à SeaWorld et Aquatica 169-280 $, avec baignade avec les dauphins 229-399 $, SeaVenture supp 59 $; 8h-17h30, journée complète sur place, réservations obligatoires ; ; Lynx 8, 38, 50, 111). À Discovery Cove, les visiteurs peuvent faire du snorkeling au-dessus d'un récif grouillant de poissons et de raies, dériver sur une rivière au milieu d'une volière et se détendre dans un cadre tropical, idyllique et intimiste, sur des plages de sable blanc. Bien sûr, cette île paradisiaque est complètement artificielle ! Moyennant des suppléments, vous pourrez nager avec des dauphins et arpenter un sentier sous-marin.

Depuis le début des années 1990, de plus en plus de voix s'élèvent contre le fait de garder des dauphins en captivité dans le seul but de les montrer au public et de les faire interagir avec lui. La Humane Society of the United States et la Société mondiale de protection des animaux s'opposent fermement à cette pratique.

Audubon Center for Birds of Prey — Réserve de faune sauvage

(Carte p. 90 ; ☎407-644-0190 ; audubon.org/audubon-center-birds-prey ; 1101 Audubon Way, Maitland ; adulte/enfant 3-12 ans 5/4 $; 10h-16h mar-dim ;). Installé en bord de lac dans une belle maison ancienne, loin des sentiers battus, ce joli refuge soigne près de 700 oiseaux par an : faucons, petits ducs maculés et autres créatures à plumes. Vous pourrez voir les volatiles de près, dans les bras de leurs soigneurs. Repérez Trouble, le pygargue à tête blanche, qui batifole dans sa baignoire.

WonderWorks — Musée

(☎407-351-8800 ; www.wonderworksonline.com ; 9067 International Dr ; adulte/enfant 4-12 ans 25/20 $; 9h-minuit ; ; Lynx 8, 38, 42, 50, 58, I-Ride Trolley Red Line arrêt 23 ou Green Line arrêt 12). Impossible de rater ce bâtiment à l'envers qui tient autant du musée pour enfants, de la salle de jeux vidéo que du parc d'attractions. Les divers étages truffés d'expositions permettent de vivre des sensations fortes et des expériences éducatives et multisensorielles. Allongez-vous sur un lit de clous, prenez place dans un simulateur d'ouragans, et mesurez jusqu'à quelle hauteur vous pouvez sauter.

Zora Neale Hurston National Museum of Fine Arts — Musée

(Carte p. 90 ; ☎407-647-3307 ; www.zoranealehurstonmuseum.com ; 227 E Kennedy Blvd, Eatonville ; 9h-16h lun-ven, 11h-13h sam). GRATUIT L'écrivaine et anthropologue Zora Neale Hurston (1881-1960), rendue célèbre par son livre *Une femme noire*, est née à Eatonville. Ce minuscule musée d'une salle lui rend hommage avec des expositions tournantes d'artistes afro-américains.

Nature Conservancy's Disney Wilderness Preserve — Plein air

(☎407-935-0002 ; www.nature.org/florida ; 2700 Scrub Jay Trail, Kissimmee ; adulte/enfant 6-17 ans 3/2 $; 9h-17h lun-ven ;). Nichée dans l'agglomération d'Orlando, cette réserve très bien préservée et peu visitée de 57,5 km² a vu le jour grâce à des lois exigeant que Walt Disney World compense l'impact dévastateur de son activité sur les marécages et les habitats naturels sensibles. Les champs, bois et landes du parc abritent des tortues gaufrées, des pygargues à tête blanche, des grues du Canada et des centaines d'autres espèces sauvages.

Maitland Art Center — Centre d'art

(☎407-539-2181 ; www.maitlandartcenter.org ; 231 W Packwood Ave, Maitland ; adulte/enfant 3/2 $; 11h-16h mar-dim). Cette colonie d'artistes fondée en 1937 et classée monument historique a été transformée en un joli centre artistique proposant des cours et des studios à des artistes de la région, ainsi que des galeries pour exposer leur travail. Jardins paisibles.

Orlando Wetlands Park Plein air

(☎407-568-1706 ; www.orlandowetlands.org ; 25115 Wheeler Rd, Christmas ; ⏲lever-coucher du soleil, fermé 15 nov-1er fév ; 👪). Les bois, les lacs et les marécages sont peuplés d'oiseaux migrateurs, d'alligators, de cerfs et de toutes sortes de créatures. Il y a 32 km de chemins de randonnée et de pistes de terre ; vous trouverez des toilettes, des tables de pique-nique et des barbecues à l'entrée principale. Le vélo est autorisé uniquement sur les chemins non goudronnés. À 48 km à l'est du centre-ville d'Orlando, le parc se situe à mi-chemin entre Orlando et Titusville, où se trouvent le Canaveral National Seashore et le Kennedy Space Center.

Old Town Parc d'attractions

(Carte p. 62 ; ☎407-396-4888, 800-843-4202 ; www.myoldtownusa.com ; 5770 W Irlo Bronson Memorial Hwy ; gratuit, 2-6 $/manège ; ⏲12h-23h ; P 👪 ; 🚌Lynx 55, 56). Au milieu des pots d'échappement, des motels et des paysages sans arbres de la Hwy 192, ce parc d'attractions tient à la fois de la foire de province et de la promenade de front de mer, avec une ambiance rappelant les années 1950. Vous découvrirez des manèges classiques, une maison hantée et des boutiques kitsch. Également, des concerts de rock et des défilés de voitures anciennes (mer, ven et sam à 20h30). L'ensemble paraît un peu défraîchi, mais les files d'attente sont limitées et l'entrée est gratuite. Les heures d'ouverture varient ; consultez le site Internet pour le calendrier des manifestations. Parking gratuit.

Wet 'n Wild Parc aquatique

(Carte p. 120 ; ☎407-351-1800, 800-992-9453 ; www.wetnwildorlando.com ; 6200 International Dr ; adulte/3-9 ans 48/42 $, après-midi demi-tarif ; ⏲variables ; 👪 ; 🚌Lynx 8, 38, 42, 50, 58, 🚌I-Ride Trolley Red Line arrêt 9 ou Green Line arrêt 5). Il ne s'agit pas du plus beau parc aquatique d'Orlando, mais vous y ferez le plein de sensations fortes. Si les files d'attente sont longues, les descentes, virages et autres plongeons ne vous décevront pas. Pour les plus petits, la formidable **Blastaway Beach** (0,5 ha) comprend toutes sortes de jeux d'eau interactifs et des toboggans miniatures. Le parc, qui appartient à Universal Orlando Resort, est à 10 minutes à pied des parcs à thème. Parking 12 $. Wet 'n Wild participe au programme Orlando Flex Ticket.

Kelly Park Baignade

(☎407-254-1902 ; 400 E Kelly Park Rd, Apopka ; 5 $/véhicule ; ⏲8h-19h mars-oct, 8h-17h nov-fév ; 👪). Louez une bouée (5 $) dans le bar en bord de route, à environ 800 m de l'entrée, et laissez-vous flotter sur 1,6 km au long du courant peu profond issu de la source Rock Spring.

Activités

VÉLO

Plusieurs *resorts* de Walt Disney World® Resort gèrent leur propre réseau de pistes cyclables, avec location de vélos. L'une des plus belles pistes est située entre le Disney's BoardWalk et le Beach Club – à parcourir en tandem surmonté d'un auvent à rayures. En outre, la ville d'Orlando est en train de développer un vaste réseau de pistes cyclables. Le site **Outdoor Travels** (www.outdoortravels.com/biking_fl_overview_orlando.php) renseigne sur les pistes de l'agglomération d'Orlando et **Metro Plan Orlando** (www.metroplanorlando) fournit des cartes pdf.

West Orange Trail Bikes & Blades Vélo

(☎407-877-0600 ; www.orlandobikerental.com ; 17914 State Rd 438, Winter Garden ; vélo 6-10 $/heure, 30-50 $/jour, 99-149 $/semaine, livraison/reprise 40 $; ⏲11h-17h lun-ven, 7h30-17h sam-dim). À 32 km à l'ouest d'Orlando, ce magasin se situe au début du **West Orange Trail**. Il loue des vélos et donne des informations complètes (sur place et en ligne) sur les déplacements à bicyclette à Orlando et dans les environs.

SPORTS AQUATIQUES

Buena Vista Watersports Sports aquatiques

(☎407-239-6939 ; www.bvwatersports.com ; 13245 Lake Bryan Dr ; kayak, canoë ou paddle

Vaut le détour
Cocoa Beach et la Space Coast

Cocoa Beach, à une heure de route à l'est d'Orlando, est toujours habitée par le personnel de la NASA et de la base aérienne voisine, mais aujourd'hui ce sont les visiteurs partant en croisière et les surfeurs venus faire la fête qui dominent la scène locale. Cette ville a su trouver un juste équilibre entre esprit décontracté et extravagance. Lieu de naissance et de résidence de Kelly Slater, c'est l'un des meilleurs spots de surf de l'État.

Trois routes – Hwy 528, Hwy 520 et Hwy 404 – enjambent l'Indian River, Merritt Island et la Banana River pour relier Cocoa Beach au continent.

Kennedy Space Center (☎866-737-5235 ; www.kennedyspacecenter.com ; NASA Parkway, Merritt Island ; adulte/enfant 3-11 ans 50/40 $; ⏲9h-19h avr-août, 9h-17h sept-mars), épicentre américain des voyages dans l'espace, comporte un petit complexe touristique qui présente l'histoire passée, l'avenir et la recherche américaine dans le domaine spatial et constitue le cœur du Kennedy Space Center. On y trouve des répliques de fusées classiques et de la navette spatiale *Astronaut Encounter*, où il est permis une heure durant de poser des questions à un astronaute, ainsi que l'émouvant Astronaut Memorial, qui présente des photos et les noms des astronautes disparus lors de catastrophes de navettes spatiales, ainsi que des films IMAX qui éclaircissent différents aspects du monde scientifique et montrent des extraits de la vie en apesanteur.

Le circuit du Kennedy Space Center, qui dure 2 heures, permet d'approfondir la visite du centre spatial en dehors du complexe touristique sans avoir à régler de supplément. Vous y verrez le LC 39 Observation Gantry, une tour d'observation de 18 m avec vue sur les rampes jumelles de lancement, et les logements exigus des astronautes à l'International Space Station Center. Départ toutes les 15 minutes de 10h à 14h45. Cherchez les bus et les longues files d'attente à droite de l'entrée du complexe touristique.

Merritt Island National Wildlife Refuge (☎321-861-0667 ; www.fws.gov/merrittisland ; off FL-406 ; ⏲aube-crépuscule). GRATUIT Cette impressionnante réserve de 567 km² protège notamment des marais aux eaux saumâtres, des mangroves, des *flatwoods* plantés de pins et des dunes côtières. Plus de 500 espèces sauvages y ont élu domicile, dont des milliers d'oiseaux migrateurs venus hiverner, des alligators, des loutres et des tatous.

Brevard Zoo (☎321-254-9453 ; www.brevardzoo.org ; 8225 N Wickham Rd, Melbourne ; adulte/enfant 2-12 ans 16/12 $, Treetop Trek adulte/enfant 40/22 $; ⏲9h30-17h). Vous pourrez ici nourrir à la main les girafes et les perroquets, qui grimperont sur votre tête et vos bras avec enthousiasme, circuler à bord d'un petit train en passant devant des dromadaires et des singes en liberté, et parcourir en kayak les 9 ha de *hammocks* de ce bijou de la Floride d'antan. De petite taille, facilement praticable et comportant une excellente aire de jeux aquatiques, ce zoo plaira sûrement plus aux moins de 10 ans que le Kennedy Space Center. Sur l'I-95, prenez la sortie 91 (Wickham Rd) puis poursuivez sur 800 m à l'est.

La **Ron Jon Surf School** (☎321-868-1980 ; www.cocoabeachsurfingschool.com ; 150 E Columbia Lane, Cocoa Beach ; 50-65 $/heure) propose des cours tous niveaux, des *groms* (débutants) aux pros. Il existe bien d'autres écoles également. Recommandé pour les enfants de 5 à 17 ans.

Orlando gay et lesbien

En 1991, le militant gay Doug Swallow et ses amis ont incité les gays et les lesbiennes à "porter du rouge et être vus" lorsqu'ils visitaient le Magic Kingdom, ce qu'environ 2 500 d'entre eux ont fait. Depuis, chaque année, 40 000 à 50 000 visiteurs homosexuels en T-shirt rouge défilent en direction du château de Cendrillon le premier samedi de juin. Orlando compte une solide communauté homosexuelle, qui explose lors des Gay Days. Le site www.orlandogaycities.com comporte une liste complète et des critiques des bars et discothèques, événements, hôtels, bains publics et bien plus encore.

Gay, Lesbian & Bisexual Community Center (carte p. 90 ; 407-228-8272 ; www.thecenterorlando.org ; 946 N Mills Ave ; 9h-16h lun et jeu, 9h-20h mar, mer et ven, 12h-20h sam, 12h-17h dim). Centre d'information généraliste prodiguant des conseils sur les lieux branchés et les sorties.

Parliament House (carte p. 90 ; 407-425-7571 ; www.parliamenthouse.com ; 410 N Orange Blossom Trail ; ch et ste 66-106 $;). Véritable institution d'Orlando, ce complexe au bord du lac Rock comprend plusieurs bars et discothèques, un restaurant et organise certains des meilleurs spectacles de travestis du sud des États-Unis.

Pulse (407-649-3888 ; www.pulseorlandoclub.com ; 1912 S Orange Ave ; entrée 5 $). Trois discothèques chics et ultramodernes, chacune dotée d'une ambiance distincte. Téléphonez pour connaître les recommandations et les horaires.

board 25 $/heure, Jet-Ski 105 $/heure, bateaux pontons 125 $/heure ; 9h-18h30 ;) Une ambiance détendue, aux portes de Disney. Les tarifs pour le ski nautique et le "tube riding" (grande bouée gonflable tirée par un bateau) comprennent le conducteur/moniteur (95 $/heure).

Où se loger

En dehors des parcs à thème, les tarifs diminuent de juin à septembre et sont au plus haut entre Noël et le jour de l'An, ainsi qu'en mars et avril. Les tarifs indiqués ci-après correspondent à la haute saison. La plupart des hôtels assurent des navettes gratuites vers les parcs à thème.

CENTRE-VILLE D'ORLANDO

EO Inn & Spa Boutique-hôtel **$$**
(Carte p. 92 ; 407-481-8485 ; www.eoinn.com ; 227 N Eola Dr, Thornton Park ; ch 129-229 $;). Un petit hôtel discret, sur la rive nord-est du lac Eola, à courte distance de marche de Thornton Park et des bars et restaurants du centre-ville d'Orlando. La taille des chambres varie énormément.

Westin Grand Bohemian Hôtel de luxe **$$$**
(Carte p. 92 ; 407-313-9000 ; www.grandbohemianhotel.com ; 325 S Orange Ave ; ch 179-299 $, ste 299-499 $, parking avec voiturier 24 $/jour ; P ; Lymo). L'adresse la plus chic du centre-ville, avec des sols en marbre, un superbe bar Art déco aux imposantes colonnes noires, de belles chambres de style urbain et des week-ends jazz. Sur le toit, la petite piscine évoque le Miami Beach des années 1950.

Aloft Orlando Downtown Hôtel d'affaires **$$**
(Carte p. 90 ; 497-380-3500 ; www.aloftorlandodowntown.com ; 500 S Orange Ave ; ch 150-240 $; parking avec voiturier 20 $/

jour ; P @). Un établissement clair, harmonieux et résolument moderne, mais dont la décoration minimaliste se traduit par des chambres qui paraissent un brin austère. En outre, la belle petite piscine se trouve en bordure de la rue principale. Il s'agit néanmoins d'un des rares hôtels situés à courte distance de marche des bars et restaurants du centre-ville d'Orlando.

AGGLOMÉRATION D'ORLANDO

Bay Hill Club and Lodge — Hôtel $$

(888-422-9455, 407-876-2429 ; www.bayhill.com ; 9000 Bay Hill Blvd ; ch 150-240 $; @). Tranquille et raffiné, cet hôtel, comme figé dans le temps, a quelque chose d'à la fois rassurant et étrange. Le personnel est exceptionnellement aimable et accommodant, les jolies chambres sont distribuées dans plusieurs bâtiments à 2 niveaux bordant le court de golf.

Villas of Grand Cypress — Resort $$$

(Carte p. 62 ; 887-330-7370, 407-239-4700 ; www.grandcypress.com ; 1 N Jacaranda Blvd ; ch à partir de 165 $, villas 1/2/3/4 chambres à partir de 280/395/555/725 $, taxe de séjour 22 $/jour ;). Ces chambres et villas très bien décorées, avec pierre naturelle, baignoires profondes et patios, occupent un cadre paisible près du golf Grand Cypress. La chambre la moins chère est la "club suite", une chambre de 21 m² comprenant 1 lit "king size" ou 2 lits "queen size", un canapé-lit et un petit patio. Un peu exiguë, elle peut néanmoins accueillir une famille de 4 personnes.

Alfond Inn — Boutique-hôtel $$$

(407-998-8090 ; www.thealfondinn.com ; 300 E New England Ave ; ch 170-260$; @). L'élégance contemporaine de ses murs blancs, son ambiance accueillante et discrète et sa vocation artistique confèrent un style indéniable à ce bijou de Winter Park. Non seulement il accueille la collection d'art contemporain Alfond, mais il participe au financement de bourses pour les étudiants en sciences humaines du Rollins College voisin, dont il dépend. Jolie piscine sur le toit, bon restaurant (ingrédients d'origine locale) avec terrasse extérieure et chambres bien équipées.

Park Plaza Hotel — Boutique-hôtel $$$

(407-647-1072, 800-228-7220 ; www.parkplazahotel.com ; 307 S Park Ave ; ch 180-220 $, ste 260-320 $;). Son mobilier simple, ses antiquités et sa douce literie en coton blanc confèrent une part de son charme à cet hôtel historique sur 2 niveaux. Les chambres donnant sur Park Ave partagent un petit balcon.

Orlando depuis le lac Eola (p. 91)
DDMITR/GETTY IMAGES ©

Chacune est dotée d'une entrée et de fauteuils en osier cachés de la rue par des fougères suspendues (elles valent le supplément).

Grande Lakes Orlando – JW Marriott & Ritz-Carlton Hôtel de luxe **$$$**
(**JW Marriott 407-206-2300, Ritz-Carlton 407-206-2400 ; www.grandelakes.com ; 4012 Central Florida Pkwy (Ritz-Carlton), 4040 Central Park Pkwy (JW Marriott) ; ch 299-400 $, ste à partir de 350 $, taxe de séjour 25 $/jour ; parking sans/avec voiturier 19/26 $;**). Deux établissements, un Ritz et un Marriott, partagent leurs installations. Le luxueux parc, havre de calme et d'élégance, n'est pas avare de verdure et possède la meilleure piscine d'Orlando. Le spa est somptueux, le service irréprochable, la cuisine excellente et la plupart des chambres se prolongent d'un balcon donnant sur la piscine et le golf.

Hilton Garden Inn International Drive North Motel **$$**
(Carte p. 120 ; 407-363-9332, 800-327-1366 ; www.hiltongardenorlando.com ; 5877 American Way ; ch 100-225 $; ; I-Trolley Red Line, arrêt n°7). Avec son hall spacieux ponctué de colonnes, son bar ombragé de palmes en bord de piscine et son restaurant, voici une bonne adresse de catégorie moyenne pour celui qui vient visiter Universal Orlando. Quoique située sur l'I-4 à moins de 2 km des parcs, c'est une adresse calme, à l'écart du chaos de l'International Dr.

Barefoot Suites Motel **$$**
(Carte p. 62 ; 407-589-2127 ; www.thebarefootsuites.com ; 2750 Florida Plaza Blvd, Kissimmee ; ste 83-200 $, taxe de séjour 7 $/jour ;). Suites de 1 ou 2 chambres dans un bâtiment jaune de 5 étages. Discret, accueillant, hors des sentiers battus mais proche de Disney, l'établissement dispose de cuisines et de lave-linge/sèche-linge.

Embassy Suites Lake Buena Vista South Hôtel **$$**
(**407-597-4000 ; embassysuites3.hilton.com ; 4955 Kyngs Heath Rd, Kissimmee ; ch 110-225 $;**). Outre des suites de 2 chambres confortables et modernes, un petit-déjeuner inclus et des cocktails le soir, on trouve ici une agence de voyages,

Aquatica (p. 95)

PER ANDERSEN/ALAMY ©

une agence Hertz, une supérette et une laverie automatique. Ouverte en 2013, il s'agit d'une bonne adresse dans une ville aux hôtels de chaîne vieillissants et trop chers.

Waldorf Astoria Hôtel de luxe **$$$**

(Carte p. 62 ; ☎407-597-5500 ; www.waldorfastoriaorlando.com ; 14200 Bonnett Creek Resort Lane ; ch 200-400 $, ste 450-560 $, taxe de séjour 25 $/jour, parking voiturier 25 $; P @ wifi piscine). Cet établissement élégant, situé à l'intérieur de Walt Disney World, a des chambres, des équipements et un service irréprochables. Bon buffet au petit-déjeuner, 2 piscines somptueuses au bord du golf, spa Guerlain et literies divines. Le **Hilton Orlando Bonnet Creek** (carte p. 62 ; ☎407-597-3600 ; www.hiltonbonnetcreek.com ; 14100 Bonnet Creek Resort Lane ; ch 130-300 $, frais d'entrée au resort 22 $/jour, parking sans/avec voiturier 16/24 $; P @ wifi piscine), qui dispose d'une piscine avec rivière et toboggan, partage les équipements du Waldorf ; les chambres et les forfaits y sont moins chers.

Palm Lakefront Hostel Auberge de jeunesse **$**

(☎407-396-1759 ; www.orlandohostels.com ; 4840 W Irlo Bronson/Hwy 192, Kissimmee ; dort/d/qua 19/40/60 $; wifi piscine ; bus Lynx nos 56 et 55). Cette auberge de jeunesse de style motel donne sur une grande artère, non loin des restaurants de chaîne. À l'arrière, une pelouse au bord du lac est aménagée pour le pique-nique et le barbecue, et il y a un ponton de pêche et une petite piscine. Un bus public s'arrête devant et rejoint le Transportation & Ticket Center de Disney.

Où se restaurer

La portion de West Sand Lake Rd, à l'ouest de Whole Foods et à l'intérieur de Plaza Venezia, est surnommée *Restaurant Row* (allée des restaurants). Nombre de restaurants et d'établissements de chaîne haut de gamme y ont pignon sur rue.

CENTRE-VILLE D'ORLANDO

Graffiti Junktion American Burger Bar Hamburgers **$**

(Carte p. 92 ; ☎407-426-9503 ; www.graffitijunktion.com ; 900 E Washington St, Thornton Park ; plats 6-13 $; ⌚11h-2h). Ce petit bar couvert de graffitis fluo propose des tables en terrasse et des boissons du jour. Il a pour spécialité de bons gros hamburgers, à assortir d'un œuf au plat, d'un cœur d'artichaut, de piment, d'avocat, etc.

Shari Sushi Japonais **$$**

(Carte p. 92 ; ☎407-420-9420 ; www.sharisushilounge.com ; 621 E Central Blvd, Thornton Park ; plats 14-24 $; ⌚17h-22h dim-mer, 17h-23h jeu-sam). Cet établissement minimaliste, avec de grandes baies vitrées donnant sur la rue, sert un vaste choix de sushis, rouleaux et sashimis savoureux, mais peu de plats chauds. Sur la carte des boissons : des mojitos à la citronnelle et un cocktail saké, coriandre et citron vert.

Dexters of Thornton Park Américain **$$**

(Carte p. 92 ; ☎407-648-2777 ; www.dexwine.com ; 808 E Washington St, Thornton Park ; plats 10-17 $; ⌚7h-22h lun-jeu, 7h-2h ven, 11h-2h sam, 10h-22h dim). Restaurant de quartier avec terrasse et vin au verre, à la bouteille ou en dégustation. Son brunch quotidien, prisé, comprend du gruau au fromage poivré, de la tarte aux pommes-pain perdu, des cocktails mimosa aux jus de fruits (pêche, mangue, l'ananas, etc.).

Benjamin French Bakery Boulangerie **$**

(Carte p. 92 ; ☎407-797-2293 ; www.benjaminfrenchbakery.com ; 716 E Washington St, Thornton Park ; pâtisseries 4 $, plats 6-12 $; ⌚8h-19h mar-sam, 8h-18h dim). Cette petite boulangerie française sert des sandwichs classiques, des salades et des omelettes. Préférez le café à emporter accompagné d'une pâtisserie. Baguette maison croustillante et croissant à la noix de coco.

Sur la scène et sous les étoiles

Orlando ne se résume pas aux parcs à thème et à la tournée des boîtes de nuit. Le Walt Disney World® Resort, l'Universal Orlando Resort et SeaWorld ont tous leur festival d'inspiration hawaïenne et Disney propose trois dîners-spectacles. Quant aux complexes hôteliers, plusieurs projettent gratuitement des films en plein air.

Un film classique est également diffusé gratuitement le deuxième jeudi du mois à Winter Park.

Cirque du Soleil La Nouba (p. 85). Le meilleur spectacle de Disney, dans une salle conçue spécialement pour l'occasion et qui ne comporte aucune mauvaise place.

Blue Man Group (p. 132). Phénomène du Broadway Off apparu en 1991, le Blue Man Group apporte chez Universal ses pièces délirantes.

Mad Cow Theatre (carte p. 92 ; ☎407-297-8788 ; www.madcowtheatre.com ; 54 W Church, 2e niveau ; billets 18-30 $). Un modèle de théâtre régional programmant des représentations modernes et classiques dans un local au centre d'Orlando.

Theatre Downtown (carte p. 90 ; ☎407-841-0083 ; www.theatredowntown.net ; 2113 N Orange Ave ; billets 16-22 $). Répertoire théâtral comprenant des œuvres originales de dramaturges locaux, des acteurs de la région et des productions classiques. À deux pâtés de maisons à l'ouest de Loch Haven Park.

SAK Comedy Lab (carte p. 92 ; ☎407-648-0001 ; www.sakcomedylab.com ; 29 S Orange Ave, City Arts Factory, 2e niveau ; billets 15 $, mar et mer 21h 3 $; ⏲mar-sam). Stand-up d'improvisation dans une salle de 200 places du centre d'Orlando. Les représentations du mardi et du mercredi à 21h ne coûtent que 3 $. Réservation recommandée. Consultez le site pour d'autres horaires de spectacles.

John and Rita Lowndes Shakespeare Center (carte p. 90 ; ☎407-447-1700 ; www.orlandoshakes.org ; 812 E Rollins St, Loch Haven Park ; billets 20-35 $). Posé sur les rives du lac Estelle, dans le verdoyant Loch Haven Park, ce charmant théâtre comporte trois petites salles où se jouent des œuvres classiques telles qu'*Orgueil et préjugés* et *Beowulf*, ainsi que d'excellentes pièces pour enfants.

Orlando Repertory Theater (carte p. 90 ; ☎407-896-7365 ; www.orlandorep.com ; 1001 E Princeton St, Loch Haven Park ; billets 10-25 $). Spectacles grand public et pour enfants joués principalement l'après-midi ou en début de soirée. Tous les styles y sont représentés, d'*Anne Frank et moi* à *James et la grosse pêche* en passant par *Hairspray*.

INTERNATIONAL DRIVE (AUTOUR D'UNIVERSAL ORLANDO RESORT ET DE SEAWORLD)

Thai Thani Thaïlandais **$$**
(☎407-239-9733 ; www.thaithani.net ; 11025 International Dr ; plats 9-22 $; ⏲11h30-23h ; 🚻 ; 🚌I-Ride Trolley Red Line). Juste après l'entrée de SeaWorld, Discovery Cove et Aquatica, ce petit restaurant est idéal pour dîner le soir venu. Sympathique, relaxant et calme, avec des dorures à la thaïlandaise et quelques tables prévues pour manger assis par terre à la manière traditionnelle.

La cuisine est bonne, mais peu épicée – pour vous réveiller, choisissez des épices de force 5.

Taverna Opa Grec **$$**

(407-351-8660 ; www.opaorlando.com ; 9101 International Dr ; plats 12-25 $; 12h-2h ; ; I-Ride Trolley Red Line). Une bonne adresse pour déguster des classiques grecs, notamment de nombreux plats végétariens et du houmous fraîchement préparé. Le restaurant est parfois bruyant et agité tard le soir, quand les danseuses orientales se trémoussent de table en table ; il n'est pas rare que des clients grimpent sur les tables et se joignent à la danse... Spectacle tous les soirs à partir de 19h.

TooJays Traiteur **$**

(407-355-0340 ; www.toojays.com ; 7600 Dr Phillips Blvd, Restaurant Row ; sandwichs 4-7 $; 8h-21h dim-jeu, 8h-22h ven-sam ;). Les sandwichs gourmets à emporter sont très bons mais l'ambiance est banale. Pour une nourriture plus réconfortante, choisissez la soupe maison de poulet aux nouilles ou la soupe aux boulettes de matsa.

Cafe Tu Tu Tango Tapas **$$**

(407-248-2222 ; www.cafetututango.com ; 8625 International Dr ; tapas 8-16 $; 11h30-23h lun, mer, jeu et dim, 11h30-minuit mar, ven et sam ; I-Ride Trolley Red Line arrêt n°20). Des œuvres d'artistes locaux, toutes à vendre, ornent les murs de ce restaurant espagnol lumineux. On peut se détendre dans le patio devant des pâtés impériaux au poulet cajun ou des bouchées à l'alligator et un pichet de sangria. Musique live et boissons à 3 $ le mardi de 21h à minuit.

AGGLOMÉRATION D'ORLANDO

Yellow Dog Eats Barbecue **$$**

(407-296-0609 ; www.yellowdogeats.com ; 1236 Hempel Ave, Windermere ; plats 7-14 $; 11h-21h ;). Installé dans un ancien bazar, doté d'un toit en tôle, d'une terrasse, d'anciens casiers d'écoliers remplis de bouteilles de bière et d'une décoration éclectique sur le thème canin, cette petite pépite bobo et décontractée sert d'excellentes grillades. Goûtez le Florida Cracker (porc émincé au gouda, au bacon et aux oignons frits) accompagné de haricots noirs cubains.

Panneau d'affichage du Blue Man Group (p. 132)

KEITH LEVIT/ALAMY ©

Ravenous Pig — Américain $$$

(407-628-2333 ; www.theravenouspig.com ; 1234 Orange Ave, Winter Park ; plats 19-33 $; 11h30-14h et 17h30-21h30 mar-sam). Dans ce pilier de la tendance à Orlando, on s'assoit en terrasse ou en salle, où de grands tirages noir et blanc sont suspendus aux tuyaux du plafond. Commencez par le bacon cuit en coulis de Bourbon et l'assiette de biscuits au gruyère. Parmi les autres plats : burger et frites à l'huile de truffe, spécialités locales aux fruits de mer ou filet de canard aux haricots violets.

Dandelion Communitea Café — Végétarien $

(Carte p. 90 ; 407-362-1864 ; dandelioncommunitea.com ; 618 N Thornton Ave ; plats 6-10 $; 11h-22h lun-sam, 11h-17h dim ;). Dynamique et résolument bio, ce rendez-vous des amateurs de "graines germées, tofu, thé vert et lait de soja" sert des plats végétariens savoureux et créatifs, dans une ancienne maison rénovée qui invite à la flânerie.

Bikes, Beans & Bordeaux — Café $

(Carte p. 90 ; 407-427-1440 ; www.bikesbeansandbordeaux.com ; 3022 Corrine Dr, Audubon Park ; plats 6-12 $; 7h-22h lun-ven, 8h-22h sam, 8h-15h dim ; P). La carte des vins et des bières évolue sur le thème du cyclisme international, avec du bordeaux pendant le Tour de France. Musique live le week-end, canapés pour se prélasser et œuvres d'art local. En amuse-gueules, sauce *dip* à la feta et autres garnitures pour pain plat à confectionner soi-même.

Stardust Video & Coffee — Café $

(Carte p. 90 ; 407-623-3393 ; www.stardustvideoandcoffee.wordpress.com ; 1842 E Winter Park Rd, Audubon Park ; plats 7-14 $; 7h-minuit lun-ven, 8h-minuit sam-dim ; P). Adresse branchée le jour, ce café devient un bar à cocktails et à bières artisanales le soir. Brunch dominical, avec jus de fruits frais, nombreux plats végétariens et, curieusement, location de vidéos. Des lanternes en papier et des lumignons clignotants pendent au plafond, et des photos ornent les murs de béton.

White Wolf Café & Bar — Café $$

(Carte p. 90 ; 407-895-9911 ; www.whitewolfcafe.com ; 1829 N Orange Ave ; plats 14-29 $; 8h-21h lun-ven, 8h-15h dim ; Lynx 102). Ce café de quartier arbore des lustres de style Tiffany, un grand bar en bois et des meubles anciens. Venez-y pour ses petits-déjeuners roboratifs, ses brunch et ses bloody mary.

Où prendre un verre et faire la fête

Dans le centre-ville d'Orlando, l'ambiance peut être sérieusement alcoolisée, surtout le week-end et tard le soir.

Eli's Orange World (p. 108)

Les bars de quartier de Celebration, Winter Park et Thornton Park (sur la rive est du lac Eola) affichent une ambiance toute différente. On y trouve des bars à vins, des concerts acoustiques et des cafés en extérieur où des bols d'eau sont mis à disposition des chiens.

CENTRE-VILLE D'ORLANDO

Courtesy Bar Bar à cocktails

(Carte p. 92 ; ☎407-450-2041 ; 114 N Orange Ave ; consommations à partir de 5 $; ⌚17h-2h, 19h-2h sam, 15h-19h dim). Aménagé dans un bâtiment historique, avec briques apparentes et vieilles ampoules à filament, ce bar à cocktails à l'ancienne propose des alcools de qualité agrémentés de touches innovantes, comme du sel rose de l'Himalaya, du jus de melon miel frais ou une étonnante décoction pissenlit-eucalyptus. Un délice ! Bon choix de bières et de vins.

Woods Bar à cocktails

(Carte p. 92 ; ☎407-203-1114 ; www.thewoodsorlando.com ; 49 N Orange Ave, 1er ét. Historic Rose Bldg ; ⌚17h-2h lun-ven, 19h-2h sam). Cocktails maison dans un cadre douillet et non-fumeurs caché au 1er étage, avec briques apparentes, bar découpé dans un tronc d'arbre et ambiance chaleureuse.

Latitudes Bar

(Carte p. 92 ; ☎407-649-4270 ; www.churchstreetbars.com ; 33 W Church St ; ⌚16h30-2h). Bar sur le toit inspiré des îles avec flambeaux et vue sur la ville. Deux bars plus bruyants se trouvent en dessous.

Bösendorfer Lounge Bar lounge

(Carte p. 92 ; ☎407-313-9000 ; 325 S Orange Ave, Westin Grand Bohemian ; ⌚11h-2h). Fauteuils tapissés de peau de zèbre, miroirs dorés, grosses colonnes noires et sols en marbre donnent le ton à ce bar d'hôtel très fréquenté à la sortie des bureaux. Des musiciens de jazz jouent dans le *lounge* à 19h. Le nom du bar vient du (rare) piano Bösendorfer qui trône dans le salon.

AGGLOMÉRATION D'ORLANDO

Wally's Mills Ave Liquors Bar

(Carte p. 90 ; ☎407-896-6975 ; www.wallysonmills.com ; 1001 N Mills Ave ; ⌚7h30-1h). Ce bar est en activité depuis le début des années 1950, avant l'arrivée de Disney à Orlando. Le papier peint aux dames dévêtues part en lambeaux, mais il participe du charme du lieu... Rien de clinquant ici : juste un petit bar aveugle et enfumé, semblable à tant d'autres, où l'on trouve un juke-box et des boissons fortes. Il ouvre de bonne heure le matin !

Matador Bar à cocktails

(Carte p. 90 ; ☎407-872-0844 ; 724 Virginia Dr, Mills 50 ; ⌚19h-2h). Rouge foncé aux murs, billard et mobilier digne d'un salon de grand-mère. Une ambiance feutrée idéale pour déguster une Bulleit Rye.

☆ Où sortir

Will's Pub Concerts

(Carte p. 90 ; ☎407-898-5070 ; www.willspub.org ; 1042 N Mills Ave ; 8-16 $; ⌚16h-2h lun-sam, 18h-2h dim). Pabst pression (2 $), flipper et pin-up vintage au mur : cette salle de concerts a beau être la moins reluisante d'Orlando, elle a la réputation d'être l'une des meilleures pour la programmation de groupes indé américains ou étrangers. Non-fumeurs ; bière et vin seulement.

Enzian Theater Cinéma

(Carte p. 90 ; ☎407-629-0054 ; www.enzian.org ; 1300 S Orlando Ave, Maitland ; adulte/enfant 10/8 $; ⌚17h-minuit jeu-ven, 12h-minuit sam-dim). Ce fantastique théâtre en bois projette des films classiques et indépendants. Son excellent restaurant, l'**Eden Bar** (**☎407-629-1088 ; www.enzian.org ; 1300 S Orlando Ave, Maitland ; plats 10-16 $; ⌚11h-23h dim-jeu, 11h-1h ven-sam ;** 🍸) 🌿, propose des plats à base d'ingrédients bio locaux. Dégustez un burger végétarien et une bière dans le patio, sous le cyprès, ou optez pour le cinéma.

Beacham & the Social Concerts
(Carte p. 92 ; ☎407-246-1419 ; www.thebeacham.com ; 46 N Orange Ave ; tarifs variables ; 🕘21h-3h). Le Beacham et son voisin, le Social, plus intime et recommandé, sont des piliers de la vie nocturne d'Orlando. Ils accueillent des groupes allant du punk au reggae le week-end ; en semaine, on y fait jouer de la musique et on y danse. Concerts classés "all ages" (tout public), "18 plus" (à partir de 18 ans) ou "21 plus".

Tanqueray's Concerts
(Carte p. 92 ; ☎407-649-8540 ; 100 S Orange Ave ; 🕘11h-2h lun-ven, 18h-2h sam-dim). Ce bar souterrain et enfumé, aménagé dans une ancienne salle des coffres, attire des clients désireux de se poser devant une bière avec des amis. Il y a de la Guinness pression et des groupes locaux – généralement de reggae ou de blues – le week-end.

Achats

Faites un tour à Celebration ou à Winter Park pour une agréable séance de shopping, ou bien à Downtown Disney pour une frénésie d'achats.

Orlando Farmers Market Marché
(Carte p. 92 ; www.orlandofarmersmarket.com ; lac Eola ; 🕘10h-16h dim). Fruits et légumes locaux et bar à vins et à bières en plein air sur les rives du lac Eola dans le centre-ville d'Orlando.

Eli's Orange World Alimentation
(☎407-396-1306 ; www.orangeworld192.com ; 5395 W Irlo Bronson Memorial Hwy/Hwy 192 ; 🕘8h-21h45). Magasin tenu en famille, accueillant et rempli des fameux agrumes de Floride, mais aussi de confitures et de souvenirs kitsch. Dans un bâtiment en forme de demi-orange sur Kissimmee.

Renseignements

Office du tourisme

Official Visitor Center (☎407-363-5872 ; www.visitorlando.com ; 8723 International Dr ; 🕘8h30-18h). Billets à prix réduit et meilleur endroit pour se renseigner sur les parcs thématiques, les hébergements, les activités de plein air, les spectacles, etc.

Services médicaux

Arnold Palmer Hospital for Children (☎407-649-9111 ; 1414 Kuhl Ave ; 🕘24h/24). Le principal hôpital pédiatrique de la ville. Juste à l'est de l'I-4, sortie 81.

Centra Care Walk-In Medical (☎407-934-2273 ; www.centracare.org ; 🕘8h-minuit lun-ven, 8h-20h sam-dim). Centres médicaux sans rendez-vous ; plus de 20 adresses.

Doctors on Call Services (DOCS ; ☎407-399-3627 ; www.doctorsoncallservice.com ; 🕘24h/24). Médecins consultant 24h/24 dans les hôtels, notamment à Walt Disney World et à l'Universal Orlando Resort.

Sites Internet

Orlando Ballet (☎407-426-1739 ; www.orlandoballet.org). Se produit principalement au **Bob Carr Performing Arts Center** (carte p. 90 ; ☎407-246-4262 ; www.orlandovenues.net ; 401 W Livingston St), au centre d'Orlando. Les représentations **Family Series** (1 heure de spectacle à 11h) sont destinées au jeune public : *Casse-Noisette*, *La Belle et la Bête* et *Blanche-Neige*.

Comment circuler

Depuis/vers l'aéroport

De nombreux hôtels et motels proposent des navettes gratuites depuis/vers l'aéroport.

Legacy Towncar of Orlando (☎407-695-4413, 888-939-8227 ; www.legacytowncar.com). Les tarifs comprennent un arrêt de 20 minutes dans une épicerie.

Disney's Magical Express (☎866-599-0951 ; www.disneyworld.disney.go.com). Si vous séjournez dans un hôtel de Walt Disney World® et atterrissez à l'Orlando International Airport (et non à Sanford), réservez votre transport gratuit en bus de luxe depuis/vers l'aéroport.

Mears Transportation (☎service clients 407-423-5566, réservations 855-463-2776 ; www.mearstransportation.com)

Transports publics

I-Ride Trolley (☎407-354-5656 ; www.iridetrolley.com ; adulte/enfant 3-9 ans 2/1 $, pass 1/3/5/7/14 jours 5/7/9/12/18 $; 🕘8h-22h30). Dessert International Dr, du sud de SeaWorld en direction du nord jusqu'au secteur d'Universal

Orlando Resort. Les bus circulent toutes les 20 à 30 minutes et il faut faire l'appoint.

Lymmo (www.golynx.com ; 6h-22h lun-jeu, 6h-minuit ven, 10h-minuit sam, 10h-22h dim). Dessert gratuitement le centre-ville d'Orlando.

Depuis/vers Orlando

Avion

Orlando est desservie par deux aéroports internationaux : l'Orlando International Airport (www.orlandoairports.net), à 19 km à l'est du centre-ville, et le Sanford International Airport (www.orlandosanfordairport.com), beaucoup plus petit, à 48 km au nord.

Voiture

Orlando se trouve à 450 km (285 miles) de Miami ; l'itinéraire le plus rapide et le plus direct en voiture consiste à prendre le Florida Turnpike (route à péage ; 4 heures 30). La ville n'est qu'à une centaine de kilomètres de Tampa par l'I-4.

Universal Orlando Resort

Universal Orlando Resort a du cran, de l'esprit, du style.

Universal est une sorte de Disney à la sauce épicée ! Au lieu des sept nains, vous découvrirez les *Simpsons*, et, à la place de Donald et de Mickey vous rencontrerez Spider Man et Shrek. Universal ne remplacera jamais Disney certes, et il lui manque assurément le charme nostalgique de Blanche-Neige, de Peter Pan et de Winnie l'Ourson, mais il promet un divertissement original et une bonne dose d'adrénaline pour toute la famille. Sous de nombreux aspects, Universal, c'est un peu l'équivalent des films pour enfants qui font également rire de bon cœur les ados et les parents.

L'Universal Orlando Resort est constitué de deux parcs thématiques – Islands of Adventure, comprenant des manèges à sensations fortes, et Universal Studios, dont les attractions déclinent le thème du cinéma.

Dudley Do-Right's Ripsaw Falls (p. 121)
IAN DAGNALL/ALAMY ©

Diagon Alley, Wizarding World of Harry Potter (p. 124)

STEPHEN SEARLE/ALAMY ©

Universal Orlando Resort

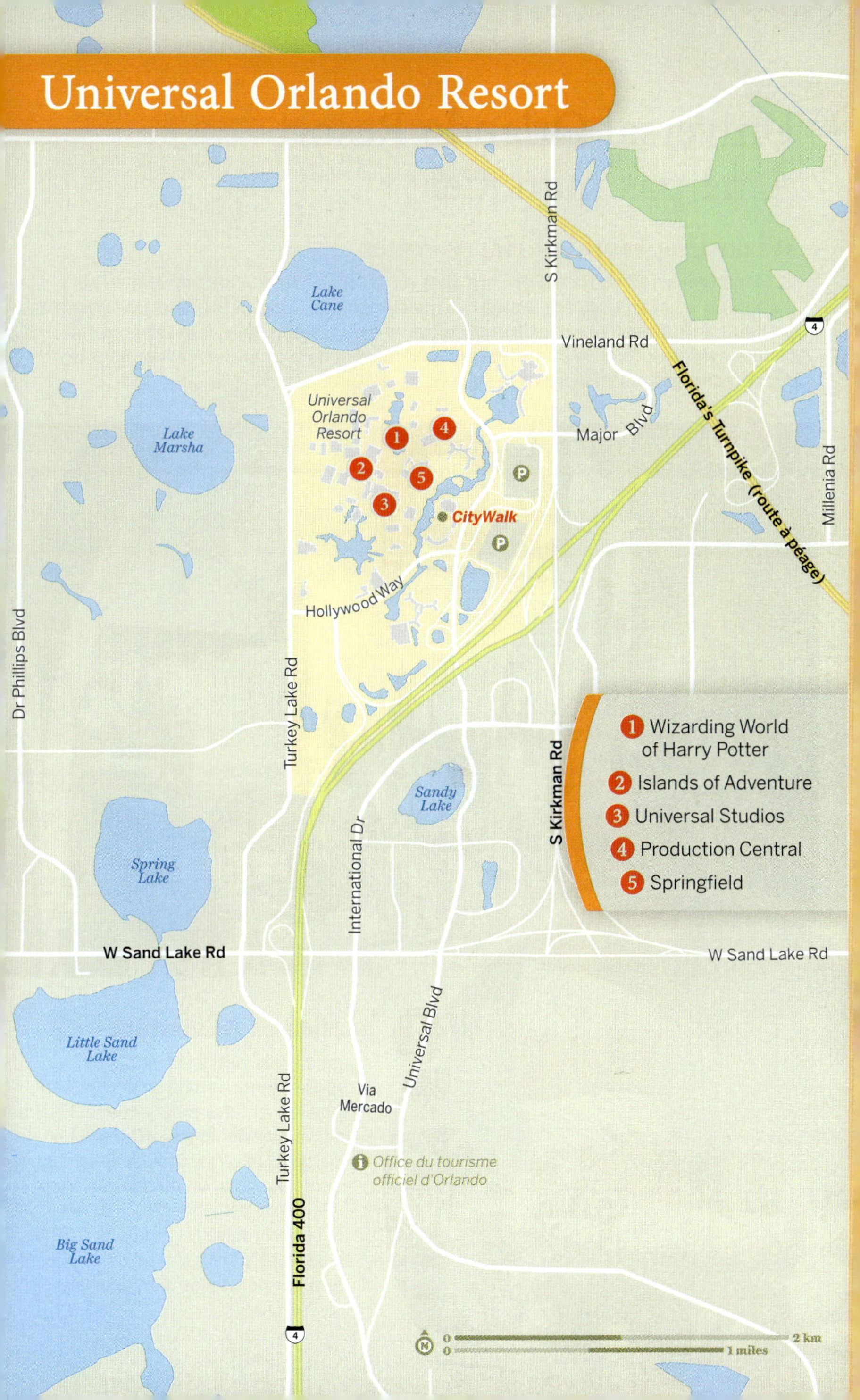

Universal Orlando Resort À ne pas manquer

Wizarding World of Harry Potter

Le monde ensorcelé de Harry Potter (p. 124) vous plonge dans l'univers du célèbre petit sorcier (ou, du moins, celui de la saga cinématographique). Hogwarts (Poudlard), Hogsmeade (Pré-au-Lard), Diagon Alley (le Chemin de Traverse) et d'autres lieux de la série ont été recréés avec beaucoup de soin, et les expériences vont de la simple immersion dans la vie des personnages aux manèges à sensations fortes.

1

2

Islands of Adventure

Ces sept îles distinctes (p. 120), représentant chacune un univers fictif, garantissent des expériences qui plairont à tout type de visiteurs. Dans cette partie d'Universal Orlando Resort, on se promène notamment dans un village peuplé de personnages du Dr Seuss, où le Lorax protège les arbres, et dans les pages des *comics* Marvel en compagnie de super-héros plus vrais que nature.

Chat chapeauté (p. 123)

TRAVEL PICTURES/ALAMY ©

TIM E WHITE/ALAMY ©

Universal Studios

Beaucoup de gens désignent encore Universal Orlando Resort par le seul nom d'Universal Studios (p. 123), ce qui montre à quel point cette section est emblématique de l'ensemble du parc. Comme son nom l'indique, il s'agit d'un véritable studio de production de films, associé à une série d'attractions et de curiosités qui font vivre à fond la magie du cinéma.

3

RSBPHOTO1/ALAMY ©

4

Production Central

Production Central (p. 125), l'un des piliers de la section "studios" d'Universal Studios, vous conduit tout droit dans le monde merveilleux du cinéma hollywoodien, en vous faisant participer à différentes aventures : vous pouvez faire le plein de sensations fortes dans le grand huit Hollywood Rip Ride Rockit, ou bien partir en quête de la princesse Fiona en compagnie de Shrek et de l'Âne au Shrek 4-D. Hollywood Rip Ride Rockit (p. 125)

5

Springfield

Qui n'a pas rêvé de se retrouver dans le décor coloré de Springfield (p. 123), l'univers des personnages de la série *Les Simpson* ? Aux côtés de Homer, Marge, de leurs enfants et des amis qui les entourent, dégustez une bière Duff (ou un Flaming Moe) et étonnez-vous de cette excellente reconstitution d'une ville américaine imaginaire rivalisant avec la sorcellerie de Poudlard. The Simpsons Ride (p. 123)

Universal Orlando Resort : le best of

Hôtels

Portofino Bay Hotel Luxueux complexe évoquant le littoral italien, construit autour d'un lagon central. (p. 126)

Royal Pacific Resort Inspiré des décors du Pacifique et de Bali, cet hôtel regorge de jardins et de fleurs tropicales. (p. 127)

Hard Rock Hotel L'univers est quelque peu rebattu, mais les familles s'y amusent autant que les jeunes fêtards. (p. 127)

Cabana Bay Beach Resort L'un des derniers complexes en date d'Universal, à l'ambiance de la Floride d'antan. (p. 128)

Attractions

Harry Potter & the Forbidden Journey Promenade en balai volant à travers Poudlard. (p. 121)

Twister...Ride It Out Une expérience effrayante reproduisant le passage d'une tornade. (p. 125)

Incredible Hulk Coaster Excellente montagne russe avec narration synchronisée. (p. 121)

Amazing Adventures of Spider-Man Aidez Spider-Man à vaincre les méchants à New York. (p. 120)

The Simpsons Ride Pour vous immerger dans la véritable Springfield ! (p. 123)

Restaurants

Three Broomsticks Réalisez le rêve d'avaler une Bièraubeurre. (p. 128)

Schwab's Pharmacy Jolie reconstitution d'un restaurant mythique d'Hollywood. (p. 129)

Confisco Grille Pizza fraîche à déguster en terrasse. (p. 128)

Emeril's Tchoup Chop Délicieuse cuisine asiatique axée sur les produits de la mer. (p. 129)

Ce qu'il faut savoir

Sections thématiques

- **Springfield** Pour côtoyer les *Simpson* sans avoir à colorer sa peau en jaune fluo. (p. 123)
- **The Wizarding World of Harry Potter** Vous avez toujours su, au fond de vous, que vous étiez un(e) Poufsouffle. (p. 124)
- **Seuss Landing** Attention : si vous y traînez trop longtemps, vous ne parlerez plus qu'en vers ! (p. 123)
- **San Francisco** Vivez la curieuse expérience d'un tremblement de terre. (p. 125)

À gauche : Portofino Bay Hotel (p. 126) ;
Ci-dessus : Incredible Hulk Coaster (p. 121)

(À GAUCHE) SCOTT KEELER/ST. PETERSBURG TIMES/ZUMAPRESS.COM/ ALAMY © ; (CI-DESSUS) RSBPHOTO1/ALAMY ©

MISES EN GARDE

- **La folie Harry Potter** Attendez-vous à de très longues files d'attente et à la foule au Wizarding World of Harry Potter d'Universal en haute saison. S'il atteint sa capacité maximale (cela arrive), le billet "return time" permet de profiter d'autres attractions et de revenir à une heure précise.

À PRÉVOIR

- **Hôtels** Réservez tôt pour bénéficier d'offres très avantageuses et éviter les nombreuses files d'attente dans les parcs.
- **Express Pass** Hautement recommandé si vous voulez profiter au maximum des attractions en faisant un minimum de queue.
- **Location de voiture** À Orlando, il est toujours conseillé de réserver votre véhicule de location suffisamment tôt, surtout en haute saison (nov-mars).
- **Crème solaire** Si vous comptez aller à l'extérieur dans les parcs aquatiques, faites le plein d'écran total.

ADRESSES UTILES

- **Islands of Adventure** Site non officiel consacré à la section d'Universal Studios la plus riche en expériences : www.islandsofadventure.com.
- **Discover Universal** Autre site non officiel consacré à Universal Studios : www.discoveruniversal.com.
- **Sentinelle des parcs à thème** Les journalistes de l'*Orlando Sentinel* partagent leur point de vue de connaisseurs, et parfois leurs enquêtes, sur les parcs à thème : www.orlandosentinel.com/travel/attractions/theme-park-rangers-blog/

COMMENT CIRCULER

- **Voiture** L'I-4 est la principale route entre les parcs de la région.
- **Bateau** À l'intérieur d'Universal Studios, des navettes fluviales relient les hôtels d'Universal et CityWalk.
- **Navette** Des navettes existent entre les hôtels, Universal Orlando Resort et, dans certains cas, Walt Disney World® Resort.
- **Marche à pied** Tous les parcs et hôtels d'Universal Studios sont reliés par des chemins.

Suggestions d'itinéraires

Vous avez ici l'embarras du choix, entre les deux principaux parcs d'Universal Orlando et leurs sections thématiques qui couvrent une large palette de l'univers du cinéma et de la télévision.

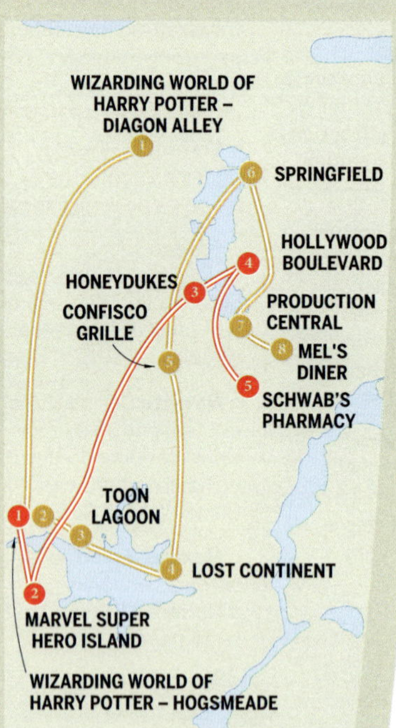

2 JOURS

AVEC DES ADOLESCENTS

UNIVERSAL ORLANDO POUR LES ADOS

Rendez-vous dès l'ouverture à Islands of Adventure pour rejoindre le ❶ **Wizarding World of Harry Potter – Hogsmeade**. L'univers de Harry Potter devient ici réalité et impossible de s'ennuyer ; les amateurs de montagnes russes ne manqueront pas le Dragon Challenge. Visitez ensuite ❷ **Marvel Super Hero Island**. Vous y trouverez certaines des meilleures attractions d'Orlando, notamment le très tortueux et rapide Incredible Hulk Coaster. Terminez la journée en dînant chez ❸ **Honeydukes**.

Le lendemain, commencez par le décor hollywoodien d'Universal Studios, parc dédié à la magie du cinéma. Déambulez sur ❹ **Hollywood Boulevard** et vivez des expériences qui reproduisent de surprenants effets spéciaux. Vous aimez les films catastrophe ? Faites-vous secouer par une tornade puis un tremblement de terre avec Twister...Ride It Out et Disaster! Un peu d'action et d'aventure ? Faites le plein de frissons dans la montagne russe Revenge of the Mummy. Au déjeuner, choisissez ❺ **Schwab's Pharmacy**.

En haut à gauche : Diagon Alley, Wizarding World of Harry Potter (p. 124) ; **En haut à droite** : Mel's Diner (p. 129)

2 JOURS

AVEC DES ENFANTS

UNIVERSAL ORLANDO POUR LES MOINS DE 11 ANS

À l'instar de l'itinéraire précédent, rendez-vous tôt au Wizarding World of Harry Potter. Cette fois, au lieu des montagnes russes et des faux pubs, promenez-vous dans 1 **Diagon Alley** et à 2 **Hogsmeade**, et optez pour des manèges tels que celui d'Escape from Gringotts. Ensuite, explorez le reste d'Islands of Adventure ; aventurez-vous dans le 3 **Toon Lagoon**, dont les manèges et le thème sont plus adaptés aux jeunes enfants, puis passez devant la Mystic Fountain au 4 **Lost Continent**. Pensez à faire une pause pour petit-déjeuner au buffet du 5 **Confisco Grille**.

Le lendemain, à Universal Studios, immergez-vous dans 6 **Springfield** ; cette section, reconstituant la ville emblématique des Simpsons, allie humour sarcastique pour les parents et ambiance de dessin animé pour les enfants. À 7 **Production Central**, embarquez dans Transformers the Ride 3-D, puis ajoutez une dimension supplémentaire avec Shrek 4-D pour un merveilleux moment en famille que petits et grands apprécieront. En cours de route, arrêtez-vous pour déjeuner et savourer un milk-shake au 8 **Mel's Diner**.

Découvrir Universal Orlando Resort

Les incontournables

- **Islands of Adventure** (ci-dessous). Vous y trouverez les meilleures attractions à thème de Floride.
- **Universal Studios** (p. 123). Vivez la magie d'Hollywood et prenez garde aux *Dents de la mer* !

Islands of Adventure
COLINSPICS/ALAMY ©

UNIVERSAL ORLANDO RESORT

À voir et à faire

Vous trouverez surtout des manèges, des films et des spectacles dans les parcs à thème **Islands of Adventure** (www.universalorlando.com ; 6000 Universal Blvd, Universal Orlando Resort ; adulte 1/2 jours 96/136 $, enfant 89/129 $, billets multi-jours et multi-parcs possibles ; 9h-18h, horaires variables ; Lynx 21, 37 ou 40, Universal) et **Universal Studios** (407-363-8000 ; www.universalorlando.com ; 1000 Universal Studios Plaza, Universal Orlando Resort ; adulte 1/2 jours 96/136 $, enfant 89/129 $, billets multi-jours et multi-parcs possibles ; à partir de 9h ; Lynx 21, 37 ou 40, Universal). En franchissant le canal depuis les deux parcs, vous tomberez sur CityWalk, la zone de loisirs d'Universal.

ISLANDS OF ADVENTURE

Ce parc est très amusant. Des super-héros surgissent sur leurs motos, les montagnes russes filent à toute allure et maintes attractions vous tremperont de la tête aux pieds.

Marvel Super Hero Island Manèges

(www.universalorlando.com ; Islands of Adventure ; billet d'entrée au parc requis ; 9h-18h, horaires variables ; ; Lynx 21, 37, 40). Éclatant de couleur, bruyant et effréné, Marvel Super Hero Island plaît aux amateurs de frissons. Ne ratez pas le simulateur de mouvements **Amazing Adventures of Spider-Man** (Express Pass recommandé), où les ennemis de l'araignée, modelés dans une 3D ébouriffante sauteront sur votre wagon et vous poursuivront au fil des rues de New York. Le monstrueux **Incredible Hulk Coaster** (Express Pass) vaut aussi le détour.

Le **Dr Doom's Fearfall** (Express Pass), vous projettera à 46 m de haut avant d'enchaîner sur une chute libre. Comme des personnages de BD se promènent dans les parages, gardez l'œil ouvert et, si besoin, consultez votre carte pour pouvoir croiser Spider-Man en personne.

Toon Lagoon — Manèges

(www.universalorlando.com ; Islands of Adventure ; billet d'entrée au parc requis ; 9h-18h, horaires variables ; ; Lynx 21, 37, 40). Conçue autour des dessins animés, cette joyeuse section permet aux visiteurs de retrouver le pétillant de l'enfance. Ici, il y a la plupart des attractions aquatiques d'Universal, telles que **Popeye and Bluto's Bilge-Rat Barges** (Express Pass) – un grand favori qui compense le manque de sensations fortes par d'amusantes éclaboussures –, et **Dudley Do-Right's Ripsaw Falls** (Express Pass), un classique avec une descente courte mais abrupte.

Sachez que vous ressortirez trempé, aussi n'oubliez pas de protéger téléphones et appareils photo, voire de prendre des chaussures imperméables et de quoi vous changer. Des boutiques vendent serviettes, tongs et vêtements divers.

Jurassic Park — Manèges

(www.universalorlando.com ; Islands of Adventure ; billet d'entrée au parc requis ; 9h-18h, horaires variables ; ; Lynx 21, 37, 40). Sans musique bruyante ou vendeurs, cette oasis de palmiers, de fougères et de plantes est étonnamment calme. Les attractions sont toutes axées sur la préhistoire. La **Jurassic Park River Adventure** (Express Pass) voit succéder, à de sympathiques dinosaures herbivores, d'autres créatures bien plus cauchemardesques.

Pour échapper aux crocs acérés du tyrannosaure, vous plongerez d'une hauteur de 25 m dans un lagon. Les plus petits risquent d'être effrayés par les dinosaures, l'obscurité et le plongeon... mais les plus vaillants en redemanderont. Au **Pterandoon Flyers**, les enfants

Ma sélection

Universal Orlando Resort

LES CONSEILS DE KELLY TIMMINS, HABITANTE D'ORLANDO ET REPRÉSENTANTE DES ADMISSIONS À LA FULL SAIL UNIVERSITY

1 INCREDIBLE HULK COASTER
Cette montagne russe est réservée aux amateurs de sensations fortes. Après vous être attaché, vous avancez avant de décoller pour enchaîner boucles et descentes à 60°.

2 HARRY POTTER & THE FORBIDDEN JOURNEY
The Forbidden Journey est plus qu'un manège ; c'est une expérience à part entière. En entrant dans le château, vous êtes plongé dans le monde que beaucoup d'entre nous avons imaginé en lisant *Harry Potter*. Le clou est un "tour en balai" à vive allure à travers Poudlard, la Forêt interdite et le terrain de Quidditch.

3 HONEYDUKES
Cette petite boutique met le joyeux univers magique de Harry Potter entre vos mains... et dans votre ventre ! On y trouve toutes les confiseries et chocolats cités dans la série !

4 JURASSIC PARK RIVER ADVENTURE
Bien que cette attraction classique n'ait guère changé depuis les années 1990, les sensations fortes y sont toujours au rendez-vous. Pendant votre excursion en bateau dans la forêt, vous croisez des raptors qui rôdent. Pour finir, quand vous pensez tomber entre les dents du *Tyrannosaurus Rex*, vous êtes sauvé en plongeant dans une vaste mare qui vous éclabousse.

5 REVENGE OF THE MUMMY
Ce grand huit intérieur vous conduit à vive allure dans une tombe égyptienne semblable à celles de la saga. Vous rencontrerez d'innombrables momies menaçantes déterminées à vous capturer pour un sacrifice. À la fin, vous vous retrouvez nez à nez avec *la* momie – un final absolument terrifiant.

Universal Studios

0 — 500 m
0 — 0,25 miles

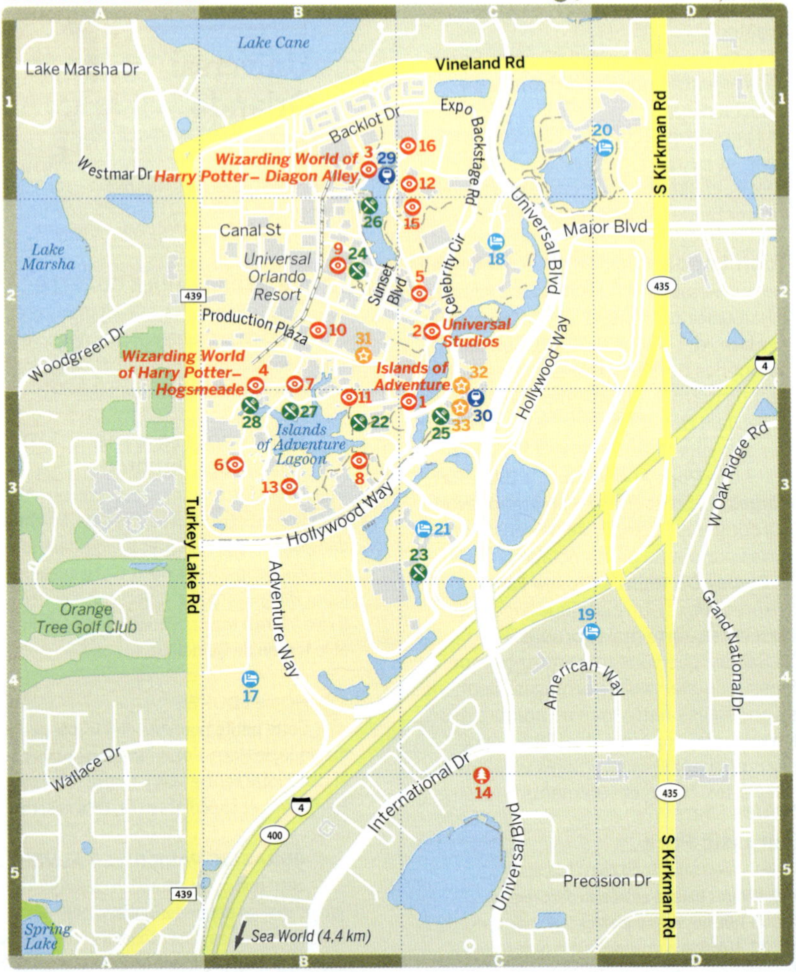

pourront survoler le paysage luxuriant et les dinosaures robotisés de Jurassic Park. Pour participer à cette attraction, il faut mesurer entre 1 m et 1,40 m. Attention, l'attente peut durer une heure pour un vol de 80 secondes (Express Pass non accepté).

Lost Continent — Spectacles

(www.universalorlando.com ; Islands of Adventure ; billet d'entrée au parc requis ; 9h-18h, horaires variables ; ; Lynx 21, 37, 40). Les mythes du monde perdu et les livres de contes sont les sources d'inspiration de cette partie du parc. Vous y rencontrerez dragons et licornes, médiums et voyantes. Ne soyez pas étonné si une fontaine se met à vous parler lorsque vous passez devant elle : la **Mystic Fountain** fait des plaisanteries, arrose les enfants lorsqu'ils s'y attendent le moins puis entame avec eux des conversations loufoques. Et non : il n'y a aucun opérateur à distance. Cette fontaine parle vraiment.

Au flamboyant **Eighth Voyage of Sinbad Stunt Show** (Express Pass),

Universal Studios

Les incontournables

1	Islands of Adventure	C3
2	Universal Studios	C2
3	Wizarding World of Harry Potter – Diagon Alley	B1
4	Wizarding World of Harry Potter – Hogsmeade	B2

À voir

5	Hollywood	C2
6	Jurassic Park	B3
7	Lost Continent	B2
8	Marvel Super Hero Island	B3
9	New York	B2
10	Production Central	B2
11	Seuss Landing	B3
12	Springfield	C1
13	Toon Lagoon	B3
14	Wet 'n Wild	C5
15	Woody Woodpecker's KidZone	C2
16	World Expo	C1

Où se loger

17	Cabana Bay Beach Resort	B4
18	Hard Rock Hotel	C2
19	Hilton Garden Inn International Drive North	C4
20	Portofino Bay Hotel	D1
21	Royal Pacific Resort	C3

Où se restaurer

22	Confisco Grille & Backwater Bar	B3
	Emack & Bolio's Marketplace	(voir 18)
23	Emeril's Tchoup Chop	C3
24	Finnegan's Bar & Grill	B2
25	Jimmy Buffett's Margaritaville	C3
26	Lombard's Seafood Grille	B2
	Mama Della's Ristorante	(voir 20)
	Mel's Diner	(voir 5)
27	Mythos Restaurant	B3
	Orchid Court Sushi Bar	(voir 21)
	Schwab's Pharmacy	(voir 5)
28	Three Broomsticks	B3

Où prendre un verre et faire la fête

	Chez Alcatraz	(voir 26)
29	Duff Brewery	B1
	Groove	(voir 25)
	Hog's Head Pub	(voir 28)
	Moe's Tavern	(voir 12)
30	Pat O'Brien's	C3
	Red Coconut Club	(voir 30)
	Velvet Bar	(voir 18)

Où sortir

31	Blue Man Group	B2
32	CityWalk	C2
33	CityWalk's Rising Star	C3
	Wantilan Luau	(voir 21)

Sinbad et son complice Kabob doivent sauver la princesse Amoura du terrible Miseria, ce qui ne se fait pas sans cabrioles et acrobaties.

Seuss Landing — Manèges, spectacles

(www.universalorlando.com ; Islands of Adventure ; billet d'entrée au parc requis ; 9h-18h, horaires variables ; ; Lynx 21, 37, 40). Le monde du Dr Seuss, l'inventeur de l'éléphant *Horton*, est rempli de personnages fantaisistes, de noms poétiques et de comptines (le narrateur s'exprime toujours en vers). Ici, l'imaginaire du Dr Seuss prend forme en 3D. Le Lorax garde ses Truffula Trees, Thing One et Thing Two font les fous, et plein d'autres créatures sorties des livres du Dr Seuss ornent les boutiques et les manèges.

Buvez du Moose Juice ou du Goose Juice, goûtez aux Green Eggs and Ham (œufs verts au jambon) et montez sur le manège du *Chat chapeauté* ou tournoyez sur un éléphant de *Horton entend un Qui !* Seuss Landing est l'un des meilleurs parcs à thème d'Orlando pour les tout-petits.

UNIVERSAL STUDIOS

Le grand écran a inspiré la plupart des attractions de ce parc plus tranquille que son voisin, Islands of Adventure (p. 120). Il comporte des reconstitutions élaborées de New York et de San Francisco, des simulateurs et des spectacles invitant le public à participer.

Springfield — Manèges

(www.universalorlando.com ; Universal Studios ; billet d'entrée au parc requis ; à partir de 9h ; ; Lynx 21, 37, 40). En 2013, Universal a ouvert Springfield, la section consacrée aux *Simpsons* et basée sur la ville de cette famille américaine dont les aventures sont une satire du mode de vie américain. Faites un tour chez Moe, engloutissez les *donuts* de Lard Lad, et discutez avec Krusty le Clown, Tahiti Bob et la famille Simpsons au complet. Le manège tournoyant de **Kang & Kodos' Twirl & Hurl** comblera les plus petits, tandis que les autres se précipiteront au **Simpsons Ride** (Express Pass).

STEPHEN SEARLE/ALAMY ©

À ne pas manquer
Le monde ensorcelé de Harry Potter

Alan Gilmore et Stuart Craig, directeur artistique et chef décorateur des films *Harry Potter*, ont travaillé avec les ingénieurs d'Universal Orlando Resort pour créer l'espace thématisé le plus étonnant de Floride. Les détails et l'authenticité mettront vos sens en éveil à chaque pas, des cris des mandragores dans les vitrines aux gémissements de Mimi Geignarde dans les toilettes ; restez attentif aux apparitions magiques.

Le Wizarding World of Harry Potter se divise en deux sections dotées de manèges et de spectacles. **Hogsmeade** (Pré-au-Lard) est à Islands of Adventure et **Diagon Alley** (le Chemin de Traverse, inauguré en 2014) à Universal Studios. Le billet *park-to-park* permet d'emprunter le Hogwarts Express (Poudlard Express) d'une section à l'autre.

À **Hogsmeade**, vous pouvez explorer les rues pavées de Pré-au-Lard et ses bâtisses tordues, déguster une Bièraubeurre bien mousseuse, goûter aux Fondants du Chaudron et envoyer une lettre par hibou voyageur. Ouvrez l'œil, des phénomènes magiques peuvent se produire ! Deux des meilleurs manèges d'Orlando sont ici :

- **Harry Potter and the Forbidden Journey** Parcourez les couloirs de Poudlard, en passant devant des portraits parlants, le bureau de Dumbledore et d'autres lieux bien connus des fans de la saga.
- **Dragon Challenge** Ces montagnes russes vous retourneront l'estomac : elles virevoltent, plongent et se croisent en se frôlant.

INFOS PRATIQUES

☎ 407-363-8000 ; www.universalorlando.com ; Islands of Adventure et Universal Studios ; billet d'entrée au parc requis ; 🕐 horaires du parc, accessible 1 heure plus tôt pour les clients des hôtels d'Universal Orlando Resort ; 🚌 Lynx 21, 37 ou 40

Springfield est l'une des immersions les plus réussies proposées à Universal, et un incontournable, même si vous n'êtes pas fan de la série. Les enfants voudront absolument essayer le **Flaming Moe**, qui rivalise avec l'étonnante Bièraubeurre de *Harry Potter*... et en plus, c'est très bon ! Certes, ce n'est qu'un soda à l'orange, mais le verre est original et, aux yeux d'un enfant de 8 ans, l'expérience vaut bien plus que les 7 $ à débourser.

Hollywood — Manèges, spectacles

(www.universalstudios.com ; Universal Studios ; billet d'entrée au parc requis ; à partir de 9h ; Lynx 21, 37, 40). Comptant d'impressionnantes séquences 3D, des cascades *live* et des effets spéciaux 4D, **Terminator 2: 3-D** (Express Pass) vous en mettra plein les yeux. Exaltant pour certains, oppressant pour d'autres. Les fans de la célèbre rousse Lucille Ball apprécieront **Lucy – A Tribute**, une exposition biographique avec clips *I Love Lucy*, costumes, photos et lettres de Lucy.

Si vous êtes féru de maquillage horrifique, **Universal Horror Make-Up Show** (Express Pass) vous semblera peut-être un peu léger. C'est plein d'humour et de bouffonneries, mais certaines illusions d'optique peuvent effrayer les plus petits s'ils ne distinguent pas le vrai du faux.

Production Central — Manèges, spectacles

(www.universalorlando.com ; Universal Studios ; billet d'entrée au parc requis ; à partir de 9h ; ; Lynx 21, 37, 40). Production Central abrite deux manèges très en vue d'Universal : l'incroyable simulation 3D **Transformers: The Ride 3-D** (Express Pass) et le terrifiant grand huit **Hollywood Rip Ride Rockit** (Express Pass). Ce dernier n'est pas pour les âmes sensibles : vous foncerez à 100 km/h, monterez 17 étages au-dessus du parc dans un looping, puis dévalerez une descente à pic, le tout sur la musique de votre choix !

Au **Shrek 4-D** (Express Pass), Shrek et l'Âne partent tirer Fiona des griffes d'un dragon féroce (qui pourra effrayer les plus petits), tandis que la bête surgit, les yeux rouges et crachant le feu. Le laïus d'introduction est un peu trop long.

New York — Manèges, spectacles

(www.universalorlando.com ; Universal Studios ; billet d'entrée au parc requis ; à partir de 9h ; ; Lynx 21, 37, 40). Revenge of the Mummy (Express Pass) combine la vitesse et les pirouettes des montagnes russes à des effets spéciaux décoiffants. Pénétrez dans l'obscurité profonde des catacombes de l'Égypte ancienne, mais ne provoquez pas la colère d'Imhotep la momie : dans sa fureur, il vous lancera de l'eau, du feu et plus encore !

Twister...Ride It Out (Express Pass) doit se parcourir à pied. Sur un plateau de tournage reconstituant un village délabré du Midwest, on commence par être plongé dans un calme inquiétant, jusqu'à ce qu'apparaisse, au loin, une tornade.

Une radio annonce un violent cyclone et, peu à peu, le temps change. Le panneau tremble au-dessus de l'ancienne station-service et une botte de paille traverse le décor. Puis, un tourbillon se forme et s'approche, de plus en plus près et de plus en plus bruyamment. Ceux qui ont déjà vécu l'expérience d'une authentique tornade réfléchiront à deux fois avant de s'y aventurer.

World Expo — Manèges, spectacles

(www.universalorlando.com ; Universal Studios ; billet d'entrée au parc requis ; à partir de 9h ; Lynx 21, 37, 40). La principale attraction est **Men in Black Alien Attack** (Express Pass), un jeu vidéo en 3D interactif divertissant mais pas effrayant du tout. Votre voiture se balance dans tous les sens pour éviter les obstacles surgissant dans Manhattan, et vous devrez tirer sur d'amusants extraterrestres avec vos lasers pour gagner des points. À noter : Universal insiste pour que vous rangiez vos sacs dans le casier gratuit avant le départ.

San Francisco — Manèges, spectacles

(www.universalorlando.com ; Universal Studios ; billet d'entrée au parc requis ; à partir de 9h ; ; Lynx 21, 37, 40). Reconstitution minutieuse du San Francisco de 1906 qui subit un énorme séisme, à l'origine du film *Tremblement de terre* (1974). Il y a

même un petit bar agréable en extérieur au Fisherman's Wharf : Chez Alcatraz (p. 130). Lombard's (p. 129) est l'un des deux seuls restaurants qui acceptent les réservations. On trouve aussi deux spectacles en plein air.

La seule attraction est **Disaster** (Express Pass), un manège original simulant le tournage d'un film. Le lent parcours suit un fil narratif tout en se concentrant sur les effets spéciaux plutôt que sur la vitesse. Un directeur de casting hollywoodien choisit quelques membres du public et débite des ordres à toute allure ("Crie comme si tu venais d'apprendre que Britney Spears allait garder tes enfants"), avant de filmer chaque volontaire une ou deux secondes. Puis tout le monde rejoint le "plateau" et embarque à bord d'une rame de métro dans une réplique d'une station de San Francisco quand, soudain, tout s'écroule et le chaos survient. Un indice : 25 m³ d'eau sont lâchés (et recyclés toutes les 6 minutes), mais vous resterez sec. Et vous verrez les prises tournées par les volontaires.

Woody Woodpecker's KidZone Manèges, spectacles

(www.universalorlando.com ; Universal Studios ; billet d'entrée au parc requis ; à partir de 9h ; Lynx 21, 37, 40). Manèges et spectacles pour les plus jeunes, dont une superbe aire de jeux aquatique et des canons à boulets en mousse. Un concurrent sérieux au Seuss Landing (p. 123) d'Islands of Adventure dans le cœur des moins de 8 ans.

Où se loger

Universal Orlando Resort est doté de trois excellents *resorts* (complexes hôteliers). Généralement moins coûteux que les hébergements haut de gamme de Walt Disney World® Resort, ces établissements offrent un meilleur service (cuisine, cadre, équipements, confort des chambres). Réservations et forfaits au 888-273-1311.

Portofino Bay Hotel Resort $$$

(407-503-1000 ; www.universalorlando.com ; 5601 Universal Blvd, Universal Orlando Resort ;

À gauche : Men in Black Alien Attack (p. 125) ;
Ci-dessous : Simpsons Ride (p. 123)

(À GAUCHE) RSBPHOTO1/ALAMY ©; (CI-DESSOUS) TIM E WHITE/ALAMY ©

ch et ste basse saison/saison intermédiaire/haute saison à partir de 285/315/365 $, parking sans/avec voiturier 18/25 $/jour ; P ; Universal). Ce complexe somptueux rappelle le littoral italien : jolies chambres, rues pavées et terrasses de café donnant sur un lagon central. Il y a une piscine à débordement ensablée pour les familles, la piscine Hillside à l'écart, l'élégante piscine Villa, ainsi que le spa Mandara et le succulent **Mama Della's (407-503-3463 ; www.universalorlando.com ; 5601 Universal Blvd, Portofino Bay Hotel ; plats 10-22 $; 17h30-23h ; ; Universal).** Le soir, des musiciens jouent au bord de l'eau. Le tarif inclut l'entrée 1 heure avant l'ouverture au Wizarding World of Harry Potter et l'Unlimited Express Pass.

Royal Pacific Resort — Resort $$$

(407-503-3000 ; www.universalorlando.com ; 6300 Hollywood Way, Universal Orlando Resort ; ch et ste basse saison/saison intermédiaire/haute saison à partir de 230/260/300 $, parking sans/avec voiturier 18/25 $/jour ; P ; Universal). Une immense véranda avec des orchidées, un bassin, des fontaines balinaises et des éléphants sculptés occupe le hall de cet accueillant complexe, superbe propriété aux vastes pelouses avec plantes tropicales et palmiers. Les restaurants servent une cuisine excellente. Le tarif inclut l'entrée 1 heure avant l'ouverture au Wizarding World of Harry Potter et l'Unlimited Express Pass.

Hard Rock Hotel — Resort $$$

(407-503-2000 ; www.universalorlando.com ; 5800 Universal Blvd, Universal Orlando Resort ; ch et ste basse saison/saison intermédiaire/haute saison à partir de 259/294/365 $, parking sans/avec voiturier 18/25 $/jour ; P ; Universal). De l'immense pelouse où est érigée une imposante fontaine en forme de guitare en passant par la musique sous-marine dans la piscine, l'esprit

Universal pour les enfants

Universal Orlando Resort est passé maître dans l'art de concevoir des attractions faciles d'accès et amusantes tant pour les adultes que pour les enfants. Les plus jeunes ne sont pas oubliés. Des personnages de *Scooby Doo, Shrek* et des *Simpson* viennent dans les restaurants des trois complexes hôteliers les mercredis, vendredis et samedis soir. S'il dispose de nombreux bars et concerts, le CityWalk demeure très familial, et le Wantilan du Portofino Bay Hotel donne aux enfants de tous âges un avant-goût des îles hawaïennes.

rock'n'roll est omniprésent dans cet hôtel moderne et élégant. Le tarif inclut l'entrée 1 heure avant l'ouverture au Wizarding World of Harry Potter et l'Unlimited Express Pass.

Cabana Bay Beach Resort Resort **$$**
(☎407-503-4000 ; www.universalorlando.com ; 6550 Adventure Way, Universal Orlando Resort ; ch 115-150 $, ste 175-215 $, parking 18 $; P ❄ Wi-Fi ; Universal). Évoquant l'esprit de *road trips* des années 1950, le dernier-né des hôtels d'Universal, ouvert en mars 2014, a quelque chose de la Floride d'antan. Chambres de diverses catégories, piste de bowling, espace de restauration, cours d'eau artificiel et deux piscines. Les suites familiales sont équipées de kitchenettes et de 6 couchages.

Si les clients peuvent entrer 1 heure avant l'ouverture au Wizarding World of Harry Potter (un atout indéniable), ils ne jouissent pas des mêmes avantages que les hôtes des trois autres complexes, notamment l'Unlimited Express Pass, la réservation prioritaire aux restaurants et le transport en bateau aux parcs. Il faut donc marcher 20 minutes ou prendre le bus Universal jusqu'aux parcs à thème.

Où se restaurer

On trouve à Universal Orlando des restaurants pour tous les budgets, où, naturellement, tout est thématique dans le moindre détail.

ISLANDS OF ADVENTURE

Three Broomsticks Anglais **$**
(www.universalorlando.com ; Islands of Adventure ; plats 11-16 $, billet d'entrée au parc requis ; 8h-fermeture du parc ; ; Lynx 21, 37, 40). Cuisine de fast-food anglaise autour de l'univers de *Harry Potter*. Hachis de bœuf, chaussons à la viande et bancs en bois rustiques. Il y a de nombreuses tables en extérieur à l'arrière, près du cours d'eau.

Confisco Grille & Backwater Bar Américain **$**
(☎407-224-4012 ; www.universalorlando.com ; Islands of Adventure ; plats 6-22 $, billet d'entrée au parc requis ; 11h-fermeture du parc ; ; Lynx 21, 37, 40). Si discret qu'il passe inaperçu, le Confisco Grille vaut le détour avec ses places extérieures, son houmous fraîchement préparé, ses délicieuses pizzas au feu de bois et son bar bien fourni.

Mythos Restaurant Méditerranéen **$$**
(☎407-224-4012, 407-224-4534 ; www.universalorlando.com ; Islands of Adventure ; plats 8-15 $, billet d'entrée au parc requis ; 11h-17h ; ; Lynx 21, 37, 40). Ce restaurant, niché dans une grotte sous-marine, comprend une grande verrière (avec vue sur plusieurs attractions) et un cours d'eau artificiel.

UNIVERSAL STUDIOS

Finnegan's Bar & Grill Pub **$$**
(☎407-224-3613 ; www.universalorlando.com ; Universal Studios ; plats 8-20 $, billet d'entrée au parc requis ; 11h-fermeture du parc ; ; Lynx 21, 37, 40). Pub irlandais dont la musique semblent tout droit sortir des rues

de New York. On y sert des chaussons à la viande, des *Scotch eggs* (œuf dur au cœur d'une garniture de chair à saucisse, panée et frite) ainsi que de la bière Harp, Bass et Guinness à la pression.

Schwab's Pharmacy Glaces $

(www.universalorlando.com ; Universal Studios ; billet d'entrée au parc requis ; 11h-fermeture du parc ; ; Lynx 21, 37, 40). Dans les années 1930, deux frères achetèrent ce qui allait devenir la cantine favorite des futures stars d'Hollywood. Ava Gardner y aurait travaillé, Harold Arlin y aurait composé *Over the Rainbow* et Marilyn Monroe, Clark Gable et Orson Welles auraient été des habitués. Universal a aussi reconstitué le célèbre stand de Ben and Jerry's.

Lombard's Seafood Grille Poisson, fruits de mer $$

(407-224-3613, 407-224-6401 ; www.universalorlando.com ; Universal Studios ; plats 12-25 $, billet d'entrée au parc requis ; 11h-fermeture du parc ; ; Lynx 21, 37, 40). Tapis d'Orient, imposant aquarium et un menu composé de produits marins. Une pause relaxante dans la frénésie d'Universal.

Mel's Diner Hamburgers $

(www.universalorlando.com ; Universal Studios ; plats 6-10 $, billet d'entrée au parc requis ; 11h-fermeture du parc ; ; Lynx 21, 37, 40, Universal). Restaurant typique des années 1950, avec voitures d'époque et orchestre à l'extérieur. La cuisine n'est pas meilleure que dans les fast-foods classiques, mais l'atmosphère est bien plus amusante.

HÔTELS RESORTS

Appelez le 407-503-3463 pour réserver dans les autres restaurants avec service à table logés dans les complexes hôteliers.

Orchid Court Sushi Bar Japonais $$

(407-503-3000 ; www.universalorlando.com ; 6300 Hollywood Way, Royal Pacific Resort ; sushis 4-8 $, plats 12-20 $; 11h-23h ; ; Universal). Dans le vaste et lumineux hall ceint de baies vitrées du Royal Pacific Resort, ce modeste bar à sushis respire le calme. Les chaises et canapés sont couverts de coussins. Goûtez donc au cocktail *cherry blossom saketini*.

Emeril's Tchoup Chop Poisson, fruits de mer $$$

(407-503-2467 ; www.emerilsrestaurants.com ; 6300 Hollywood Way, Royal Pacific Resort ; plats 15-30 $; 11h30-14h30 et 17h-22h ; Universal). Une délicieuse cuisine des îles, des produits de la mer aux accents asiatiques, le tout préparé avec des ingrédients très frais. L'un des meilleurs restaurants de l'Universal Orlando Resort.

Emack & Bolio's Marketplace Glaces $

(407-503-2000 ; www.universalorlando.com ; 5800 Universal Blvd, Hard Rock Hotel ; glaces 3-8 $; 6h30-23h ; ; Universal).

Hard Rock Cafe, près du Hard Rock Hotel d'Orlando (p. 127)

KEITH LEVIT/ALAMY ©

Dans cet établissement originaire de Boston, les glaces sont imbattables. Et il n'y a que dans ce bastion du rock'n'roll que vous dégusterez une *Bye Bye Miss American Mud Pie*.

Où prendre un verre et faire la fête

Moe's Tavern — Bar

(www.universalorlando.com ; Universal Studios ; boissons 3-9 $, billet d'entrée au parc requis ; 11h-fermeture du parc ; ; Lynx 21, 37, 40). On a l'impression d'avoir poussé la porte du bar favori d'Homer. Goûtez le Krusty Burger dans l'aire de restauration mitoyenne et sirotez une Duff Beer, Duff Lite ou Duff Dry au bar.

Duff Brewery — Bar

(www.universalorlando.com ; Universal Studios ; en-cas 5-12 $, billet d'entrée au parc requis ; 11h-fermeture du parc ; ; Lynx 21, 37, 40). Ce bar, dont la terrasse donne sur le lagon, sert la bière préférée de Homer, à la pression ou en bouteille, mais aussi le fameux Flaming Moe. Devant, des arbres taillés prennent la forme des mascottes de la célèbre série.

Velvet Bar — Bar lounge

(407-504-2588, billets et info 407-503-2401 ; www.hardrockhotelorlando.com ; 5800 Universal Blvd, Hard Rock Hotel ; 17h-2h ; Universal). Branché et décoré avec un certain chic – véranda, plancher et chaises zébrées. Le dernier jeudi du mois, le bar organise les Velvet Sessions, des soirées "cocktails et rock'n'roll" avec boissons à thème, concerts et en-cas. Excellents martinis.

Hog's Head Pub — Pub

(www.universalorlando.com ; Islands of Adventure ; boissons 4-8 $, billet d'entrée au parc requis ; 11h-fermeture du parc ; Lynx 21, 37, 40). Bièraubeurre, givrée ou mousseuse, pression, cidre au potiron, etc. Guettez le cochon de l'autre côté du bar – il est plus réel que vous le pensez. Si la queue pour la bièraubeurre est trop longue dehors, allez à l'intérieur : même prix, même produit.

Chez Alcatraz — Bar

(www.universalorlando.com ; Universal Studios ; billet d'entrée au parc requis ; 11h-fermeture du parc ; ; Lynx 21, 37, 40). Mojitos glacés, focaccias et frites maison au Fisherman's Wharf, au bord de l'eau. Le clapotis des bateaux tanguant dans les docks, ajouté

Mel's Diner (p. 129)

IAN DAGNALL/ALAMY ©

Vaut le détour
CityWalk

Universal Studios et SeaWorld sont reliés par un attrayant **centre commercial** (CityWalk ; 407-363-8000 ; www.universalorlando.com ; 6000 Universal Studios Blvd, Universal Orlando Resort ; 7h-2h, horaires variables ; Lynx 21, 37 ou 40, Universal) piétonnier, comportant des restaurants thématiques, des bars, des boutiques, un cinéma multiplexe, un manège et une fontaine où les enfants peuvent jouer. Toutefois, les sorties en soirée se résument à des concerts et de l'alcool à foison. Bien que les nuits fassent parfois le plein de jeunes en goguette, l'endroit reste principalement familial.

Le soir, l'entrée des bars est payante (5-9 $). Le CityWalk Party Pass (12 $; gratuit avec l'entrée multi-jours aux parcs d'attractions) donne un accès illimité à tous les clubs et bars. Si vous voulez voir un film puis sortir en discothèque, achetez le CityWalk Party Pass and Movie Ticket (15 $), et pour un dîner suivi d'un film, optez pour le Meal and Movie Deal (15 $). Téléphonez ou passez au CityWalk Guest Services Ticket Window, ou procurez-les vous dans n'importe quel hôtel Universal. Les réservations de restaurants se font au 407-224-3663. Attendez-vous à quelques changements, dont plusieurs nouveaux restaurants, car Universal est en train de rénover entièrement CityWalk.

Bob Marley – A Tribute to Freedom (407-224-3663 ; www.universalorlando.com ; CityWalk ; plats 8-16 $, entrée après 21h 7 $; restaurant 16h-22h dim-jeu, 16h-23h ven-sam, bar 21h-2h ; Lynx 21, 37 ou 40, Universal). Cuisine et musique jamaïcaines.

CityWalk's Rising Star (407-224-4233 ; www.universalorlando.com ; CityWalk ; entrée 7 $; 20h-2h ; Lynx 21, 37 ou 40, Universal). Karaoké avec musique live et concours de jeunes talents.

the groove (407-224-4233 ; www.universalorlando.com ; CityWalk ; entrée 5 $; 21h-2h ; Lynx 21, 37 ou 40, Universal). Discothèque aux murs couverts de néons bleus où retentit de la musique des années 1970 et 1980. La “Teen Night” (soirée réservée aux ados) est très courue.

Jimmy Buffet's Margaritaville (407-224-2155 ; www.universalorlando.com ; CityWalk ; plats 8-15 $, entrée après 22h 10 $; 11h30-2h ; ; Lynx 21, 37 ou 40, Universal). Trois bars à thème autour des chansons de Jimmy Buffet, menu complet et concerts à partir de 22h.

Pat O'Brien's (407-224-2106 ; www.universalorlando.com ; CityWalk ; plats 8-17 $, entrée après 21h 7 $; 16h-2h, piano-bar à partir de 17h ; Lynx 21, 37 ou 40, Universal). Cuisine cajun, cocktails énergiques et duos de pianos.

Red Coconut Club (407-224-4233 ; www.universalorlando.com ; CityWalk ; entrée 7 $; 20h-2h dim-jeu, 18h-2h ven-sam ; Lynx 21, 37 ou 40, Universal). Concerts, bar à cocktails et terrasse sur le toit.

Latin Quarter Ambiance latino-américaine.

à la vue sur Springfield, font d'Alcatraz un petit bar en plein air idéal pour se détendre. Juste à côté, Bruce, le terrible requin des *Dents de la mer* pend en taille réelle à un grand portique, attendant d'être pris en photo.

Où sortir

Wantilan Luau Dîner spectacle

(407-503-3463 ; www.universalorlando.com ; 6300 Hollywood Way, Royal Pacific Resort ; adulte 63-70 $, - 12 ans 35-40 $; 18h mar et

sam mai-août, 18h sam uniquement sept-avr ; Universal). Des danseurs de feu des îles du Pacifique s'agitent sur scène pendant que les convives savourent des mets polynésiens servis en buffet. L'ambiance est décontractée. Cocktail, bière et vin à volonté inclus dans le prix.

Blue Man Group Arts de la scène

(407-258-3626, 407-363-8000 ; www.universalorlando.com ; CityWalk ; adulte/enfant 3-9 ans à partir de 69/29 $; variables ; Lynx 21, 37, 40, Universal). Phénomène du Broadway Off apparu en 1991, le Blue Man Group est une troupe de théâtre comique endiablée qui apporte chez Universal son attirail délirant : "instruments" de percussions, paintball, Chamallows, pour se livrer à un exercice entre danse contemporaine et folie débridée.

Dive-In Movies Cinéma

(Portofino Bay, Hard Rock Hotel et Royal Pacific Hotel, Universal Orlando Resort ; crépuscule ; Universal). Films grand public projetés gratuitement au bord des piscines des complexes hôteliers d'Universal Orlando. La programmation est saisonnière et certains films sont montrés plusieurs soirs de la semaine.

Renseignements

Billets d'entrée

Le billet donnant accès à un parc pendant 1/2/3/4 jours coûte 96/136/146/156 $; le billet *park-to-park* donnant accès aux deux parcs pendant 1/2/3/4 jours coûte 136/176/186/196 $. Les enfants âgés de 3 à 9 ans bénéficient d'une réduction allant jusqu'à 12 $. Les billets sont valables 14 jours consécutifs. Les tickets multi-jours incluent l'entrée aux établissements payants de CityWalk. L'Orlando Flex Ticket donne accès à Universal Orlando Resort.

Dining Plan

Universal propose deux formules de restauration prépayées, Dining Plan – Quick Service (adulte/enfant 20/13 $) et Dining Plan (46/18 $), comprenant un large choix de restaurants d'Islands of Adventure, d'Universal Studios et de CityWalk.

-

Évitez les files d'attente à certains manèges d'Islands of Adventure et d'Universal Studios avec un Express Pass. Le pass à la journée (35 à 70 $ pour un parc, 40 à 90 $ pour deux) inclut un accès express à chaque attraction. Autrement, la formule Park-to-Park Ticket Plus Unlimited Express (135 à 180 $) inclut l'entrée aux deux parcs et l'usage illimité de l'Express Pass pendant 2 jours. Avec

Affiche du Blue Man Group

ZUMA PRESS, INC./ALAMY ©

Orlando Eye

À bord des nacelles panoramiques de la toute nouvelle grande roue **Orlando Eye** (**www.officialorlandoeye.com ; 8401 International Drive ; ⌚10h-22h lun-ven, 10h-minuit sam-dim**), haute de 122 m, vous aurez une vue époustouflante sur tout le centre de la Floride. La grande roue se situe au sud des parcs à thème d'Orlando.

le pass, vous pourrez accéder à n'importe quel manège, aussi souvent que vous le désirez. Si vous dormez dans l'un des trois complexes haut de gamme – Portofino Bay, Hard Rock ou Royal Pacific –, jusqu'à 5 clients par chambre reçoivent l'Unlimited Express Pass. Des pass sont disponibles en ligne (www.universalorlando.com) chaque jour aux billetteries du parc.

Garde d'enfants

Des nurseries et des toilettes mixtes sont situés aux points Family Services et First Aid de chaque parc. Sur le plan du parc, une icône représentant un biberon figure à côté des enseignes vendant des articles pour bébés (non exposés). Chaque complexe hôtelier possède une garderie.

Heures d'ouverture du parc

En général, les parcs ouvrent à 8h ou 9h et ferment entre 18h et 22h. Les clients des trois hôtels Universal peuvent accéder au Wizarding World of Harry Potter 1 heure avant l'ouverture du parc.

Location de poussettes

Des poussettes simples/doubles (12/16 $) sont à louer aux points Guest Services des deux parcs.

Objets trouvés

À l'intérieur du point Guest Services de chaque parc.

Offices du tourisme

Les points d'accueil dans chaque parc et au CityWalk sont très efficaces. Les hôtels des environs d'Orlando ont tous des informations sur Universal Orlando Resort. Numéro central d'Universal : ☎407-363-8000 ; 800-232-7827 (gratuit).

Services médicaux

Chaque parc est doté de postes médicaux (Health Services) indiqués sur son plan.

Parking

Les stationnements des deux parcs d'attractions et de CityWalk se trouvent dans un immense parking (normal/voiturier 17/30 $). Dans les hôtels, des frais supplémentaires s'appliquent au stationnement (18 $/jour) et au service voiturier (25 $/jour).

Voyageurs handicapés

Le guide gratuit *Rider Safety and Guests With Disabilities* est à disposition sur www.universalorlando.com et aux points Guest Services. Fauteuils et voiturettes sont en location à l'entrée de chaque parc ; réservation de voiturettes au ☎407-224-4423. Des fauteuils manuels sont en location à la rotonde du parking.

Wet 'n Wild

Les forfaits comprennent l'entrée au parc aquatique Wet 'n Wild, situé à quelques kilomètres. Tarifs sur www.universalorlando.com.

ℹ Comment s'y rendre et circuler

Des trains, des avions et des bus desservent Orlando.

Bateau

Des navettes fluviales, qui passent environ toutes les 20 minutes juste devant l'entrée des parcs, circulent entre les trois hôtels Universal et CityWalk, généralement entre 8h30 et 2h du matin.

Marche à pied

Les trois complexes hôteliers, Islands of Adventure, Universal Studios et CityWalk, sont reliés par des chemins bien éclairés.

Navette

La plupart des hôtels proches d'Universal Studios et le long de l'International Drive assurent une navette gratuite pour l'Universal Orlando Resort.

Voiture

Depuis l'I-4, prendre la sortie 74B ou 75A et suivre les panneaux. Depuis l'International Drive, tourner vers l'ouest à Wet 'n' Wild pour prendre Universal Blvd.

Palm Beach et la Gold Coast

La "Côte d'Or" mérite son nom à plusieurs égards.

Opulence. Produits de luxe. Soleil radieux. Palm Beach est l'une des enclaves les plus prospères de Floride – admirez les demeures aux airs de château qui bordent le littoral, mais veillez à ne pas emboutir une Bentley à 350 000 dollars en vous garant devant la boutique Gucci.

Cependant, la Gold Coast ne se limite pas au faste. Vous y trouverez une série de charmantes villes balnéaires ; de Fort Lauderdale, foisonnante d'activités et prisée des gays et des familles, à Lauderdale-by-the-Sea, où la décontraction est de rigueur, en passant par Jupiter et ses paysages préservés, vous aurez l'embarras du choix en matière de loisirs et de sorties culturelles.

Les amateurs de nature trouveront aussi des joyaux : îles isolées, marais envahis de mangroves, rivières sauvages ou dunes désertes. Quel que soit votre programme, ne manquez pas de consacrer un peu de temps à Palm Beach et à la Gold Coast lors de votre voyage entre Miami et Disney World.

West Palm Beach (p. 148)

Breakers (p. 145)
JOHN COLETTI/GETTY IMAGES ©

Palm Beach et la Gold Coast

Palm Beach et la Gold Coast À ne pas manquer

Fort Lauderdale

Bien qu'elle soit la deuxième ville du sud de la Floride, elle ne mérite pas d'être reléguée au second plan. Fort Lauderdale (p. 163) possède un vaste réseau de canaux, une plage et des promenades comptant parmi les plus belles du pays, une vie culturelle bouillonnante qui comblera les férus d'histoire, les gastronomes et les noctambules. Ajoutez-y une scène gay et lesbienne florissante, et vous obtenez une destination mémorable.

1

2

Hollywood Beach et Broadwalk

Si certaines plages ne sont pas très propres et d'autres trop prétentieuses, Hollywood Beach (p. 170) est juste entre les deux, avec un sable de bonne qualité et une mer très agréable. Sa promenade est prise d'assaut aussi bien par les fêtards, les gens qui promènent leur chien et les sportifs que les adolescents et les familles en balade pour la soirée.

RICHARD CUMMINGS/GETTY IMAGES ©

Flagler Museum

Le Flagler Museum (p. 144) de Palm Beach occupe la demeure qu'Henry Flagler, magnat des chemins de fer et riche homme d'affaires de Floride, offrit à sa femme en 1902. Dire que cette maison est somptueuse tient de l'euphémisme. Elle représente à la fois l'apogée du style Beaux-Arts et le luxe (voire la décadence) de la vieille aristocratie américaine.

3

ZUMA PRESS, INC./ALAMY ©

4

Morikami Museum & Japanese Gardens

Delray Beach n'est probablement pas le premier nom qui vient à l'esprit quand on parle d'art et d'esthétique du Japon, mais cette localité abrite l'une des plus belles collections d'objets et d'œuvres d'art nippons des États-Unis, dans l'enceinte du Morikami Museum (p. 157). À l'issue de votre visite, ne manquez pas de prendre un thé à la Seishin-An Teahouse.

5

Gumbo Limbo Nature Center

Le nom de Gumbo Limbo vous fera peut-être penser à une danse des bayous de la Louisiane, mais il désigne en réalité une réserve naturelle (p. 159) située près de Boca Raton. On peut s'y promener sur des passerelles en bois qui traversent les marais et voir de nombreux animaux, dont des tortues marines hébergées dans un centre de réhabilitation. Tortue caouane

Palm Beach et la Gold Coast : le best of

Restaurants

- **Circle** Le meilleur brunch de la région, accompagné par un vrai clavecin. (p. 148)
- **Būccan** La cuisine américaine moderne voit ses limites repoussées. (p. 147)
- **Rhythm Cafe** Joyeux bistrot pittoresque servant un gâteau au chocolat à tomber. (p. 153)
- **Mediterranean Market & Deli** Plats frais et délicieux originaires du Moyen-Orient et de la Méditerranée. (p. 152)
- **Gran Forno** Succulente cuisine du nord de l'Italie à prix abordable, idéale pour un déjeuner. (p. 167)

Splendeurs naturelles

- **Gumbo Limbo Nature Center** Merveilleux centre d'information sur l'environnement. (p. 159)
- **Blowing Rocks Preserve** Quand les vagues, le vent, les marées et l'érosion s'associent pour faire des merveilles. (p. 160)
- **Lion Country Safari** L'environnement est certes artificiel, mais il reproduit admirablement la savane africaine. (p. 155)
- **Jonathan Dickinson State Park** Beau parc qui recense la beauté naturelle du centre de la Floride. (p. 160)

Plages

- **Lake Worth Beach** L'une des plus belles plages de la Gold Coast. (p. 155)
- **Hollywood Beach** Allie avec succès la beauté naturelle à des activités ludiques. (p. 170)
- **Fort Lauderdale Beach** Sa promenade en planches est un modèle du genre. (p. 163)
- **Palm Beach Municipal Beach** Charmante plage publique qui peut être bondée en haute saison. (p. 145)

Musées

- **Museum of Art** Pilier culturel de Fort Lauderdale. (p. 164)
- **Boca Raton Museum of Art** Impressionnante collection de maîtres européens. (p. 158)
- **Morikami Museum & Japanese Gardens** Chefs-d'œuvre japonais dans une atmosphère sereine. (p. 157)
- **Flagler Museum** Un aperçu de la vie des gens riches et célèbres au début du XXe siècle. (p. 144)
- **Norton Museum of Art** Véritable bijou artistique, à West Palm Beach. (p. 148)

À gauche : Blowing Rocks Preserve (p. 160) ;
Ci-dessus : Hollywood Beach (p. 170)

(À GAUCHE) MICHAEL SZÖNYI/GETTY IMAGES © ; (CI-DESSUS) PETER PTSCHELINZEW/ALAMY ©

Ce qu'il faut savoir

MISES EN GARDE

- **Habillez-vous** Si vous sortez à Palm Beach, mettez-vous sur votre trente et un.
- **Humidité** L'air peut être extrêmement moite en plein été.
- **Spring Break** À moins d'aimer faire la fête avec des étudiants, évitez Fort Lauderdale en mars-avril.
- **Ouragans** Peuvent être violents dans la région ; la saison s'étend de juin à octobre.

COMMENT CIRCULER

- **Voiture** L'I-95 et le Florida's Turnpike sont les routes les plus directes pour circuler entre les villes, mais nous vous conseillons de sortir des grands axes.
- **Bus** Greyhound relie les principales villes de la Gold Coast.
- **Train** Le Tri-Rail circule entre Miami et Fort Lauderdale.
- **Avion** Pour trouver des billets moins chers, essayez de réserver à destination de n'importe quelle ville de la Gold Coast ; toutes sont assez proches les unes des autres.

ADRESSES UTILES

- **Palm Beach County Convention & Visitors Bureau** Informations sur Palm Beach, www.palmbeachfl.com.
- **South Florida Sun-Sentinel** Journal régional, www.sun-sentinel.com.
- **Fort Lauderdale Tourism** Contient notamment des informations sur le comté de Broward, www.sunny.org.
- **Voile** Le site www.saltwatertides.com comporte une excellente base de données facile à utiliser pour connaître les horaires des marées.

À PRÉVOIR

- **Hôtels** Lors de principaux festivals et événements, les hôtels peuvent vite afficher complet.
- **Location de voitures** Tâchez de réserver un mois à l'avance.
- **Restaurants** Réservez pour les adresses chics recommandées dans ce chapitre.
- **Arts Calendar** Si vous souhaitez connaître le calendrier culturel du sud de la Floride, rendez-vous sur www.artscalendar.com.

Suggestions d'itinéraires

La Gold Coast séduit grâce à ses plages dorées, son soleil radieux et ses demeures somptueuses. Ces itinéraires englobent tout cela, ainsi que de merveilleuses étapes gourmandes et culturelles.

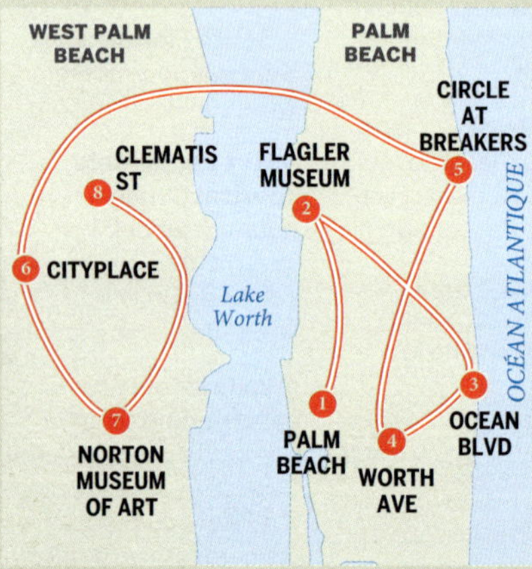

2 JOURS

LES DEUX "PALM BEACH"

DE PALM BEACH À WEST PALM BEACH

Réveillez-vous à ❶ **Palm Beach**, l'un des centres névralgiques naturels de la région. Admirez les somptueuses demeures que les milliardaires se sont construites depuis des décennies, en visitant le ❷ **Flagler Museum** pour comprendre comment tout a commencé. Bâtie par le père fondateur du sud de la Floride, Henry Flagler, la maison qui l'abrite est un monument reflétant la richesse de son propriétaire et dédié au style Beaux-Arts. Le café du musée est parfait pour déjeuner.

Remontez ensuite ❸ **Ocean Boulevard** (Hwy A1A) et admirez les fastueuses résidences de l'élite contemporaine de Palm Beach. Celle-ci se fournit dans de luxueuses artères commerçantes telles que ❹ **Worth Avenue**.

Le lendemain, après un petit-déjeuner au ❺ **Circle**, rendez-vous à West Palm Beach. Flânez dans le quartier commerçant de ❻ **CityPlace** avant de compenser tout ce consumérisme par un peu de culture au ❼ **Norton Museum of Art** et dans son jardin de sculptures. Terminez la journée dans ❽ **Clematis Street**, une rue historique où les habitants viennent dîner et faire la tournée des bars en soirée.

4 JOURS

SÉJOUR SUR LA GOLD COAST
DE LAKE WORTH À HOLLYWOOD BEACH

Commencez à 1 **Lake Worth**, une enclave décontractée située juste au sud des deux "Palm Beach", dont la plage est absolument magnifique. Quand vous aurez fini de vous y relaxer, allez dîner au 2 **Paradiso** puis passez la soirée au 3 **Havana Hideout** ou à la Lake Worth Playhouse. Le lendemain, rendez-vous aux 4 **Morikami Museum & Japanese Gardens**, à Delray Beach, pour un aperçu de l'esthétique japonaise. Après votre visite, dégustez du vin au 5 **Joseph's Wine Bar**. Passez la nuit à Delray, puis rejoignez 6 **Boca Raton**, où vous découvrirez l'extraordinaire beauté naturelle de la Floride au 7 **Gumbo Limbo Nature Center**. Ensuite, faites un peu de shopping et dînez au 8 **Mizner Park**, centre commercial à l'allure de villa espagnole.

Le quatrième jour, roulez jusqu'à Lauderdale-by-the-Sea, où vous pourrez vous lancer dans une chasse au trésor sous-marine au 9 **Shipwreck Snorkel Trail**. Après un dîner au très réputé 10 **Gran Forno**, à Fort Lauderdale, terminez la soirée en flânant sur la superbe 11 **promenade** le long de la plage.

Norton Museum of Art (p. 148)

Découvrir Palm Beach et la Gold Coast

Les incontournables

- **Palm Beach** (ci-dessous). L'élite s'y retrouve pour bronzer, faire du shopping, dîner et se divertir.
- **West Palm Beach** (p. 148). Localité calme, styles de vie variés et une scène nocturne étonnamment animée.
- **Delray Beach** (p. 157). Îlot culturel sous les tropiques, idéal pour une journée bien remplie.
- **Fort Lauderdale** (p. 163) Fine cuisine, très belles plages et vie nocturne effervescente.

West Palm Beach (p. 148)

DANITA DELIMONT/GETTY IMAGES ©

GOLD COAST

Deux itinéraires permettent de découvrir des aspects totalement différents de cette côte : la Route 1, une jolie route paisible qui longe l'océan et des plages immaculées, et la Dixie Hwy, parallèle à la Route 1 mais à l'intérieur des terres, jalonnée de bars fréquentés par des plongeurs, de petits restaurants et de communautés ouvrières. Chacun de ces itinéraires a son charme propre.

Palm Beach

☎561 / 9 600 HABITANTS

Troisième ville la plus riche des États-Unis, Palm Beach s'apparente à un véritable terrain de jeu pour les plus fortunés. Mais ne vous laissez pas impressionner, sachez que cette ville reste à la portée de tous les voyageurs, même les moins fortunés.

À voir

Flagler Museum Musée

(Carte p. 146 ; ☎561-655-2833 ; www.flaglermuseum.us ; 1 Whitehall Way ; adulte/enfant 18/10 $; ⌚10h-17h mar-sam, 12h-17h dim). Ce musée occupe la spectaculaire demeure construite en 1902 par Henry Flagler pour son épouse, Mary Lily Keenan. De style Beaux-Arts, Whitehall était la maison la plus moderne de son temps et devint rapidement le centre névralgique de la saison d'hiver à Palm Beach. Conçue par John Carrere et Thomas Hastings, anciens étudiants à l'école des Beaux-Arts de Paris, ayant collaboré à des édifices remarquables, comme la New York Public Library, cette demeure sophistiquée de 75 pièces fut le premier lieu résidentiel pourvu du chauffage central et de la climatisation. À l'époque, son superbe papier mural rose en aluminium valait plus cher que l'or.

Ocean Boulevard Route pittoresque

Ocean Blvd (Hwy A1A), face à l'Atlantique, est bordé de villas de millionnaires. Faites un tour par ici pour vous rendre compte de l'incroyable pouvoir de l'argent et de la folie des grandeurs – les immenses demeures s'y succèdent, des faux temples gréco-romains aux palais roses hispanisants aussi vastes que des hôtels. Et la plupart ne sont que des résidences secondaires ! Que cette vue vous inspire ou vous choque, la route est de toute beauté avec ses pelouses impeccablement entretenues et la mer d'un bleu profond que l'on aperçoit à travers les haies.

La demeure la plus célèbre dominant ce tronçon de plage est la fantastique **Mar-a-Lago (1100 S Ocean Blvd)** de Donald Trump. Achetée 8 millions de dollars en 1985 et rapidement transformée en club privé, elle a accueilli la réception de son dernier mariage en date. C'est en franchissant le Southern Blvd Bridge depuis West Palm qu'on la voit le mieux.

Palm Beach Lake Trail Marche, vélo

(Carte p. 146 ; Royal Palm Way, à hauteur de l'Intracoastal Waterway). La première "route" de Palm Beach longe l'Intracoastal Waterway et offre un chemin goudronné de 8 km, qui s'étend de Worth Ave (au sud) à Indian Rd (au nord). Elle permettait aux clients des hôtels de Flagler de se dégourdir les jambes et de voir du monde. Surnommé "The Trail of Conspicuous Consumption" (chemin de la consommation ostentatoire), de fabuleux points de vue s'étendent des deux côtés : le lagon de Lake Worth à l'ouest et une interminable rangée de villas à l'est.

Palm Beach Municipal Beach Plage

(Carte p. 146 ; Ocean Blvd, entre Royal Palm Way et Hammon Ave ; ⌚aube-crépuscule). C'est l'une des deux superbes plages publiques de Palm Beach et toutes d[eux] sont débarrassées des algues par la municipalité. Les parcmètres en bord de mer coûtent 5 $ l'heure ; stationnez plut[ôt] gratuitement dans le centre-ville. La plage est parfois bondée.

Où se loger

Si vous cherchez des prix raisonnables, continuez vers l'ouest : les hôtels de Palm Beach sont chers.

Breakers Resort $$$

(Carte p. 146 ; ☎561-655-6611 ; www.thebreakers.com ; 1 S County Rd ; ch 329-1330 $; P ❄ @ Wi-Fi piscine animaux). Édifié par Henry Flagler, ce complexe de 550 chambres s'étend aujourd'hui sur 55 ha et emploie 2 300 personnes, qui parlent en tout 56 langues. Une vraie tour de Babel ! À deux pas du meilleur spot de snorkeling du comté, ce palace compte 2 golfs de 18 trous, une plage semi-privée de 1,5 km, 4 piscines et 2 terrains de croquet. Il propose en outre un très bon brunch. Une adresse inégalée en termes d'opulence, d'élégance et de charme à l'ancienne, et de plus certifiée "Établissement vert".

Palm Beach Historic Inn B&B $$

(Carte p. 146 ; ☎561-832-4009 ; www.palmbeachhistoricinn.com ; 365 S County Rd ; ch 159-239 $, ste 189-329 $; ❄ Wi-Fi animaux). Au 1er étage d'un édifice historique plein de cachet, cet établissement de style européen, à l'ambiance intimiste, loue des chambres spacieuses et baignées de lumière, avec parquet en bois dur et mobilier d'époque. Plongez dans une baignoire en émail et dormez sous une douillette couette en duvet d'oie. À quelques pas de la plage et à deux pâtés de maisons de Worth Ave. L'auberge est d'un excellent rapport qualité/prix et bénéficie d'un emplacement imbattable.

Brazilian Court Hôtel $$$

(Carte p. 146 ; ☎561-655-7740 ; www.thebraziliancourt.com ; 301 Australian Ave ; ch 199-422 $, ste 341-774 $; P ❄ Wi-Fi piscine animaux). Construit en 1926, cet élégant hôtel haut de gamme constitue un excellent choix

Palm Beach

0 500 m
0 0,25 miles
OCÉAN ATLANTIQUE
Oleander Ave
Root Tce
Park Ave
Grace Tce
Sunrise Ave
Sunset Ave
Bradley Pl
N County Rd
N Ocean Blvd
Palm Beach Lake Trail
Royal Poinciana Way
Main St
Flagler Memorial Bridge
Royal Poinciana Plaza
Cocoanut Row
Breakers Row
Breakers Beach Golf Club
Breakers Rd
Whitehall Way
Pine Walk
Cocoanut Walk
Flagler Museum
Chapel Hill Rd
Intracoastal Waterway
Via Bethesda
Pendleton La
S County Rd
Barton Ave
Flagler Dr
Primavera Way
Antigua La
Clarke Ave
Seabreeze Ave
Seaspray Ave
Seaview Ave
Royal Park Bridge
S Lake Tce
Four Arts Plaza
Royal Palm Way
Hibiscus Ave
Brazilian Ave
S Lake Dr
Australian Ave
Chilean Ave
Jetées (Piers)
Peruvian Ave
Worth Ave
S Ocean Blvd
Lake Worth Lagoon
Golfview Rd
Hammon Ave
Everglades Island
Everglades Golf Course
Phipps Ocean Park (7,2 km), Omphoy & O Bar (11,3 km), Lake Worth (13 km)

Palm Beach

Les incontournables

1 Flagler Museum A3

À voir

2 Worth Avenue C7

Activités

3 Palm Beach Lake Trail A6
4 Palm Beach Municipal Beach D6

Où se loger

5 Bradley Park Hotel B1
6 Brazilian Court B6
7 Breakers D3
8 Chesterfield B6
9 Palm Beach Historic Inn C6

Où se restaurer

10 Būccan C6
Café Boulud .... (voir 6)
Circle .... (voir 7)
11 Green's Pharmacy C1
12 Ta-Boo C6

Où sortir

Leopard Lounge .... (voir 8)

pour un confort absolu sans chichis. À la fois tendance et intemporel, il affiche un charmant style méditerranéen, une cour romantique et des suites cosy aux lignes épurées. Le salon de beauté Frédéric Fekkai et le Café Boulud (p. 148), un excellent restaurant français, participent de la renommée du Brazilian Court.

Envie d'une escapade à la plage ? Embarquez dans la jeep de l'hôtel, dont le conducteur vous fournira transats, parasols, serviettes, bouteilles d'eau et magazines : un vrai ticket pour le farniente !

Bradley Park Hotel Hôtel **$$**

(Carte p. 146 ; 561-832-7050 ; www.bradleyparkhotel.com ; 2080 Sunset Ave ; ch 99-229 $, ste 129-575 $; P). Cet hôtel de catégorie moyenne loue de grandes chambres décorées dans des tons dorés. Certaines ont une kitchenette et arborent des meubles pleins de charme. Il n'y a pas de réception à proprement parler, mais les chambres avec cuisine ressemblent plutôt à des mini-appartements. À courte distance de marche des boutiques et des restaurants de Royal Poinciana Way.

Chesterfield Hôtel **$$$**

(Carte p. 146 ; 561-659-5800 ; www.chesterfieldpb.com ; 363 Cocoanut Row ; ch 185-385 $, ste 410-735 $; P). Des clefs à l'ancienne au bocal de cookies dans le hall, cet hôtel met à l'honneur une élégance désuète très appréciée de ses fidèles clients, nombreux à revenir depuis des décennies. La décoration des chambres – papiers peints écossais et peintures de singes batifolant dans la jungle – évoque l'époque coloniale du XIXe siècle.

Le salon-bar **Leopard Lounge (carte p. 146 ; www.chesterfieldpb.com/dining/bar ; 363 Cocoanut Row ; 18h30-1h)**, aux plafonds peints et aux banquettes tendues d'imprimé tigre, reste très apprécié pour les longs déjeuners et les soirées avec pianiste.

Où se restaurer

Si la plupart des restaurants de Palm Beach se situent dans la catégorie haut de gamme, il existe de sympathiques adresses à prix doux.

Green's Pharmacy Diner **$**

(Carte p. 146 ; 151 N County Rd ; plats 4-11 $; 8h-18h lun-ven, 8h-16h sam). Installé dans une pharmacie en activité, cet établissement n'a pas changé depuis que le président John F. Kennedy, échappant au protocole, y vint déjeuner. Assis à une table ou au comptoir en Formica, faites votre choix sur la carte en papier de la même manière que les autres clients, des jeunes gens fortunés aux étudiantes en partance pour la plage.

Būccan Américain moderne **$$**

(Carte p. 146 ; 561-833-3450 ; www.buccanpalmbeach.com ; 350 S County Rd ; petites assiettes 4,50-36 $; 17h-minuit lun-sam, 17h-23h dim). Avec son menu américain moderne et son chef Clay Conley, sélectionné pour le prix James Beard, Būccan a conquis Palm Beach. Jetez votre dévolu sur la sélection de petites assiettes, notamment de délicieuses *empanadas* au bœuf, des mini-sandwichs à l'agneau, à la harissa et à la menthe, des crevettes Jumbo accompagnées de *tasso* (jambon fumé assaisonné) maison et des bouchées de pop-corn. Réservation recommandée.

Café Boulud Français **$$$**
(Carte p. 146 ; ☎561-655-6060 ; www.thebraziliancourt.com ; 301 Australian Ave ; plats 16-46 $, menu midi/soir 25/45 $; 7h-14h30 tlj, 17h30-22h dim-jeu). Conçu par le célèbre chef new-yorkais Daniel Boulud, le restaurant du Brazilian Court est l'une des seules tables de Palm Beach où les prix élevés sont justifiés. La salle à manger aux couleurs dorées et corail et la terrasse de 60 couverts constituent un superbe cadre pour le menu de spécialités françaises classiques et les plats de style fusion, tous marqués par le raffinement et la subtilité caractéristiques du chef Boulud.

Circle Américain, européen **$$$**
(Carte p. 146 ; ☎561-659-8440 ; www.thebreakers.com ; 1 S County Rd ; adulte/enfant 95/45 $; 11h-14h30 dim). Malgré l'addition salée, un brunch dans le fameux restaurant du Breakers vous laissera un souvenir impérissable. Sous des plafonds hauts de 10 m et ornés de fresques, avec la vue sur l'océan de tous côtés et au son du clavecin, les convives entament leur festin au bar du petit-déjeuner, avec *donuts* maison, fruits tropicaux et omelette sur demande.

Ta-Boo Américain moderne **$$$**
(Carte p. 146 ; ☎561-835-3500 ; www.taboorestaurant.com ; 221 Worth Ave ; plats 16-45 $; 11h30-22h). Dans cet établissement datant de 1941, savourez un bon repas de bistrot américain dans un décor mêlant boiseries tarabiscotées et scènes de jungle sur les murs. Les places en devanture comptent parmi les plus convoitées de Worth Ave.

Achats

Les 400 m bordés de palmiers de **Worth Avenue** (www.worth-avenue.com) sont la version floridienne de Rodeo Drive. Plus de 200 enseignes y sont présentes, représentant la majorité des marques de luxe de la planète. Si la moitié des magasins ferment en été, il reste amusant de s'y promener en faisant du lèche-vitrines.

Renseignements

Chamber of Commerce (carte p. 146 ; ☎561-655-3282 ; www.palmbeachchamber.com ; 400 Royal Palm Way, Suite 106). Excellentes cartes, nombreuses brochures et nouvelle application pour smartphones et tablettes du *Palm Beach Guide*.

Comment s'y rendre et circuler

PalmTran (www.palmtran.org)

West Palm Beach

"West Palm" est un endroit génial à explorer, malgré les barres d'immeubles à perte de vue. Cette localité peut se targuer d'une étonnante diversité de restaurants, d'une population sympathique (dont une forte communauté gay) et d'un superbe chenal qui, la nuit, reflète les étoiles à la perfection.

À voir

Norton Museum of Art Musée
(Carte p. 150 ; ☎561-832-5196 ; www.norton.org ; 1451 S Olive Ave ; adulte/enfant 12/5 $; 10h-17h mar-sam, 10h-21h jeu, 11h-17h dim). Plus grand musée d'art de Floride, le Norton a ouvert en 1941 afin d'exposer l'énorme collection d'art de l'industriel Ralph Hubbard Norton et de sa première épouse. La collection permanente comprend plus de 5 000 pièces (dont des œuvres de Matisse, Warhol et O'Keeffe), auxquelles s'ajoutent des antiquités chinoises, précolombiennes, mexicaines et du sud-ouest des États-Unis, ainsi que de superbes photos contemporaines. Des expositions temporaires s'y tiennent également.

CityPlace Concerts
(Carte p. 150 ; www.cityplace.com ; 700 S Rosemary Ave ; 10h-22h lun-sam, 12h-18h dim).

JIM FAIRMAN ©

À ne pas manquer
Ann Norton Sculpture Garden

Cette collection de sculptures est l'un des joyaux de West Palm. La maison, le jardin verdoyant et les imposantes sculptures sont l'œuvre de la seconde femme de Ralph Norton, Ann. Elle s'est d'abord fait connaître comme artiste à New York au milieu des années 1930, avant de devenir le premier professeur de sculpture de la Norton School of Art de West Palm et de créer ce luxueux jardin pour en faire un lieu de détente.

Après avoir visité la maison de Norton, remplie d'antiquités, vous pourrez vous promener dans le jardin pour découvrir les sculptures colossales en granit, brique, marbre et bronze. L'œuvre la plus imposante, *Cluster* (1965), représente un groupe de sept femmes voilées, sculpté dans du granit rose. Avant de partir, jetez un coup d'œil à l'atelier de Norton, où des outils poussiéreux sont conservés tels que l'artiste les laissa.

Les artistes peuvent apporter leur chevalet et s'offrir une séance de peinture dans le jardin pour 15 $.

INFOS PRATIQUES

Carte p. 150 ; www.ansg.org ; 253 Barcelona Rd ; adulte/enfant 10/5 $; ⌚10h-16h mer-dim)

Cet immense complexe de commerces et de loisirs est le must du réaménagement urbain de West Palm Beach. En son centre se dresse le **Harriet Himmel Theater** **(carte p. 150 ; ☎561-318-7136 ; www.cityplace.com ; 600 S Rosemary Ave)**, un bel édifice de style néocolonial (1926) qui accueillait auparavant l'église méthodiste. Il assure désormais une belle programmation comprenant expositions, défilés de mode et concerts. CityPlace compte également un nouveau bowling très chic, un cinéma de 20 salles, de nombreux restaurants et une kyrielle de boutiques.

West Palm Beach

West Palm Beach

National Croquet Center Croquet

(561-478-2300 ; www.nationalcroquetclub.com ; 700 Florida Mango Rd ; 9h-17h). GRATUIT Découvrez les habitudes du gotha de Palm Beach au National Croquet Center, le plus vaste complexe de croquet dans le monde. Hommes et femmes vêtus de blanc frappent des boules pour les faire passer sous des arceaux sur 12 immenses pelouses impeccables, d'un vert intense. L'endroit est réservé aux membres, mais le public peut suivre des cours gratuits le samedi à 9h45. La boutique, dans le clubhouse de style plantation de 6 000 m², vend maillets et tenues de croquet.

L'établissement se situe à 10 minutes en voiture au sud-ouest du centre de West Palm.

Clematis Street Rue

(Carte p. 150). En vogue bien avant la construction de CityPlace, Clematis St est une rue branchée à l'atmosphère bohème où les habitants viennent faire des achats, sortent au restaurant et font la tournée des bars en soirée. Cet axe, qui est le plus éclectique de la ville, fait partie d'un quartier historique doté de différents types d'architecture – néogrecque, néovénitienne, *Mediterranean Revival* et Art déco. Chaque jeudi soir, Clematis accueille l'une des manifestations les plus réputées de West Palm, **Clematis by Night** (www.clematisbynight.net ; 18h-21h30 jeu).

Circuits organisés

Palm Beach Water Taxi Circuit en bateau

(Carte p. 150 ; 561-683-8294 ; www.sailfishmarina.com ; 98 Lake Dr, Singer Island). Des bateaux-taxis circulent entre le centre de West Palm et Singer Island (15 $) et relient Singer Island et Peanut Island (aller-retour 12 $). Cette agence propose aussi des circuits guidés le long de l'Intracoastal, dont un circuit commenté des demeures de Palm Beach (1 heure 30, adulte/enfant 30/15 $).

Où se loger

Oubliez les déprimants hôtels de chaîne aux abords de l'aéroport et essayez plutôt l'une de ces adresses.

Hotel Biba Motel $

(Carte p. 150 ; 561-832-0094 ; www.hotelbiba.com ; 320 Belvedere Rd ; ch 75-149 $;). Le Biba a transformé un motel ordinaire en un endroit original et rétro, inspiré du pop art. Les chambres, aux couleurs vives, se distinguent par une décoration sobre et raffinée. La piscine est cachée dans une cour verdoyante et le bar branché devient un lounge animé en soirée. À une rue de l'Intracoastal, le Biba se tient à la lisière du charmant quartier d'El Cid.

Grandview Gardens B&B $$

(Carte p. 150 ; 561-833-9023 ; www.grandview-gardens.com ; 1608 Lake Ave ; ch 125-209 $; P). En séjournant dans une chambre de cette propriété intimiste, vous aurez bientôt l'impression d'habiter le quartier depuis toujours. Niché dans un jardin tropical, le long de Howard Park, les immenses suites dotées de lits

Vaut le détour
Kayak sur le fleuve Loxahatchee

Comptant parmi les deux rivières de l'État désignées par les autorités fédérales comme "*Wild and Scenic*" (sauvage et spectaculaire"), la Loxahatchee River, à environ 37 km au nord du centre-ville de West Palm, traverse une grande diversité d'habitats. Coulant vers le nord, ce fleuve couleur café abrite des reptiles à carapace, des hérons, des balbuzards, des loutres, des ratons laveurs, quelques lynx et de nombreux alligators. Pour une superbe excursion d'une journée dans les diverses réserves aquatiques du fleuve Loxahatchee, adressez-vous à **Canoe Outfitters** (561-746-7053 ; www.canoeoutfittersofflorida.com ; 9060 W Indiantown Rd, Jupiter ; canoë 2 pers/kayak 1 pers par jour 42,50/37$), dans le Riverbend Park. Si cette excursion peut aisément se faire avec des enfants, elle offre suffisamment d'émotions pour séduire les plus audacieux.

à baldaquin en fer forgé donnent sur la piscine via des portes-fenêtres. Elles sont décorées dans le style méditerranéen espagnol très courant dans la région. La maison est un édifice de 1925, typique de ce quartier historique ; située en face de l'Armory Art Center, elle est idéale pour un séjour long axé sur les arts.

Casa Grandview B&B, cottage **$$$**
(Carte p. 150 ; 561-313-9695 ; www.casagrandview.com ; 1410 Georgia Ave ; ch 149-299 $;). Caché derrière des haies dans le quartier historique de Grandview Heights, ce petit complexe loue 5 chambres B&B, 7 cottages et 5 suites. Les chambres B&B se trouvent dans la jolie maison principale, avec son étroit escalier en pierre et ses petites portes en bois. Nous avons aimé la "Library Suite", petite mais somptueuse. Les luxueux cottages au chic balnéaire des années 1940, avec enseignes anciennes et cuisines carrelées, sont parfaits pour les familles.

Où se restaurer

Des restaurants du monde entier aux gargotes excentriques et aux salons de thé, West Palm Beach affiche un choix éclectique, souvent à des prix abordables.

Mediterranean Market & Deli Oriental **$**
(Carte p. 150 ; 561-659-7322 ; www.mediterraneanmarketandbakery.com ; 327 5th St ; plats 2-11,50 $). Ne vous laissez pas rebuter par son allure d'entrepôt un peu quelconque : ce traiteur propose certains des déjeuners les plus savoureux de la ville. Les pitas tout juste sorties du four sont garnies d'houmous maison, de feta et de kefta, et accompagnées d'une salade de haricots de Lima ou de taboulé. Également des baklavas gorgés de miel et des boudoirs à emporter.

Curbside Gourmet Food truck **$**
(Carte p. 150 ; 561-371-6565 ; curbsidegourmet.com ; 2000 S Dixie Hwy). Ce superbe véhicule vert clair est le premier camion de restauration mobile de Palm Beach proposant de bons produits de saison à une clientèle locale. La carte est limitée mais alléchante : *burritos* pour le petit-déjeuner, sandwichs bacon-laitue-tomate, gâteau de crabe, *tacos* au porc et au poisson, paninis ou *frittata* du jour, frites maison, et pamplemousse caramélisé en dessert. Vous pourrez agrémenter vos plats de tomates anciennes, et de bacon fumé au bois de pommier.

Les lundis, mercredis et vendredis, le camion stationne à South Dixie ; les mardis et jeudis, vous le trouverez au Trinity Park.

Garage VV Américain moderne **$$**
(**561-802-4441 ; www.garagevv.com ; 409 Northwood Rd ; plats 12-25,50 $; 11h-23h lun-jeu, 11h-minuit ven-sam, 11h-16h dim).** On comprend pourquoi le Northwood est réellement le quartier à la mode quand on découvre ce nouveau venu. Créé par Vivian Bordieri Moir, la compagne de Mike Moir, du célèbre **Little Moir's Food Shack (www.littlemoirsfood shack.com ; 103 S US 1 ; plats 9-24 $; 11h-21h lun-sam)** à Jupiter, en collaboration avec Nina Wasserman et Kimberly Levine, ce restaurant à la déco industrielle se concentre sur les plats de poisson créatifs, agrémentés d'une belle palette d'épices, de fruits secs et de fines herbes. Du pain frais et des pâtes maison sont aussi proposés à la vente au rayon épicerie de l'établissement.

Rocco's Tacos & Tequila Bar Mexicain **$$**
(Carte p. 150 ; www.roccostacos.com ; 224 Clematis St ; plats 12-23 $; 11h30-23h dim-mer, 11h30-minuit jeu-sam). Ce restaurant mexicain, au cœur de Clematis St, n'a rien des habituelles *taquerías*. Sous la chaude lumière des lustres originaux, vous dégusterez un guacamole préparé à votre table, un ceviche frais, ou l'une des nombreuses variétés de *tacos* (porc, champignons, cactus, etc.). Vous aurez aussi le choix entre 175 variétés de tequilas !

Rhythm Cafe Fusion **$$$**
(**561-833-3406 ; www.rhythmcafe.cc ; 3800 S Dixie Hwy ; plats 17-30 $; 17h30-22h mar-sam, 17h30-21h dim).** Aménagé dans un ancien drugstore du quartier des antiquaires, ce joyeux bistrot pittoresque, décoré de guirlandes électriques et de lanternes en papier, propose une carte tout aussi amusante, de la tourte au fromage de chèvre au "meilleur tartare de thon" et au poisson du jour parfumé à la grenade. Les desserts sont également succulents ; goûtez le gâteau au chocolat à la crème au beurre.

O-BŌ Américain moderne **$$$**
(**561-366-1185 ; 422 Northwood Rd ; assiettes 8-32 $; 17h-0h30 mar-sam).** À O-BŌ, le galeriste Jeffery Thompson et le chef Bob Reilly ont imaginé une combinaison parfaite entre décoration rétro branchée, délicieuses petites assiettes, bières et vins soigneusement sélectionnés et concerts de soul authentiques. Quelques spécialités de la maison : les raviolis noir et blanc à la langouste, les rouleaux de printemps épicés au bœuf et l'inimitable Saketini – à base de gin et saké. Consultez la page Facebook pour connaître le programme des spectacles et des événements.

Clematis St, West Palm Beach
IAN G DAGNALL/ALAMY ©

Où prendre un verre et faire la fête

Lounge ultrachics et night-clubs se regroupent dans Clematis St et CityPlace, de même que quelques bars décontractés et plaisants.

Blind Monk — Bar à vins

(Carte p. 150 ; ☎561-833-3605 ; theblindmonk.com ; 410 Evernia St #107 ; ⌚16h-tard). Dirigé par une équipe de sommeliers chevronnés, le Blind Monk est sans doute le meilleur bar à vins de West Palm. Large choix de vins servis au verre, dont des crus internationaux, bières artisanales de la région, petites assiettes de fromage, salami, raisin, condiments et fruits secs. Des films muets sont projetés sur le mur.

HG Roosters — Gay

(Carte p. 150 ; www.roosterswpb.com ; 823 Belvedere Rd ; ⌚15h-3h lun-sam, 12h-3h dim). Rendez-vous de la communauté gay de West Palm, ce bar vit au rythme des soirées bingo le lundi et autres manifestations et événements chaque jour de la semaine depuis 1984.

Où sortir

Palm Beach Dramaworks — Théâtre

(Carte p. 150 ; ☎561-514-4042 ; www.palmbeachdramaworks.org ; 201 Clematis St). "Theatre to Think About" ("Du théâtre pour réfléchir"), telle est la devise du Palm Beach Dramaworks, récompensé par de nombreux prix, qui programme des classiques méconnus ainsi que des pièces contemporaines de Lorca, Steinbeck, Pinter, Lorraine Hansberry et Horton Foote, entre autres.

Pawnshop — Club

(Carte p. 150 ; pawnshopwpb.com ; 219 Clematis St ; 10 $; ⌚17h-3h mar-jeu, 17h-4h ven-sam). Cet ancien club et repaire de stars de Miami a fêté son inauguration en grande pompe en mars 2014. Installé à l'emplacement de l'ancien Dr Feelgood, il présente les caractéristiques habituelles des établissements Pawnshop, ainsi qu'une ancienne grande roue de fête foraine et une cabine de DJ aménagée dans un camion Mack. Les DJ, les danseurs et les jeux de lumière ne faiblissent pas avant 3h du matin et

Paradiso Ristorante (p. 156)

Vaut le détour
Lion Country Safari

À une demi-heure de route à l'ouest de West Palm, vous trouverez le **Lion Country Safari** (☎561-793-1084 ; www.lioncountrysafari.com ; 2003 Lion Country Safari Rd ; adulte/enfant 29,95/21,95 $; 9h30-17h30 ;), premier parc animalier sans enclos du pays. Les visiteurs restent dans leur voiture, tandis que quelque 900 animaux s'ébattent librement autour d'eux. Moitié réserve et moitié safari-parc, ce domaine de 200 ha abrite des bisons, des zèbres, des rhinocéros blancs, des chimpanzés et, bien sûr, des lions. Le secteur safari s'explore en voiture (la vôtre ou un véhicule de location), en conduisant lentement dans l'espoir de voir des animaux s'approcher. Mieux vaut le visiter par temps de pluie, lorsque la fraîcheur rend les pensionnaires plus actifs.

l'alcool coule à flots le long du bar de 52 m de long.

Renseignements

Centre d'accueil des visiteurs (☎561-233-3000 ; www.palmbeachfl.com ; 1555 Palm Beach Lakes Blvd). Vaste espace d'information, cartes et guides en ligne.

Comment s'y rendre et circuler

Palm Beach International Airport (PBI ; ☎561-471-7420 ; www.pbia.org ; 1000 Palm Beach). Le **Palm Beach International Airport**, situé à environ 4 km à l'ouest du centre-ville de West Palm Beach, peut constituer une bonne alternative aux grands pôles aériens pour rejoindre le sud de la Floride.

Lake Worth

☎561 / 36 000 HABITANTS

S'autoproclamant l'endroit "où les tropiques commencent", cette localité décontractée possède une ambiance "artsy" et un bon choix de restaurants et de lieux de sortie.

À voir et à faire

Snook Islands Natural Area Parc

(www.lakeworth.org/visitors/parks ; Lake Avenue Bridge). Long de 32 km, le lagon de Lake Worth est le plus grand estuaire du comté de Palm Beach et constitue un important refuge pour les lamantins qui évoluent dans ses eaux tièdes. Pendant des années, des propriétés ont été construites autour du lagon, ce qui a terriblement dégradé son environnement. Afin de réparer certains dommages, un budget de 18 millions de dollars a été alloué pour créer la Snook Islands Natural Area, une zone qui occupe un secteur autrefois biologiquement mort débutant à 1,9 km au nord de Lake Avenue et qui s'étend jusqu'au lagon.

Des kilomètres de mangroves ont été restaurés et de nouveaux lits d'huîtres ont été installés pour encourager la croissance des joncs de mer, très appréciés des lamantins. Ces mesures ont permis le retour d'un grand nombre d'oiseaux et de créatures marines.

Lake Worth Beach Plage

Cette plage est indéniablement la plus belle entre Fort Lauderdale et Daytona. Les surfeurs viennent de loin pour se confronter aux vagues ; les autres se contentant de lézarder au soleil sur le sable blanc.

Où se restaurer

Mother Earth Sanctuary Café Américain, café $

(☎561-460-8647 ; www.motherearthsanctuarycafe.com ; 410 2nd Ave N ; plats 4,50-10 $;

8h30-16h mar-sam, 10h-14h dim). Un vaste choix de burgers végétariens pour nourrir votre corps autant que votre esprit, à l'exemple de ceux aux haricots noirs ou aux patates douces. Ils sont servis avec diverses salades bio agrémentées de pousses de légumes cultivées localement. Également des plats de poulet. Cet établissement est le seul fournisseur de café Larry's Beans, issu du commerce équitable, et le thé maison (Mighty Leaf Chai) est divin.

Pelican Dîner, indien **$**

(610 Lake Ave ; plats 3-10 $; 6h30-14h ;). Ouvert tôt le matin, il sert de copieux petits-déjeuners parfaitement préparés, ainsi que de nombreux plats du jour végétariens, souvent aux saveurs méditerranéennes ou moyen-orientales. Le vendredi de 18h à 22h, vous pourrez vous régaler d'un succulent repas indien, avec un choix de curries et de masalas épicés (les propriétaires sont pakistanais).

Paradiso Ristorante Italien **$$$**

(561-547-2500 ; www.paradisolakeworth.com ; 625 Lucerne Ave ; menu midi 3 plats 21 $, plats 32-56 $; 11h30-15h et 17h30-22h). De l'intérieur raffiné aux plats superbement présentés (pâtes maison, gnocchis à la ricotta de brebis et succulent filet de veau), l'expérience vous laissera des souvenirs mémorables. Le menu annonce de délicieux ingrédients de saison, notamment des truffes, des châtaignes et des myrtilles. Des repas avec dégustation de vins et des formules dîner-théâtre sont organisés en partenariat avec le Lake Worth Playhouse (p. 157).

Réservation conseillée.

Où prendre un verre et faire la fête

Lake Worth se distingue par sa vie nocturne, avec nombre d'excellents bars et clubs de musique live.

Havana Hideout Bar

(www.havanahideout.com ; 509 Lake Ave ; 11h-2h). L'endroit le plus festif de la ville, en plein air et frangé de palmiers, avec concerts presque tous les soirs, un bon choix de bières à la pression et une *taquería* bondée le mardi, quand les *tacos* sont à 1,50 $ pièce.

Bamboo Room

Où sortir

Bamboo Room Concerts

(561-585-2583 ; www.bamboorm.com ; 25 S J St ; 19h-3h jeu-sam). Cette adresse très fréquentée à l'ambiance intimiste accueille des stars régionales et internationales du blues, du rockabilly et de la country alternative. Les amateurs de musique n'hésitent pas à faire des kilomètres pour assister aux concerts.

Lake Worth Playhouse Théâtre

(561-586-6410 ; www.lakeworthplayhouse.org ; 713 Lake Ave ; billets 15-32 $). Installé dans un music-hall de 1924 restauré, ce théâtre intime propose un répertoire classique. Le **Stonzek Studio Theatre**, un cinéma attenant, projette des films indépendants (billets 6-8 $). Le forfait théâtre et dîner au Paradiso Ristorante (p. 156) tient d'une véritable aubaine (55 $).

Lake Worth Drive-In Cinéma

(561-965-4517 ; 3438 Lake Worth Rd). Pour voir des films récents confortablement installé dans son véhicule. Ouvert tous les soirs. Interdit aux chiens.

Renseignements

Chamber of Commerce (561-790-6200 ; www.cpbchamber.com ; 501 Lake Ave ; 9h-17h)

Comment s'y rendre et circuler

La **gare du Tri-Rail** (www.tri-rail.com ; 1703 Lake Worth Rd) se situe au croisement de l'A St. Le bus PalmTran n°61 relie la gare et le centre-ville.

Delray Beach

561 / 65 000 HABITANTS

Delray Beach mêle l'ambiance détendue du bord de mer, un cadre urbain raffiné et une vaste palette de restaurants.

À voir et à faire

Morikami Museum & Japanese Gardens Musée, jardins

(561-495-0233 ; www.morikami.org ; 4000 Morikami Park Rd ; adulte/enfant 14/9 $; 10h-17h mar-dim). L'immigré japonais et cultivateur d'ananas Sukjei "George" Morikami, membre de la colonie originale Yamato (actuelle Delray), fit don de cette magnifique propriété de 80 ha pour créer un musée dédié à la culture nippone. Aujourd'hui, on peut se balader sur plus de 1,6 km de sentiers bordés de pins et autour d'étangs remplis de carpes koï. On découvre différents types de jardins japonais, notamment des bonsaïs et un jardin *shinden* (plaisir) du XIIe siècle, façonné sur le modèle d'un domaine aristocratique. Outre les jardins, le fabuleux musée conserve plus de 5 000 meubles anciens, objets et œuvres d'art japonais.

Plages Plages

Parmi les plus belles plages figurent l'**Atlantic Dunes Beach** (1600 Ocean Blvd), d'une superficie de près de 3 ha, avec des toilettes propres, des terrains de volley-ball et des aires de pique-nique, et la **plage publique** (Ocean Blvd et Atlantic), rendez-vous en vogue de la jeunesse locale et des visiteurs, idéale pour la baignade. Comptez 1,25 $ l'heure pour les parcmètres à pièces.

Cornell Museum of Art & History Musée

(Adulte/enfant 10/3 $; 10h-16h30 mar-sam, 13h-16h30 dim) Installé dans l'ancienne école élémentaire de Delray (1913), ce charmant musée présente des expositions temporaires d'art, d'artisanat et de culture populaire à la fois locaux, nationaux et internationaux.

Où se restaurer

Delray Beach compte d'excellentes tables, parmi les meilleures de la région. Vous y trouverez aussi bien des bistrots à l'européenne que d'agréables petits comptoirs d'en-cas et d'élégants restaurants de poisson.

Doc's All-American Hamburgers, américain $

(10 N Swinton Ave ; plats 6-15 $; 11h-23h dim-jeu, 11h-1h ven-sam ;). D'excellents burgers et d'épais milk-shakes glacés :

Si vous aimez...
Les musées, et plus encore

Ces deux excellents musées de Boca Raton intéresseront les adultes et les enfants. Terminez votre journée par un circuit dans les Everglades ou une baignade dans la mer.

1 **BOCA RATON MUSEUM OF ART**
(☎561-392-2500 ; www.bocamuseum.org ; 501 Plaza Real ; tarif plein/étudiant 14/6 $; ⏰10h-17h mar-ven, 12h-17h sam-dim). Dans le Mizner Park, cet élégant musée présente les œuvres mineures de maîtres modernes, tels Picasso, Chagall et Modigliani, ainsi qu'une intéressante collection de peintures, sculptures et photos d'artistes américains et européens des XXe et XXIe siècles.

2 **BOCA RATON CHILDREN'S MUSEUM**
(☎561-368-6875 ; www.cmboca.org ; 498 Crawford Blvd ; 5 $; ⏰10h-17h lun-sam ; 👪). Installé dans la maison "Singing Pines" (1925), l'un des plus anciens bâtiments en bois de la ville, ce musée pour enfants propose plusieurs salles thématiques, parmi lesquelles Oscar's Post Office (un bureau de poste) et la FACES Multicultural Room (avec instruments de musique, costumes qu'on peut essayer, etc.).

3 **LOXAHATCHEE EVERGLADES TOURS**
(☎561-482-6107 ; www.evergladesairboattours.com ; 15490 Loxahatchee Rd ; adulte/enfant moins de 12 ans 55/24,50 $; ⏰9h30-16h, départ ttes les heures). À 16 km à l'ouest du centre-ville de Boca Raton, **Loxahatchee Everglades Tours**, géré par Wild Lyle, propose des excursions écologiques sur l'un de ses 8 hydroglisseurs à hélice. Le bateau parcourt le marais, parmi les papyrus et l'*hurricane grass*, les oiseaux, les tortues et les alligators.

4 **RED REEF BEACH**
(1 N Ocean Blvd ; lun-ven 16 $/véhicule, sam-dim 18 $/véhicule ; ⏰8h-crépuscule ; 👪). L'ouragan Sandy a malheureusement enseveli la majeure partie du récif artificiel, mais cette plage surveillée, pourvue de bassins aux eaux peu profondes, est idéale pour s'initier au snorkeling.

ce sont les standards que l'on sert en été dans ce comptoir en plein air très apprécié, de style années 1950.

Bamboo Fire Caribéen **$$**
(www.bamboofirecafe.com ; 149 NE 4th Ave ; plats 9-15 $; ⏰18h30-23 mer-jeu, 18h-23h30 ven, 12h-23h30 sam ; 🌱). Sis dans une paisible rue commerçante à quelques pâtés de maisons du cœur de l'animation, ce petit restaurant à l'atmosphère bohème est prisé pour son authentique cuisine caribéenne, tels les beignets (*fritters*) de conques, le poulet à la jamaïcaine (*jerk chicken*) et le ragoût de queue de bœuf. Les végétariens et les végétaliens se régaleront de tofu – en curry, grillé ou frit.

Joseph's Wine Bar Méditerranéen **$$$**
(☎561-272-6100 ; www.josephswinebar.com ; 200 NE 2nd Ave #107 ; plats midi 9-14 $, plats soir 21-36 $; ⏰11h-22h). Concoctés par le sympathique Joseph, les repas du midi et du soir tiennent d'autant d'expériences raffinées et conviviales. Tout est préparé au moment de la commande : détendez-vous, faites-vous conseiller un vin par Joseph et attendez le délicieux choix de *dips* (dont un divin *baba ghanousch* fumé), de salades et de *wraps* à midi, ou l'assortiment de plats sophistiqués le soir. Notre coup de cœur : le carré d'agneau rôti et son onctueuse sauce au chianti.

Renseignements

Chamber of Commerce (☎561-279-1380 ; www.delraybeach.com ; 140 NE 1st St ; ⏰9h-17h). Pour des cartes, des guides et des informations locales.

Comment s'y rendre et circuler

Delray Beach se situe à environ 32 km au sud de West Palm Beach et à 72 km au nord de Miami par l'I-95, l'US Hwy 1 ou la Hwy A1A.

Boca Raton

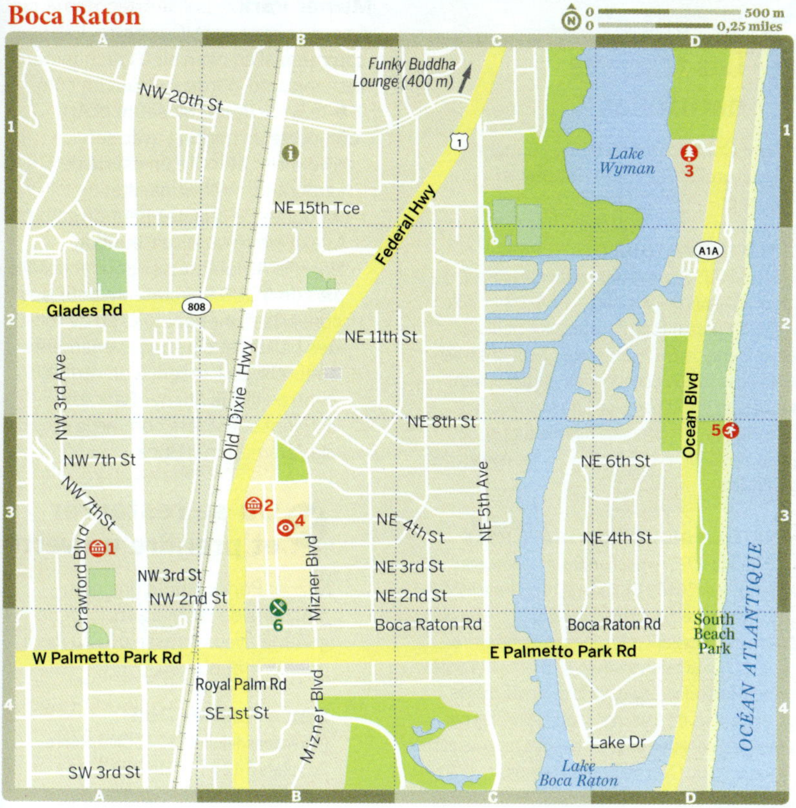

Boca Raton

561 / 86 000 HABITANTS

Malgré son nom peu avenant, Boca Raton ("Museau du Rat") est une ville côtière huppée qui s'enorgueillit d'un élégant centre commercial en plein air, Mizner Park.

Boca Raton

À voir

1 Boca Raton Children's Museum A3
2 Boca Raton Museum of Art B3
3 Gumbo Limbo Nature Center D1
4 Mizner Park B3

Activités

5 Red Reef Beach D3

Où se restaurer

6 Six Tables B3

À voir et à faire

Gumbo Limbo Nature Center — Parc

(561-544-8605 ; www.gumbolimbo.org ; 1801 N Ocean Blvd ; don suggéré 5 $; 9h-16h lun-sam, 12h-16h dim ;). Le principal atout de Boca est ce parc verdoyant sur le front de mer. Il s'agit d'une réserve de *hammocks* tropicaux et de dunes, paradis pour toutes sortes d'oiseaux et de créatures marines. Consacrées à l'information du public sur les tortues de mer et la faune locale, les expositions sur l'histoire naturelle comprennent des bassins d'eau de mer remplis d'animaux. Flambant neuf, le centre de réhabilitation des tortues marines propose une visite de 1 heure 30 à 10h et à 13h du lundi au samedi et à 13h le dimanche.

Si vous aimez... Les réserves naturelles

La Treasure Coast comprend plusieurs belles réserves naturelles, abritant notamment une faune sauvage.

1 **JOHN D MACARTHUR STATE PARK (561-624-6952 ; www.macarthurbeach.org ; 10900 Jack Nicklaus Dr ; véhicule/vélo 5/2 $; 8h-crépuscule).** Ce parc d'État, l'un des plus petits de la région, compte parmi les meilleurs pour observer les tortues ; des tortues caouannes, vertes et luths viennent pondre sur la plage en juin et juillet. Sur place, le centre nature propose des circuits en kayak guidés (simple/double 26,50/42,40 $) et non guidés (12/18 $ l'heure).

2 **JONATHAN DICKINSON STATE PARK (772-546-2771 ; www.floridastateparks.org/jonathandickinson ; 16450 SE Federal Hwy ; véhicule/vélo 6/2 $; 8h-crépuscule).** D'une superficie de près de 4 650 ha, cet excellent parc d'État s'étend entre l'US Hwy 1 et la Loxahatchee River. À défaut d'un accès à l'océan, son intérêt réside dans la diversité de ses habitats : *flatwoods* de pins, bosquets de cyprès ou marais. Des promenades guidées par des rangers partent à 9h le dimanche du Cypress Creek Pavilion.

3 **HOBE SOUND NATIONAL WILDLIFE REFUGE (www.fws.gov/hobesound ; US 1).** Réserve naturelle fédérale de 420 ha, le Hobe Sound National Wildlife Refuge comporte deux sections : une petite partie sur le continent, en face du Jonathan Dickinson State Park, et la réserve principale, à la pointe nord de **Jupiter Island**. En juin et juillet, des promenades nocturnes pour observer les tortues ont lieu les mardis et jeudis (réservation indispensable). Des sorties d'observation des oiseaux peuvent s'organiser auprès du **Hawley Education Center** (561-744-6668 ; 574 S Beach Rd, Jupiter Island), à la Blowing Rocks Preserve.

4 **BLOWING ROCKS PRESERVE (574 S Beach Rd ; 2 $; 9h-16h30).** Cette réserve englobe un affleurement calcaire long de 1,5 km, criblé de trous, de fissures et de crevasses. Même par temps calme, vous pourrez marcher à travers quatre milieux côtiers différents : dunes mouvantes, grève, marais de mangroves et *hammocks* tropicaux.

Mizner Park Centre commercial
(www.miznerpark.com). Ce centre commercial en plein air à l'architecture hispanisante, bordé sur tout un côté par le Boca Raton Museum of Art, comporte un parking avec service de voiturier et toute une série de restaurants sophistiqués et de boutiques de chaînes haut de gamme. À l'extrémité nord, le Count de Hoernle Amphitheater peut accueillir plus de 4 000 spectateurs pour des concerts symphoniques ou de rock, des ballets et d'autres événements culturels. En l'absence de véritable centre-ville, le Mizner Park est souvent considéré comme le cœur de l'animation à Boca.

Où se restaurer et prendre un verre

Mizner Park compte une demi-douzaine de restaurants haut de gamme avec terrasse où l'on vient pour voir et être vu.

Ben's Kosher Deli Traiteur $
(www.bensdeli.net ; 9942 Clint Moore Rd ; plats 5-12 $; 11h-21h). Dans cette succursale d'un traiteur new-yorkais réputé, la longue carte propose tous les classiques de la cuisine juive : sandwichs au corned-beef, *knishes* (tourtes aux pommes de terre), langue de bœuf aigre-douce, œufs et saumon fumé, etc. À 20 minutes en voiture au nord-ouest de Mizner Park.

Six Tables Américain moderne $$$
(561-347-6260 ; www.sixtablesbocaraton.com ; Mizner Plaza, 112 NE 2nd St ; menu 79 $; 19h-22h mer-sam). Les dîners raffinés et romantiques du cuisinier Jonathan Fyhrie sont servis à seulement six tablées de convives chanceux. Pour commencer la soirée, le chef tire les rideaux, ferme la porte puis partage une coupe de champagne et des bouchées au fromage avec ses

hôtes, avant de présenter le menu. Vous dégusterez 5 plats savoureux, comprenant en général une bisque de homard au velouté parfait et un chateaubriand. Réservez plusieurs semaines à l'avance.

Renseignements

Chamber of commerce (☎561-395-4433 ; www.bocaratonchamber.com ; 1800 N Dixie Hwy ; 8h30-17h). Fait office de bureau d'information touristique avec un personnel serviable : nombreuses brochures et une carte de la ville.

Comment s'y rendre et circuler

Boca Raton se situe à environ 80 km au nord de Miami et s'étend sur plusieurs kilomètres à l'est et à l'ouest de l'I-95. On peut également y accéder depuis certains points au nord et au sud de l'Hwy A1A ou de l'US 1.

Boca Taxi (☎561-392-2727 ; www.bocaratontaxi.com) dessert la région. Un taxi jusqu'à l'aéroport de Fort Lauderdale ou de West Palm revient à 55 $, et pour l'aéroport de Miami à 95 $.

Lauderdale-by-the-Sea et Deerfield Beach

☎954 / LAUDERDALE-BY-THE-SEA 5 900 HABITANTS / DEERFIELD BEACH 75 000 HABITANTS

Au nord de Fort Lauderdale, les gratte-ciel et les grands hôtels se raréfient et cèdent la place à ces deux stations balnéaires paisibles et familiales.

À voir et à faire

Quiet Waters Park Parc aquatique
(www.broward.org/parks/quietwaterspark ; 401 S Powerline Rd, Deerfield Beach ; pers/voiture 1,50/8 $;). Contrairement à ce que son nom laisse supposer, ce n'est pas le calme (*quiet*) qui caractérise ce parc de 175 ha, mais bien l'animation. **Splash Adventure** (5 $/pers), une aire de jeux aquatiques pour les petits, comporte une pataugeoire et des fontaines à jets multidirectionnels. Le **Ski Rixen** (www.skirixenusa.com ; heure/demi-journée 25/40 $; 12h-20h mar-dim) est un système de câble innovant pour le ski nautique. Les câbles sont suspendus à des tours et encerclent un parcours de 800 m, permettant de faire du ski nautique ou

Plage, Fort Lauderdale (p. 163)

RICHARD CUMMINGS/GETTY IMAGES ©

Fort Lauderdale

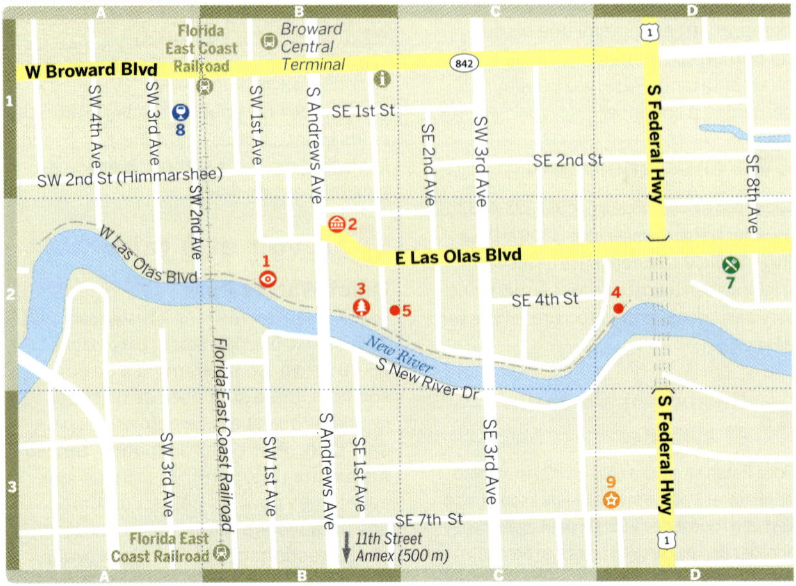

du wakeboard sans être gêné par le sillage du bateau. Pêche, location de kayak, chemins de randonnée et piste de VTT font partie des activités proposées.

Butterfly World Réserve naturelle

(www.butterflyworld.com ; 3600 W Sample Rd, Coconut Creek ; adulte/enfant 25/20 $; 9h-17h lun-sam, 11h-17h dim ;). Premier parc de papillons couvert des États-Unis, il abrite des milliers d'espèces de lépidoptères, dont de superbes morphos bleu électrique et des caligos, ou "papillons hiboux". Diverses expositions, toutes consacrées à des créatures différentes – des papillons aux colibris – en font un endroit idéal pour les enfants ou les photographes amateurs.

Où se restaurer et prendre un verre

Tucker Duke's Lunchbox Hamburgers $

(954-708-2035 ; www.tuckerdukeslunchbox.com ; 1101 S Powerline Rd, Deerfield Beach ; plats 4-11 $; 10h30-22h dim-mer, 10h30-23h jeu-sam). Les délicieux burgers et la savoureuse cuisine du Sud sont ici concoctés à partir d'ingrédients locaux et de saison. Le créateur de la franchise est le chef Brian Cartenuto, natif de Floride et vainqueur de l'émission télévisée "Cutthroat Kitchen", qui privilégie le retour aux fondamentaux de la cuisine. Consultez le site Internet pour des recettes, notamment les mémorables "Hangover Breakfast Tacos" ("tacos pour gueule de bois").

Sea Poisson, fruits de mer $$$

(954-533-2580 ; www.seatherestaurant.com ; 235 Commercial Blvd, Lauderdale-by-the-Sea ; menu 25-45 $; 12h-14h30 et 17h-22h mar-ven). Essayez d'obtenir une table pour déguster le menu de 3 plats réalisés à la perfection, comprenant un succulent mérou noirci, de la conque moelleuse, du vivaneau de Floride ou du bar nappé d'houmous. Le chef Tony Sindaco, étoilé au Michelin, pilote avec maestria la cuisine sans négliger le moindre détail. S'il figure au menu, ne passez pas à côté du fameux gâteau au whisky accompagné de son coulis de framboises.

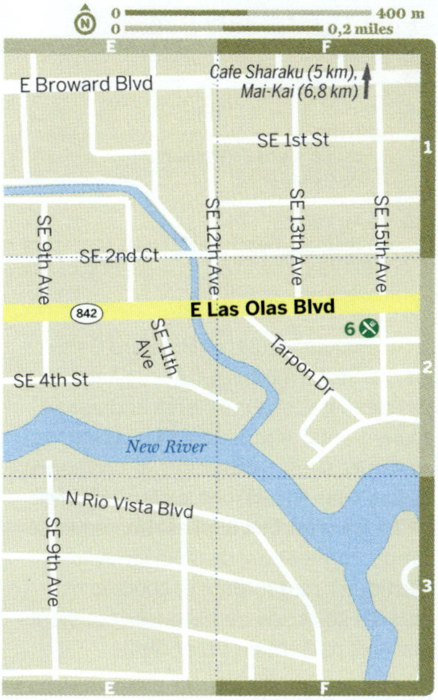

Fort Lauderdale

À voir

1 Las Olas Riverfront B2
2 Museum of Art B2
3 Riverwalk B2

Activités

4 Carrie B D2
5 Gondola Man B2

Où se restaurer

6 Floridian F2
7 Gran Forno D2

Où prendre un verre et faire la fête

8 Stache A1

Où sortir

9 Cinema Paradiso D3

Renseignements

Deerfield Beach Chamber of Commerce (954-427-1050 ; www.deerfieldchamber.com ; 1601 E Hillsboro Blvd ; 9h-15h lun-ven avr-déc, 9h-15h lun-sam et 12h-16h dim jan-mars)

Lauderdale-by-the-Sea Chamber of Commerce (954-776-1000 ; www.lbts.com ; 4201 N Ocean Dr ; 9h-17h). La chambre de commerce locale donne des renseignements sur les commerces de la région.

Comment s'y rendre et circuler

Le réseau ferroviaire **Tri-Rail** (www.tri-rail.com) se dirige vers le nord à partir de Fort Lauderdale. Si vous conduisez, prenez l'A1A (parfois appelée Ocean Blvd), une route superbe qui longe l'Atlantique.

Fort Lauderdale

954 / 185 000 HABITANTS

Longtemps la destination privilégiée des bacchanales estudiantines du *Spring Break*, la ville de Fort Lauderdale vise maintenant une clientèle un peu plus mûre et plus raffinée ; le martini remplace peu à peu la tequila.

La vie nocturne n'est pas en reste cependant avec des bars et des discothèques en grand nombre et toujours aussi variés. Fort Lauderdale a de quoi satisfaire les touristes les plus exigeants : difficile en effet de rivaliser avec ses magnifiques plages, ses nombreux canaux, ses yachts somptueux, ses hôtels et restaurants haut de gamme, et sa trépidante scène gay.

À voir

Fort Lauderdale Beach et promenade — Plage

La promenade de Fort Lauderdale – une large allée en brique, ombragée de palmiers, qui longe la plage parallèlement à l'A1A – attire les joggeurs, skateurs, marcheurs et cyclistes. De son côté, la plage de sable blanc est l'une des plus belles et propres du pays. S'étendant sur 12 km jusqu'à Lauderdale-by-the-Sea, elle comporte des tronçons qui sont plus particulièrement dévolus aux familles, aux gays ou aux promeneurs avec des chiens. Le canotage, la plongée, le snorkeling et la pêche y sont autant d'activités populaires.

Riverwalk et Las Olas Riverfront — Front de mer

Longeant la New River, la **Riverwalk** (carte p. 162 ; www.goriverwalk.com) serpente de

Fort Lauderdale Beach

Fort Lauderdale Beach

À voir

1 Bonnet House B1

Activités

2 Fort Lauderdale Parasail A7

3 Sea Experience A7

Où se loger

4 Alhambra Beach Resort B4

5 Pillars B4

la Stranahan House au Broward Center for the Performing Arts. Accueillant des dégustations culinaires et d'autres événements, la promenade dessert plusieurs sites, restaurants et boutiques. Le **Las Olas Riverfront** (**carte p. 162 ; angle SW 1st Ave et Las Olas Blvd**) est un immense centre commercial de plein air avec boutiques, restaurants et spectacles tous les soirs ; de nombreuses croisières fluviales partent de cet endroit.

Bonnet House — Bâtiment historique

(Carte p. 164 ; 954-563-5393 ; www.bonnethouse.org ; 900 N Birch Rd ; adulte/enfant 20/16 $, jardins seulement 10 $; 10h-16h mar-sam, 11h-16h dim). Cette jolie propriété de style plantation était jadis la demeure des artistes et collectionneurs Frederic et Evelyn Bartlett. Elle est désormais ouverte pour des visites guidées au fil de pièces et d'ateliers truffés d'œuvres d'art. Derrière la maison, 15 ha de luxuriants jardins subtropicaux protègent un sublime écosystème d'île-barrière, avec notamment l'une des plus belles collections d'orchidées du pays.

Museum of Art — Musée

(Carte p. 162 ; www.moafl.org ; 1 E Las Olas Blvd ; tarif plein/étudiant/enfant 10/5 $/gratuit ; 11h-17h lun-sam, 12h-17h dim). Ce beau musée est réputé pour sa collection d'œuvres de William Glackens et ses expositions couvrant des thèmes fort divers, de l'art d'Europe du Nord à l'art contemporain de Cuba, en passant par le pop art américain et la photographie contemporaine. Ouverture tardive le jeudi soir, avec des lectures, des films et des performances, et un *happy hour* au café du musée. Des cours d'une journée et des ateliers sont également proposés. Consultez le site Internet pour plus de détails.

Activités

Fort Lauderdale Parasail Parachute ascensionnel

(Carte p. 164 ; ☎954-462-7266 ; www.ftlauderdaleparasail.com ; 1005 Seabreeze Blvd ; vols 70-95 $). Pour admirer du ciel les demeures de Millionaires' Row, élevez-vous à 200 ou 300 m au-dessus des vagues, bien attaché à un gigantesque parachute coloré.

Sea Experience Bateau, snorkeling

(Carte p. 164 ; ☎954-770-3483 ; www.seaxp.com ; 801 Seabreeze Blvd ; snorkeling adulte/enfant 35/21 $; ⏲10h15 et 14h15 tlj ; 👪). Longez l'Intracoastal Waterway dans un bateau à fond de verre de 12 m de long, puis rejoignez l'océan pour du faire du snorkeling sur un récif grouillant de vie marine entre 3 et 6 m de profondeur. Également des sorties pour pratiquer la plongée sur plusieurs sites sur épave et sur les Tenneco Towers (à partir de 55 $).

Circuits organisés

Avec des kilomètres de canaux, Fort Lauderdale est une destination privilégiée pour les circuits en bateau.

Carrie B Circuit en bateau

(Carte p. 162 ; ☎954-642-1601 ; www.carriebcruises.com ; 440 N New River Dr E ; circuits adulte/enfant 23/13 $; ⏲circuits 11h, 13h et 15h). À bord de cette réplique d'un bateau à aubes du XIXe siècle, un circuit commenté de 1 heure 30 fait découvrir le style de vie des riches et célèbres propriétaires des demeures qui bordent l'Intracoastal et la New River. Les circuits partent de Las Olas et SE 5th Ave.

Gondola Man Gondole

(Carte p. 162 ; ☎201-919-1999 ; www.gondolaman.com ; SE 1st Ave ; circuit 150 $). Explorez celle que l'on surnomme "Venise américaine" à la faveur d'un circuit romantique (environ 1 heure 15) à bord d'une véritable gondole vénitienne, avec musique de circonstance. Les opulentes

Ma sélection

Fort Lauderdale

LES CONSEILS D'ANDREA RICHARD, JOURNALISTE ET ÉCRIVAINE NÉE À FORT LAUDERDALE

1 BONNETT HOUSE
La Bonnet House (p. 164) et ses jardins sont un îlot d'art, de nature et d'architecture éclectique. Les pièces de cette propriété bâtie en 1920 présentent différents styles. Derrière la maison, 15 ha de terrain et de jardins préservés mêlent l'écosystème originel de Fort Lauderdale et des spécimens exotiques.

2 LASER WOLF
L'excellent Laser Wolf (p. 169) est tenu par des habitants de Fort Lauderdale. Attirant une clientèle plutôt intellectuelle et bohème, il comprend une cour où se produisent des groupes de musique indépendante et propose un vaste choix de bières artisanales, de sakés et de vins.

3 HIMMARSHEE NIGHTLIFE DISTRICT
Aux États-Unis, il est rare que les bars restent ouverts jusqu'à 4h du matin, comme ici, et qu'on puisse transporter des boissons dans des contenants non fermés dans la rue. À Himmarshee, il est parfaitement légal d'aller de bar en bar avec un verre ou une bouteille entamée à la main.

4 LAUDERDALE-BY-THE-SEA/ SHIPWRECK SNORKEL TRAIL
La pittoresque Lauderdale-by-the-Sea interdit les constructions de plus d'un étage. Outre ses charmants restaurants, ses bars et sa plage de sable, le principal attrait de cette localité est un récif artificiel représentant une épave non loin de la côte.

5 LE FLORIDIAN
Que vous ayez un petit creux, de jour comme de nuit, ce *diner* est ouvert 24h/24, 7 jours/7. Situé dans le très chic Las Olas Blvd, le Floridian (p. 167) est tout sauf snob. Un endroit parfait pour se mêler à la population – des excentriques s'y montrent parfois tard le soir.

demeures bordant les canaux n'auront plus de secrets pour vous.

Où se loger

Les hôtels les plus luxueux (et les plus chers) ont été aménagés au bord de la plage. Dans l'arrière-pays, vous découvrirez de merveilleuses auberges évoquant la Floride d'antan.

Pillars B&B **$$$**
(Carte p. 164 ; ☎954-467-9639 ; www.pillarshotel.com ; 111 N Birch Rd ; ch 199-569 $; P ❄ ᯤ ≋). Entre la harpe dans le salon, les balcons privés et les dîners romantiques pour deux que l'on vous prépare à l'avance, on comprend pourquoi ce minuscule B&B de charme affiche souvent complet des mois à l'avance. À un pâté de maisons de la plage. Vous pourrez y admirer l'un des plus beaux couchers de soleil de la ville.

Pineapple Point Pension **$$$**
(☎888-844-7295 ; www.pineapplepoint.com ; 315 NE 16th Tce ; ch 298 $, ste 429-449 $; P ❄ @ ᯤ ≋). Cachée dans un paisible quartier résidentiel, cette pension (*guesthouse*) attire une fidèle clientèle gay. Les suites et les appartements lumineux et élégants, entourent des piscines, des bains nordiques et des espaces ombragés. Le *happy hour* quotidien favorise les rencontres. Le personnel, charmant, connaît les meilleurs bars et restaurants gays de la ville. À 6 pâtés de maisons au nord de E Las Olas Blvd, à l'est de SE 16th Ave.

Alhambra Beach Resort Hôtel **$$**
(Carte p. 164 ; ☎954-525-7601 ; www.alhambrabeachresort.com ; 3021 Alhambra St ; ch 119-199 $; P ❄ ᯤ ≋). Prisé pour ses tarifs raisonnables et ses chaleureux propriétaires, ce ravissant hôtel des années 1930 possède des chambres impeccables, des suites de couleur bouton-d'or et une agréable terrasse autour de la piscine dans un jardin de palmiers et d'hibiscus. Le portail ajoute une touche d'intimité et la plage n'est qu'à un demi-pâté de maisons. Souvent complet car beaucoup de clients y reviennent régulièrement.

Island Sands Inn B&B **$$**
(☎954-990-6499 ; www.islandsandsinn.com ; 2409 NE 7th Ave, Wilton Manors ; ch 129-209 $; P ❄ ᯤ ≋). Difficile de déterminer ce qui rend cet établissement si agréable et confortable, mais les serviettes de bain ultra-épaisses, la divine literie (matelas et draps), les détails soignés (mouchoirs, produits de toilette, mini-bar, four à micro-ondes, etc.) et la délicieuse atmosphère y sont pour beaucoup.

Fort Lauderdale gay et lesbien

Comparée à South Beach, Fort Lauderdale est un peu plus revendicative et un brin moins élitiste. Fort Lauderdale compte plusieurs dizaines de bars et discothèques gays, de nombreuses pensions gays et deux quartiers résidentiels gays. Juste au nord-est du centre-ville de Fort Lauderdale, **Victoria Park** est le rendez-vous incontournable des homosexuels. Un peu plus au nord, **Wilton Manors** a été plus récemment investi par la bourgeoisie gay et offre une vie nocturne trépidante. Le **Bill's Filling Station** (www.billsfillingstation.com ; 2209 Wilton Dr ; ⌚16h-2h) est un bar "bear" sympathique, et **Georgie's Alibi** (www.georgiesalibi.com ; 2266 Wilton Dr ; ⌚11h-2h) est renommé pour sa soirée du mercredi, où intervient Cashetta, un fabuleux humoriste travesti.

Pour plus d'informations, consultez le site www.gayftlauderdale.com et l'hebdomadaire *Hot Spots* (www.hotspotsmagazine.com).

CHRIS GUG/ALAMY ©

À ne pas manquer
Shipwreck Snorkel Trail

À Lauderdale-by-the-Sea, prenez Datura Ave (qui coupe N Ocean Blvd et El Mar Dr), puis dirigez-vous à l'est jusqu'à la mer. Sous l'eau, vous trouverez le Shipwreck Snorkel Trail, un récif artificiel représentant l'épave d'un galion espagnol. Plus de 300 espèces de poissons y ont été recensées et la zone est considérée comme l'un des meilleurs postes d'observation de la faune marine de l'océan Atlantique ouest. Avec des palmes, un masque et un tuba ou une tenue de plongée (faciles à louer dans des enseignes accessibles à pied depuis Datura), vous pourrez réaliser vos fantasmes d'archéologie sous-marine ; le site compte même une véritable ancre et des répliques de canons.

Où se restaurer

Fort Lauderdale possède une fabuleuse scène culinaire. Les meilleurs restaurants se regroupent dans Las Olas Blvd.

Gran Forno Italien **$**

(Carte p. 162 ; gran-forno.com ; 1235 E Las Olas Blvd ; plats 6-12 $; 7h-18h mar-dim). Cette boulangerie-café de style milanais d'antan est la meilleure adresse pour déjeuner dans le centre-ville de Fort Lauderdale : pâtisseries chaudes et croustillantes, succulentes pizzas et miches dorées de *ciabatta*, garnies de jambon, de poivrons grillés, de *pesto* et d'autres délices.

Floridian Diner **$**

(Carte p. 162 ; 954-463-4041 ; 1410 E Las Olas Blvd ; plats 5-12 $; 17h30-22h mar-dim) Ce *diner* classique des années 1930 sert une bonne cuisine typique de ce genre d'établissement, notamment d'excellents petits-déjeuners à toute heure. Le Wi-Fi est gratuit.

Green Bar & Kitchen Végétalien **$$**

(954-533-7507 ; www.greenbarkitchen.com ; 1075 SE 17th St ; plats 8-14 $; 11h-21h lun-sam,

JEFF GREENBERG/ALAMY ©

À ne pas manquer
Whiskey Creek

Ancienne escale de contrebandiers à l'époque de la Prohibition, la verdoyante (et bien nommée) Whiskey Creek, nichée dans le John U Lloyd Beach State Park, est désormais un paradis du kayak. Bordé d'une épaisse mangrove, cet itinéraire peu profond et calme de près de 4 km est idéal pour les débutants et situé à seulement 15 minutes du centre-ville de Dania.

INFOS PRATIQUES

John U Lloyd Beach State Park www.floridastateparks.org/lloydbeach ; 6503 North Ocean Dr, Dania Beach ; véhicule/cycliste 6/2 $; ⌚8h-crépuscule

9h-15h dim ; ✍). Découvrez les saveurs et les plats novateurs de ce légendaire restaurant Vegan. Les lasagnes sont à base de courgettes, ricotta de macadamia et tomates séchées, le lait d'amandes remplace les produits laitiers dans les smoothies aux fruits et le beurre de noix de cajou est un délice. Depuis la plage, continuez direction sud le long de l'A1A et traversez l'Intracoastal Waterway jusqu'à Southport. Après 3,2 km, tournez à droite pour atteindre le centre commercial.

Rustic Inn Poisson, fruits de mer **$$**
(☎954-584-1637 ; www.rusticinn.com ; 4331 Ravenswood Rd ; plats 9,50-30 $; ⌚11h30-22h30 lun-sam, 12h-21h30 dim). Dans cet établissement un peu bruyant et désordonné, une clientèle locale fait ses délices de crabe (Dungeness, bleu ou doré) assaisonné à l'ail. Les convives écrasent les pinces de crabe à l'aide de maillets en bois sur de longues tables couvertes de papier journal. L'établissement donne sur le Dania Cut-Off Canal, sur le côté ouest de

l'aéroport. Prenez l'I-95 S, sortie n°23, pour gagner Ravenswood Rd.

Casa D'Angelo Italien **$$$**

(☎954-564-1234 ; casa-d-angelo.com ; 1201 N Federal Hwy ; plats 25-50 $; ⌚17h30-22h30). Le chef Angelo Elia, qui dirige cette fabuleuse maison spécialisée dans les plats de la Toscane et du sud de l'Italie, y met en œuvre nombre des recettes héritées de sa mère. Les ingrédients de saison y expriment leurs saveurs intenses et leurs textures exquises : tomates gorgées de soleil, roquette poivrée, bar moelleux et glace à la cannelle au goût bien affirmé. Le restaurant possède l'une des plus belles cartes des vins de l'État. Au bord du canal dans North Federal Hwy, à 2,2 km au nord d'East Sunrise Blvd.

Eduardo de San Angel Mexicain **$$$**

(☎954-772-4731 ; www.eduardodesanangel.com ; 2822 E Commercial Blvd ; plats 24-34 $; ⌚5h30-22h lun-sam). Ce restaurant élégant et chaleureux, décoré d'art populaire mexicain, sert une succulente cuisine aux ingrédients évocateurs – fleurs de courgettes, chili au chocolat ou sirop de goyave. Il se situe au nord du centre-ville, près de Lauderdale-by-the-Sea.

Où prendre un verre et faire la fête

C'est dans le **Himmarshee Nightlife District** qu'on trouve le meilleur choix de bars de Fort Lauderdale, allant des bars à vins décontractés aux établissements tape-à-l'œil. La plage est également un haut lieu des soirées arrosées.

Stache Bar à cocktails

(Carte p. 162 ; ☎954-449-1044 ; stacheftl.com ; 109 SW 2nd Ave ; ⌚17h-4h). Ce joli bar des années 1920 sert des cocktails préparés avec brio, servis sur un fond judicieusement choisi de rock/funk/soul/R&B. Le week-end, il y a des concerts, des spectacles burlesques et du monde sur la piste de danse. Affichez ici vos plus beaux atours : les habitués sont plutôt branchés.

Laser Wolf E

(www.laserwolf.com ; 901 Progresso Dr, Suite 1 Le Laser Wolf n'est pas spécialement sophistiqué, mais la longue carte des boissons et le style pop art y attirent une clientèle plutôt intello et festive. Pour y arriver, parcourez 3,2 km direction ouest le long de Sunrise Blvd puis tournez à gauche dans NE 4th Ave, qui fusionne avec Progresso Dr.

Où sortir

Cinema Paradiso Cinéma

(Carte p. 162 ; ☎954-525-3456 ; www.fliff.com/Cinema_Paradiso ; 503 SE 6th St). Cet étonnant cinéma, aux sièges revêtus de velours, se tient dans une ancienne église. Y sont programmés des festivals de cinéma, des films indépendants et européens et de nombreux événements pour les enfants. Idéal les jours de pluie. Les manifestations et autres films sont annoncés sur la page Facebook.

Achats

Fort Lauderdale Beach Blvd est bordé de magasins de T-shirts et d'échoppes de lunettes de soleil, tandis que les boutiques et les antiquaires chics se regroupent dans Las Olas.

Swap Shop Marché

(www.floridaswapshop.com ; 3291 W Sunrise Blvd ; ⌚9h-17h). Le plus grand marché aux puces de l'État, et peut-être l'endroit le plus amusant pour faire du shopping, s'étend sur plusieurs hectares au nord-ouest du centre-ville. Toutes sortes d'objets sont vendus dans les stands, des sous-vêtements aux anciens bocaux de biscuits et aux flamants roses de jardin, dans une ambiance festive avec mariachis. Également, des stands de hot dogs et un drive-in à 14 écrans.

Renseignements

Convention & Visitors Bureau (carte p. 162 ; ☎954-765-4466 ; www.sunny.org ; 100 E Broward Blvd, Suite 200 ; ⌚8h30-17h lun-ven). D'excellentes informations sur l'agglomération de Fort Lauderdale.

Depuis/vers Fort Lauderdale

Avion

Fort Lauderdale-Hollywood International Airport (FLL ; ☎866-435-9355 ; www.broward.org/airport ; 320 Terminal Dr). Situé à 34 km au nord de Downtown Miami, cet aéroport est pratique pour visiter la région.

Bateau

La Port Everglades Authority (www.porteverglades.org) gère l'énorme port de croisière de Port Everglades. De là, rejoignez à pied SE 17th St et prenez le bus n°40 jusqu'à la plage ou le Broward Central Terminal.

Train

Tri-Rail (☎954-783-6030 ; www.tri-rail.com ; 615 N Andrews Ave). Le Tri-Rail circule entre Miami et Fort Lauderdale (aller 5 $, 45 min). Un réseau de bus propose des correspondances gratuites. La plupart des gares disposent d'un parking gratuit.

Comment circuler

Broward County Transit (BCT ; www.broward.org/bct ; ticket/pass journée 1,75/4 $) circule entre le centre-ville, la plage et Port Everglades.

Du **Broward Central Terminal** (carte p. 162 ; 101 NW 1st Ave), le bus n°11 rejoint le haut de Fort Lauderdale Beach et Lauderdale-by-the-Sea, le bus n°4 dessert Port Everglades et le bus n°40 rallie la 17th St et les plages.

Le **Water Taxi** (☎954-467-6677 ; www.watertaxi.com ; pass journée adulte/enfant 22/11 $) sillonne les canaux et les cours d'eau entre 17th St au sud, Atlantic Blvd/Pompano Beach au nord, le Riverfront à l'ouest et l'océan Atlantique à l'est.

Sun Trolley (www.suntrolley.com ; ticket/pass journée 1/3 $) relie Las Olas et les plages de 9h30 à 18h30 du vendredi au lundi.

Hollywood et Dania Beach

☎954 / HOLLYWOOD 143 000 HABITANTS / DANIA BEACH 28 000 HABITANTS

Hollywood est une ville animée au bord de la mer, à deux pas de Fort Lauderdale. Dania Beach reste une petite localité paisible, avec un quartier d'antiquaires et un plaisant port de pêche.

À voir et à faire

Hollywood Beach et Broadwalk — Plage

À l'instar de la fameuse Venice Beach de Californie, cette plage et sa promenade sont fréquentées par des adeptes du roller court vêtus et par des touristes. La Broadwalk elle-même est une large allée, de 3,5 km de long, qui part du joli **North Beach Park** (3601 N Ocean Dr ; 🕒11h-17h), GRATUIT où la route est bordée de raisiniers en bord de mer, et va jusqu'à **South Surf Road**. Elle est généralement bondée de skateurs, de promeneurs et de familles pédalant sur des Rosalies. Ces dernières aiment s'arrêter au **Charnow Park** (300 Garfield St), où sont installés des bancs ombragés et une fontaine interactive très populaire.

Où se restaurer et prendre un verre

Évitez les restaurants de la Broadwalk, pour la plupart trop chers, bondés et médiocres. De bien meilleures tables vous attendent le long d'Ocean Drive ou dans le centre d'Hollywood.

Tarks of Dania Beach — Poisson, fruits de mer $

(☎954-925-8275 ; www.tarks.com ; 1317 S Federal Hwy, Dania Beach ; plats 2-9 $). Installée depuis 1966, cette modeste échoppe de palourdes est désormais une institution locale. Une grande partie du minuscule intérieur est occupée par les fourneaux, sur lesquels mijotent les plats du jour.

Taco Beach Shack — Mexicain $

(www.tacobeachshack.com ; 334 ArizonaSt, Hollywood ; tacos 4-10 $; 🕒11h30-22h lun-jeu, 11h30-minuit ven-sam). Une population branchée et oisive occupe les fauteuils en osier de cette nouvelle *taquería* en plein air. La carte propose un mélange inattendu de saveurs exotiques, tels les tacos coréens aux travers de porc et les *kimchi* (légumes fermentés).

Jaxson's Ice Cream Parlor Glacier $

(www.jaxsonsicecream.com ; 128 S Federal Hwy, Dania ; glace à partir de 4 $; 11h30-23h dim-jeu, 11h30-minuit ven et sam ;). Ouvert en 1956, l'établissement propose plus de 80 parfums de glace maison.

Comment s'y rendre et circuler

Un trolley à l'ancienne circule entre le centre d'Hollywood et la plage de 10h à 22h, du mercredi au dimanche. Le billet coûte 1 $; les arrêts sont signalés par des panneaux de couleur vive.

Se garer près de la plage à Hollywood tient du cauchemar ; si vous ne trouvez pas de place dans la rue, essayez le parking aérien dans Johnson St.

CONCH REPUBLIC

Miami et les Keys

Ici, vous êtes toujours aux États-Unis… tout en étant transporté ailleurs. L'extrémité sud de la Floride représente la région la plus cosmopolite et certainement la plus festive de l'État. On y parle autant l'espagnol et le créole d'Haïti que l'anglais. Surnommée "la ville magique", Miami a de quoi séduire, du sable chaud de ses plages à l'architecture Art déco de South Beach et aux villas méditerranéenes de Coral Gables, des gratte-ciel tout de verre de Downtown aux plages familiales et paisibles de Key Biscayne.

Plus loin, à Key West, pêcheurs et artistes siègent à des comités de plannification urbaine aux côtés de médecins et de policiers. Sur les autres "Keys" (îles), les villages isolés sont reliés les uns aux autres par des chaussées, des ponts et des bateaux.

La vie suit ici un rythme différent. Écoutez le tempo de la salsa à Miami, vibrez au son des parades caribéennes dans les Keys et préparez-vous à entrer dans la danse.

Vie nocturne à Key West (p. 229)

Miami et les Keys

1. Quartier Art déco de Miami
2. Key West
3. Maison d'Hemingway
4. Little Havana
5. L'Overseas Highway à vélo

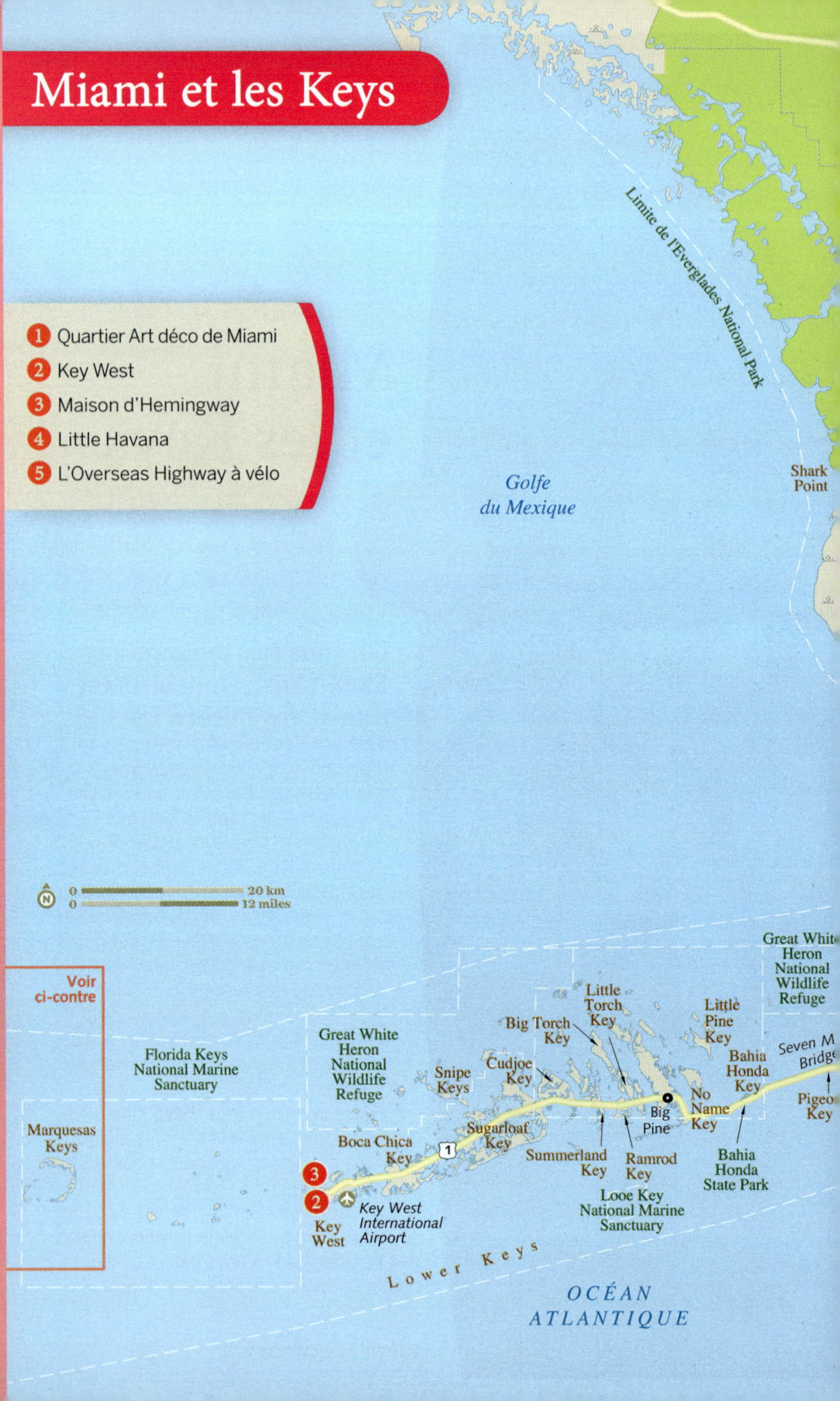

Miami Beach
Miami International Airport
Miami
1
4
Virginia Key
Key Biscayne
Big Cypress National Preserve
Shark Valley
Everglades
Everglades National Park
94
997
Florida's Turnpike (route à péage)
Peters
Goulds
Boca Chita Key
Florida Keys National Marine Sanctuary
Biscayne National Park
Biscayne Bay
Homestead
Florida City
821
9336
Card Sound Rd
Adams Key
Elliott Key
Card Sound
Barnes Sound
905
Whitewater Bay
Cape Sable
Key Largo
Flamingo
Key Largo
Key Largo National Marine Santuary
Baie de Floride
Tavernier
Plantation Key
Florida Keys National Marine Sanctuary
Windley Key
5
Upper Matecumbe Key
Shell Key
Lignumvitae Key
Upper Keys
Layton
Long Key
Matecumbe Key
Conch Key
1
Marathon Airport
Duck Key
Long Key State Recreation Area
Détroit de Floride
Key Vaca
Boot Key
Middle Keys
Dry Tortugas National Park et Marquesas Keys
0 10 km
0 6 miles
Hospital Key
Middle Key
Loggerhead Key
East Key
Bush Key
Garden Key
Long Key
Dry Tortugas National Park
Marquesas Keys

Miami et les Keys À ne pas manquer

Quartier Art déco de Miami

Le Miami Art Deco Historic District (p. 183), qui mêle une conception futuriste du début du XXe siècle à des tons pastel et l'éclat de la lumière naturelle, est sans aucun doute le chef-d'œuvre architectural du sud de la Floride. Dans le reste de Miami, de nombreux édifices, dont des hôtels, des bars, des restaurants et autres projets immobiliers, arborent un style Art déco. Délimité principalement à South Beach, le quartier se visite facilement à pied ou à vélo. Hôtels Art déco, Miami

1

2 Key West

Ce bijou colonial des Caraïbes (p. 229) se trouve au bout du monde, ou plus précisément, au bout de l'Overseas Highway, qui enjambe le détroit de Floride et traverse les Keys. Vous ne manquerez pas d'explorer le quartier historique, Old Town, qui se caractérise par ses rangées de maisons historiques bien conservées, ses ravissants cafés, ses excellents restaurants et ses innombrables bars. Villas coloniales, Key West

PETER PTSCHELINZEW/GETTY IMAGES ©

Maison d'Hemingway

La maison d'Hemingway (p. 231) a non seulement été la résidence de l'un des grands noms de la littérature du XXe siècle, mais elle constitue également l'un des plus beaux exemples de l'architecture caribéenne des Keys. Ne manquez pas les chats à six doigts qui déambulent dans la maison, le bureau de "Papa", comme on l'appelle ici, des photos de l'auteur tout au long de sa vie et la piscine dans laquelle il a laissé ses derniers dollars.

3

AURORA PHOTOS / ALAMY ©

4

Little Havana

Bien que ce quartier de Miami soit officiellement le cœur de la communauté cubaine de la Floride du Sud, dans les faits, la Floride latina s'étend bien au-delà des frontières de Little Havana (p. 200). Cela dit, c'est ici que l'on peut découvrir l'essentiel de la scène artistique, culinaire et sociale, ainsi que l'histoire des Cubains de Floride. Le Máximo Gómez Park est un endroit plein de charme où les anciens se retrouvent pour des parties d'échecs ou de dominos. Dominos, Máximo Gómez Park (p. 200)

5

L'Overseas Highway à vélo

Les douces brises marines, la présence de deux magnifiques étendues d'eau – l'une d'un bleu intense et l'autre d'un bleu turquoise – les nombreux ponts, les mangroves, les palmiers qui ondulent dans le vent et l'absence de relief de l'archipel des Keys font de l'Overseas Hwy (p. 228) l'une des plus belles routes de Floride pour se remettre en selle. Une randonnée à vélo avec l'océan pour seul horizon n'a pas son pareil.

Miami et les Keys : le best of

Rencontres culturelles

- **Wynwood** Nombreuses galeries et randonnées centrées sur l'art. (p. 197)
- **New World Center** Une scène et une salle de concerts impressionnantes. (p. 187)
- **Adrienne Arsht Center for the Performing Arts** Principal centre des arts du spectacle de Miami. (p. 194)
- **Viernes Culturales** Manifestations festives le vendredi dans Little Havana. (p. 201)
- **Pérez Art Museum Miami** Musée d'art contemporain qui domine Biscyane Bay. (p. 194)

Découvertes culinaires

- **Key West** Une petite île qui offre une immense palette culinaire. (p. 229)
- **South Beach** Élégance quatre-étoiles et charmants cafés. (p. 214)
- **Wynwood** Le meilleur de la cuisine de Miami. (p. 217)
- **Coral Gables** Quartier en vogue pour les gastronomes. (p. 219)
- **Little Havana** Excellente cuisine cubaine. (p. 217)

Vie nocturne

- **Green Parrot** L'adresse favorite des habitants de Key West, avec œuvres d'art loufoques et concerts. (p. 236)
- **Coconut Grove** Ambiance estudiantine et sans prétention. (p. 221)
- **Design District** Des bars, clubs et salles de concerts ouvrent constamment dans ce quartier très en vue de Miami. (p. 221)
- **Islamorada** Bars de plage et couchers de soleil. (p. 226)
- **South Beach** Clubs chics, petits bars populaires et pubs de quartier. (p. 219)

Ce qu'il faut savoir

Plaisirs en famille

- **Bill Baggs Cape Florida State Park** Courtes balades, plage familiale et écosystème unique. (p. 199)

- **Key West** Demeures historiques et rues ombragées. (p. 229)

- **Crane Point Museum** Un musée qui permet d'explorer à pied l'environnement des Keys. (p. 227)

- **Marjory Stoneman Douglas Biscayne Nature Center** Introduction interactive à l'environnement de la Floride du Sud. (p. 199)

- **Metrozoo** Loutres joueuses et varans mystérieux se côtoient dans ce zoo de Miami. (p. 204)

À gauche : Pérez Art Museum Miami (p. 194) ; **dessus** : édifices Art déco, Ocean Drive (p. 188)

SITES INTERNET

- **Miami & the Beaches** (www.miamiandbeaches.com). Site officiel de l'office du tourisme de Miami et Miami Beach.

- **Florida Keys** (www.fla-keys.com). Site Internet de l'office du tourisme des Keys et de Key West.

- **Art of Miami** (www.artofmiami.com/). Guide exhaustif des galeries de Miami et des circuits pédestres sur le thème de l'art.

À PRÉVOIR

- **Hôtels** Réservez au moins un mois à l'avance en hiver, ou une semaine à l'avance en basse saison.

- **Restaurants** Faites vos réservations une semaine à l'avance pour les adresses les plus chics.

- **Excursions** Sorties en bateau, promenades à pied, etc. peuvent être réservées la veille.

- **Circulation** Rappelez-vous que dans les Keys, un seul accident de voiture peut provoquer un embouteillage sur tout l'Overseas Highway.

COMMENT CIRCULER

- **Voiture** Pratique, sauf lorsqu'il faut se garer. Réservez votre véhicule de location suffisamment tôt pour obtenir des tarifs intéressants.

- **Vélo** Recommandé à Key West et Miami Beach. D'autres régions sont plates, mais moins bien aménagées pour le cyclisme.

- **Bus** Miami a un assez bon réseau de bus, mais celui de Key West est plus pratique. Les Keys sont reliées au continent par des navettes.

- **Train** La ligne Tri-Rail relie Miami à ses banlieues.

MISE EN GARDE

- **Circulation** La circulation à Miami est l'une des pires de Floride. Si vous avez un bon GPS, prenez des routes secondaires pour éviter les bouchons des grands axes.

- **Criminalité** À Miami, évitez Overtown et Downtown la nuit.

- **Soleil** Vous risquez d'attrapez des coups de soleil, même par temps nuageux.

- **Langue** Il est utile de parler un peu espagnol dans beaucoup de quartiers de Miami, surtout à Little Havana et Downtown.

Suggestions d'itinéraires

Ces itinéraires vous permettront d'explorer les plus beaux sites de la Floride du Sud, des plages des Keys ourlées de mangroves aux gratte-ciel scintillants de Miami, de l'océan d'un bleu intense aux lagunes turquoise de la baie de Floride.

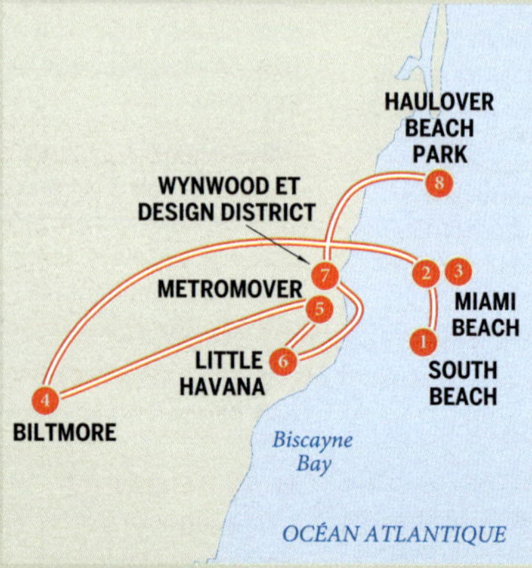

4 JOURS

LE MEILLEUR DE MIAMI

DE SOUTH BEACH À NORTH BEACH

Commencez votre périple en explorant ❶ **South Beach**. Ne manquez pas de faire halte au siège de la ❷ **Miami Design & Preservation League** (MDPL), d'admirer les façades des hôtels qui bordent Ocean Dr et d'aller voir les expositions consacrées à l'architecture locale au ❸ **Wolfsonian-FIU**. Le deuxième jour, direction Coral Gables pour découvrir l'opulence du ❹ **Biltmore** et faire du shopping dans Miracle Mile.

Le troisième jour à Miami, prenez le ❺ **Metromover**, un train aérien qui offre une vue splendide de l'environnement urbain de la ville. Arrivé au terminus, vous vous trouvez à proximité de la 8th St, plus connue sous le nom de Calle Ocho, à ❻ **Little Havana**. Le dernier jour, visitez quelques galeries d'art de ❼ **Wynwood et du Design District**, avant d'aller vous détendre sur les plages paisibles du nord de Miami Beach (North Beach). Nous aimons beaucoup ❽ **Haulover Beach Park**, dont l'une des plages est naturiste.

3 JOURS

À L'ASSAUT DES KEYS

DE KEY LARGO À KEY WEST

Sur Key Largo, consacrez une journée à faire du snorkeling ou de la plongée, ou embarquez pour une croisière sur un bateau à fond de verre dans le superbe 1 **John Pennekamp Coral Reef State Park**. Le soir, offrez-vous un taco au poisson au 2 **Key Largo Conch House**. Le jour suivant, dirigez-vous vers Islamorada, où vous verrez des tarpons géants à la 3 **Robbie's Marina**. Continuez jusqu'à Marathon pour déguster un excellent *reuben* (sandwich chaud) de langouste aux 4 **Keys Fisheries**, avant de faire le tour du joli 5 **Crane Point**.

Le troisième jour, rendez-vous sur Key West, à 1 heure de route, où vous pourrez visiter la 6 **maison d'Hemingway** et flâner dans Old Town. N'oubliez pas de faire un saut à 7 **Mallory Square** pour faire la fête au coucher du soleil. Amusez-vous toute la nuit dans 8 **Duvall St** ou optez pour un dîner chic au 9 **Café Sole**.

Mallory Square (p. 229)
JIM WEST/ALAMY ©

Découvrir Miami et les Keys

Les incontournables

- **Miami** (ci-contre). Des contrastes saisissants et un paysage urbain en effervescence.
- **Miami Beach** (p. 190). Plages de sable blanc prisées des célébrités.
- **Archipel des Keys** (p. 224). Une succession d'îlots uniques et un rythme de vie décontracté.
- **Key West** (p. 229). Une ville historique et festive.

Ocean Drive (p. 188), South Beach

RUSSELL KORD/ALAMY ©

MIAMI

☎305 / 362 500 HABITANTS

Pour la plupart des visiteurs, Miami, ville aux multiples facettes, est surtout l'incarnation urbaine du glamour.

On ne saurait leur donner tort. Miami, "la ville magique", possède un charme indéniable, que vous soyez séduit par le claquement du talon aiguille d'un mannequin sur Lincoln Rd, la surface turquoise des eaux de Biscayne Bay ou le rouge flamboyant d'un coucher du soleil enflammant la ligne des gratte-ciel du centre-ville.

Mais d'autres aspects plus inhabituels vous laisseront des souvenirs mémorables : une soirée de danse haïtienne dans le ghetto à laquelle participent des étudiants en littérature de l'université de Miami, un Vénézuélien chantant du metallica en espagnol dans un bar-karaoké de Coral Gables, ou les *shalom* et les *buenos días* échangés entre juifs orthodoxes et exilés cubains.

Miami est envoûtante sous toutes ses formes. En découvrir tous les aspects pourrait vous occuper des années.

Quand partir

Janvier à mars Le temps doux et sec attire les touristes américains et européens.

Avril à juin Moins étouffant qu'en plein été, mais plus vert et luxuriant qu'en hiver.

Juillet à octobre La chaleur augmente et les prix chutent : c'est la saison des ouragans.

À voir

Les principaux sites de Miami ne sont pas concentrés dans un quartier en particulier.

Chaque secteur a son propre charme et attire son lot de visiteurs.

SOUTH BEACH

Le quartier de South Beach, le plus emblématique de l'agglomération de Miami, englobe toute la zone de Miami Beach située au sud de 21st St,

Art Deco Historic District Quartier
(Carte p. 184). Le cœur de South Beach est son quartier historique Art déco, qui s'étend à partir de 18th St et le long d'Ocean Drive et Collins Ave au sud. Il est étonnant que, dans une ville qui s'est construite sur la spéculation immobilière, le principal moteur du renouveau urbain ait été la préservation d'un héritage architectural unique. Tous ces beaux hôtels sont l'âme de Miami. À tel point que le fait de les préserver a donné à la ville son cachet particulier, et à ce quartier un nouveau souffle. Il fut un temps où South Beach était un ghetto, où sans-abri et toxicomanes voisinaient avec les retraités. Le quartier est devenu par la suite l'un des plus vastes secteurs des États-Unis à figurer au Registre américain des sites historiques, attirant du même coup des top-models, des photographes, des hôteliers et des chefs réputés. Aujourd'hui, la ville est devenue une mosaïque de touristes en croisière, d'Européens amateurs de mode, de célébrités essayant de passer incognito (ou pas !) et de visiteurs de la classe moyenne provenant de tous les États-Unis.

Votre première halte devrait être l'Art Deco Welcome Center (p. 222), géré par la **Miami Design Preservation League** (MDPL). Cette boutique de souvenirs, certes un peu défraîchie, est installée dans les anciens locaux de la patrouille des plages, l'un des plus beaux bâtiments Art déco du quartier. On peut y trouver d'excellents circuits guidés à pied (20 $) – ainsi que des visites avec audioguides ou privées –, qui sont l'une des meilleures introductions à la transformation et à l'histoire de South Beach. Les visites partent chaque jour à 10h30, sauf le jeudi, où elles sont organisées à 18h30. Inutile

Ma sélection

Miami Beach

LES CONSEILS DE JEFF DONNELLY, HISTORIEN PUBLIC ET GUIDE, MIAMI DESIGN & PRESERVATION LEAGUE

1 ART DECO WELCOME CENTER
Une mine d'informations sur les activités et les sites du quartier Art déco. Tous les jours, les circuits organisés par la Miami Design Preservation League (MDPL) partent d'ici. Le site Internet de la MDPL fournit des informations sur les festivals, les films, les conférences et les expositions financés par la MDPL.

2 MUSÉE WOLFSONIAN-FIU
Mickey Wolfson a fait don de sa collection d'œuvres d'art, d'objets et de documents datant de 1885 à 1945. Les expositions permanentes et temporaires du Wolfsonian constituent un bon contrepoint aux édifices du quartier, et traitent de la transition entre romantisme et modernisme.

3 MAC'S CLUB DEUCE
Certes le Mac's Club Deuce (p. 220) figure dans le guide Playboy des meilleurs bars américains, mais ce n'est pas sans raison : ouvert en 1926 et ayant survécu à la Prohibition, le Deuce est un incontournable de Miami Beach.

4 TAP TAP
À Haïti, les *tap-tap* sont des taxis collectifs qui sillonnent l'île. Dans ce restaurant (p. 214), la cuisine est simple mais savoureuse, et des œuvres d'art haïtien ornent les murs et les tables. La plupart des artistes exilés ici ont soutenu le parti Fanmi Lavalas de l'ancien président Aristide, et ont été employés à la fois comme serveurs et comme artistes.

5 PARK CENTRAL HOTEL
Cet édifice Art déco datant de 1937 fut entièrement rénové en 1987, au début de la renaissance de South Beach. Classé monument historique, le Park Central conserve et expose le travail d'Henry Hohauser et de Leonard Horowitz.

South Beach

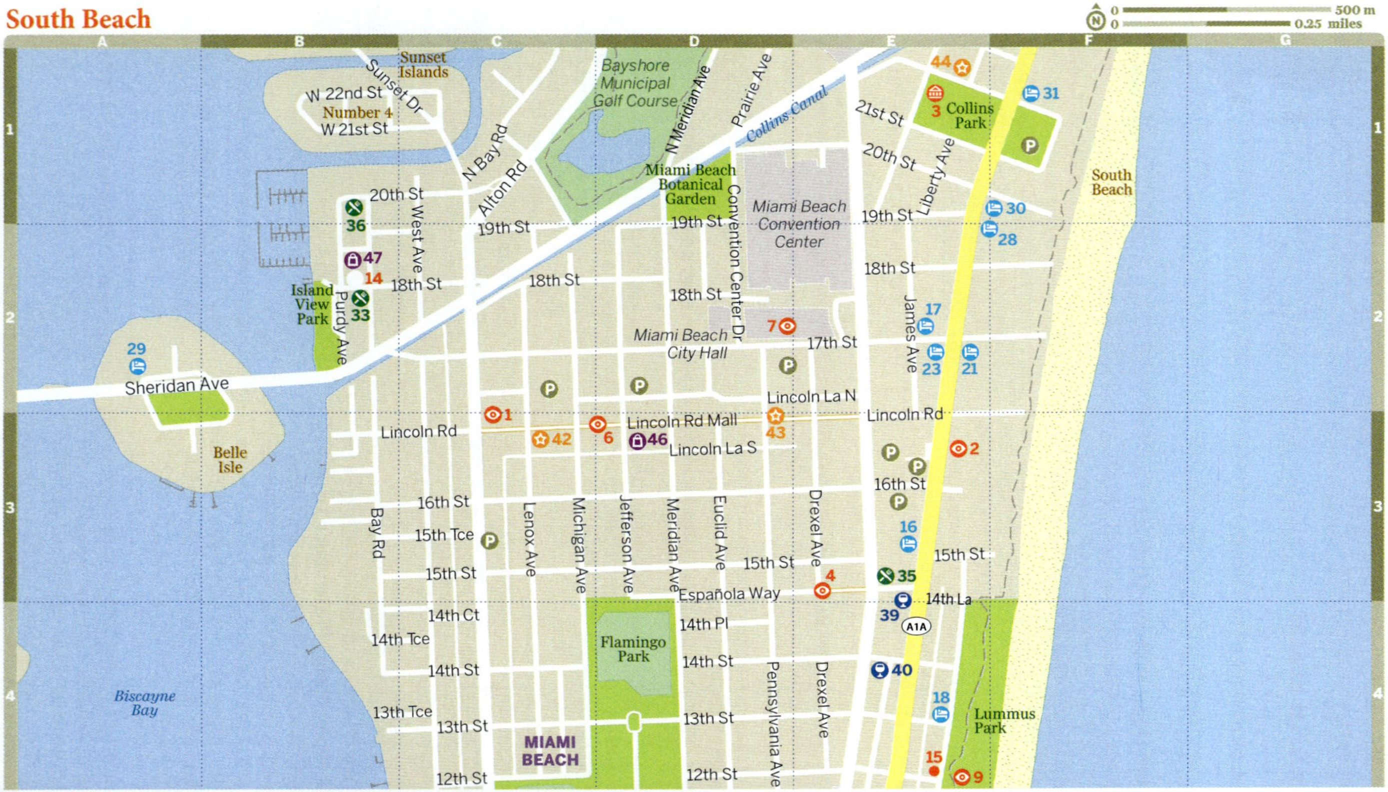
0 500 m
0 0.25 miles
Sunset Islands
W 22nd St
Number 4
W 21st St
Sunset Dr
N Bay Rd
Alton Rd
Bayshore Municipal Golf Course
N Meridian Ave
Prairie Ave
Collins Canal
Miami Beach Botanical Garden
Convention Center Dr
Miami Beach Convention Center
21st St
20th St
19th St
18th St
17th St
16th St
15th Tce
15th St
14th Ct
14th Tce
14th St
14th Pl
14th La
13th Tce
13th St
12th St
Liberty Ave
Collins Park
South Beach
James Ave
West Ave
Purdy Ave
Island View Park
Sheridan Ave
Belle Isle
Miami Beach City Hall
Lincoln Rd
Lincoln Rd Mall
Lincoln La N
Lincoln La S
Bay Rd
Lenox Ave
Michigan Ave
Jefferson Ave
Meridian Ave
Euclid Ave
Drexel Ave
Pennsylvania Ave
Española Way
Flamingo Park
MIAMI BEACH
Lummus Park
Biscayne Bay
A1A
1
2
3
4
6
7
9
14
15
16
17
18
21
23
28
29
30
31
33
35
36
39
40
42
43
44
46
47

OCÉAN ATLANTIQUE
Collins Ave
Ocean Dr
Ocean Ct
Collins Ct
Washington Ave
Euclid Ave
Meridian Ave
Michigan Ave
Lenox Ave
Alton Rd
Alton Ct
West Ave
Miami Beach Dr (5th St)
Promenade
ART DECO HISTORIC DISTRICT
Art Deco Welcome Center
Ocean Beach Park
Quai Park
South Pointe Park
Inlet Blvd
Harley St
Biscayne St
Commerce St
1st St
2nd St
3rd St
4th St
5th St
6th St
7th St
8th St
9th St
10th St
11th St
Miami Beach Marina
Quai A
Quai B
Quai C
Quai D
Quai E
Quai F
Quai G
Quai H
Quai J
Quai K
Quai L
Quai M
Causeway Island
Terminal Island
Lummus Island
Star Island
A1A
41

South Beach

À voir

1 1111 Lincoln Rd ... C3
2 Art Deco Historic District ... E3
3 Bass Museum of Art ... E1
4 Española Way Promenade ... E3
5 Jewish Museum of Florida ... D7
6 Lincoln Road Mall ... D3
7 New World Center ... D2
8 Ocean Drive ... E5
9 Promenade ... E4
10 South Pointe Park ... D8
11 Wolfsonian-FIU ... E5

Activités

12 BikeAndRoll ... E5
13 Bikram Yoga Miami Beach ... E5
14 Green Monkey Yoga ... B2
15 Miami Design Preservation League ... E4

Où se loger

16 Aqua Hotel ... E3
17 Cadet Hotel ... E2
18 Cardozo Hotel ... E4
19 Chesterfield Hotel ... E5
20 Clinton Hotel ... E5
21 Delano Hotel ... E2
22 Fashionhaus ... D6
23 Gale South Beach ... E2
24 Hotel St Augustine ... D7
25 Nash Hotel ... E5
26 Pelican Hotel ... E5
27 Sense South Beach ... E7
28 Shore Club ... E2
29 The Standard ... A2
30 Townhouse Hotel ... F1
31 W Hotel ... F1

Où se restaurer

32 11th St Diner ... E5
33 Burger & Beer Joint ... B2
34 Grazie ... E6
35 Osteria del Teatro ... E3
36 Pubbelly ... B1
37 Puerto Sagua ... E6
38 Tap Tap ... D6

Où prendre un verre et faire la fête

39 Kill Your Idol ... E3
Lost Weekend ... (voir 39)
40 Mac's Club Deuce Bar ... E4
41 Room ... D7

Où sortir

42 Colony Theater ... C3
43 Lincoln Theatre ... D3
44 Miami City Ballet ... E1
New World Symphony ... (voir 7)
45 Nikki Beach Club ... E8

Achats

46 Consign of the Times ... D3
47 Metta Boutique ... B2

de réserver : présentez-vous simplement avec votre plus beau sourire. Appelez à l'avance pour vous renseigner sur les circuits guidés à pied de Lincoln Rd et de Collins Park, la zone la plus au nord de South Beach.

Wolfsonian-FIU — Musée

(Carte p. 184 ; ☎305-531-1001 ; www.wolfsonian.org ; 1001 Washington Ave ; adulte/6-12 ans 7/5 $; ⏲12h-18h jeu et sam-mar, 12h-21h ven). Visitez cet excellent musée du design au début de votre séjour afin de replacer l'esthétique de Miami Beach dans son fascinant contexte. Voir comment la richesse, les loisirs et l'idéal de beauté se manifestent à Miami Beach est une chose, comprendre les racines et les nuances des mouvements artistiques locaux en est une autre.

En faisant, de l'intérieur, la chronique de l'évolution de la vie quotidienne, le Wolfsonian éclaire la manière dont ces tendances se sont manifestées dans l'architecture des édifices Art déco de SoBe (diminutif de South Beach) – et notamment sur la grandiose façade du musée lui-même.

Lincoln Road Mall — Zone piétonne

(Carte p. 184 ; ⏲marché de producteurs 9h-18h30 dim). Définir Lincoln Rd comme un centre commercial est un peu comme dire de la tour Eiffel que c'est une tour : c'est exact, mais réducteur. Bien sûr, on peut ici faire du shopping, et de belle manière. Mais cet axe piétonnier à ciel ouvert, qui s'étend entre Alton Rd et Washington Ave, et où on aime se montrer, ressemble souvent davantage an podium d'un défilé de mode qu'à une rue commerçante.

Carl Fisher, le père de Miami Beach, désirait que cet axe fût la "Cinquième Avenue du Sud". Morris Lapidus, l'un des fondateurs du style néobaroque un peu excentrique de Miami Beach, a dessiné de nombreux bâtiments du complexe commercial, notamment plusieurs édifices en surplomb, des fontaines, et des barrières de sécurité posées sur les trottoirs comme des billes de géant. Parmi les autres sites notables figurent le splendide **Colony Theater** (carte p. 184 ; ☎305-434-7091 ; www.colonytheatremiamibeach.com ; 1040 Lincoln Rd) et le **Lincoln Theatre** (carte p. 184 ; 541 Lincoln Rd). Accueillant aujourd'hui un magasin H&M, cet édifice Art déco a été conçu par Thomas W. Lamb, architecte renommé, spécialiste des théâtres et des salles de cinéma. Un excellent **marché de producteurs** et un **marché d'antiquités** (www.antiquecollectiblemarket.com ; 8h-18h, 2e dim de chaque mois oct-mai) se tiennent aussi le long de Lincoln Rd.

1111 Lincoln Rd — Édifice

(Carte p. 184 ; www.1111lincolnroad.com ; P). La partie ouest de Lincoln Rd est ancrée autour d'un parking particulièrement impressionnant, pastiche géométrique fait d'arêtes saillantes, de couloirs tortueux et d'angles incongrus. Ce bâtiment de 2010 a été conçu par le cabinet d'architecture suisse Herzog & de Meuron, qui décrit leur œuvre comme une construction "tout en muscles et sans vêtements". Le 1111 Lincoln accueille également des boutiques et des logements.

New World Center — Édifice

(Carte p. 184 ; ☎305-673-3331 ; www.newworldcenter.com ; 500 17th St ; visite guidée 5 $; visites guidées 16h mar et jeu, 12h ven-sam). Miami a un penchant pour les salles de spectacle somptueuses et le New World Center rivalise indubitablement avec l'Arsht Center pour le titre de plus fascinante salle de concerts de la ville. Conçu par Frank Gehry, l'édifice se dresse majestueusement sur une pelouse impeccable, juste au-dessus de Lincoln Rd, telle une boîte rectangulaire futuriste à la façade de verre. Le terrain d'un peu plus de 1 ha est un parc public. À l'intérieur, les murs blancs semblent pliés en strates, à mi-chemin entre une structure organique et un origami. Les spectacles organisés dans le centre sont projetés au public installé à l'extérieur sur un mur de 650 m². Les visites s'effectuent

Miami avec des enfants

La Floride est une destination rêvée pour les enfants. Nombre de parcs et musées mettent en scène des animaux. Le Metrozoo (p. 204), un zoo de 300 ha reproduisant de nombreux habitats naturels (grâce au climat tropical). Si vos enfants aiment les animaux et le grand air, ils auront de quoi faire à Miami. La Monkey Jungle (p. 205), au départ une réserve pour espèces menacées, multiplie les bons points : primates facétieux, allées couvertes et spectacle étonnant des macaques crabiers plongeant en quête de fruits. De son côté, la Jungle Island (p. 204) séduira les ornithologues en herbe avec les mille couleurs de ses oiseaux tropicaux. Non loin, le nouveau Miami Children's Museum (p. 205) est une aire de jeux couverte où les plus jeunes peuvent s'imaginer en présentateurs de télévision, banquiers ou encore clients de supermarché.

Pour faire découvrir à vos enfants la nature de manière écologique et éducative, rendez-vous au Crandon Park (p. 197) et au Marjory Stoneman Douglas Biscayne Nature Center (p. 198), à proximité. Le Crandon Park est une belle plage à l'ambiance détendue où les plus jeunes aiment se défouler, tandis que le centre éducatif Marjory Stoneman Douglas offre une excellente introduction à l'écosystème unique de la Floride du Sud.

WALTER BIBIKOW/GETTY IMAGES ©

À ne pas manquer
Le Bass Museum of Art

Le meilleur musée d'art de Miami Beach se dissimule derrière une amusante façade futuriste, tenant d'un habile jeu de lignes et de murs d'un blanc lumineux. On doit ce bâtiment à l'imagination de Russell Pancoast (petit-fils de John A. Collins, qui a donné son nom à Collins Ave), en 1930. La collection permanente est tout aussi passionnante et présente des œuvres religieuses européennes du XVIe siècle ainsi que des peintures d'Europe du Nord et de la Renaissance. Le Bass est l'un des points du triangle du **Collins Park Cultural Center**, qui comprend aussi le **Miami City Ballet** (édifice de deux étages) et la jolie **Miami Beach Regional Library**, une bibliothèque idéale pour profiter de la connexion Wi-Fi gratuite.

INFOS PRATIQUES

Carte p. 184 ; 305-673-7530 ; www.bassmuseum.org ; 2121 Park Ave ; adulte/enfant 8/6 $; 12h-17h mer-jeu et sam-dim, 12h-21h ven

avec un guide – téléphonez pour réserver (nombre de places limité).

Ocean Drive Rue

(Carte p. 184 ; de 1st St à 11th St). Il s'agit de la rue principale de Miami, véritable défilé ininterrompu de voitures de collection, d'hommes bodybuildés, de jolies filles, d'artistes de rue, de vendeurs, de stars jouant les touristes, de touristes jouant les stars, et une multitude d'autres chalands en tout genre. La rue représente aussi l'ensemble Art déco le mieux préservé en bordure de la plage. Si une image devait à elle seule évoquer Miami, ce serait sans aucun doute Ocean Dr.

Promenade Promenade

(Carte p. 184 ; Ocean Dr). Cette promenade qui serpente entre la plage et Ocean

Drive s'étend de 5th St à 15th St. Il s'agit d'un site très photogénique, en particulier de bonne heure le matin avant l'arrivée de la foule. Caressée par la brise, cette allée bordée de palmiers est appréciée des habitants, touristes, adeptes du roller, cyclistes, volleyeurs (il y a un filet à la hauteur de 11th St) et des personnes promenant leur chien. La plage elle-même, appelée Lummus Park, est jalonnée de six stands très colorés appartenant aux maîtres-nageurs. Les toilettes publiques au niveau de 11th St sont souvent fréquentées par les sans-abri.

Española Way Promenade — Promenade

(Carte p. 184 ; entre 14th St et 15th St). Il s'agit d'une "authentique" promenade espagnole, dans l'esprit... des parcs d'attractions floridiens. Cette jolie voie pavée, coiffée d'une arcade en terre cuite rose et à l'architecture espagnole surchargée, est parfaite pour qui désire flâner dans les galeries d'art (fief d'artistes dans les années 1920, elle abrite aujourd'hui les ateliers de plusieurs artistes locaux), faire du lèche-vitrines et regarder le ballet des passants en buvant un café. Un marché artisanal s'y tient l'après-midi le week-end.

South Pointe Park — Parc

(Carte p. 184 ; 1 Washington Ave ; ⏲lever du soleil-22h). La pointe située à l'extrême sud de Miami Beach a été transformée en un parc ravissant. Il fait bon s'allonger sur ses pelouses soigneusement entretenues et profiter de la fraîcheur de l'océan et de la vue sur les remarquables eaux turquoise. On y trouve un restaurant, un stand de rafraîchissements et des chemins de promenade en dalles de pierre. Les nombreux flâneurs viennent profiter du beau temps et de la vue, loin du côté m'as-tu-vu de South Beach.

Jewish Museum of Florida — Musée

(Carte p. 184 ; ✆305-672-5044 ; jmof.fiu.edu ; 301 Washington Ave ; tarif plein/étudiant et senior 6/5 $, gratuit sam ; ⏲10h-17h mar-dim, fermé les jours de fêtes juives). Hébergé dans une synagogue orthodoxe de 1936, qui accueillit la première congrégation

Jewish Museum of Florida

Nord de Miami Beach

de Miami, ce petit musée relate la très importante contribution de la communauté juive à l'État de Floride. On pourrait dire que si les Cubains ont "colonisé" Miami, ce sont les juifs qui ont fait de Miami Beach ce qu'elle est aujourd'hui. Pourtant, il fut un temps où les juifs furent exclus de la "Riviera américaine" qu'ils avaient fait naître du sable. Ce musée raconte cet épisode et présente des pièces intéressantes (notamment une robe de Pourim en coquillages).

NORD DE MIAMI BEACH

Mid-Beach se trouve autour des rues 40, tandis que North Beach s'étire au-delà de la 70th St. Les eaux de l'Indian Creek séparent les hôtels et les immeubles de luxe des quartiers résidentiels de l'ouest.

Boardwalk — Plage

(21st St à 46th St). On voit beaucoup de jolies filles en tenue très légère sur la promenade en planches de Mid-Beach, mais aussi des juifs orthodoxes vaquant à leurs occupations au milieu des joggeurs,

Nord de Miami Beach

À voir
1 Boardwalk D5

Activités
2 Russian & Turkish Baths D1

Où se loger
3 Circa 39 .... D4
4 Eden Roc Renaissance D3
5 Fontainebleau D3
6 Freehand Miami C5
7 Red South Beach C5

Où se restaurer
8 Roasters' n Toasters C4

Où prendre un verre et faire la fête
Broken Shaker .... (voir 6)

des touristes en goguette et des adeptes du bronzage. Les nombreux immeubles résidentiels alentour sont occupés par des Latinos et des juifs de la classe moyenne qui viennent ici promener leur chien et jouer avec leurs enfants, donnant au lieu une atmosphère détendue, qui tranche avec le glamour permanent de South Beach.

Haulover Beach Park — Parc

(www.miamidade.gov/parks/parks/haulover_park.asp ; 10800 Collins Ave ; 4 $/voiture ; aube-crépuscule ; P). Ce parc de 16 ha abrite une plage naturiste masquée des immeubles en copropriété, des voies express et des regards indiscrets par un rideau de végétation. Mais ce n'est pas là son seul atout. La plus grande partie de la plage est en effet "classique" (on y trouve même un parc à chiens), et c'est assurément l'un des endroits les plus agréables des environs (remarquez les douches colorées tendance Art déco en forme de cônes). Le parc est situé sur Collins Ave, à environ 7 km au nord de 71st St.

Oleta River State Park — Parc

(www.floridastateparks.org/oletariver ; 3400 NE 163rd St ; 2 $/pers, 6 $/voiture ; 8h-crépuscule ; P). Déjà, en 500 av. J.-C., le peuple amérindien des Tequesta voguait dans l'estuaire de l'Oleta River. Vous ne ferez donc que suivre une tradition ancestrale si vous décidez de faire du canoë ou du kayak dans ce parc. Avec un peu plus de 400 ha, il s'agit du plus vaste parc urbain de l'État de Floride, et l'un des meilleurs lieux de Miami pour fuir la foule. Ramez jusqu'à l'île couverte de mangrove, observez les aigles ou détendez-vous sur la plage. Sur place, le Blue Moon Outdoor Center (p. 205) loue des kayaks simples (18/25 $ pour 1 heure 30/3 heures), doubles (25,50/40 $ pour 1 heure 30/3 heures) et des vélos (18/25 $ pour 1 heure 30/3 heures). Le parc est situé en retrait de la NE 163rd St/FL-826 à Sunny Isles, à environ 13 km du nord de Miami Beach.

Metromover
MITCHELL FUNK/GETTY IMAGES ©

Downtown Miami

Biscayne Bay
Intracoastal Waterway
Brickell Key
Brickell Key Dr
Brickell Bay Dr
Brickell Ave
Brickell Park
Brickell Ave Bridge
Biscayne Blvd Way
10
11
Sailboards Miami (2 km), Vizcaya Museum & Gardens (2,3 km)
Financial District
Brickell
Promenade
10th St
8th St
5th St
Riverwalk
Miami River
Miami River Bridges
Metrorail
SE 2nd St
SE 3rd St
SW 4th St
SE 5th St
SE 6th St
SW 7th St
SW 8th St (Calle Ocho)
SW 9th St
SW 10th St
SW 11th St
SW 12th St
SW 13th St (Coral Way)
S Miami Ave
SW 1st Ave
SW 1st Ct
SW 2nd Ave
SW 3rd Ave
SW 4th Ave
SW 5th Ave
SW 1st St
SW 2nd St
SW 3rd St
SW 5th St
SW 6th St
E Flagler St
W Flagler St
SE 1st St
Miami Ave
Chopin Plaza
Bayfront Park
Knight Center
Third St
José Martí Riverfront Park
Miami-Dade Cultural Center
El Carajo (2,8 km)
3
4
9
12
13
14

Downtown Miami

À voir

1 Adrienne Arsht Center for the Performing Arts D1
2 Bayfront Park D4
3 Gusman Center for the Performing Arts C5
4 HistoryMiami B5
5 Jungle Island G2
6 Miami Children's Museum G2
7 Pérez Art Museum Miami D2

Activités

8 Miami-Dade County Parks & Recreation Dept B4
9 Urban Tour Host D5

Où se loger

10 Epic D6
11 Four Seasons Miami C8

Où se restaurer

12 Bonding C6
13 Choices A8

Où prendre un verre et faire la fête

14 Blackbird Ordinary C7

Où sortir

Adrienne Arsht Center for the Performing Arts .... (voir 1)
Gusman Center for the Performing Arts .... (voir 3)

DOWNTOWN MIAMI (CENTRE-VILLE)

Adrienne Arsht Center for the Performing Arts — Édifice

(Carte p. 192 ; www.arshtcenter.com ; 1300 N Biscayne Blvd). Le deuxième centre des arts du spectacle des États-Unis – et le plus grand de Floride – a très largement contribué au renouveau du tissu urbain du centre-ville. Imaginé par Cesar Pelli (qui a dessiné les tours Petronas de Kuala Lumpur), il comporte deux bâtiments principaux : la Ziff Ballet Opera House et le Knight Concert Hall, de part et d'autre de Biscayne Blvd. Les salles, reliées par une passerelle piétonne étroite et élégante, s'apparentent à des paysages de terre et de mer sculptés par le vent, tandis que les balcons arrondis s'élèvent en spirale, tels des coquillages. Si vous en avez l'occasion, assistez à un spectacle sur place. Cela dit, l'intérieur de l'édifice est un lieu incontournable lorsqu'on visite Miami.

Metromover — Monorail

(www.miamidade.gov/transit/metromover.asp). La capacité de ce monorail électrique aérien étant insuffisante pour assurer le flux des voyageurs dans la ville, il s'est transformé en une sorte de curiosité touristique. C'est ainsi un excellent moyen de découvrir le centre de Miami vu d'en haut : très utile étant donné la hauteur des gratte-ciel de Downtown. En raison de sa gratuité, le Metromover a la réputation d'être fréquenté par les sans-abri, mais de nombreux habitants de banlieue l'utilisent aussi pour se rendre quotidiennement dans le centre.

Pérez Art Museum Miami — Musée

(PAMM ; carte p. 192 ; ☎305-375-3000 ; www.pamm.org ; 1103 Biscayne Blvd ; tarif plein/étudiant et senior 12/8 $; ⏲10h-18h mar, mer et ven-dim, 10h-21h jeu). Le Pérez Art Museum accueille d'intéressantes expositions temporaires sur l'art international de l'après-guerre. On y vient aussi pour son architecture et son emplacement dans le Museum Park, un espace verdoyant qui surplombe les eaux bleues de Biscyane Bay. Conçu par l'agence d'architecture suisse Herzog & de Meuron, le nouveau bâtiment du musée intègre feuillage, verre et métal dans un ensemble de grande vitalité et de modernisme, qui constitue une belle analogie plastique de la ville de Miami.

Bayfront Park — Parc

(Carte p. 192 ; www.bayfrontparkmiami.com ; 301 N Biscayne Blvd). Peu de parcs américains sont ourlés par des eaux turquoise aussi belles que celles de Biscayne Bay. De nombreux employés de bureau viennent faire la sieste sous les palmiers de cette petite plage où d'agréables chaises longues sont disposées. Le parc compte deux salles de spectacle : le **Klipsch Amphitheater**, jouissant d'une très belle vue sur Biscayne Bay, est une bonne adresse pour des concerts ; plus petit, avec seulement 200 places (800 personnes de plus peuvent s'installer sur les pelouses), le **Tina Hills Pavilion** accueille au printemps des spectacles gratuits. Remarquez au nord la **JFK Torch of Friendship**, une fontaine qui salue le travail accompli par Claude Pepper, longtemps membre du Congrès américain. De nombreuses activités sont organisées sur place : cours de yoga, de trapèze et, nous a-t-on dit sérieusement, de yoga sur trapèze volant.

Le célèbre artiste et paysagiste américano-japonais Isamu Noguchi a redessiné une bonne partie de Bayfront Park dans les années 1980 et disposé sur place trois **sculptures**. Dans l'angle sud-ouest se trouve le **Challenger Memorial**, un monument en hommage aux astronautes ayant péri, en 1986, dans l'explosion de la navette spatiale. Il figure à la fois la structure hélicoïdale de l'ADN humain et la navette elle-même. Haute de 12 m, la **Light Tower** est une évocation quelque peu abstraite des lanternes japonaises et du clair de lune au-dessus de Miami. Notre préférée est la **Mantra Slide**, une grande spirale de marbre servant aussi d'élément de jeu pour les enfants.

Gusman Center for the Performing Arts — Édifice

(Carte p. 192 ; ✆305-374-2444 ; www.gusmancenter.org ; 174 E Flagler St). En dépit du net penchant de Miami pour la modernité, l'Olympia Theater, inauguré en 1925 au sein du Centre Gusman des arts du spectacle, affiche une physionomie classique d'une rare beauté. Sous le plafond indigo, décoré de nuages et de 246 étoiles, s'invitent des sculptures antiques et des décorations dans le style de l'Opéra de Vienne. Aujourd'hui, le hall abrite le Downtown Miami Welcome Center, qui fournit des informations utiles aux visiteurs et organise des circuits dans le quartier historique. Le soir, l'Olympia Theater continue de proposer du théâtre et des concerts.

WYNWOOD, DESIGN DISTRICT ET LITTLE HAITI

Désormais rebaptisés "Midtown", Wynwood et le Design District sont les quartiers artistiques officiels de Miami ainsi que les points de convergence de toutes les nouveautés de l'agglomération de Miami en matière d'art, de gastronomie et de vie nocturne. Little Haiti est situé au nord du Design District.

Little Haiti Cultural Center — Galerie d'art

(Carte p. 196 ; ✆305-960-2969 ; www.miamigov.com/LHCulturalcenter ; 212 NE 59th Tce ; 🕘9h-17h). Miami accueille la plus grande diaspora haïtienne du monde, et ce centre culturel est l'endroit parfait pour découvrir l'histoire de cette communauté. Parsemé de joyeux dessins et motifs typiques de l'île, le centre abrite une petite galerie très colorée, un centre artisanal et un espace d'activités – des cours de danse, des pièces de théâtre

Gusman Center for the Performing Arts
JEFF GREENBERG/ALAMY ©

Wynwood, Design District et Little Haiti

0 500 m
0 0,25 miles

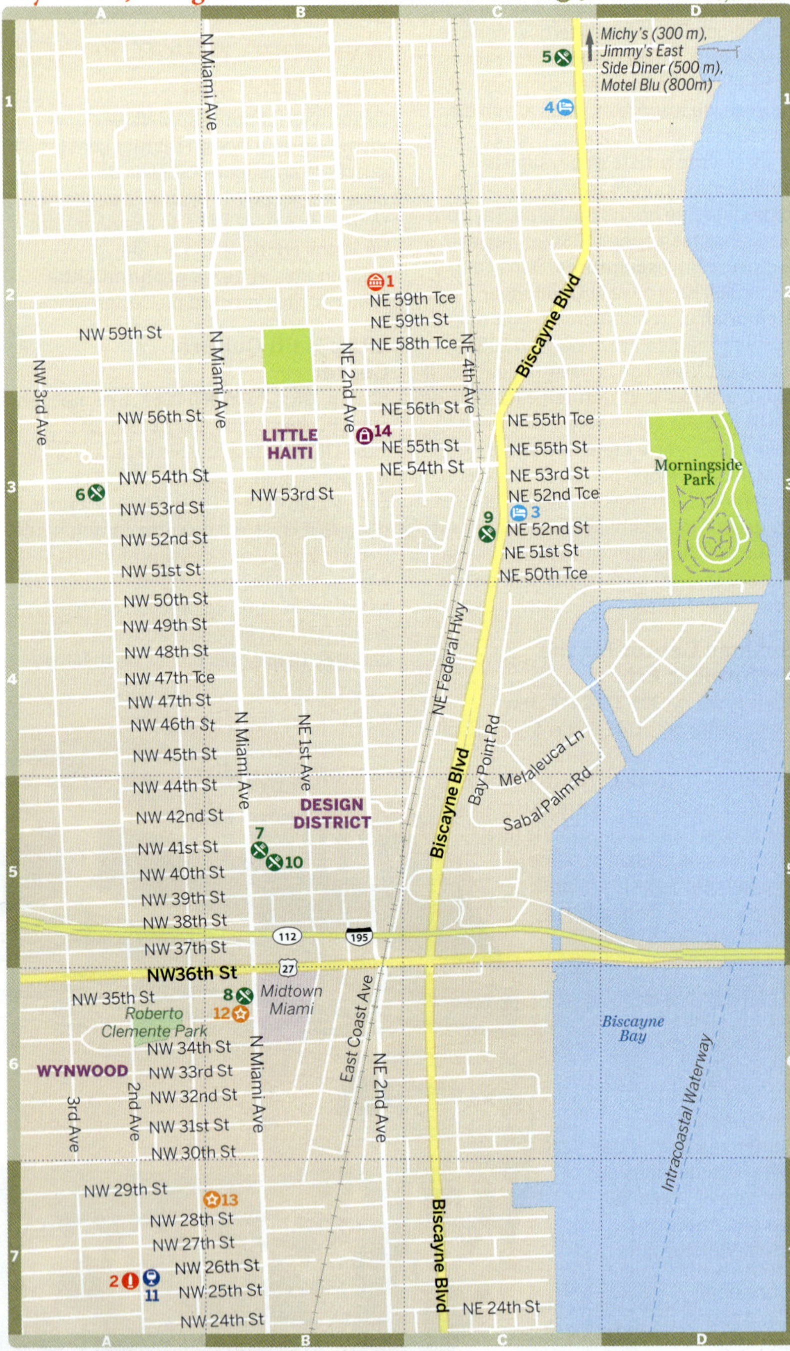

Wynwood, Design District et Little Haiti

À voir

1 Little Haiti Cultural Center B2
2 Wynwood Walls A7

Où se loger

3 Motel Bianco C3
4 New Yorker C1

Où se restaurer

5 Blue Collar C1
6 Chef Creole A3
7 Egg & Dart B5
8 Gigi B6
9 Honey Tree C3
10 Oak Tavern B5

Où prendre un verre et faire la fête

11 Wood Tavern A7

Où sortir

12 Bardot B6
13 O Cinema B7

Achats

GO! Shop ..... (voir 2)
14 Sweat Records B3

et autres événements y ont lieu toute l'année. Le meilleur moment pour visiter le centre est la **Big Night in Little Haiti** **(www.rhythmfoundation.com/series/big-night-in-little-haiti)**, une fête de rue organisée tous les troisièmes vendredis du mois de 18h à 22h. Les festivités mélangent musique, bière et plats caribéens succulents et sont un moyen aisé et très plaisant d'accéder à la culture d'Haïti hors de l'île.

Wynwood Walls — Art public

(Carte p. 196 ; www.thewynwoodwalls.com ; NW 2nd Ave, entre 25th St et 26th St ; 12h-20h mer-sam). Vous verrez du *street art* et une explosion de couleurs aux Wynwood Walls. En plein cœur de Wynwood, au milieu des entrepôts rouillés et des constructions bétonnées, cet ensemble de peintures et de fresques murales ornant une cour ouverte séduit par son emplacement insolite et la qualité des œuvres exposées. Ce qu'on y trouve dépend en général des grands événements artistiques organisés à Miami, comme l'Art Basel (l'une des principales manifestations artistiques annuelles aux États-Unis), mais l'endroit mérite de toute façon une visite.

KEY BISCAYNE

La route panoramique qui suit la Rickenbacker Causeway mène à Key Biscayne, une île de seulement 11 km de long. La route devient ensuite Crandon Blvd, seule véritable route de l'île, et se poursuit jusqu'au Cape Florida Lighthouse, le phare à l'extrême sud de Key Biscayne.

Miami Seaquarium — Aquarium

(Carte p. 198 ; www.miamiseaquarium.com ; 4400 Rickenbacker Causeway ; adulte/enfant 40/30 $; 9h30-18h, dernière entrée 16h30 ; P). Ce parc marin, l'un des premiers sites du pays consacrés au monde aquatique, se donne comme mission la protection des espèces marines et la sensibilisation du grand public à la question. Des dizaines de spectacles et d'expositions sont proposés, avec notamment un récif tropical, le Shark Channel, où sont nourris les requins, et la Discovery Bay, une mangrove naturelle qui accueille les tortues de mer en convalescence. Observez les dauphins à flancs blancs du Pacifique et les lamantins des Caraïbes qui sont soignés avant d'être, parfois, relâchés.

Cela dit, les principales attractions du Seaquarium, c'est-à-dire les spectacles de dauphins et d'orques (notamment ceux offrant la possibilité de nager aux côtés des dauphins) sont aussi les plus controversées. Les organisations de protection des animaux estiment en effet que toute forme de captivité ou d'interaction avec les humains nuit gravement aux cétacés (des mammifères marins). Si vous voulez nager avec les dauphins, sachez que la taille minimum requise est de 1,32 m et que les enfants de moins de 3 ans n'ont pas accès à l'espace d'observation. Dernière entrée à 16h30.

Crandon Park — Parc

(Carte p. 198 ; 305-361-5421 ; www.miami-dade.gov/parks/parks/crandon_beach.asp ;

Key Biscayne

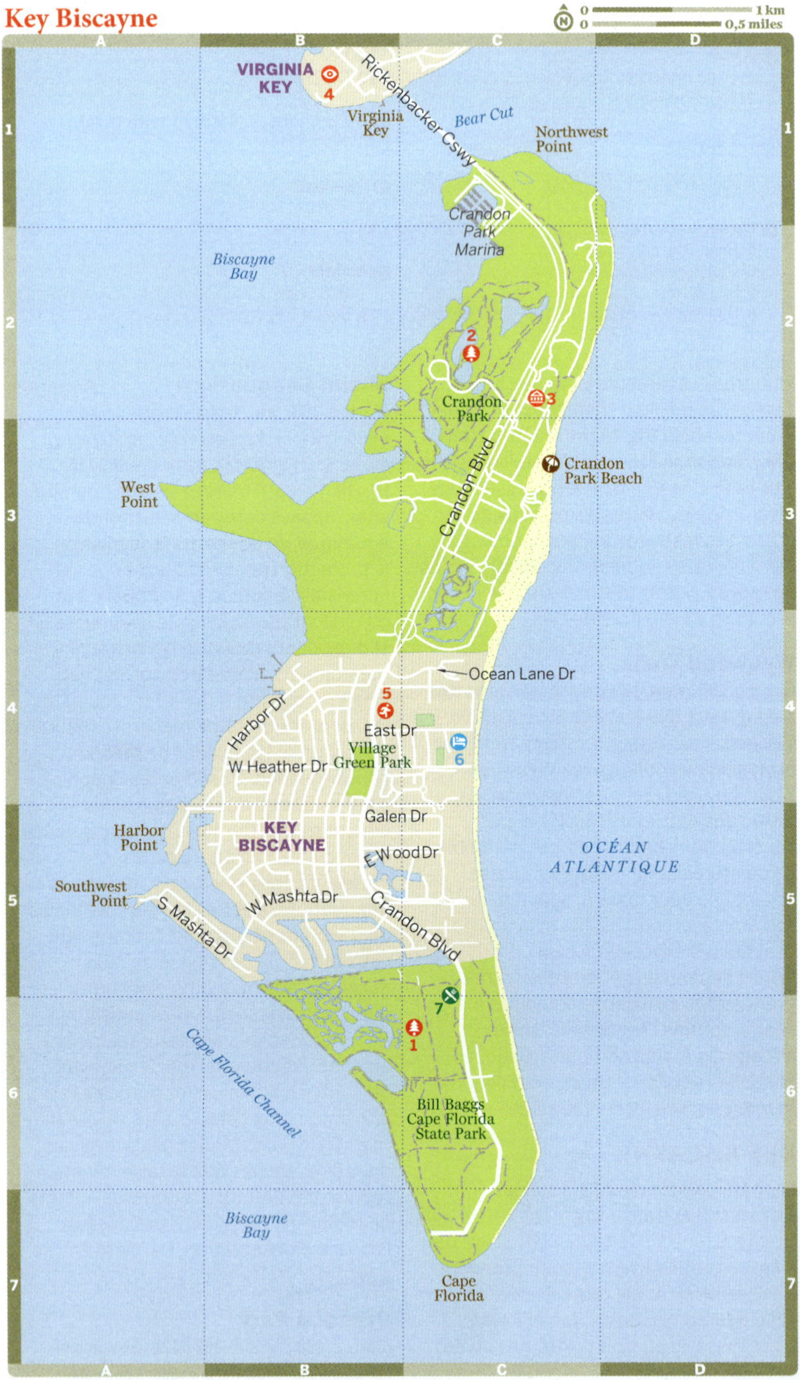

Key Biscayne

À voir

1 Bill Baggs Cape Florida State Park C6
2 Crandon Park C2
3 Marjory Stoneman Douglas Biscayne Nature Center C2
4 Miami Seaquarium B1

Activités

Bill Baggs Cape Florida State Park .... (voir 1)
5 Mangrove Cycles B4

Où se loger

6 Silver Sands Beach Resort C4

Où se restaurer

7 Boater's Grill C5

6747 Crandon Blvd ; 5 $/voiture ; aube-crépuscule ; P). Crandon Park Beach, le fleuron de ce parc de 500 ha, est une plage superbe, mais bondée, qui s'étend sur 4,8 km². L'essentiel de la végétation côtière du parc est constitué par des *hammocks*, ces terrains légèrement surélevés typiques de Floride où se mêlent chênes et espèces tropicales, et par des marécages de mangrove. Il est possible de louer de jolies cabanes à la journée (37,45 $), à l'extrémité sud du parc. Au même endroit, une plage propre et peu fréquentée par les touristes s'étend sur 3 km face à une belle étendue turquoise. Elle figure régulièrement au palmarès des plus belles plages du pays.

Bill Baggs Cape Florida State Park — Parc

(Carte p. 198 ; 305-361-5811 ; www.floridastateparks.org/capeflorida ; 1200 S Crandon Blvd ; 8 $/voiture, 2 $/pers ; 8h-crépuscule ; P). Si les Keys de Floride ne font pas partie de votre programme, n'hésitez pas à visiter ce parc et sa zone de loisirs (*Recreation Area*) pour vous faire une idée des écosystèmes uniques de ces îles. Cet espace de 200 ha, occupé par une faune tropicale et une épaisse mangrove – remarquez les racines plongeantes qui fournissent de l'air aux arbres à demi submergés –, est sillonné de sentiers sablonneux et de passerelles en bois, et entouré d'océan à perte de vue. Un petit établissement assure la location de kayaks, vélos, rollers, transats et parasols.

Situé à l'extrémité sud de cette aire de loisirs, le **Cape Florida Lighthouse** en brique date de 1845 et est le phare le plus ancien de Floride. Il fut érigé pour remplacer un autre phare, gravement endommagé en 1836 lors de la deuxième guerre séminole. Des visites gratuites sont organisées à 10h et à 13h du lundi au jeudi.

Marjory Stoneman Douglas Biscayne Nature Center — Musée

(Carte p. 198 ; 305-261-6767 ; www.biscaynenaturecenter.org ; Crandon Park, 6767 Crandon Blvd ; 10h-16h ; P). GRATUIT Marjory Stoneman Douglas était une

Máximo Gómez Park (p. 200)

Little Havana

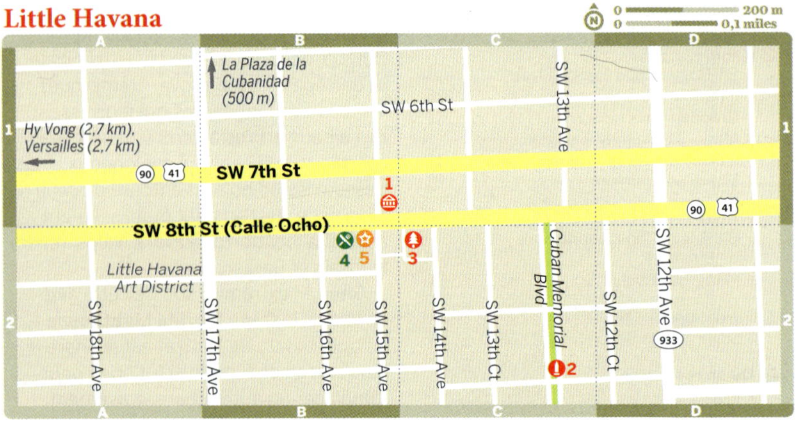

Little Havana

À voir

1 Cuba Ocho B1
2 Cuban Memorials C2
3 Máximo Gómez Park C2

Où se restaurer

4 Exquisito Restaurant B2

Où sortir

5 Tower Theater B2

militante écologiste très populaire, digne de voir son nom associé à ce centre dédié à la nature, qui fera le bonheur des enfants. Il constitue une excellente introduction pour l'exploration de l'écosystème subtropical des États-Unis continentaux : celui de Floride du Sud. Des randonnées et des initiations à la nature sont proposées le week-end – les plus petits pourront patauger dans l'eau et manier l'épuisette. Consultez le site Internet pour connaître la longue liste d'activités proposées (comptez 12 $/pers en moyenne).

LITTLE HAVANA

L'artère principale de Little Havana est la Calle Ocho (SW 8th St).

Máximo Gómez Park — Parc

(Carte p. 200 ; SW 8th St au niveau de SW 15th Ave ; 9h-18h). Le Máximo Gómez Park, ou "Domino Park", évoque à merveille le Cuba d'antan. Les discussions des vieux immigrés penchés au-dessus d'une partie d'échecs sont ponctuées par le claquement des dominos. Le brouhaha ambiant, l'épaisse fumée des cigares et la fresque représentant un lever du soleil – qui commémore le sommet des Amériques de 1993 – font de ce parc l'un des sites les plus évocateurs (et l'un des plus touristiques) de Miami.

Cuban Memorials — Monument

(Carte p. 200). Les deux pâtés de maisons de SW 13th Ave au sud de Calle Ocho comportent une série de monuments dédiés aux héros cubains et cubano-américains, notamment ceux qui périrent au cours de la lutte pour l'indépendance et des conflits anticastristes. Parmi les mémoriaux, citons la **Torche éternelle en l'honneur de la 2506e brigade** pour les exilés morts durant le débarquement de la baie des Cochons ; un énorme **bas-relief en cuivre** représentant une carte de Cuba, dédiée aux "idéaux des personnes qui n'oublieront jamais le combat pour libérer leur mère patrie" ; un **mémorial à José Martí** et une **statue de la Madone**, censée être éclairée par une aura de lumière tous les après-midi. S'élevant de l'île au milieu du boulevard, l'énorme fromager est vénéré par les pratiquants de la *santería* (culte des Caraïbes mêlant pratiques chrétiennes et africaines). Cet arbre évoque le souvenir des *Marielitos* (des gens très pauvres qui s'enfuirent de Cuba en 1980) et des vagues successives d'ouvriers cubains en quête de travail, dont beaucoup sont des *santeros* (pratiquants de la *santería*) arrivés à Miami depuis les années 1980.

À deux pas de l'artère principale, une fontaine et un monument désignés conjointement sous le nom de **La Plaza de la Cubanidad** (angle W Flagler St et NW 17th Ave) rendent à la fois hommage aux provinces cubaines et aux migrants qui périrent noyés en 1994 alors qu'ils tentaient de quitter Cuba à bord du bateau baptisé *13 de Marzo*, qui a coulé près de la côte cubaine.

Cuba Ocho Galerie d'art

(Carte p. 200 ; ☎305-285-5880 ; www.cubaocho.com ; 1465 SW 8th St ; ⏰11h30-3h mar-sam). Joyau du quartier artistique de Little Havana, le Cuba Ocho sert à la fois de centre communautaire, de galerie d'art et d'avant-poste de recherche pour tout ce qui a trait à Cuba. L'intérieur sympathique ressemble à un vieux bar à cigares de La Havane, mais ses murs sont ornés d'œuvres qui évoquent aussi bien le passé classique de l'art cubain que son futur qui mise sur l'avant-garde. De fréquents concerts, projections cinématographiques, pièces de théâtre, conférences et autres événements y sont organisés chaque semaine, et le centre est alors ouvert en soirée. Consultez le site Internet pour plus d'informations.

COCONUT GROVE

Coconut Grove, qui attire une population hétéroclite de vieux babas cool, de classes moyennes attirées par les centres commerciaux et d'étudiants, s'étire le long de S Bayshore Dr en embrassant le rivage.

Vizcaya Museum & Gardens Édifice historique

(☎305-250-9133 ; www.vizcayamuseum.org ; 3251 S Miami Ave ; tarif plein/enfant 6-12 ans/étudiant et senior 18/6/10 $; ⏰9h30-16h30 mer-lun ; P). Si Miami est surnommée "la ville magique", alors cette villa italienne a tout d'un véritable château de conte de fées. En 1916, l'industriel James Deering lança une mode qui allait se perpétuer dans la ville : ayant amassé une fortune, il fit construire une maison aux dimensions stupéfiantes. Il employa 1 000 personnes (soit 10% de la population locale) pendant quatre ans pour ériger cette demeure d'une autre époque. Obsédé par l'idée de lui conférer un cachet suranné, il agrémenta sa maison de meubles, tapisseries, peintures et éléments de décoration datant du XVe au XIXe siècle. Il se fit aussi fabriquer un monogramme et commanda des portraits de ses ancêtres fictifs. La propriété de 12 ha est dotée de superbes jardins et de gloriettes florentines. La villa et les jardins accueillent des expositions d'art contemporain.

Viernes Culturales (vendredis culturels)

Le quartier artistique de Little Havana n'est certes pas Wynwood, mais il constitue un petit ensemble dynamique de galeries et d'ateliers (concentrés le long de 8th St, entre SW 15th Ave et SW 17th Ave) abritant quelques-unes des meilleures productions artistiques latino-américaines de Miami. Plutôt que d'entrer dans chaque galerie pour en faire le tour et vous sentir obligé d'acheter, pourquoi ne pas les visiter le dernier vendredi de chaque mois, à l'occasion des **Viernes Culturales** (www.viernesculturales.org). Ces vendredis culturels de Little Havana évoquent les périodes de carnaval, avec musique, vieux crooners en *guayaberas* (chemises cubaines) chantant sous les étoiles, et danse. On peut aussi admirer l'art local en dégustant des canapés dans toutes les galeries de Little Havana, qui ouvrent grand leurs portes à cette occasion.

À droite : El Pub, Calle Ocho, Little Havana ;
Ci-dessous : Vizcaya Museum (p. 201)
(À DROITE) JEFF GREENBERG/ALAMY © ; (CI-DESSOUS) CHEYENNE ROUSE/GETTY IMAGES ©

Barnacle Historic State Park Parc

(www.floridastateparks.org/thebarnacle ; 3485 Main Hwy ; parc 2 $, visite de la maison 3 $; ⌚parc 9h-16h ven-lun, visite de la maison 10h, 11h30, 13h, 14h30 ven-lun ; 👪). Au centre du village, cette résidence de 2,2 ha date de 1891 et appartenait à Ralph Monroe, considéré comme le premier *snowbird* (habitant aisé du nord-est des États-Unis venu chercher le soleil en Floride) de Miami. Il est possible d'effectuer une visite guidée de la maison et le parc ombragé est un véritable havre de paix. De charmants concerts au clair de lune, allant du jazz au classique, sont régulièrement programmés. Un peu plus bas sur Main Hwy, de l'autre côté de la route, se trouve un petit temple bouddhique protégé du soleil par de grands bosquets de banians.

Kampong Site historique, jardins

(☎305-442-7169 ; www.ntbg.org/gardens/kampong.php ; 4013 Douglas Rd ; ⌚visite sur rendez-vous uniquement 9h-16h lun-ven). David Fairchild, véritable Indiana Jones du monde botanique et fondateur des Fairchild Tropical Gardens, se reposait au Kampong (qui signifie "village" en indonésien/malais), entre deux voyages à la recherche de plantes se distinguant par leur beauté et leur potentiel commercial. Aujourd'hui, le Kampong est inscrit au Registre américain des sites historiques et les jolis jardins servent de salle de classe au National Tropical Botanical Garden. Il est possible de le visiter gratuitement sur rendez-vous (comptez au moins 1 heure de visite), ou de réserver une intéressante visite guidée de 2 heures (20 $).

CORAL GABLES

Au sud de la ville de Miami, la charmante ville de Coral Gables, qui compte de nombreux bâtiments de style méditerranéen, est délimitée par Calle Ocho au nord, Sunset Dr au sud, Ponce de Leon Blvd à l'est et Red Rd à l'ouest.

Biltmore Hotel Édifice historique

(☎855-311-6903 ; www.biltmorehotel.com ; 1200 Anastasia Ave ; P). Érigé dans le quartier le plus opulent d'une des villes les plus tape-à-l'œil du monde, le Biltmore est l'un des hôtels les plus prestigieux de l'âge d'or du jazz américain. Al Capone détenait un bar clandestin dans cet hôtel, et la suite Capone est encore hantée par l'esprit du gangster Fats Walsh, assassiné ici (pour plus de détails, venez écouter les histoires narrées tous les jeudis dans le hall, à 19h). À l'époque, des célébrités comme Judy Garland et les riches Vanderbilt voguaient en gondoles italiennes sur le réseau de canaux artificiels aménagé à l'arrière. Ces canaux n'existent plus, mais la piscine évoquant un bassin des *Mille et Une Nuits* est toujours là, et elle reste sans équivalent dans tout le pays.

Lowe Art Museum Musée

(www.lowemuseum.org ; 1301 Stanford Dr ; tarif plein/étudiant 10/5 $; ⌚10h-16h mar-sam, 12h-16h dim). Le Lowe, situé sur le campus de l'université de Miami, saura combler les penchants artistiques les plus divers. Si vous aimez l'art moderne et contemporain, vous aurez de quoi faire. Si vous vous intéressez à l'art et à l'archéologie des civilisations d'Asie, d'Afrique et du Pacifique Sud, vous serez ravi. Et si l'art précolombien et méso-américain vous passionne, alors vous ne pouvez pas mieux tomber. Ne manquez pas la belle collection permanente d'art baroque et de la Renaissance, de sculptures occidentales du XVIIIe au XXe siècle, ainsi que les superbes toiles de Gauguin, Picasso et Monet.

Venetian Pool Oasis urbaine

(☎305-460-5306 ; www.coralgablesvenetianpool.com ; 2701 De Soto Blvd ; adulte/enfant 11,50/7,70 $; ⌚horaires variables ; 👪). En 1923, des tonnes de pierre avaient été extraites pour construire l'un des plus beaux quartiers de Miami. Mais le résultat fut un trou béant. On décida alors de remplir d'eau ce bassin irrégulier et d'habiller le tout de mosaïques pour en faire une aire de jeux aquatiques digne d'un empereur romain. Au final, il s'agit de l'une des rares piscines inscrites au Registre américain des sites historiques, un merveilleux ensemble de style vénitien, bordé de palmiers, avec des grottes en corail et des cascades. Les horaires varient selon la saison ; consultez le site Internet pour plus de détails.

AGGLOMÉRATION DE MIAMI – SUD

Zoo Miami — Zoo

(Miami Metrozoo ; ☎305-251-0400 ; www.miamimetrozoo.com ; 12400 SW 152nd St ; adulte/enfant 16/12 $; 🕘9h30-17h30, dernière entrée à 16h ; P 👪). Avec le climat tropical de Miami, une balade dans le Metrozoo prend des airs d'expédition en pleine nature. Au programme : éléphants asiatiques et africains, tigres royaux du Bengale rôdant dans un temple hindou et un couple de dragons de Komodo originaires d'Indonésie. Pour un aperçu rapide et complet de cet immense zoo, grimpez à bord du Safari Monorail – il part toutes les 20 minutes. D'innombrables circuits sont proposés, et les enfants adoreront nourrir les girafes de Samburu (2 $).

Jungle Island — Zoo

(☎305-400-7000 ; www.jungleisland.com ; 1111 Parrot Jungle Trail, près de MacArthur Causeway ; tarif plein/senior/enfant 35/33/27 $; 🕘10h-17h ; P 👪). On s'amuse énormément à Jungle Island, un lieu rempli d'oiseaux tropicaux, d'alligators, d'orangs-outans, de chimpanzés, de lémuriens... On y trouve même un ligre (croisement entre un lion et un tigre) et suffisamment d'animaux de toutes sortes pour peupler une arche de Noé. L'île est un lieu très prisé des enfants, qui adorent observer les oiseaux colorés de cette jungle artificielle.

Fairchild Tropical Garden — Jardins

(www.fairchildgarden.org ; 10901 Old Cutler Rd ; tarif plein/senior/enfant 25/18/12 $; 🕘7h30-16h30 ; P 👪). Pour fuir la circulation de Miami, venez passer une journée au vert dans le plus vaste jardin botanique tropical du pays. Découvrez le bosquet à papillons, les biosphères de la jungle et

Ananas, Fairchild Tropical Garden

PAT CANOVA/GETTY IMAGES ©

Vélos en libre-service

Miami Beach est un secteur plat, à la température agréable et aux rues parfaitement bitumées. Autrement dit, c'est l'endroit idéal pour se déplacer à vélo. Toutefois, les pistes cyclables sont encore trop peu nombreuses le long de la plage, et le cycliste se voit souvent contraint, à l'heure des embouteillages, de supporter la bande-son tonitruante du Hummer qui s'arrête à ses côtés à chaque feu rouge sur Collins Ave.

DecoBike (p. 224) a mis en place un service de location de vélos, comme il en existe à Paris, Londres ou New York, qui permet de circuler librement de South Beach à Surfside. Il suffit de se présenter à l'une des stations DecoBike (plan des stations disponible sur www.decobike.com/map-location), qui fonctionnent à l'énergie solaire, d'insérer une carte de crédit et d'enfourcher sa monture. On restitue son vélo dans n'importe quelle station DecoBike.

La prestation coûte 4 $ les 30 minutes, 6 $ l'heure, 10 $ les 2 heures ou 24 $ la journée. Si vous conservez votre vélo au-delà du temps imparti, il vous en coûtera 4 $ par demi-heure supplémentaire. Une excellente façon de garder la forme avant d'aller s'exposer sur les plages de South Beach !

les panoramas sur les marécages et les îles, ainsi que de fréquentes installations d'artistes tels que Roy Lichtenstein. Tout y est superbe. Outre les sentiers pédestres autoguidés bien aménagés, un circuit gratuit en tram de 40 minutes parcourt tout le parc. Départ toutes les heures de 10h à 15h. À 8 km au sud de Coral Gables.

Monkey Jungle — Zoo

(☎ 305-235-1611 ; www.monkeyjungle.com ; 14805 SW 216th St ; adulte/enfant 30/24 $; 9h30-17h, dernière entrée à 16h ; P). Monkey Jungle se présente comme le lieu où "les hommes sont en cage et les singes en liberté". En effet, préparez-vous à marcher derrière des vitres tandis que les primates évolueront sans contrainte tout autour de vous. L'expérience est très amusante, en dépit d'une légère odeur. Le moment des repas constitue le point d'orgue : les macaques crabiers et autres singes d'Asie du Sud-Est plongent dans le bassin pour attraper des fruits et des friandises. Une ravissante volière abrite également des nuées de perroquets.

Miami Children's Museum — Musée

(Carte p. 192 ; ☎ 305-373-5437 ; www.miamichildrensmuseum.org ; 980 MacArthur Causeway ; 16 $; 10h-18h ;). Ce musée pour enfants, situé entre South Beach et Downtown Miami, n'en est pas exactement un. Il se rapproche plus d'une immense salle de jeux dans laquelle les enfants peuvent mener des activités d'adultes : aller à la banque, au supermarché, s'occuper d'animaux ou encore se transformer en policier, pompier ou journaliste de télévision.

Activités

KAYAK ET PLANCHE À VOILE

Faire du kayak dans la mangrove, l'un des plus fascinants écosystèmes de la planète, est magique : les racines sinueuses semblent embrasser l'eau tandis que le vent vous caresse les joues.

Essayez les adresses suivantes :

Blue Moon Outdoor Center — Sports nautiques

(☎ 305-957-3040 ; bluemoonoutdoor.com ; 3400 NE 163rd St ; 9h-crépuscule lun-ven, 8h-crépuscule sam-dim). Propose des kayaks simples (23 $ pour 1 heure, 41 $ pour 3 heures), en tandem (33 $ pour 1 heure 30, 51 $ pour 3 heures) et loue

Vaut le détour
Les bains turcs

Aimer prendre soin de son corps n'implique pas nécessairement d'aller dans un spa clinquant qui passe en boucle de la "house" sirupeuse. Pourquoi ne pas tenter l'un des lieux favoris des amateurs de spa, les **Russian & Turkish Baths** (**305-867-8316 ; www.russianandturkishbaths.com ; 5445 Collins Ave ; 12h-minuit)** ? Ce dédale de petits *banyas* (bains de vapeur) offre une pléthore de soins. On peut ainsi s'y faire tranquillement flageller avec des branches de bouleau (pour 40 $), appelées *venik*, dans un sauna brûlant (très relaxant... intéressant, en tout cas), ou profiter d'un gommage à la boue et au sel de la mer Morte (50 $). Le café sur place sert de délicieux bortschs, blinis, tranches de pain noir et du poisson fumé, le tout accompagné de bière.

également des vélos (18 $ pour 1 heure, 26 $ pour 3 heures).

Sailboards Miami Sports nautiques
(**305-892-8992 ; www.sailboardsmiami.com ; 1 Rickenbacker Causeway ; 10h-18h ven-mar)**. Loue aussi des kayaks. Propose un forfait de 10 heures de kayak pour 90 $. Une bonne adresse pour louer (et apprendre à manipuler) une planche à voile (cours de windsurf à partir de 35 $, équipement 30 $/heure).

Haulover Beach Park Surf
(10800 Collins Ave, Bal Harbour)

Bill Baggs Cape Florida State Park Sports nautiques
(Carte p. 198 ; www.floridastateparks.org/capeflorida ; 1200 S Crandon Blvd)

VÉLO

Miami-Dade County Parks & Recreation Dept (**carte p. 192 ; 305-755-7800 ; www.miamidade.gov/parksmasterplan/bike_trails_map.asp)**. Cette association organise souvent des circuits écologiques à travers les parcs et le long du rivage. Une liste des pistes cyclables est disponible sur le site Internet. Pour une balade moins sportive, optez pour les routes secondaires de South Beach ou les rues ombragées de Coral Gables et de Coconut Grove. Parmi les bonnes pistes, citons la Old Cutler Bike Path, qui débute à l'extrémité de Sunset Dr à Coral Gables, la Rickenbacker Causeway qui relie Key Biscayne, et les sentiers de l'Oleta River State Park (p. 191).

YOGA

Quelques centres proposent un vaste choix de cours – apportez votre tapis.

Green Monkey Yoga Yoga
(Carte p. 184 ; 305-397-8566 ; www.greenmonkey.net ; 1827 Purdy Ave ; cours à partir de 20 $). À Miami Beach. Autre antenne à South Miami.

Prana Yoga Center Yoga
(**305-567-9812 ; www.pranayogamiami.com ; 247 Malaga Ave, Coral Gables ; forfait 1/5/10 cours 20/99/169 $)**. À Coral Gables.

Bikram Yoga Miami Beach Yoga
(Carte p. 184 ; 305-534-2727 ; www.bikramyogamiami.com ; 235 11th St, Miami Beach ; jour/sem 25/50 $). À South Beach.

Circuits organisés

Miami Design Preservation League Circuit à pied
(Carte p. 184 ; 305-531-3484 ; www.mdpl.org ; 1001 Ocean Dr, South Beach ; circuit guidé tarif plein/étudiant et senior 20/15 $; circuits 10h30 ven-mer, 18h30 jeu). Dévoile

les histoires fascinantes qui se cachent derrière les bâtiments Art déco de South Beach, soit avec un guide de la Miami Design Preservation League (ce que nous vous conseillons), soit grâce aux judicieux circuits autoguidés, avec cartes. Les parcours durent 1 heure 30. Propose également des visites du Miami Beach juif, du Miami Beach gay et lesbien, et d'autres excursions à thème – consultez le site Internet pour plus d'informations.

Dr Paul George Circuit à pied

(**☎305-375-1492; www.historymiami.org/tours/walking-tours ; circuits à partir de 30 $).** Pour une approche historique, appelez le Dr George, un passionnant historien travaillant pour l'**HistoryMiami (carte p. 192 ; www.historymiami.org ; 101 W Flagler St ; adulte/enfant 8/5 $; ⏲10h-17h mar-ven, 12h-17h sam-dim).** Il est à l'origine de plusieurs circuits très appréciés, orientés notamment sur Stiltsville, le crime à Miami, Little Havana et Coral Gables au crépuscule – de septembre à fin juin. Les horaires sont variables. Paul George accompagne également des circuits individuels, sur rendez-vous.

EcoAdventure Bike Tours Circuit à vélo

(**☎305-365-3018 ; www.miamidade.gov/ecoadventures ; circuits à partir de 28 $).** Le réseau de parcs du Miami-Dade County organise d'excellents circuits à vélo dans des zones calmes de Miami et Miami Beach, y compris le long des plages, sur Key Biscayne et dans les Everglades.

Urban Tour Host Circuit à pied

(**Carte p. 192 ; ☎305-416-6868 ; www.miamiculturaltours.com ; 25 SE 2nd Ave, Suite 1048 ; circuits à partir de 20 $).** Ce prestataire propose un programme varié de circuits permettant une réelle interaction avec tous les quartiers de Miami. Le parcours "deluxe" englobe Coral Gables, South Beach, Downtown Miami et Coconut Grove.

Où se loger

Ce qui distingue South Beach des autres destinations touristiques est son fascinant quartier Art déco, dont les hôtels constituent la pierre angulaire. On trouve ici la plus grande concentration d'hôtels de luxe de tout le pays.

Clinton Hotel

SOUTH BEACH (1ST – 11TH STREETS)

Clinton Hotel — Boutique-hôtel $$

(Carte p. 184 ; ☎305-938-4040 ; www.clintonsouthbeach.com ; 825 Washington Ave ; ch 150-180 $, ste à partir de 205 $; P ❄ 📶 ≋). Washington Ave est la plus paisible des trois grandes artères de SoBe, mais le Clinton n'en a cure, conscient de toujours tenir le haut du pavé grâce à ses banquettes de velours et à ses petites vérandas zen. Les chambres avec balcon offrent une belle vue sur l'élégante cour tendance.

Hotel St Augustine — Boutique-hôtel $$

(Carte p. 184 ; ☎305-532-0570 ; www.hotelstaugustine.com ; 347 Washington Ave ; ch 155-289 $; P ❄ 📶). Boiseries claires et décoration épurée créent l'une des ambiances les plus raffinées et les plus modernes de SoFi. Les teintes beige, caramel, blanc et crème se fondent en une palette apaisante. Lumières douces et douches vitrées – se transformant en hammam privatif en un clin d'œil – viennent compléter ce tableau. Service chaleureux.

Pelican Hotel — Boutique-hôtel $$$

(Carte p. 184 ; ☎305-673-3373 ; www.pelicanhotel.com ; 826 Ocean Dr ; ch 165-425 $, ste 295-555 $; ❄ 📶). Quand les propriétaires de la marque de jeans Diesel ont acheté le Pelican en 1999, ils ont couru les vide-greniers à la recherche des ingrédients parfaits pour une recette folle : 30 chambres aux thèmes fantaisistes et tendance. De la déco western de “High Corral, OK Chaparral” aux rayures de tigre et ambiance jungle électrique de “Me Tarzan, You Vain”, toutes les chambres sont différentes. Seul point commun : leur beau parquet de chêne recyclé et une “bande-son conseillée” associée à chacune d'entre elles.

Sense South Beach — Boutique-hôtel $$$

(Carte p. 184 ; ☎305-538-5529 ; www.sensesobe.com ; 400 Ocean Dr ; ch 300 $; P ❄ 📶 ≋). Le Sense semble flotter dans une ambiance design : la douceur des murs blancs s'efface devant une vue splendide sur les eaux bleues de South Beach, les angles formés par les panneaux de bois,

Cardozo Hotel

ANDY SELINGER/ALAMY©

loin de s'imposer, sont agréables et, dans les chambres, le duo blanc et gris foncé forme un contraste apaisant. Des tableaux pop art et un mobilier épuré complètent l'ensemble.

Nash Hotel Boutique-hôtel **$$**

(Carte p. 184 ; ✆305-674-7800 ; www.nashsouthbeach.com ; 1120 Collins Ave ; ch 164-204 $, ste à partir de 360 $; P ❄ wifi ≋**).** Sous le nom de Lords Hotel, l'établissement était jadis un haut lieu de la scène gay de South Beach. Aujourd'hui, le Nash reste un hôtel ravissant, aux chambres ornées de blanc et de jaune citron, rehaussées par des œuvres pop et graphiques. Lors de notre dernier passage, il semblait moins orienté vers la clientèle LGBT, même s'il demeure prisé des garçons.

Fashionhaus Boutique-hôtel **$$**

(Carte p. 184 ; ✆305-673-2550 ; www.fashionhaushotel.com ; 534 Washington Ave ; ch 130-250 $; P ❄ wifi ≋**).** Outre son nom évoquant un théâtre d'avant-garde berlinois, le Fashionhaus en offre aussi un peu l'atmosphère avec son mobilier aux formes géométriques lisses, ses 48 chambres personnalisées décorées d'œuvres d'art originales (allant de l'expressionnisme abstrait à la photographie pastel) et son mélange de confort, de technologie et de design. Très apprécié des Européens, des amateurs de mode, des artistes (parfois les trois à la fois) et de ceux que ce style de vie inspire.

Chesterfield Hotel Boutique-hôtel **$$$**

(Carte p. 184 ; ✆305-531-5831 ; www.thechesterfieldhotel.com ; 855 Collins Ave ; ch 200-250 $, ste 300-600 $; P ❄ wifi**).** Le Safari Bar du petit hall, ponctué de coussins et de rideaux zébrés, est l'une des adresses les plus courues de Collins Ave au moment du *happy hour*, quand le jour décline. Dans les chambres, les meubles en bois sombre sont réveillés par le blanc immaculé des lits et les touches de couleur tropicales déposées ici et là. Ne manquez pas la vue depuis la terrasse sur le toit.

Si vous aimez...

Les "boutique-motels"

"Mimo on Bibo", abréviation de "Miami Modern on Biscayne Boulevard", fait référence au style architectural des bâtiments situés sur la partie nord de Biscayne Blvd, après 55th Street. Cette route, en particulier, est jalonnée de superbes motels, qui accueillent les visiteurs avec de jolis néons des années 1950 – la belle époque du Rat Pack (avec Sinatra et consorts). Longtemps négligé, le nord de BiBo connaît une gentrification rapide et les propriétaires de motels avisés se refont une beauté et une virginité afin d'attirer la population branchée, gay et artiste.

1 **NEW YORKER**
(Carte p. 196 ; ✆305-759-5823 ; www.hotelnewyorkermiami.com ; 6500 Biscayne Blvd ; ch 75-130 $; P ❄ wifi**).** L'hôtel existe depuis les années 1950 et a su garder son cachet d'origine. Il présente cependant un décor moderne et une atmosphère tendance. Le personnel est sympathique et les chambres, qui sont décorées de pop art, de tableaux géométriques et de couleurs vives, feraient la fierté d'Andy Warhol.

2 **MOTEL BLU**
(Hors carte p. 196 ; ✆877-784-6835 ; www.motelblumiami.com ; 7700 Biscayne Blvd ; ch 52-150 $; P ❄ wifi ≋**).** Dominant le quartier Little River de Miami, le Blu ne paie pas de mine de l'extérieur, mais il cache des chambres confortables récemment rénovées. Les équipements sont modernes et les teintes vert et jaune des pièces sont apaisantes.

3 **MOTEL BIANCO**
(Carte p. 196 ; ✆305-751-8696 ; www.motelbianco.com ; 5255 Biscayne Blvd ; ch 80-110 $; P ❄ wifi**).** Plusieurs chambres au décor orange et blanc entourent une cour impeccable où est servi le café, donnant aux visiteurs l'occasion de faire connaissance. Design façon art contemporain pour les plus grandes chambres, et mobilier en osier omniprésent.

SOUTH BEACH (11TH – 23RD STREETS)

Townhouse Hotel Boutique-hôtel **$$**
(Carte p. 184 ; ☎305-534-3800 ; www.townhousehotel.com ; 150 20th St, au niveau de Collins Ave ; ch 145-195 $, ste à partir de 350 $; ❄📶🏊). On pourrait croire que c'est au designer de l'iPod que l'on doit le Townhouse, mais ce sont en réalité Jonathan Morr et India Mahdavi qui ont conçu son rafraîchissant hall blanc, ses chambres semblables à des igloos ponctuées çà et là de touches écarlates et son étonnant salon-terrasse aérien. L'une des meilleures affaires de South Beach.

Aqua Hotel Boutique-hôtel **$$**
(Carte p. 184 ; ☎305-538-4361 ; www.aquamiami.com ; 1530 Collins Ave ; ch 150-180 $, ste à partir de 200 $; P❄📶🏊). En guise de réception, une planche de surf donne le ton dans cet ancien motel : l'ambiance est familiale et vieillotte et les chambres sont organisées autour de la piscine. L'atmosphère surannée se dissipe sous la lumière bleue des spots et dans le salon en plein air. L'élégance des chambres est soulignée par des meubles insolites et une salle de bains bleu marine.

Shore Club Boutique-hôtel **$$$**
(Carte p. 184 ; ☎305-695-3100 ; www.shoreclub.com ; 1901 Collins Ave ; ch/ste à partir de 348/455 $; P❄@🏊). Imaginez une peinture zen à l'encre : la beauté n'est pas tant dans ce que l'on voit que dans ce qui n'est pas montré. Si l'on pouvait transformer cet art en une chambre d'hôtel, le résultat pourrait bien être le style serein et épuré des lieux. Certes, les draps sont en coton égyptien 400 fils et les sols sont habillés de grès mexicain, mais ce qui distingue le Shore Club, c'est d'avoir su organiser ces éléments en un cadre général dépouillé, à l'esthétique maîtrisée.

Gale South Beach Hôtel **$$$**
(Carte p. 184 ; ☎855-532-2212 ; galehotel.com ; 1690 Collins Ave ; ch à partir de 310 $; P❄📶🏊). De l'extérieur, le Gale présente un environnement cubique classique, revisité à l'échelle d'un grand hôtel moderne de SoBe. Ce mélange de classicisme et de touches raffinées se prolonge à l'intérieur, où l'on découvre des chambres lumineuses aux couleurs claires et aux lignes épurées, ainsi qu'une ambiance rétro-chic inspirée du "modernisme" des années 1950.

The Standard Boutique-hôtel **$$$**
(Carte p. 184 ; ☎305-673-1717 ; www.standardhotels.com/miami ; 40 Island Ave ; ch/ste à partir de 240/480 $; P❄📶🏊). Cherchez l'enseigne "Standard" renversée sur l'ancien bâtiment du Lido, sur Belle Island (entre South Beach et Downtown Miami), et vous trouverez le Standard – qui porte mal son nom. Cet excellent boutique-hôtel allie une décontraction tendance à la sensualité de South Beach, pour offrir un motel des années 1950 version glamour. Parquet, lits blancs surélevés et voilages ouvrant sur une cour des délices, comprenant notamment un hammam.

Cardozo Hotel Boutique-hôtel **$$$**
(Carte p. 184 ; ☎305-535-6500 ; www.cardozohotel.com ; 1300 Ocean Dr ; ch 230-290 $, ste 320-460 $; P❄📶). Le Cardozo et son voisin, le Carlyle, furent les deux premiers hôtels sauvés par la Miami Design Preservation League. La sensualité du cadre contemporain (murs blancs, parquet en bois, draps finement tissés) est ici ponctuée de détails originaux comme les imprimés léopard ou les meubles faits main. L'ambiance générale est à la fois branchée et discrète.

Cadet Hotel Boutique-hôtel **$$$**
(Carte p. 184 ; ☎305-672-6688 ; www.cadethotel.com ; 1701 James Ave ; ch à partir de 209 $; ❄📶🏊). Avec sa superbe façade Art déco, ses lanternes en papier suspendues et ses tapis en fourrure, ses motifs de coquillages entourant de grands miroirs et son mobilier asiatique ancien, cet établissement a tout pour séduire. À l'arrière, la véranda ombragée semble tout droit sortie d'un décor colonial idéalisé.

W Hotel Resort **$$$**
(Carte p. 184 ; ☎305-938-3000 ; www.wsouthbeach.com ; 2201 Collins Ave ; ch à partir de 470 $, ste 700-5 700 $; P ❄ 📶 🏊). La diversité des chambres disponibles dans cet établissement de la chaîne W est impressionnante. Celle-ci a, en effet, décidé de voir les choses en grand, en apportant à Miami Beach le mélange de luxe, de tendance et de décontraction qui signe sa marque. Dans les "studios spectaculaires", les longues tablettes en marbre cipolin font écho aux grands panneaux en verre réfléchissant ; la suite Oasis est si lumineuse que l'on a l'impression que le soleil se lève dans la chambre elle-même ; quant au Penthouse, il pourrait servir de cadre à un clip vidéo (étant donné les stars qui viennent ici, l'hypothèse n'est pas totalement irréaliste). Les bars, restaurants, discothèques et piscines installés dans ce complexe font partie des plus prisés de cette partie de South Beach.

Delano Hotel Boutique-hôtel **$$$**
(Carte p. 184 ; ☎305-672-2000 ; www.delano-hotel.com ; 1685 Collins Ave ; ch 430-650 $, ste à partir de 899 $; P ❄ 📶 🏊). Le Delano a ouvert ses portes dans les années 1990 et s'est aussitôt imposé comme un fleuron de South Beach. Quintessence de la sensualité des lieux, le hall évoque un décor de théâtre de grand luxe. Des "miroirs magiques" distillent un grand nombre d'informations : météo, horaires des marées et citations pleines d'esprit. L'espace piscine semble sorti tout droit d'un conte de fées, avec son échiquier géant. Les chambres en duplex donnant sur l'océan ont des rideaux allant du sol au (très haut) plafond. Blanches et lumineuses, les chambres et suites sont tout en longues lignes douces, surfaces miroitantes et aménagements luxueux.

NORD DE MIAMI BEACH

Circa 39 Boutique-hôtel **$$**
(☎305-538-4900 ; www.circa39.com ; 3900 Collins Ave ; ch 130-170 $; P ❄ @ 🏊). Si vous adorez l'esthétique de South Beach mais détestez son ambiance, le Circa est fait pour vous. Son hall aux meubles moulés et à la décoration un peu loufoque, est certainement l'un des plus funky de Miami. Les chambres, jouant sur le vert et les couleurs sobres, sont à

Hôtels de Collins Ave, Miami Beach

la fois chics et suffisamment tendance pour satisfaire les amateurs d'ambiance design.

Freehand Miami Boutique-hôtel **$$**
(☎305-531-2727 ; thefreehand.com ; 2727 Indian Creek Dr ; dort/ch à partir de 50/220 $;). Le Freehand est le nouveau nom de l'Indian Creek Hotel, jadis une institution de Miami Beach. Les chambres offrent un confort minimaliste, avec juste ce qu'il faut de mobilier en bois et d'art local pour assurer un bon compromis entre un style accueillant et branché. L'établissement abrite aussi des dortoirs à prix avantageux et le Broken Shaker (p. 220) est considéré l'un des meilleurs bars de la ville.

Red South Beach Boutique-hôtel **$$**
(☎800-528-0823 ; www.redsouthbeach.com ; 3010 Collins Ave ; ch 130-200 $;). Comme son nom l'indique, le rouge tient ici la vedette : depuis les coussins disposés sur les élégants fauteuils du hall jusqu'aux lumières dansant autour de la piscine en marbre, en passant par les têtes de lit carmin et les murs qui vous entourent de leur chaleureuse sensualité. Les chambres sont plutôt petites mais superbes. Le Red South offre un excellent rapport qualité/prix et une fois le soir venu, le bar et la piscine sont parfaits pour se relaxer et faire connaissance avec d'autres visiteurs.

Fontainebleau Resort **$$$**
(☎305-535-3283 ; www.fontainebleau.com ; 4441 Collins Ave ; ch 344-461 $, ste à partir de 550 $; P). Le Fontainebleau a ouvert en 1954 et s'est aussitôt transformé en repaire de célébrités en quête de soleil. De nombreuses rénovations se sont ajoutées au fil des années : des cabines de plage aux sept courts de tennis et de la grande salle de bal à la fabuleuse piscine. Vous y trouverez également une galerie marchande. Les chambres sont étonnamment gaies et lumineuses – on aurait pu s'attendre à des détails tendance pour être à la fine pointe de la mode –, mais leur disposition profitant de l'ensoleillement est une agréable surprise.

Eden Roc Renaissance Resort **$$$**
(☎305-531-0000, 855-433-3676 ; www.edenrocmiami.com ; 4525 Collins Ave ; ch/ste à partir de 305/440 $; P). L'immense hall intérieur de l'Eden Roc s'inspire de la glorieuse époque du Rat Pack (avec Sinatra et ses amis), quand Miami Beach attirait déjà tous les regards, et les chambres situées dans l'Ocean Tower jouissent d'une ravissante vue sur l'Intracoastal Waterway. Toutes les chambres offrent une décoration moderne et élégante, des équipements et services

Puerto Sagua
JEFF GREENBERG/ALAMY©

Vaut le détour
North Biscayne Boulevard, quartier gastronomique

À mesure que se poursuit l'embourgeoisement de North Biscayne Blvd, des restaurants tous meilleurs les uns que les autres ne cessent d'ouvrir. Voici quelques bonnes adresses de ce nouveau haut lieu de la gastronomie :

Michy's (305-759-2001 ; michysmiami.com ; 6927 Biscayne Blvd ; repas 29-38 $; 18h-22h30 mar-jeu, 18h-23h ven-sam, 18h-22h dim ;). Un décor pop bleu et blanc et des ingrédients bio produits localement. Dans ce bar raffiné, Alice aurait pu boire un verre avant d'entrer au Pays des merveilles. Bienvenue dans ce nouveau bébé de Michelle "Michy" Bernstein, l'une des plus brillantes étoiles de la galaxie culinaire de Miami. Au menu : bonne humeur et bonne chère. Les demi-assiettes permettent de goûter à diverses spécialités comme le foie gras sur gâteau de maïs, la tarte chaude au poulet et champignons sauvages, le gaspacho blanc aux amandes et les croquettes au fromage bleu.

Honey Tree (carte p. 196 ; 305-756-1696 ; 5138 Biscayne Blvd ; plats moins de 10 $; 8h-20h lun-jeu, 8h-19h ven, 9h-18h sam ;). Ce magasin d'alimentation saine sert d'excellents jus de fruits et smoothies, et propose un déjeuner végétalien, que certains considèrent comme le meilleur de Miami. Les plats, qui changent chaque jour, sont toujours bon marché (le prix se calcule au poids) et savoureux. Le déjeuner est généralement servi entre midi et 14h, mais vu l'importante demande, les quantités sont souvent épuisées rapidement.

Jimmy's East Side Diner (305-754-3692 ; 7201 Biscayne Blvd ; plats 5-13 $; 6h30-16h). Une adresse bien connue pour ses petits-déjeuners peu onéreux et copieux avec omelettes, pain perdu ou *pancakes*, et ses sandwichs à la dinde ou ses hamburgers dans la journée. La clientèle gay y est nombreuse, remarquez le drapeau arc-en-ciel sur la devanture.

allant du lecteur MP3 et de la télévision en HD au mobilier ergonomique et à la préparation de votre chambre pour la nuit, entre autres.

DOWNTOWN MIAMI

Epic Hôtel **$$$**

(Carte p. 192 ; 866-760-3742, 305-424-5226 ; www.epichotel.com ; 270 Biscayne Blvd ; ch 240-510 $, ste à partir de 570 $; P). Épique est le mot ! Cet énorme hôtel Kimpton est l'une des plus adresses les plus séduisantes du centre-ville et n'a rien à envier aux lieux les plus tendance de Miami Beach. Sa piscine extérieure et son solarium dominent une partie de Brickell. Les chambres sont dotées d'un mobilier chic et design et certaines offrent une vue splendide sur l'agglomération de Miami-Dade. Le lieu dégage une touche d'énergie propre à la jeunesse qui fait défaut aux autres hôtels d'affaires du centre-ville.

Four Seasons Miami Hôtel **$$$**

(Carte p. 192 ; 305-358-3535 ; www.fourseasons.com/miami ; 1435 Brickell Ave ; ch/ste à partir de 330/450 $; P). Les espaces communs en marbre servent de galerie d'art, l'immense spa vise une clientèle d'hommes d'affaires et certaines chambres offrent un point de vue imbattable sur Biscayne Bay. Au 7e étage, la terrasse du bar Bahia met à l'honneur le mojito et le chic latino, en particulier le jeudi et le vendredi de 18h à 20h (boissons gratuites pour les femmes).

KEY BISCAYNE

Silver Sands each Resort Resort **$$**

(Carte p. 198 ; ☎305-361-5441 ; www.silversandsbeachresort.net ; 301 Ocean Dr ; ch 169-189 $, cottages 279-349 $; P ❄ ≋). Un adorable hôtel sur un seul niveau, au décor tropical. Comment ce petit établissement indépendant à l'ambiance désuète a-t-il réussi à résister à la concurrence des grandes chaînes ? De fait, il s'agit d'une adresse accueillante et intimiste, parfaite pour ceux qui souhaitent un service personnalisé. Mention spéciale à la cour ensoleillée, au jardin et à la piscine extérieure.

CORAL GABLES

Hotel St Michel Hôtel **$$**

(☎305-444-1666 ; www.hotelstmichel.com ; 162 Alcazar Ave ; ch 120-225 $; P ❄ wifi). Le St Michel aurait tout autant sa place dans une vieille capitale qu'à Miami, et c'est là un compliment. Les boiseries anciennes, l'élégance un rien guindée et l'ambiance "dîner en smoking" n'interfèrent en rien avec l'amabilité du service. Le joli restaurant et le bar-salon relaxant sont tout aussi raffinés que le reste de l'hôtel.

Biltmore Hotel Hôtel historique **$$$**

(☎855-311-6903 ; www.biltmorehotel.com ; 1200 Anastasia Ave ; ch à partir de 209 $; P ❄ wifi ≋). Même si les chambres standards du Biltmore sont un peu petites, y passer une nuit est l'occasion de découvrir l'un des temples du luxe américain. L'ensemble est si vaste qu'une semaine entière suffirait à peine à l'explorer. Quelques recommandations : bouquiner dans le hall à l'opulence digne des *Mille et Une Nuits*, se prélasser sur un transat sous d'énormes colonnes, avant de piquer une tête dans l'une des plus grandes piscines d'hôtel des États-Unis.

Où se restaurer

Grande ville d'immigrants, Miami est aussi une métropole qui se plaît à étaler ses richesses, ce qui explique pourquoi on y trouve un excellent mélange d'adresses ethniques bon marché et d'options haut de gamme de grande qualité.

SOUTH BEACH (1ST – 11TH STREETS)

Puerto Sagua Cubain **$**

(Carte p. 184 ; ☎305-673-1115 ; 700 Collins Ave ; plats 6-20 $; ⌚7h30-2h). Au milieu des paillettes de South Beach se cache une communauté discrète de travailleurs cubains et d'ouvriers du bâtiment, et le Puerto Sagua est leur cantine (à côté d'une boutique Benetton). L'endroit prouve que la cuisine cubaine n'a rien à envier aux chaînes américaines en matière d'utilisation de matières grasses. Les classiques comme le *picadillo* (bœuf haché épicé avec du riz, des haricots et des bananes plantains) sont servis en énormes portions. Le café cubain y est très fort.

11th St Diner Diner **$**

(Carte p. 184 ; 1065 Washington Ave ; plats 9-18 $; ⌚24h/24, fermé minuit-7h mer). Après avoir admiré les joyaux Art déco, il ne vous reste plus qu'à manger dans cette voiture Pullman d'époque, acheminée en camion depuis Wilkes-Barre, Pennsylvanie. À l'occasion, vous serez ravi d'y partager une omelette géante, à 6h du matin, avec des noctambules qui terminent ici leur nuit agitée.

Tap Tap Haïtien **$$**

(Carte p. 184 ; ☎305-672-2898 ; www.taptaprestaurant.com ; 819 5th St ; plats 9-20 $; ⌚12h-22h30). À Haïti, les *tap-tap* sont des camionnettes bigarrées transformées en taxis collectifs et leurs motifs tropicaux aux couleurs vives ont inspiré la décoration de cet excellent restaurant haïtien. On est loin du style Manhattan des autres établissements de South Beach : ici, on mange sous des peintures de Papa Legba, le gardien des morts, émergeant d'un cimetière de Port-au-Prince. La cuisine marie les saveurs d'Afrique de l'Ouest, de France et des Caraïbes : soupe de citrouille épicée, vivaneau sauce au citron vert, curry de chèvre ou conques des îles Turques-et-Caïques grillées au feu de bois. Ne ratez pas le *mayi moulen*, un accompagnement à base de maïs servi avec une onctueuse sauce aux haricots : un délice ! Côté boisson, le rhum Barbancourt existe en différents degrés d'alcool (tous forts).

Grazie Italien **$$$**

(Carte p. 184 ; ☎305-673-1312 ; www.grazieitaliancuisine.com ; 702 Washington Ave ; plats 19-34 $; ⏲12h-15h lun-ven, 18h-minuit tlj). "Merci", en effet : ce restaurant à l'ancienne, élégant et confortable, sert une cuisine typique du nord de l'Italie. Le service y est professionnel et attentionné, et les plats y sont consistants et délicieux, loin de toute expérimentation hasardeuse. Les prix sont très raisonnables au vu de la qualité des prestations et de l'emplacement de choix. Le *risotto porcini* cache sa réalisation complexe sous des ingrédients simples. L'un des meilleurs restaurants italiens de la plage.

SOUTH BEACH (11TH – 23RD STREETS)

Burger & Beer Joint Hamburgers **$**

(Carte p. 184 ; ☎305-672-3287 ; www.bnbjoint.com ; 1766 Bay Rd ; plats 5,50-9 $; ⏲11h30-minuit dim-jeu, 11h30-2h ven-sam ; 🖉). Des hamburgers gourmands, des bières artisanales : l'équipe du B&B a clairement fait son étude marketing. Les végétariens eux-mêmes ne sont pas oubliés et se régaleront du "Dear Prudence", avec champignons, poivrons rouges, pesto aux noisettes et courgettes frites. On y trouve aussi un hamburger au thon *ahi*, un autre au steak de bœuf de Kobé accompagné de foie gras, entre autres mets.

Pubbelly Fusion **$$**

(Carte p. 184 ; ☎305-532-7555 ; 1418 20th Street ; plats 11-26 $; ⏲18h-minuit mar-jeu et dim, jusqu'à 1h ven-sam). Difficile de choisir une épithète autre que délicieuse à la cuisine du Pubbelly. Elle s'inspire des saveurs asiatiques, nord-américaines et latino-américaines, en prenant le meilleur de chacune. Goûtez par exemple les raviolis de canard et de poireau, ou les *udon* "carbonara" à la poitrine de porc, aux œufs pochés et au parmesan. Accompagnez le tout d'un cocktail maison.

Osteria del Teatro Italien **$$$**

(Carte p. 184 ; ☎305-538-7850 ; 1443 Washington Ave ; plats 17-45 $; ⏲18h-23h lun-jeu, 18h-1h ven-dim). Les spécialités

Buffet cubain

JEFF GREENBERG/ALAMY ©

de l'Osteria, l'un des plus anciens restaurants italiens de l'agglomération de Miami, et l'un des meilleurs, sont succulentes. Laissez-vous installer et choyer par les sympathiques serveurs italiens. Si vous hésitez à faire votre choix, ils vous aideront volontiers, sans fausse note.

NORD DE MIAMI BEACH

Roasters' n Toasters Traiteur **$**
(305-531-7691 ; 525 Arthur Godfrey Rd ; plats 8-16 $; 6h30-15h30). Au vu des foules qui s'y pressent et du sourire heureux des clients, Roasters' n Toasters semble satisfaire les exigences de l'importante population juive de Miami Beach : viande juteuse, pain frais, bagels croustillants et *latkes* (galettes de pommes de terre) tièdes. Des mini-sandwichs sont servis sur du pain *challah*, une innovation aussi ravissante que savoureuse.

Shuckers Américain **$**
(305-866-1570 ; 1819 79th St Causeway ; plats 8-19 $; 11h-tard). L'un des restaurants les mieux placés du quartier, dominant l'océan depuis la 79th St Causeway. Le Shuckers sert une cuisine de pub : hamburgers, poisson frit, etc. La raison de notre venue ici : les ailes de poulet (*chicken wings*). Marinées dans diverses sauces alléchantes, elles sont frites avant d'être à nouveau grillées. Un vrai délice !

Steve's Pizza Pizzeria **$$**
(305-891-0202 ; www.stevespizzas.net ; 12101 Biscayne Blvd ; part 3 $, pizzas 10-16 $; 11h-3h dim-mer, 11h-4h jeu et ven, 11h-2h sam). D'innombrables chaînes s'arrachent les faveurs des touristes à South Beach, mais si vous demandez aux habitants où déguster la meilleure pizza, ils vous indiqueront Steve's. La pizza que l'on sert ici ressemble à celle de New York : faite maison avec une pâte fine et de bons ingrédients. De nouveaux établissements Steve's ouvrent ailleurs dans Miami, toujours dans des quartiers peu touristiques, préservant ainsi une certaine touche d'authenticité. L'enseigne principale se trouve dans South Miami – l'établissement indiqué ici est plus proche de North Miami, à 6 miles (10 km, 15 min en voiture) au nord du Design District, et séduit particulièrement les noctambules.

DOWNTOWN MIAMI

Choices Végétalien **$$**
(Carte p. 192 ; 305-400-8895 ; 379 SW 15th Rd ; plats 10-16 $; 8h-21h lun-ven, 9h-21 h sam ;). Comme dans tous les bons établissements Vegan, on ne regrette pas l'absence de viande. Avec des combinaisons intéressantes comme la "viande" de noix et le "fromage" Daiya, ce restaurant tient ses promesses et propose burgers, tacos et pizzas, tous 100% végétaliens et délicieux.

Bonding Fusion **$$**
(Carte p. 192 ; 786-409-4796 ; 638 S Miami Ave ; plats 12-28 $;

Chaussons et feuilletés, Versailles
JOSE MORE/VWPICS/ALAMY ©

🕙12h-23h lun-ven, 12h-minuit sam, 17h-minuit dim ; 🍸). Le Bonding réussit à merveille le mariage des cuisines asiatiques – thaïlandaise, japonaise et coréenne, entre autres. Parmi les spécialités : poulet savamment cuisiné au piment et au basilic, curry rouge bien relevé et sushis originaux avec sauce à la mangue et mayonnaise piquante. Très bon saké.

WYNWOOD, DESIGN DISTRICT ET LITTLE HAITI

Chef Creole Haïtien $

(Carte p. 196 ; ☎305-754-2223 ; 200 NW 54th St ; plats 7-20 $; 🕙11h-23h lun-sam). S'il vous prend l'envie de déguster des spécialités caribéennes bon marché, mettez le cap sur ce secteur de Little Haiti et découvrez cette excellente baraque de vente à emporter. Au menu : conques, queue de bœuf ou poisson frits, riz servi à la louche et haricots. De quoi être rassasié pour la semaine ! À déguster sur les tables de pique-nique non loin, au son de la musique haïtienne diffusée par de petits haut-parleurs. Une expérience unique.

Blue Collar Américain $$

(Carte p. 196 ; ☎305-756-0366 ; www.bluecollarmiami.com ; 6730 Biscayne Blvd ; plats 15-22 $; 🕙11h30-15h30 lun-ven, 11h-15h30 sam-dim, 18h-22h dim-jeu, 18h-23h ven-sam ; P 🍸 👪). 🍃 Le Blue Collar a le mérite d'offrir à la fois une cuisine savoureuse et une ambiance décontractée, dans une ville où le moindre restaurant prend rapidement des allures de club branché. Le personnel sympathique sert une cuisine 100% américaine (vivaneau croustillant, travers de porc fumé ou délicieux cheeseburger). Bon choix de plats végétariens.

Egg & Dart Grec $$

(Carte p. 196 ; ☎786-431-1022 ; 4029 N Miami Ave ; petites portions 4-16 $, plats 15-36 $; 🕙16h-23h30 mar-jeu, 16h-minuit ven, 11h-23h30 sam-dim ; P 🍸). Les restaurants de Miami ont le chic pour présenter de façon glamour des recettes traditionnelles, mais, avant l'Egg & Dart, nous n'avions jamais vu la version grecque de ce savoir-faire. Après un bon cocktail (goûtez le mojito à l'orange), grignotez des petites portions de *halloumi* grillé ou des croquettes de courgette, avant d'attaquer un plat copieux comme l'agneau savamment grillé accompagné d'une salade de betterave et fromage.

Oak Tavern Américain $$

(Carte p. 196 ; ☎786-391-1818 ; 35 NE 40th St ; plats 12-26 $; 🕙12h-22h30 lun-jeu, 12h-minuit ven, 18h-minuit sam, 11h-21h30 dim ; 📶 🍸). L'Oak figure parmi les nouveaux restaurants qui fleurissent actuellement dans le verdoyant Buena Vista. Sandwichs au mérou grillé, pizzas cuites au feu de bois, légumes frais, filet de bœuf truffé de champignons et burgers sont tous très copieux. En outre, la présentation est raffinée. Salle à la fois glamour et rustique.

Gigi Asiatique $$

(Carte p. 196 ; ☎305-573-1520 ; 3470 North Miami Ave ; plats 14-28 $; 🕙12h-minuit dim-lun, 12h-3h mar-jeu, 12h-5h ven-sam ; P). Le Gigi concocte une cuisine asiatique que vous vous attendriez plutôt à trouver dans l'ultra-branché Design District. Les travers de porc sont glacés à la sauce hoisin et au piment aji, le pain de maïs sucré-salé fait un parfait accompagnement et le *pad thaï* est succulent. Le poulet fermier peut-il entretenir des relations de bon voisinage avec les sushis ? La réponse est oui !

KEY BISCAYNE

Boater's Grill Poisson, fruits de mer $$

(Carte p. 198 ; ☎305-361-0080 ; 1200 S Crandon Blvd ; plats 12-29 $; 🕙9h-21h). Situé à Crandon Park, ce restaurant les pieds dans l'eau a un petit côté Nouvelle-Angleterre, mais la carte reste fidèle à la Floride du Sud : crabe caillou, *mahi-mahi* (dorade coryphène) et paella à la langouste.

LITTLE HAVANA

Exquisito Restaurant Cubain $

(Carte p. 200 ; ☎305-643-0227 ; 1510 SW 8th St ; plats 7-13 $; 🕙7h-23h). Idéal pour une succulente cuisine cubaine au cœur de Little Havana. Le rôti de porc présente des notes acidulées d'agrumes et la *ropa vieja* (émincé de poitrine de bœuf braisé) est délicieusement revigorante. Même les accompagnements standards comme le riz, les haricots et les bananes plantains rôties sont savoureux et préparés avec soin. Excellent rapport qualité/prix.

Islas Canarias Cubain **$**

(**305-559-6666 ; 285 NW 27th Ave ; plats 8-19 $; 7h-23h).** Ce restaurant installé dans une rue commerçante ne paie pas de mine, mais on y sert l'une des meilleures cuisines cubaines de Miami. La *ropa vieja* est délicieuse et la carte contient quelques clins d'œil à l'Espagne (le père du propriétaire vient des îles Canaries, d'où le nom du restaurant). Délicieuses frites maison, notamment celles préparées avec des bananes plantains.

Versailles Cubain **$$**

(**305-444-0240 ; 3555 SW 8th St ; plats 5-26 $; 8h-1h).** Le Versailles est une institution de la scène culinaire cubaine. Goûtez le bœuf haché en sauce gratinée ou le blanc de poulet à la crème et à l'ail. L'élite politique latino de Miami et les anciennes générations de Cubains restent de grands fidèles ; c'est donc une occasion pour le visiteur de les côtoyer.

COCONUT GROVE

Coral Bagels Traiteur **$**

(**305-854-0336 ; 2750 SW 26th Ave ; plats 3,75-9 $; 6h30-15h lun-ven, 7h-16h sam-dim ; P).** Difficile de mieux commencer la journée qu'en grignotant un bagel à l'ail dans ce délicieux *deli*. Le petit-déjeuner (bagels, œufs, charcuterie et pommes de terre) remporte tous les suffrages. On repart repu, sans s'être ruiné.

LoKal Américain **$**

(**305-442-3377 ; 3190 Commodore Plaza ; burgers 11-14 $; 12h-22h dim-jeu, jusqu'à 23h ven-sam ;** **).** Ce petit établissement de Coconut Grove possède deux points forts : son mode d'approvisionnement et ses burgers. Ces derniers se déclinent sous différentes variantes, toutes à base de bœuf de qualité (sauf dans la version végétarienne où le "steak" est à base de flocons d'avoine) – mention spéciale pour le *frita* et sa sauce à la

Vie nocturne, South Beach

Balades artistiques : tout sur la nouvelle tendance du clubbing

Imaginez un peu : du vin gratuit, une clientèle férue d'art, des galeries ouvertes tard le soir, le cadre raffiné d'un club, l'ambiance festive d'un bar, et le tout sans file d'attente ni portier. Les balades artistiques (Art Walks) de Wynwood et du Design District constituent l'une des meilleures façons d'expérimenter la vie nocturne à Miami. Et ce n'est pas (uniquement) parce que nous sommes avares. Passez allègrement d'une galerie à l'autre, examinez les peintures et les installations, discutez les nuances de tel ou tel courant esthétique et laissez-vous enivrer (au sens propre et figuré) par l'art contemporain. Les galeries de Wynwood étant assez éloignées les unes des autres, un véhicule est nécessaire (il est plus facile de se déplacer à pied dans le Design District). Les balades artistiques sont organisées le deuxième samedi du mois, de 19h à 22h (certaines galeries ouvrent jusqu'à 23h). En fin de soirée, beaucoup se dirigent vers l'Electric Pickle ou le Bardot. Consultez le site www.artcircuits.com pour plus de détails sur les galeries partenaires.

goyave. L'approvisionnement auprès des producteurs est un plus, comme en témoignent les savoureuses tranches d'avocat.

CORAL GABLES

Matsuri Japonais **$**

(☎305-663-1615 ; 5759 Bird Rd ; plats 7-23 $; ⏲11h30-14h30 mar-ven, 17h30-22h30 mar-sam). Niché dans un centre commercial d'allure quelconque, le Matsuri ne désemplit pas, car la clientèle, presque exclusivement japonaise, vient retrouver les saveurs du pays. Cependant, beaucoup sont des Japonais d'Amérique du Sud qui commandent leurs *unagi* (anguilles) en espagnol. *Toro* (thon gras) épicé et ciboule, maquereaux grillés au sel et un océan de poissons crus tous plus *oishi* (délicieux) les uns que les autres.

El Carajo Espagnol **$$**

(☎305-856-2424 ; www.elcarajointernationaltapasandwines.com ; 2465 SW 17th Ave ; tapas 4,50-17 $; ⏲12h-22h lun-mer, 12h-23h jeu-sam, 13h-21h dim). Découvrir un restaurant dans un lieu inattendu est toujours amusant, mais on reste d'abord perplexe face à cette station-service Citgo sur SW 17th Ave. Dépassez les bidons d'huile de moteur sans vous laisser impressionner et pénétrez dans une cave à vins à l'architecture digne de Grenade. La nourriture est absolument divine. Le chorizo au cidre fumant est bien juteux, les *frittatas* sont très nourrissantes, et les sardines et les anchois, cuits avec une pointe de sel et d'huile d'olive, donnent le tournis.

Où prendre un verre et faire la fête

La variété des bars à Miami est étonnante, depuis d'obscurs repaires minuscules jusqu'aux splendides bars à cocktails ou clubs à l'ambiance détendue. Et l'on peut parfois y croiser des célébrités...

SOUTH BEACH

Room Bar

(Carte p. 184 ; www.theotheroom.com ; 100 Collins Ave ; ⏲19h-5h). Le Room est un véritable petit bijou : dans ce bar à l'éclairage tamisé, vous pourrez siroter les meilleures bières de Miami en admirant l'une des clientèles les

Si vous aimez... Le cinéma indépendant

Miami compte de nombreuses petites salles d'art et d'essai qui projettent des films indépendants et étrangers, ainsi que des avant-premières. Voici quelques-unes de nos préférées :

1 **COSFORD CINEMA** (**305-284-4861 ; www.cosfordcinema.com ; Memorial Classroom Bldg, 5030 Brunson Dr, University of Miami**). Installée sur le campus de l'université de Miami, cette salle d'art et d'essai rénovée a été lancée en hommage au critique de cinéma Bill Cosford du *Miami Herald*.

2 **CORAL GABLES ART CINEMA** (**786-385-9689 ; www.gablescinema.com ; 260 Aragon Ave**). Une salle de 144 places proposant des films américains indépendants et étrangers.

3 **TOWER THEATER** (**Carte p. 200 ; 305-643-8706 ; www.mdc.edu/culture/tower ; 1508 SW 8th St**). Situé dans un splendide édifice Art déco et géré par le Miami Dade College.

4 **O CINEMA** (**Carte p. 196 ; 305-571-9970 ; www.o-cinema.org ; 90 NW 29th St**). Programmation indépendante à Wynwood.

plus séduisantes de South Beach. L'ambiance est ultrabranchée mais reste décontractée. Autant d'atouts qui expliquent l'affluence grandissante à mesure que la nuit avance : les places se font alors rares.

Kill Your Idol Bar

(**Carte p. 184 ; 305-672-1852 ; 222 Española Way ; 20h-5h**). Un bar dont les clients semblent considérer avec une certaine condescendance le South Beach des célébrités. Le nom à lui seul annonce la couleur : "Tuez votre idole" ! Cela dit, la déco façon postmoderne et graffitis est réussie, et la clientèle éprise de contre-culture... jeune et jolie. Juste à côté se trouve le **Lost Weekend** (**carte p. 184 ; 218 Española Way ; 12h-5h**), un bar quant à lui sans prétention aucune.

Mac's Club Deuce Bar Bar

(**Carte p. 184 ; 222 14th St ; 8h-5h**). Le bar le plus ancien de Miami Beach (fondé en 1926) est un véritable bar de quartier sans artifices. Son aspect malfamé aura pour certains un côté rafraîchissant. La clientèle hétéroclite va des transexuels aux ouvriers du bâtiment : certains racolent, d'autres jurent, mais tous passent un bon moment.

Nikki Beach Club Club

(**Carte p. 184 ; 305-538-1111 ; www.nikkibeach.com ; 1 Ocean Dr ; entrée à partir de 25 $; 12h-18h lun-jeu, 12h-23h ven-sam, 11h-23h dim**). Faites la fête au grand air en passant de cabane en cabane sur la plage du Nikki, dans une ambiance de *full-moon party* très haut de gamme. Le dimanche, la plus folle soirée de la ville débute aux alentours de 16h, avec une foule de noceurs pressés d'entrer pour prolonger la folie de la veille.

NORD DE MIAMI BEACH

Broken Shaker Bar

(**305-531-2727 ; 2727 Indian Creek Dr ; 18h-2h dim-jeu, 14h-2h ven-sam**). Les cocktails artisanaux ont le vent en poupe à Miami et le Broken Shaker figure parmi les lieux phares du moment avec ses barmen qui font la pluie et le beau temps. Situé au fond de l'hôtel Freehand Miami (p. 212), il possède une minuscule salle et un vaste jardin, où des "beautiful people" consomment d'excellents breuvages.

DOWNTOWN MIAMI

Blackbird Ordinary Bar

(**Carte p. 192 ; 305-671-3307 ; 729 SW 1st Ave ; 15h-5h lun-ven, 18h-5h sam-dim**). Ne vous fiez pas à son nom : l'Ordinary est un bar remarquable, qui sert de t rès bons cocktails (mention spéciale pour le London Sparrow, à base de gin, poivre de Cayenne, jus de citron et fruits de la Passion). Il possède une immense cour. On y vient sans chichis, dans une ambiance détendue, voire de franche camaraderie.

WYNWOOD, DESIGN DISTRICT ET LITTLE HAITI

Wood Tavern — Bar

(Carte p. 196 ; ☎305-748-2828 ; 2531 NW 2nd Ave ; ⏲17h-2h mar-dim). Nombreux sont les nouveaux bars de Miami qui se veulent à la fois décontractés et branchés. Le Wood y parvient très bien, tant par son ambiance que par son cadre. Il est fréquenté par la jeunesse de Miami en quête d'un endroit sympa, sans les files d'attente et le snobisme de South Beach. La foule hétéroclite se mélange dans le jardin agrémenté de bancs, d'une scène en bois avec des gradins et d'un jeu de construction géant. On trouve aussi sur place une galerie d'art avec des expositions temporaires. Plats du jour bon marché et excellent choix de bières. Tout pour plaire !

Bardot — Club

(Carte p. 196 ; ☎305-576-5570 ; 3456 N Miami Ave ; ⏲20h-3h mar et mer, 20h-5h jeu-sam). Vous ne devez pas quitter la ville sans avoir vu l'intérieur du Bardot ! Les affiches françaises vintage et le mobilier sont dignes d'un club privé, fréquenté par les millionnaires en journée et théâtre de tous les excès à la nuit tombée. L'entrée semble être sur N Miami Ave, mais elle se fait en réalité par un parking situé derrière le bâtiment.

COCONUT GROVE

Dans ce quartier, tout ferme à 3h du matin.

Taurus — Bar

(☎305-529-6523 ; 3540 Main Hwy ; ⏲16h-3h). Le plus vieux bar de Coconut Grove est un agréable mélange de boiseries et de fauteuils en cuir, dans lesquels on s'installe pour faire son choix parmi la centaine de bières disponibles et profiter de la convivialité des lieux. L'un des meilleurs bars de quartier de Miami.

CORAL GABLES

Seven Seas — Bar

(☎305-266-6071 ; 2200 SW 57th Ave ; ⏲12h-1h dim-jeu, 12h-tard ven-sam). Le Seven Seas est un authentique bar de quartier de Miami, décoré comme un parc à thème nautique et rempli d'une population bigarrée d'étudiants, de travailleurs cubains, de gays et d'hétéros, venus d'un peu partout. C'est ici que l'on trouve les meilleures soirées karaoké de Miami – pimentées par de nombreuses chansons en espagnol – les mardis, jeudis et samedis.

The Bar — Bar

(☎305-442-2730 ; 172 Giralda Ave ; ⏲11h30-3h). Sans doute le meilleur bar de Gables. Tout est dans son nom : il revendique une simplicité étonnante dans un quartier où l'apparence revêt une si grande importance. Si vous êtes dans le coin un vendredi, ne ratez pas le *happy hour* (17h-20h) : les jeunes cadres des environs retirent alors leur cravate et entament une nuit de folie.

☆ Où sortir

Les mérites artistiques de Miami sautent aux yeux, entre les talents natifs de la région, les *snowbirds* apportant avec eux le soutien des galeries du nord-est du pays, et les immigrés venus des quatre coins des Amériques.

ARTS DU SPECTACLE

Gusman Center for the Performing Arts — Arts du spectacle

(Carte p. 192 ; ☎305-374-2444 ; www.gusmancenter.org ; 174 E Flagler St). Ce cinéma des années 1920, rénové avec goût, programme de nombreux événements artistiques, notamment des festivals de cinéma, des symphonies, des ballets et des spectacles itinérants. Excellente acoustique.

THÉÂTRE

Jerry Herman Ring Theatre — Théâtre

(☎305-284-3355 ; www.miami.edu/ring ; University of Miami, 1321 Miller Dr ; 8-15 $).

710 Alton Rd, South Beach). Clinique avec consultations sans rendez-vous, d'où de longues files d'attente.

Mount Sinai Medical Center (305-674-2121, urgences 305-674-2200 ; 4300 Alton Rd). Le meilleur service des urgences de la ville. Les soins sont payants et les tarifs pratiqués élevés.

Visitor's Medical Line (305-674-2222 ; 24h/24). Pour obtenir une consultation avec un médecin.

Sites Internet

Art Circuits (www.artcircuits.com). Le meilleur site d'informations sur le monde artistique, avec une excellente carte des galeries d'art quartier par quartier.

Short Order (blogs.miaminewtimes.com/shortorder). Le blog culinaire du *Miami New Times* a toujours une longueur d'avance sur les manifestations gastronomiques de la ville.

Meatless Miami (www.meatlessmiami.com). Le guide gastronomique des végétariens.

Miami Beach 411 (www.miamibeach411.com). À peu près tout ce que doit savoir un visiteur de Miami Beach.

Miami Nights (www.miaminights.com). Des informations pertinentes et argumentées sur la vie nocturne de Miami et ses perpétuelles évolutions.

Beached Miami (www.beachedmiami.com). Excellent site sur la scène artistique indépendante de Miami.

Urgences

Ambulance (911)

Beach Patrol (surveillance des plages ; 305-673-7714)

Hurricane Hotline (ligne rouge ouragan ; 305-468-5400)

Poison Information Center (centre antipoison ; 305-585-5250)

Rape Hotline (SOS viol ; 305-585-7273)

Suicide Intervention (suicide écoute ; 305-358-4357)

Depuis/vers Miami

Avion

Miami est desservie par toutes les grandes compagnies via deux aéroports majeurs : le Miami International Airport (MIA) et le Fort Lauderdale-Hollywood International Airport (FLL), à une demi-heure au nord du MIA. Le **MIA** (305-876-7000 ; www.miami-airport.com) est le troisième aéroport le plus fréquenté du pays. À seulement 9,6 km à l'ouest du centre-ville, l'aéroport est ouvert 24h/24 et se déploie en forme de fer à cheval. Il y a deux consignes à bagages, une entre les terminaux B et C et l'autre au terminal G. Les tarifs varient en fonction de la taille des bagages.

Comment circuler

Depuis/vers l'aéroport

Miami International Airport

En voiture, suivez la Rte 112 depuis l'aéroport, puis dirigez-vous vers l'est sur la Julia Tuttle Causeway ou l'I-195 pour rejoindre South Beach.

Corail, Islamorada
AR COLLECTION/ALAMY ©

Il est aussi possible d'emprunter les navettes gratuites mises à disposition par la plupart des hôtels ou de prendre un taxi (38 $, tarif fixe de l'aéroport à South Beach). Autre possibilité : prendre le bus de nuit Airport Owl ou les minibus collectifs de **SuperShuttle** (☎305-871-8210 ; www.supershuttle.com), qui coûtent environ 26 $ jusqu'à South Beach.

Bus

Le système de bus local s'appelle **Metrobus** (☎305-891-3131 ; www.miamidade.gov/transit/routes.asp ; 2 $). Un plan du réseau, très pratique, est fourni sur le site Internet. Il arrive qu'on attende le bus plus longtemps que ne dure le trajet lui-même.

À South Beach, le **South Beach Local Circulator** (☎305-891-3131 ; 25 ¢) – également appelé "South Beach Local" – est une excellente option. Il s'agit d'une navette accessible aux personnes à mobilité réduite, qui circule le long de Washington Ave entre South Pointe Dr et 17th St et effectue le retour dans Alton Rd du côté ouest de la plage. Les bus partent toutes les 10 à 15 minutes.

Taxi

Central Cabs (☎305-532-5555)

Flamingo Taxis (☎305-759-8100)

Metro (☎305-888-8888)

Miami Taxi Service (☎305-525-2455)

Sunshine (☎305-445-3333)

Yellow (☎305-400-0000)

Vélo

La ville de Miami Beach propose un système de vélos partagés appelé **DecoBike** (☎305-532-9494 ; www.decobike.com). Des stations de vélos sont installées dans des dizaines d'endroits de Miami Beach (un plan est disponible sur le site Internet, ainsi qu'un lien vers une application iPhone vous indiquant où se trouve la station la plus proche).

Vous pouvez également louer un vélo chez :

BikeAndRoll (carte p. 184 ; ☎305-604-0001 ; www.bikeandroll.com ; 210 10th St ; ⏲10h-18h ; à partir de 5/15 $ par heure/jour ; ⏲9h-19h). Organise aussi des circuits.

Mangrove Cycles (carte p. 198 ; ☎305-361-5555 ; 260 Crandon Blvd, Key Biscayne ; à partir de 20/25/75 $ par 2 heures/jour/semaine ; ⏲10h-18h mar-dim). Location de vélos.

ARCHIPEL DES KEYS

Séparées géographiquement et culturellement du continent, les Keys (Florida Keys) vivent à leur propre rythme, que ce soit au son d'un groupe de country d'Alabama ou de calypso bahamien. C'est aussi l'endroit où se réfugient ceux qui rejettent le mode de vie consumériste de l'Amérique continentale. Que peut donc offrir l'archipel ? Rien de moins que quelque 1 700 îles, dont plus de 800 cartographiées et une trentaine habitées, ainsi que des mangroves luxuriantes, des bancs de sable, des laisses fertiles et une sublime eau turquoise.

Upper Keys

Vous voici dans les îles ! C'est un peu difficile à réaliser à l'arrivée car l'immense forêt de mangrove qui forme le littoral de la Floride du Sud s'étend jusqu'à Key Largo. De fait, la mangrove se transforme en Key Largo, plus réputée pour ses vues sous-marines que terrestres. Pour éviter la circulation sur l'US 1, vous pouvez emprunter la FL 997 et Card Sound Rd, moins fréquentées, jusqu'à la FL 905 (péage 1 $), qui passe par le bar Alabama Jack's.

KEY LARGO ET TAVERNIER

À voir et à faire

John Pennekamp Coral Reef State Park Parc
(☎305-451-6300 ; www.pennekamppark.com ; MM 102,6 côté océan ; par voiture/moto/vélo ou piéton 8/4/2 $; ⏲8h-crépuscule, aquarium 8h-17h ; 👪). Premier parc sous-marin des États-Unis, il comprend près de 70 ha de terre et plus de 195 km² d'océan. Avant de plonger, profitez des plages et arpentez les sentiers nature.

Florida Keys Wild Bird Rehabilitation Center Réserve naturelle
(www.fkwbc.org ; 93600 Overseas Hwy, MM 93,6 ; don suggéré 5 $; ⏲aube-crépuscule ; P 👪). Ce refuge, qui comprend une clinique

AMAR AND ISABELLE GUILLEN - GUILLEN PHOTO LLC/ALAMY ©

À ne pas manquer
Le Caribbean Club Bar

Site incontournable pour les fans de cinéma, le Caribbean Club Bar (ouvert de 7h à 4h du matin), situé au MM 104 Bayside, est le seul endroit de l'île où ont été tournées des scènes de *Key Largo*, de John Huston, avec Humphrey Bogart et Lauren Bacall (le reste de l'île a été recréé à Hollywood). Vous pourrez aussi voir l'*African Queen*, le bateau du film éponyme, ancré dans un canal derrière l'Holiday Inn, au MM 100.

en plein air pour les oiseaux blessés, est l'un des premiers hôpitaux pour animaux que vous découvrirez dans les Keys. Un joli sentier conduit à un beau point de vue sur la baie de Floride et à un bassin à échassiers. Sachez que l'odeur de fiente peut être envahissante.

Où se restaurer

Key Largo Conch House Fusion **$$**

(**305-453-4844 ; www.keylargoconchhouse.com ; MM 100,2 côté océan ; plats 8-26 $; 8h-22h ;** P). Les habitants et les touristes apprécient ce café-restaurant (avec accès Wi-Fi) pour sa cuisine créative qui revisite les classiques locaux. Tout est délicieux, des conques (sauce au citron vert et vin blanc ou vinaigre et câpres) aux *tacos* de poisson. Le Key Largo est installé dans une vieille demeure des Keys restaurée, entourée d'une jolie véranda, dont l'architecture se fond harmonieusement dans l'environnement tropical.

Où prendre un verre

Alabama Jack's Bar

(**58000 Card Sound Rd ; 11h-19h**). Dans une baie frangée de mangrove, un rendez-vous de pêcheurs, d'exilés du continent et de motards, venus boire et se régaler de beignets de conques. C'est ici que la ligne de démarcation entre Miami et le vrai

Les Keys avec des enfants

Quelques idées pour distraire les enfants :

Florida Keys Eco-Discovery Center (p. 232). Pour comprendre l'environnement de la région.

Circuits en bateau à fond de verre au John Pennekamp Coral Reef State Park (305-451-6300 ; adulte/enfant 24/17 $; 9h15, 12h15 et 15h15). La découverte du monde sous-marin.

Turtle Hospital (p. 227). Un hôpital pour les tortues blessées.

Conch Tour Train (p. 235). Un circuit kitsch et plaisant en petit train.

Robbie's Marina (p. 226). Toutes sortes d'activités, dont le nourrissage des tarpons (des poissons géants) – un moment de frénésie très prisé des enfants.

Sud américain prend forme. Une frontière bien réelle !

Renseignements

Mariner Hospital (305-434-3000 ; www.baptisthealth.net ; Tavernier, MM 91,5 côté baie)

Depuis/vers Key Largo et Tavernier

Le bus Greyhound fait halte au MM 99,6 côté océan.

ISLAMORADA

Également appelée le "Village des Îles", la charmante localité d'Islamorada s'étend sur plusieurs îles – Plantation, Upper et Lower Matecumbe, Shell et Lignumvitae – et constitue l'un des plus beaux secteurs des Keys.

À voir et à faire

Robbie's Marina — Marina

(305-664-8070 ; www.robbies.com ; MM 77,5 côté baie ; location de kayaks et de paddle-boards [SUP] 40-75 $; 9h-20h ;). Robbie's est bien plus qu'un simple embarcadère, c'est un marché aux puces, une boutique de souvenirs et des tarpons (de très gros poissons) à nourrir, et on y propose aussi d'excellentes sorties de pêche et un grand choix de circuits, ainsi que de bateaux à louer. La *party boat* (circuit demi-journée/nuit 40/45 $) est l'occasion d'une grande partie de pêche conviviale.

Anne's Beach — Plage

(MM 73,5 côté océan). L'une des plages les plus plaisantes du secteur, ce petit ruban de sable fait face à des laisses couleur ciel et à un tunnel verdoyant de *hammocks* (terrains légèrement surélevés où se mêlent chênes et espèces tropicales) et de marécages. Patauger dans les laisses proches du rivage ravit les enfants.

Indian Key Historic State Park — Île

(305-664-2540 ; www.floridastateparks.org/indiankey ; MM 78,5 côté océan ; 2,50 $; 8h-crépuscule). Cette île paisible était autrefois une petite cité trépidante, avec un entrepôt, des docks, des rues, un hôtel et une cinquantaine de résidents permanents. Il ne reste pas grand-chose de ce site historique, à part des fondations, quelques citernes et une épaisse végétation. La Robbie's Marina (ci-contre) proposait autrefois des bateaux et en loue toujours (environ 30 $ pour un kayak ou un canoë). L'écocircuit de Robbie's (37,50 $) permet de voir l'île depuis le large.

Où se restaurer

Midway Cafe — Café $

(305-664-2622 ; 80499 Overseas Hwy ; plats 2-11 $; 7h-15h jeu-mar, 7h-14h dim ;

P 👪). Dans ce café orné de tableaux, les charmants patrons torréfient eux-mêmes leur café et préparent d'exquises pâtisseries appréciées de tous. À proximité des Middle Keys.

Renseignements

Chamber of Commerce (☎305-664-4503 ; www.islamoradachamber.com ; MM 83,2 côté baie ; ⏰9h-17h lun-ven, 9h-16h sam, 9h-15h dim). Installée dans un ancien wagon de chemin de fer.

Depuis/vers Islamorada

Le bus Greyhound fait halte au Burger King, au MM 82,5 côté océan.

Middle Keys

MARATHON

Située à mi-chemin entre Key Largo et Key West, Marathon constitue une bonne étape au cours de la traversée des îles.

À voir et à faire

Crane Point Museum and Nature Center Museum d'Histoire naturelle
(☎305-743-9100 ; www.cranepoint.net ; MM 50,5 côté baie ; adulte/enfant 12,50/8,50 $; ⏰9h-17h lun-sam, 12h-17h dim ; P 👪). Ce parc est l'un des plus jolis endroits de l'île. Il comporte des roseraies, des pinèdes, un *hammock* de palmiers qui ne poussent qu'entre le MM 47 et le MM 60, en plus de 25 ha de verdure. Vous y trouverez un intéressant musée et l'Adderly House, une modeste maison (bien préservée) d'un couple d'émigrés bahamiens des années 1890.

Turtle Hospital Réserve naturelle
(☎305-743-2552 ; www.theturtlehospital.org ; 2396 Overseas Hwy ; adulte/enfant 15/7,50 $; ⏰9h-18h ; P 👪). Victimes de maladies, blessées par des hélices ou des filets de pêche, les tortues de mer qui arrivent dans ce refuge sont soignées avec amour. Des visites ludiques et éducatives sont proposées toutes les heures (à l'heure pile), de 10h à 16h.

Où se restaurer

Keys Fisheries Poisson, fruits de mer $
(☎305-743-4353 ; www.keysfisheries.com ; 3502 Louisa St ; plats 7-16 $; ⏰8h-21h ; P 👪). Les plats de poisson sont excellents et le *reuben* (sandwich chaud) de langouste – doux, crémeux et copieux – remporte tous les suffrages. Le service est accueillant, ce qui ne gâte rien. Le restaurant est au cœur d'une marina, et les nombreuses mouettes indiquent un port en activité.

Où prendre un verre

Hurricane Bar $$
(☎305-743-2200 ; MM 49,5 côté baie ; ⏰11h-minuit). Les cocktails divins et le personnel un brin impertinent mais chaleureux participent au succès du Hurricane. La clientèle se compose d'habitants, de touristes, de pêcheurs, de *rednecks* et de quelques journalistes, enchaînant les cocktails Jägerbombs (Jägermeister et Red Bull) avant de danser toute la nuit au son d'excellents groupes. Indéniablement le meilleur bar avant Key West.

Renseignements

Fisherman's Hospital (☎305-743-5533 ; www.fishermanshospital.com ; 3301 Overseas Hwy). Possède un important service d'urgences.

Lower Keys

Les Lower Keys sont de farouches bastions de la culture conch (d'après le surnom des habitants nés et élevés dans les Keys). Certaines familles habitent les Keys depuis des générations et des endroits de Big Pine évoquent davantage la région du Panhandle que l'Overseas Hwy.

BIG PINE, BAHIA HONDA ET LOOE KEY

Sillonnée de routes paisibles, Big Pine est le lieu de résidence favori des employés de

DURAVITSKI/ALAMY ©

À ne pas manquer
Le Florida Keys Overseas Heritage Trail

Le vélo constitue l'un des meilleurs moyens de découvrir les Keys. Le faible dénivelé et les brises marines sont parfaits pour le cyclotourisme, et le **Florida Keys Overseas Heritage Trail** (FKOHT ; www.dep.state.fl.us/gwt/state/keystrail) relie toutes les îles, de Key Largo à Key West.

Vous pouvez traverser les Keys du nord au sud en circulant sur les bas-côtés de l'Overseas Hwy ; prévoyez alors 3 jours à bonne allure. Les parcours sur Islamorada sont particulièrement plaisants. Si rouler sur les bas-côtés vous effraie, consultez le site Internet du FKOHT pour des excursions à vélo recommandées.

Key West qui ont réussi à contourner les prix astronomiques de l'immobilier, et l'un des habitats privilégiés des cerfs des Keys.

À voir et à faire

Bahia Honda State Park — Parc

(☎305-872-3210 ; www.bahiahondapark.com ; MM 36,8 ; par voiture/moto/vélo 5/4/2 $; 🕗8h-crépuscule ; 👪). Avec une longue plage de sable blanc (jonchée d'algues), ce parc est le site phare du secteur. Appelée localement Sandspur Beach, c'est sans doute l'une des plus belles plages naturelles de l'archipel. Sinon, pour une jolie vue sur les îles alentour, rien ne vaut une balade le long du **Bahia Honda Rail Bridge**, l'ancien pont ferroviaire.

National Key Deer Refuge Headquarters — Réserve naturelle

(☎305-872-2239 ; www.fws.gov/nationalkeydeer ; Big Pine Shopping Center, MM 30,5 côté baie ; 🕗8h-17h lun-ven ; 👪). Sorte de cerf miniature, le cerf des Keys est une sous-espèce menacée du cerf à queue blanche, qui vit principalement sur Big Pine Key et No Name Key. Le personnel de la réserve est une mine d'informations sur l'animal et les Keys en général. Le refuge s'étend

îles, mais les sections ouvertes au public se trouvent à Big Pine et No Name.

Où se loger

Deer Run Bed & Breakfast B&B $$$

(☎305-872-2015 ; www.deerrunfloridabb.com ; 1997 Long Beach Dr, Big Pine Key, près MM 33 côté océan ; ch 255-375 $; P). Situé dans un secteur isolé de Long Beach Dr, à deux pas de la plage, cet écolodge compte 4 chambres confortables. Pendant que vous vous promenez en bateau ou que vous barbotez dans la piscine chauffée du jardin, les propriétaires mitonnent des repas bio végétariens.

Où se restaurer

No Name Pub Pizzeria $

(☎305-872-9115 ; N Watson Blvd, Big Pine Key, près MM 30,5 côté baie ; plats 7-18 $; 11h-23h ; P). Ce pub "sans nom" est l'une de ces adresses hors des sentiers battus que tout le monde semble connaître. Malgré son emplacement retiré, les touristes s'y retrouvent dans une ambiance survoltée. Le service est sympathique et la bière locale et les pizzas sont excellentes.

KEY WEST

Key West se définit toujours par sa devise, *One human family* (Une seule famille humaine), un idéal de tolérance ouvert à toutes les philosophies et visant à faire de la vie une fête permanente. Les maisons aux tons pastel s'agrémentent de porches rafraîchis par les brises marines sous un soleil éclatant. Bienvenue au bout des États-Unis !

À voir

Mallory Square Place

(). Rassembler toutes les énergies, sous-cultures et fantaisies des Keys dans une fête de rue au crépuscule, éclairée aux torches et gentiment marginale : c'est le merveilleux spectacle qu'offre Mallory Square. L'animation (funambules, cracheurs de feu, acrobates, etc.) commence lorsque le soleil entame son déclin et se poursuit crescendo jusqu'à point d'heure.

Duval Street Rue

Les habitants ont un sentiment d'amour-haine pour la rue la plus célèbre de Key West (voire des Keys). Duval St, l'artère principale de la vieille ville, est un temple de l'alcool, un summum du mauvais goût et de comportements déplacés. Mais elle a aussi un côté amusant. Faire la tournée des pubs de la rue peut être une expérience délirante. De fait, l'ensemble d'enseignes au néon, de spectacles de drag-queens, de boutiques de T-shirts kitsch, de cinémas et d'ateliers d'art se révèle plus plaisant que désagréable.

Ma sélection

Le meilleur de Key West

LES CONSEILS DE JULIET GRAY, CONCH (NATIVE) DE KEY WEST, BILLETTERIE DU RED BARN THEATRE

1 **KEY WEST À DEUX ROUES**
Pour découvrir Key West à la manière des gens du cru, déplacez-vous à deux roues. Louez un vélo (appelé ici "conch cruiser") pour explorer la ville la plus méridionale des États-Unis. Les voitures ne sont pas nécessaires à Key West.

2 **RED BARN THEATRE**
Le "Barn" (p. 236) est le théâtre professionnel le plus ancien de Key West. Les représentations (des comédies musicales classiques aux pièces à succès de Broadway) commencent généralement à 20h. Outre les auteurs et acteurs locaux, Shel Silverstein, Jimmy Buffett et Tennessee Williams sont tous passés par ce théâtre emblématique de Key West.

3 **LE PORCH**
Le meilleur bar de l'île pour déguster une bière artisanale ou du vin. Le Porch (p. 236) propose des dégustations de vin, des expositions d'art local, des présentations de bijoux, des soirées moustache et même une fête "zombie".

Key West

A
B
C
D
1
2
3
4
5
6
7
Key West Bight
Land's End Marina
Golfe du Mexique
Yankee Freedom III
Historic Seaport
Schooner Wharf
9
Front St
7
10
6
Ann St
William St
11
Dey St
Caroline St
Elizabeth St
18
OCÉAN ATLANTIQUE
Front St
12
20
21
Eaton St
24
23
Duval St
Whitehead St
Bahama St
Quai B
Truman Annex
25
13
29
28
Fleming St
1
22
Emma St
Angela St
Submarine Basin
BAHAMA VILLAGE
15
26
16
Whitehead St
3
East Quay Rd
2
Olivia St
Angela St
Thomas St
Emma St
Harry S Truman US Naval Reservation
Fort St
Dekalb Ave
Julia St
Howe St
Fort Zachary Taylor State Historic Site
Whitehead Spit

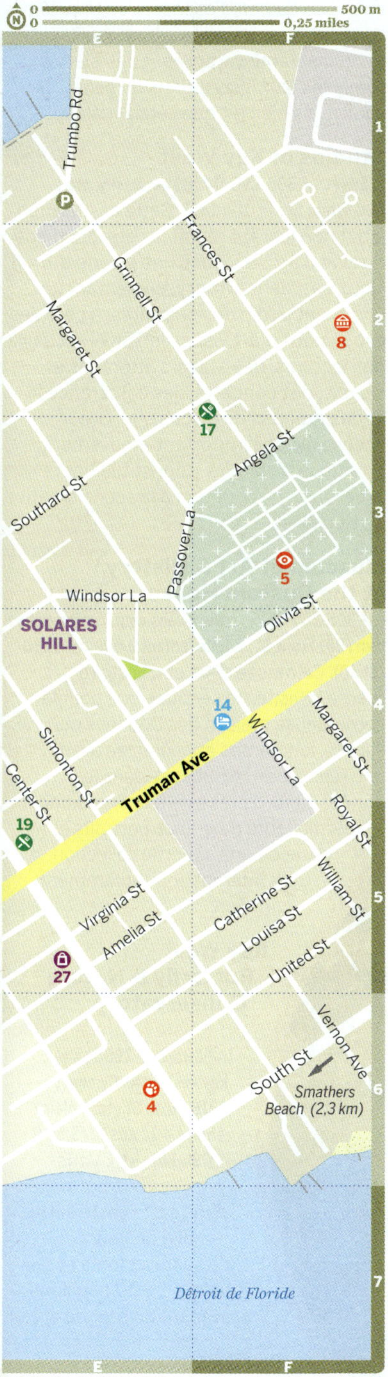

Key West

À voir

1 Duval Street D4
2 Florida Keys Eco-Discovery Center B5
3 Maison d'Hemingway D5
4 Key West Butterfly & Nature Conservatory E6
5 Key West Cemetery F3
6 Mallory Square B2
7 Museum of Art & History at the Custom House C2
8 Studios of Key West F2

Activités

9 Conch Tour Train C1
Historic Key West Walking Tour .... (voir 11)
10 Jolly Rover D2
11 Old Town Trolley Tours B2

Où se loger

12 Curry Mansion Inn C2
13 Mango Tree Inn D3
14 Mermaid & the Alligator F4
15 Tropical Inn D4

Où se restaurer

16 Blue Heaven D5
17 Café Solé F2
18 Duetto Pizza & Gelato C2
19 Nine One Five E5

Où prendre un verre et faire la fête

20 Captain Tony's Saloon C2
21 Garden of Eden C2
22 Green Parrot D4
23 Porch C3

Où sortir

24 Red Barn Theatre C3
25 Tropic Cinema C3

Achats

26 Bésame Mucho D5
27 Frangipani Gallery E5
28 Haitian Art Co D3
29 Montage D3

Maison d'Hemingway Demeure historique

(**305-294-1136 ; www.hemingwayhome.com ; 907 Whitehead St ; adulte/enfant 13/6 $; 9h-17h).** Vénérable résident de Key West, Ernest Hemingway vécut dans cette somptueuse demeure de style colonial espagnol de 1931 à 1940. Il s'y installa lorsqu'il était jeune trentenaire avec sa deuxième épouse, rédactrice de mode pour *Vogue* et (ancienne) amie de sa première femme (il quitta cette maison lorsqu'il s'enfuit avec sa troisième

est là qu'il écrivit *L'Heure ... de Francis Macomber* et *Les ... llines d'Afrique*. La propriété est ... de nombreux descendants de ses ... chats à six doigts, qui y font la loi.

Fl... la Keys Eco-Discovery Center Musée

(☎305-809-4750 ; eco-discovery.com/ecokw.html ; 35 East Quay Rd ; 🕑9h-16h mar-sam ; P 👪). GRATUIT Si vous visitez les Keys en vous posant des questions sur cet écosystème unique, vous obtiendrez les réponses à vos questions dans cet excellent écocentre, à la fois pédagogique, bien conçu et amusant. Les enfants l'adorent.

Key West Cemetery Cimetière

(Angle Margaret St et Angela St ; 🕑7h-18h ; 👪). Un labyrinthe aux allures gothiques se niche au centre de cette cité pastel. Bâti en 1847, ce cimetière couronne Solares Hill, le point culminant de l'île (à 5 m d'altitude !). Certaines des plus vieilles familles des Keys y reposent en paix, les mausolées serrés les uns contre les autres en raison du peu d'espace. L'originalité des Keys est bien présente ; des coquillages et du macramé vert ornent des pierres tombales, aux inscriptions du genre "Je vous avais bien dit que j'étais malade."

Studios of Key West Galerie d'art

(TSKW ; ☎305-296-0458 ; www.tskw.org ; 600 White St ; 🕑10h-18h). Cette association à but non lucratif réunit les ateliers d'une dizaine d'artistes dans une galerie du vieux bâtiment Armory, présentant un charmant jardin de sculptures. À côté des expositions d'art visuel, le TSKW accueille des lectures, des ateliers littéraires et visuels, des concerts, des conférences et des groupes de discussion. Cœur accessible de l'important mouvement artistique de la ville, il constitue une excellente introduction à la scène créative de Key West.

Museum of Art & History at the Custom House Musée

(☎305-295-6616 ; www.kwahs.com/customhouse.htm ; 281 Front St ; adulte/enfant 9/5 $; 🕑9h30-16h30). Ce musée d'Art et d'Histoire mérite la visite, ne serait-ce que pour la somptueuse maison des Douanes qui l'abrite, longtemps abandonnée avant une rénovation minutieuse dans les années 1990. Il présente une exposition permanente de grands portraits et possède une superbe collection d'art international, notamment caribéen.

Key West Butterfly & Nature Conservatory Sanctuaire animalier

(☎305-296-2988 ; www.keywestbutterfly.com ; 1316 Duval St ; tarif plein/enfant 4-12 ans 12/8,50 $; 🕑9h-17h ; 👪). Vous pouvez vous promener dans cette vaste serre, remplie de fleurs, d'oiseaux colorés et de quelque 1 800 papillons provenant du monde entier.

Bar, Key West

FRANZ MARC FREI/GETTY IMAGES ©

Vaut le détour
Le Dry Tortugas National Park

Ponce de León baptisa ces îles Las Tortugas (Les Tortues) en raison des tort[ues] de mer qui y avaient élu domicile. L'absence d'eau douce incita les marins à ajouter "*dry*" ("sec"). Accessibles en bateau ou en avion, les Dry Tortugas sont aujourd'hui un parc national contrôlé par le **National Park Service** (NPS ; ☎305-242-7700 ; www.nps.gov/drto ; 5 $).

Le parc, qui peut se visiter dans la journée, comprend un camping de 13 emplacements (3 $ par personne et par nuit) à Garden Key, attribués selon le principe du premier arrivé, premier servi, et une plage tranquille (un miracle en Floride !). Réservez tôt en téléphonant au National Park Service. Le camping dispose de toilettes, mais vous ne trouverez ni douche d'eau douce ni eau potable ; apportez tout le nécessaire. Les eaux translucides sont idéales pour le snorkeling et la plongée. Un **centre d'information des visiteurs** est installé dans le Fort Jefferson.

Pour préparer un repas, repérez les bateaux de pêche et rejoignez-les en kayak ou à la nage pour échanger langoustes, crabes ou crevettes contre des boissons. En mars et avril, d'innombrables oiseaux migrateurs passent par les îles ; le ciel est constellé d'étoiles toute l'année.

COMMENT S'Y RENDRE

Le **Yankee Freedom III** (☎800-634-0939 ; www.drytortugas.com/ ; Historic Seaport) effectue la rapide traversée entre Garden Key et l'Historic Seaport (à l'extrémité nord de Margaret St). L'aller-retour revient à 170/125 $ par adulte/enfant et comprend un petit-déjeuner continental, un pique-nique pour le déjeuner, l'équipement de snorkeling et une visite de 45 minutes du fort. Réservation recommandée.

Les **Key West Seaplanes** (☎305-294-0709 ; www.seaplanesofkeywest.com) peuvent transporter jusqu'à 10 passagers (vol de 40 min dans chaque sens). Un circuit de 4 heures coûte 295/236 $ par adulte/enfant de moins de 13 ans ; celui de 8 heures vaut 515/412 $ – ils sont gratuits pour les enfants de moins de 2 ans. Réservez au moins une semaine à l'avance.

L'entrée du parc (5 $) est comprise dans les prix ci-dessus.

Activités

BATEAU

Consultez www.charterboatkeywest.com pour une liste des sorties de pêche et des croisières proposées à Key West.

Jolly Rover Croisières

(☎305-304-2235 ; www.schoonerjollyrover.com ; angle Greene St et Elizabeth St, Schooner Wharf ; croisière 45 $). Ce tour-opérateur propose tous les jours des croisières au crépuscule à bord d'une superbe goélette de 25 m en bois marron-rouge ; armée de canons, elle ressemble à un bateau de pirate.

Circuits organisés

Rédigée par une habitante, le *Sharon Wells' Walking & Biking Guide to Historic Key West* est une brochure qui décrit des promenades à faire à pied ou à vélo ; elle est distribuée gratuitement dans les hôtels et les commerces de la ville. Consultez le site www.walkbikeguide.com.

Faut-il nager avec les dauphins ?

Quatre centres SWTD ("*swim-with-the-dolphin*"), dans les Keys, proposent de nager avec les dauphins, une pratique qui fait débat.

POUR

- Malgré leur vocation commerciale, les centres SWTD sont aussi des organismes de recherche sur les dauphins.
- Les dauphins qu'ils élèvent ont été acquis légalement et non capturés en mer.
- Les dauphins sont habitués aux humains et les risques sont minimes pour les nageurs, notamment quand l'activité est supervisée par des moniteurs spécialisés.
- Nager avec les dauphins permet d'améliorer les connaissances sur cet animal et favorise sa protection.
- Dans des endroits comme le Dolphin Research Center, les dauphins sont libres de sortir en pleine mer, mais ils ne le font pas.

CONTRE

- Les dauphins sont des animaux sociaux qui vivent en communauté. Ils ont besoin d'interaction avec leurs congénères, inexistante en captivité.
- SWTD encourage la capture de dauphins sauvages ailleurs dans le monde.
- Le comportement d'un dauphin n'est pas prévisible à 100% ; il peut blesser sérieusement un nageur, y compris en jouant.
- Les centres SWTD incitent à considérer le dauphin comme un "ami", alors qu'il s'agit d'un animal sauvage.
- Les dauphins n'apprécient jamais la captivité ; seule la nourriture les incite à rester dans les centres.

CENTRES SWTD

Si vous décidez d'aller voir des dauphins ou de nager avec eux dans les Keys :

Theater of the Sea (☎305-664-2431; www.theaterofthesea.com ; MM 84.7 côté baie ; adulte/enfant 3-10 ans 30/21 $; 9h30-17h) existe depuis 1946. Les programmes de nage avec des dauphins ou des otaries (135 $) comprennent 30 minutes de cours et 30 minutes de nage encadrée. On peut aussi nager avec des raies (55 $).

Dolphins Plus (☎305-451-1993, 866-860-7946 ; www.dolphinsplus.com ; près MM 99.5 côté baie ; programme de nage 135-220 $), à Key Largo, se spécialise dans la nage pédagogique et récréative non encadrée. Le centre part du principe que les participants sont bien informés, mais inclut néanmoins une session préparatoire.

Dolphin Research Centre (☎305-289-0002 ; www.dolphins.org ; MM 59 côté baie ; tarif plein/enfants 4-12 ans/senior 20/15/17,50 $, gratuit pour les moins de 4 ans, programme de nage 120-675 $; 9h-16h ;). Ici, les dauphins sont libres de sortir en pleine mer. Le centre effectue un travail de recherche sur la biologie marine et propose également des activités pour les touristes : vous pouvez faire peindre votre T-shirt par un dauphin ou jouer au "moniteur d'un jour" (650 $).

Old Town Trolley Tours Circuits en trolley
(☎888-910-8687 ; www.trolleytours.com/key-west ; tarif plein/senior/enfant -13 ans 30/27 $/gratuit ; ⏲circuits 9h-16h30 ; 👪). Excellente introduction à la ville, ces circuits commentés en trolley de 1 heure 30 (montée et descente à volonté) partent de Mallory Square et décrivent une boucle dans la ville, avec 9 arrêts. Les trolleys partent toutes les 15 à 30 minutes de 9h à 16h30 tous les jours. Le commentaire, un peu superficiel, donne tout de même un bon aperçu de l'histoire de Key West.

Conch Tour Train Circuits en train
(☎305-294-5161 ; www.conchtourtrain.com ; tarif plein/senior/enfant -13 ans 30/27 $/gratuit ; ⏲circuits 9h-16h30 ; 👪). Géré par la même compagnie que le trolley, ce circuit s'effectue dans un petit train plus aéré (sans montée ni descente à volonté). Des forfaits sont proposés, avec des réductions pour des sites comme la maison d'Hemingway.

Historic Key West Walking Tour Promenade à pied
(☎800-844-7601 ; www.trustedtours.com ; 1 Whitehead St ; adulte/enfant 18/9 $). Cette promenade d'environ 2 heures passe par des bâtiments majeurs et des sites historiques de l'île. Réservation indispensable.

Où se loger

Entre les hôtels de charme, les confortables B&B et les *resorts* quatre étoiles, vous n'aurez que l'embarras du choix. Tous les hôtels de la vieille ville se trouvent à proximité de l'animation.

Tropical Inn Boutique-hôtel $$$
(☎888-651-6510 ; www.tropicalinn.com ; 812 Duval St ; ch 175-360 $; ❄📶🏊) Le Tropical Inn se distingue par son service professionnel et ses chambres individuelles aménagées dans une demeure historique. Chacune d'entre elles est décorée dans des tons pastel lumineux – mangue, citron et vert d'eau. Le délicieux petit-déjeuner (inclus) se déguste dans la cour luxuriante à côté d'une ravissante piscine. Les deux cottages adjacents offrent un cadre romantique et intime aux couples.

Curry Mansion Inn Hôtel $$$
(☎305-294-5349 ; www.currymansion.com ; 511 Caroline St ; ch hiver 240-365 $, été 205-310 $; P❄📶🏊). Dans une ville riche en demeures majestueuses, la Curry Mansion, ravissante, comporte tous les éléments d'une maison aristocratique, des colonnades typiques du Sud au belvédère de style Nouvelle-Angleterre et aux chambres floridiennes avec lits à baldaquin. Des bougainvilliers agrémentent la véranda caressée par la brise.

Mermaid & the Alligator Pension $$$
(☎305-294-1894 ; www.kwmermaid.com ; 729 Truman Ave ; ch hiver 278-348 $, été 188-248 $; P❄@📶🏊). Joyau parmi les superbes hôtels de Key West, cette pension (*guesthouse*) occupe une demeure de 1904. Confort moderne, ambiance coloniale des Keys et touches amusantes caractérisent ses 9 chambres, toutes différentes.

Mango Tree Inn B&B $$
(☎305-293-1177 ; www.mangotree-inn.com ; 603 Southard St ; 150-200 $; ❄📶🏊). Un B&B sans prétention aux jolies chambres lumineuses, toutes décorées dans le style tropical chic – des meubles en rotin aux hibiscus. Piscine dans la cour. Une affaire, vu la proximité du centre.

Où se restaurer

Key West ne manque pas de délicieuses petites options de quartier et de restaurants haut de gamme qui ne craindraient pas la concurrence des meilleures tables de Miami.

Café Solé Français $$$
(☎305-294-0230 ; www.cafesole.com ; 1029 Southard St ; dîner 20-34 $; ⏲17h30-22h). Ce restaurant prisé des habitants et des critiques est réputé pour son ambiance chaleureuse et sa carte créative, conçue

par un chef formé à la cuisine française et qui utilise des produits locaux. Entre autres délices, citons le carpaccio de conques aux câpres et le filet de limande et foie gras, mais ce sont les *crostini* aux anchois, un plat simple et délicieux, qui nous ont laissé un souvenir impérissable.

Nine One Five Fusion $$$
(☎305-296-0669 ; www.915duval.com ; 915 Duval St ; plats 18-34 $; ⌚18h-minuit ; 🍷). Un restaurant chic qui contraste avec l'environnement chahuteur et alcoolisé de Duval St. Entrez dans cette salle immaculée, moderne et élégante pour savourer une nouvelle cuisine américaine inspirée du monde entier. Tout est savoureux : courge butternut et risotto à l'amande ou langouste fraîchement pêchée accompagnée de salade de confit de canard.

Blue Heaven Américain $$$
(☎305-296-8666 ; blueheavenkw.homestead.com ; 729 Thomas St ; dîner 17-35 $; ⌚8h-16h, 8h-14h dim et 17h-22h30 tlj ; 🍷). L'emplacement y est sans doute pour quelque chose, mais ce restaurant, certainement l'un des plus excentriques de l'île, ne désemplit pas. Les clients dînent dans la vaste cour où Hemingway organisait jadis des matchs de boxe. Les convives se régalent de fritures du Sud à la mode des Keys.

Duetto Pizza & Gelato Italien $
(☎305-848-4981 ; 540 Greene St ; plats moins de 10 $; ⌚8h-23h ; 🍷👪). Ce petit stand vendant pizzas et glaces est idéal pour un en-cas bon marché sur le pouce. Les pizzas sont bien meilleures que celles généralement vendues à emporter ailleurs à Key West.

Où prendre un verre

Green Parrot Bar
(www.greenparrot.com ; 601 Whitehead St ; ⌚10h-4h). Plus ancien bar de l'île, ce "perroquet vert", une *cantina* canaille, est ouvert depuis la fin du XIXe siècle. De vieilles enseignes et des œuvres d'art local ornent les murs – en plus d'un parachute au plafond et d'une table de billard.

Porch Bar
(www.theporchkw.com ; 429 Caroline St ; ⌚10h-2h lun-sam, 12h-2h dim). Si vous êtes las des bars estudiantins de Duval St, vous apprécierez le Porch, un bar accueillant à l'ambiance détendue, offrant un bon choix de bières artisanales. Les barmen plaisantent avec les clients et vous conseilleront une excellente mousse.

Garden of Eden Bar
(224 Duval St ; ⌚12h-4h). Il faut monter jusqu'au dernier étage pour découvrir ce bar-patio où les vêtements sont facultatifs ! Sachez néanmoins que la plupart des clients restent habillés (ceux qui se déshabillent sont généralement plus âgés) et qu'il est interdit de prendre des photos.

Captain Tony's Saloon Bar
(www.capttonyssaloon.com ; 428 Greene St ; ⌚10h-2h). Certains prétendent que le grand Sloppy Joe's, à proximité, était le bar d'Hemingway, mais le Captain Tony's occupe bien l'emplacement du Sloppy Joe's d'origine, avant qu'il migre dans Duval St.

Où sortir

Red Barn Theatre Théâtre
(☎305-296-9911 ; www.redbarntheatre.org ; 319 Duval St). Un petit théâtre confortable, avec des spectacles parfois avant-gardistes, toujours amusants.

Tropic Cinema Cinéma
(☎877-761-3456 ; www.tropiccinema.org ; 416 Eaton St). Excellent cinéma d'art et d'essai.

Achats

Charmantes galeries d'art, cigares, panoplies fétichistes en cuir, T-shirts aux textes graveleux, on trouve de tout à Key West !

Montage Souvenirs
(512 Duval St ; ⌚9h-22h). Souvenirs d'un excellent repas ou d'une folle soirée, ce magasin vend des copies de presque

toutes les enseignes de bars et de restaurants des Keys.

Bésame Mucho Cadeaux
(315 Petronia St ; 10h-18h, 10h-16h dim). Produits de beauté haut de gamme, bijoux, vêtements et articles pour la maison.

Frangipani Gallery Art et artisanat
(1102 Duval St ; 10h-18h). L'une des meilleures galeries consacrées aux œuvres d'artistes locaux.

Haitian Art Co Art et artisanat
(305-296-8932 ; 605 Simonton St ; 10h-19h). Art et artisanat haïtiens.

Renseignements

Office du tourisme

Key West Chamber of Commerce **(305-294-2587 ; www.keywestchamber.org ; 510 Greene St ; 8h30-18h30 lun-sam, 8h30-18h dim).** Une excellente source d'information.

Services médicaux

Les services médicaux les plus faciles d'accès de Key West :

Lower Keys Medical Center **(305-294-5531, 800-233-3119 ; www.lkmc.com ; 5900 College Rd, Stock Island, MM 5).** Service d'urgences ouvert 24h/24.

South Med **(305-295-3838 ; www.southmed.us ; 3138 Northside Dr).** Le Dr Scott Hall reçoit principalement des gays, mais il accueille tous les patients.

Comment s'y rendre et circuler

Le Key West International Airport (EYW) se situe près du S Roosevelt Blvd, du côté est de l'île. Des vols proviennent de grandes villes américaines, comme Miami et New York.

Les Everglades

Plus que Miami, ce sont les Everglades qui font du sud de la Floride un lieu unique. Appelée le "Fleuve d'herbe" par les Amérindiens, cette région n'est pas seulement un marais, un marécage, un lac, une rivière ou une prairie – elle est tout cela à la fois. Ces habitats étroitement entremêlés forment une série d'espaces paisibles aux horizons infinis et aux couchers de soleil à perte de vue, peuplés d'une large population de reptiles descendant de l'époque des dinosaures.

Lorsque vous observez l'envol d'un anhinga d'Amérique (ou "oiseau-serpent") avant un plongeon en piqué, le lent battement d'ailes d'un grand héron survolant son territoire ou le soleil effleurant de longues étendues de laîches avant de disparaître derrière de frêles cyprès, vous appréciez à sa juste valeur le charme subtil des Everglades. Une destination à part dans un pays où la beauté naturelle se mesure à l'aune du spectaculaire.

Anhinga Trail (p. 251), Everglades National Park

Les Everglades

Lauderdale-by-the-Sea
Fort Lauderdale
Dania Beach
Hollywood
North Miami Beach
Miami Beach
Miami
Hialeah
Miccosukee Indian Reservation
Everglades
Miami Canal
Florida's Turnpike (route à péage)
OCÉAN ATLANTIQUE
Miccosukee Village
Circuit en tram
Key Biscayne
Bill Baggs Cape Florida Florida State Park
Peters
Goulds
Everglades National Park
Biscayne National Park
Boca Chita Key
Florida Keys National Marine Sanctuary
Black Point
Biscayne Bay
Coon Point
Sands Cut
Homestead
Florida City
Turkey Point
Elliott Key
Adams Key
Card Sound
Barnes Sound
Key Largo
John Pennekamp Coral Reef State Park
Key Largo
Key Largo National Marine Santuary
Baie de Floride
Florida Keys National Marine Sanctuary
Islamorada
0 30 km
0 20 miles

Les Everglades À ne pas manquer

Everglades National Park

Le troisième parc national des États-Unis (en comptant tous les États, sauf l'Alaska et Hawaii) est un lieu étrange et fascinant, une étendue sauvage dont l'altitude se chiffre en centimètres et dont la beauté est plus subtile que grandiose. Pourtant, l'Everglades National Park (p. 248) est un lieu incontournable qui restera gravé dans votre mémoire, à découvrir en compagnie d nuées d'oiseaux marins, de bancs de poissons et d'alligators impassibles. Bébé alligator

1

2

Big Cypress National Preserv

Cette réserve est en partie englobée dans l'Everglades National Park. Le tronçon de la Florida Scenic Trail qui traverse la Big Cypress Preserve (p. 253) est un sentier boueux, mais superbe ; il passe dans les forêts et les plaines inondées qui s'étirent à l'intérieur de la Floride. Si elle n'est pas recommandée pour les novices, les marcheurs expérimentés n seront pas déçus par cette merveilleuse réserve.

JEFF GREENBERG/ALAMY ©

NATIONAL GEOGRAPHIC IMAGE COLLECTION/ALAMY ©

Hell's Bay

Les Everglades sont de véritables marécages, et, pour pouvoir véritablement profiter des paysages, il ne faut pas avoir peur de se mouiller, au sens propre comme au figuré. Le parc compte un nombre incalculable de canaux et de ruisseaux, mais notre préféré est Hell's Bay (baie de l'enfer ; p. 252), un tunnel de fougères qui sinue au milieu de la végétation luxuriante du bien nommé "Fleuve d'herbe".

3

ZUMA PRESS, INC/ALAMY ©

4

Camping dans un chickee

Après avoir exploré les zones les plus isolées des Everglades en bateau, peut-être souhaiterez-vous dormir au-dessus de l'eau, dans un *chickee* (p. 258), pour mieux appréhender la culture de la région. Les *chickees*, des plateformes sur pilotis surmontées d'un toit, sont un mode d'hébergement original et très paisible, à condition de ne pas oublier sa parade antimoustique.

5

Everglades International Hostel

Cette adresse est l'une des meilleures auberges de jeunesse (p. 256) de tout le pays. Comment ne pas aimer un lieu aussi fantastique qui réunit des voyageurs venant des quatre coins du monde, de tout âge et de toute origine ? Les employés, venant de la région, organisent d'excellents circuits guidés du parc ; ils peuvent également vous proposer de vous détendre dans un étonnant jardin à l'arrière de l'auberge.

Les Everglades : le best of

Nature

- **Circuit en tram de Shark Valley** Ce sentier asphalté vous permet d'admirer échassiers et alligators se prélassant au soleil. (p. 250)
- **Royal Palm Visitor Center** Les promenades en planches vous permettront de voir des dizaines d'alligators. (p. 251)
- **Pa-hay-okee Overlook** Depuis ce point surélevé, vous pourrez observer quantité d'oiseaux, surtout à l'aube et au crépuscule. (p. 252)
- **Wilderness Waterway** En vous promenant en canoë, vous apercevrez dauphins et rapaces pêchant des poissons. (p. 253)

Randonnée

- **West Lake Trail** Un sentier en planches qui traverse une mangrove protégée. (p. 253)
- **Florida National Scenic Trail** Un long sentier, mais qui passe par les plus beaux tronçons des Everglades. (p. 253)
- **Christian Point** Ce chemin sinueux traverse la mangrove et des champs jusqu'à la baie de Floride. (p. 253)
- **Mahogany Hammock** Une marche à travers le "Fleuve d'herbe" pour rejoindre un îlot composé de feuillus. (p. 253)

Bateau

- **Hell's Bay** Prenez un canoë ou un kayak pour naviguer au milieu de ce luxuriant labyrinthe aquatique. (p. 254)
- **Ten Thousand Islands** Trop d'îlots pour se donner la peine de les compter pendant que l'on pagaie dans le golfe d'un bleu profond. (p. 253)
- **Biscayne National Park** La quasi-totalité de ce parc est composée d'eaux protégées. (p. 257)
- **Graveyard Creek** Une magnifique succession d'estrans et de mangroves. (p. 254)

Nulle part ailleurs

- **Robert is Here** Excellent stand de nourriture et marché paysan. (p. 257)
- **Coral Castle** Un monument attachant et insolite, dédié à l'amour sans retour. (p. 256)
- **Skunk Ape Research Center** Un vivarium et centre de "recherche" sur le Bigfoot de Floride. (p. 251)
- **Promenades mouillées** En passant par l'Everglades Hostel, vous pourrez vous aventurer jusqu'à un dôme de cyprès marécageux. (p. 249)

auche : randonnée, Ocala National Forest (p. 337) ;
dessus : Anhinga Trail, Royal Palm Visitor Center (p. 251)

Ce qu'il faut savoir

SITES INTERNET

- **Everglades National Park (www.nps.gov/ever)**. Site officiel de l'Everglades National Park.
- **Biscayne National Park (www.nps.gov/bisc)**. Site officiel du Biscayne National Park.

À PRÉVOIR

- **Camping** Si vous souhaitez camper dans l'enceinte du parc, contactez le National Park Service (www.nps.gov/ever) et choisissez le terrain qui convient le mieux à vos besoins.
- **Météo** Il est essentiel de se renseigner sur la météo avant de partir randonner ou de faire du bateau : le vent et la pluie peuvent être très violents.
- **Cartes** Contactez le National Park Service pour demander les meilleures cartes si vous voulez vous enfoncer dans le parc.
- **Anti-insecte** Faites d'importantes réserves.

COMMENT CIRCULER

- **Voiture** Essentielle pour explorer en moins d'une semaine les trois principales zones de cet immense parc.
- **Bateau** Le kayak et le canoë sont parfaits pour découvrir les cours d'eau intérieurs, mais tous types d'embarcations peuvent naviguer le long du golfe du Mexique.
- **Vélo** Le relief plat des Everglades, surtout dans le secteur Ernest Coe, se prête au cyclisme. Emportez beaucoup d'eau.
- **À pied** Excellentes randonnées. Pensez à laisser vos coordonnées et votre itinéraire au National Park Service.

MISES EN GARDE

- **Tempêtes** La principale saison des ouragans va de juillet à septembre. Les orages peuvent frapper à tout moment.
- **Marées** Si vous campez sur la plage, faites-le dans les zones prévues à cet effet. Les marées peuvent tout inonder subitement.
- **Nature** Les insectes sont les principaux désagréments. Évitez les serpents et ne donnez pas à manger aux alligators.
- **Limitations de vitesse** Même si vous êtes tenté d'accélérer, surtout sur l'US 41, respectez les limitations : des panthères rôdent et les voitures sont leur plus grand ennemi.

Suggestions d'itinéraires

Bien que la superficie des Everglades ait considérablement diminué depuis le début du XXe siècle, le parc couvre encore une bonne partie de la Floride du Sud. L'Everglades National Park se divise en trois zones, que nous explorons dans ces itinéraires.

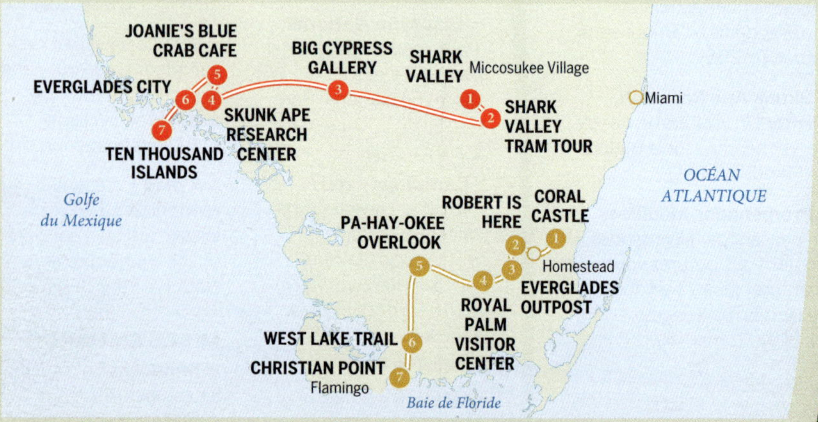

2 JOURS — TAMIAMI TRAIL ET CÔTE DU GOLFE DU MEXIQUE

DE MIAMI À EVERGLADES CITY

La plupart des voyageurs suivent cet itinéraire au départ de Miami, mais si vous venez de Fort Myers, vous pouvez très bien le faire en sens inverse.

De Miami, partez vers l'ouest sur l'US 41/ Tamiami Trail. N'hésitez pas, en chemin, à faire une escale pour un tour en aéroglisseur. Notre première étape incontournable est la ❶ **Shark Valley**. Nous vous conseillons de louer un vélo ou de faire un ❷ **circuit en tram de la vallée**, qui sinue au milieu des animaux sauvages jusqu'à une tour d'où vous pourrez admirer le panorama.

Quittez la Shark Valley et continuez vers l'ouest. Ne manquez pas les expositions photo présentées à la ❸ **Big Cypress Gallery** et l'excentricité ambiante du ❹ **Skunk Ape Research Center**. Vous pouvez également vous sustenter au ❺ **Joanie's Blue Crab Cafe**, qui prépare d'excellents poissons et fruits de mer. À Everglades City, passez par le ❻ **Gulf Coast Visitor Center** et inscrivez-vous à une excursion guidée en bateau ou louez une embarcation pour explorer les ❼ **Ten Thousand Islands**.

3 JOURS

COURS D'EAU ET PRAIRIES

DE HOMESTEAD À FLAMINGO POINT

Dans la partie sud-est du parc, vous pourrez explorer le secteur Ernest Coe. Il est alors nécessaire de traverser Homestead, qui compte trois centres d'intérêt en bord de route : le 1 **Coral Castle**, un ensemble de blocs de pierre en ruine réalisé par un Letton fou amoureux, 2 **Robert Is Here**, un marché fermier qui vend des produits frais très appréciés des familles, et 3 **l'Everglades Outpost**, un refuge pour animaux tenu par des bénévoles.

À Homestead, rendez-vous au 4 **Royal Palm Visitor Center**, où des promenades en planches s'étirent au-dessus d'un nombre impressionnant d'alligators. Pour une expérience nocturne unique, attendez que la nuit tombe pour entreprendre un circuit guidé en compagnie d'un garde forestier. De là, allez au 5 **Pa-hay-okee Overlook**, d'où se déploie une vue fantastique sur les prairies et les "dômes" des feuillus qui caractérisent ce secteur du parc. En route vers Flamingo Point, arrêtez-vous pour marcher un peu sur la promenade en planches de la 6 **West Lake Trail**, ou continuez jusqu'à la baie de Floride en passant par le sublime 7 **Christian Point**.

Cyprès, Pa-hay-okee Overlook (p. 252)

JEFF GREENBERG/ALAMY ©

Découvrir les Everglades

Les incontournables

- **Shark Valley** (p. 249). Vélo et alligators.
- **Gulf Coast** (p. 250). La côte du golfe du Mexique et ses dix mille îles qui étincellent sous le soleil.
- **Ernest Coe** (p. 250). La longue prairie du "Fleuve d'herbe".
- **Biscayne National Park** (p. 257). Plongez dans ce parc presque entièrement sous-marin.

Promenade en planches, Shark Valley

L'EVERGLADES NATIONAL PARK

L'Everglades National Park fut fondé au milieu du XXe siècle dans le but de protéger l'étendue sauvage subtropicale la plus vaste des États-Unis. Le parc couvre 25% du fragile écosystème des Everglades, qui comprend des îlots de mangrove, des forêts de cyprès poussant dans des eaux boueuses et des prairies régulièrement inondées. Le parc se divise en trois zones principales : Shark Valley, Gulf Coast et Ernest Coe.

Histoire

S'il est tentant d'imaginer les Everglades comme un vaste marais, parler de "plaine herbeuse" semble plus juste. Les Glades (au début de l'ère coloniale, la région fut nommée "River Glades") sont en fait des prairies inondées la majeure partie de l'année. Les eaux de ruissellement coulent du centre à travers la péninsule par des ruisseaux et des rivières, traversant les Glades jusqu'à la baie de Floride. Les Indiens Calusa appelaient la région "*Pa-hay-okee*" (eaux herbeuses). La journaliste et écologiste Marjory Stoneman Douglas quant à elle l'appelait "*River of Grass*" (Fleuve d'herbe).

À partir de 1905, les Floridiens creusèrent des centaines de canaux pour séparer les Glades des cours d'eau naturels de l'État dans le but de "gagner" du terrain et de les transformer en terres agricoles. Malheureusement, cela a bouleversé le cycle naturel de l'eau et le renouvellement de la nappe aquifère de Floride (la réserve d'eau douce de l'État).

En 2011, le niveau de l'Okeechobee était inférieur de presque 6 cm à la normale. Le nombre de nids d'échassiers a décliné de 90% à 95% depuis les années 1930. Actuellement, on recense 67 espèces d'animaux et de plantes menacés ou en voie de disparition dans le parc. Les scientifiques estiment que les marais ont déjà été réduits de 50% à 75%.

Le **Comprehensive Everglades Restoration Project** (CERP ; www.evergladesplan.org), partenariat entre plusieurs agences fédérales et locales et d'organismes d'État, a été conçu pour trouver une solution à la racine du problème de l'eau, mais les conflits politiques quant au financement se sont intensifiés. Les opposants au CERP avancent que ce programme n'est pas prioritaire en période de récession. Les vieux arguments anti-Everglades – qui affirment que le CERP gêne l'agriculture et le développement – ont considérablement retardé la mise en place du CERP.

Quand partir

Décembre à mars La saison sèche, idéale pour observer la faune le long des cours d'eau, mais peu propice au kayak par endroits.

Avril à juin Malgré la chaleur, une bonne période pour l'eau et la faune.

Juillet à novembre Une chaleur torride, des nuées d'insectes et (sauf en octobre-novembre) des risques d'ouragans.

Orientation

Il y a trois entrées principales et trois grands secteurs : le long de la lisière sud-est près de Homestead et de Florida City (secteur Ernest Coe) ; du côté centre-nord du Tamiami Trail (secteur Shark Valley) ; sur la rive nord-ouest après Everglades City (secteur Gulf Coast).

À voir

SECTEUR SHARK VALLEY

Les parties nord et ouest du parc avoisine le Tamiami Trail/US 41. Cette zone se compose de forêts inondées et de bas-fonds marécageux.

Ma sélection

L'Everglades National Park

LES CONSEILS DE LINDA FRIAR, GARDE FORESTIÈRE, EVERGLADES NATIONAL PARK

1 **PINE ISLAND TRAILS**
Au Royal Palm (p. 251), suivez l'Anhinga Amble pour observer des échassiers, des alligators et peut-être quelques tortues, loutres et divers poissons. D'Anhinga dirigez-vous vers Mahogany Hammock, où vous découvrirez l'un des plus beaux îlots boisés des Everglades.

2 **UNE PROMENADE BIEN MOUILLÉE**
Toute première "promenade humide" (ou *slough slog*) devrait être effectuée avec un garde forestier. Vous vous enfoncerez dans l'eau, mais n'ayez pas peur de vous mouiller : c'est amusant ! Patauger jusqu'à un trou d'eau d'alligator ou à un dôme de cyprès est une expérience exceptionnelle. (**☎305-248-1122, 800-372-3874 ; www.evergladeshostel.com ; 20 SW 2nd Ave ; demi-journée/journée entière à partir de 65/120 $**)

3 **EN TRAM DANS LA SHARK VALLEY**
La route du tram (p. 250), un vestige de l'époque de l'exploration pétrolière, est un circuit de 24 km à travers les habitats des Everglades. Un guide naturaliste anime le parcours. On peut descendre du tram en chemin pour prendre des photos et avoir un aperçu de la vie sauvage.

4 **SHARK VALLEY SUNSET BIKE TOUR**
Profitez du kaléidoscope de couleurs et de la nature qui se réveille au moment où le soleil se lève sur les plaines de marisques. Participez à une randonnée à vélo de 25 km (p. 250) avec un garde forestier. Possibilité de louer un vélo.

5 **CANOË/KAYAK**
Accompagné d'un garde forestier, parcourez en canoë ou en kayak les Ten Thousand Islands (p. 250), en admirant les animaux, pagayant dans les mangroves et découvrant l'histoire du parc. Réservez.

Shark Valley Parc

(☎305-221-8776 ; www.nps.gov/ever/planyourvisit/svdirections.htm ; 36000 SW 8th St, GPS 25°45'27.60 ; voiture/vélo 10/5 $; 9h15-17h15 ; P). Si son nom semble menaçant, la "vallée du Requin" fait partie du National Park Service et abonde en panneaux d'information et en gardes forestiers compétents. Elle se situe dans un secteur de cyprès et d'autres feuillus en bord de rivière, une partie des Everglades qui évoque plus la jungle que les herbages et la canopée autour du centre des visiteurs d'Ernest Coe. Une piste goudronnée de 25 km passe par des ruisseaux, la forêt tropicale et des *borrow pits* (des fosses creusées par l'homme et fréquentées par des alligators, des tortues et des oiseaux). Totalement plate, la piste est idéale pour les vélos, que l'on peut louer à l'entrée pour 7,50 $ l'heure. Emportez de l'eau.

Shark Valley Tram Tour Tram

(☎305-221-8455 ; www.sharkvalleytramtours.com ; tarif plein/enfant de moins de 12 ans/senior 22/19/12,75 $; départs mai-déc 9h30, 11h, 14h, 16h, jan-avr ttes les heures de 9h à 16h à l'heure pile). Moyen le plus apprécié et le moins fatigant de s'immerger dans les Everglades, le circuit en tram (en fait une sorte de bus touristique) parcourt en 2 heures la piste de Shark Valley (24 km). Si vous devez choisir une seule activité dans les Everglades, n'hésitez pas : les guides sont bien informés et amusants, et vous verrez sans doute des alligators lézardant au soleil sur la route. À mi-chemin, la Shark Valley Observation Tower, une affreuse tour en béton de 15 m de haut, offre une vue superbe sur le parc.

Big Cypress Gallery Galerie d'art

(☎941-695-2428 ; www.clydebutcher.com ; Tamiami Trail ; promenade dans les marais 1 heure 30 adulte/enfant 50/35 $, 45 min adulte/enfant 35/25 $; 10h-17h ; P). Incontournable, cette galerie présente le travail de Clyde Butcher, un photographe américain dans la lignée d'Ansel Adams. Ses photos grand format en noir et blanc offrent une autre vision des Everglades. Butcher a trouvé dans les eaux saumâtres un équilibre spirituel étrangement communicatif. À chaque Labor Day (fête du Travail, le premier week-end de septembre), la galerie organise un gala qui comprend une balade amusante (20 $) dans les marais de sa propriété de 12 ha.

SECTEUR GULF COAST

Le secteur nord-ouest du parc longe Everglades City, un vieux village de pêcheurs floridien avec des maisons surélevées, une eau turquoise et des îlots de mangrove vert émeraude. La Hwy 29 le traverse vers le sud jusqu'à l'île résidentielle de Chokoloskee, après un hangar orné d'une peinture psychédélique représentant un alligator. C'est le genre d'endroit où il est agréable de flâner une journée.

Gulf Coast Visitor Center Circuits en bateau

(☎239-695-2591, 239-695-3311 ; evergladesnationalparkboattoursgulfcoast.com ; 815 Oyster Bar Lane, en retrait de la Hwy 29 ; canoë/kayak simple/kayak en tandem 24/45/55 $ par jour ; 9h-16h30 mi-avr à mi-nov, 8h-16h30 mi-nov à mi-avr ;). Cette station de rangers située à l'extrême nord-ouest de l'Everglades National Park donne accès aux Ten Thousand Islands. Des circuits en bateau partent de la marina pour explorer la mangrove et les îles verdoyantes ; si vous avez de la chance, vous verrez des dauphins bondir à côté de votre embarcation. Cet archipel était un site de contrebande majeur pour introduire la drogue aux États-Unis à la fin des années 1970 et au début des années 1980 ; les pêcheurs surnommaient *square groupers* (mérous carrés) les balles de marijuana.

SECTEUR ERNEST COE

Les zones sud et est du parc sont accessibles depuis Homestead, à une heure au sud de Miami. Cette partie du parc se compose de prairies herbeuses, de cours d'eau et de petits bosquets.

JEFF GREENBERG/ALAMY ©

À ne pas manquer
Le quartier général du Skunk Ape

Le Skunk Ape Research Center se consacre à la recherche d'une sorte de cousin du Bigfoot, répertorié uniquement dans cette partie des États-Unis, le "Skunk Ape" (un grand gorille-anthropoïde, supposé sentir mauvais).Si nous n'avons jamais vu cette étonnante créature, nous avons découvert une boutique de souvenirs kitsch en bord de route comportant, à l'arrière, un vivarium et une volière tenus par un personnage excentrique, qui aime bien se mettre un python albinos autour du cou. Donnez quelques dollars à l'entrée.

INFOS PRATIQUES

☎239-695-2275 ; www.skunkape.info ; 40904 Tamiami Trail E ; ⏲7h-19h, le "zoo" ferme vers 16h ; P

Ernest Coe Visitor Center Parc
(**☎305-242-7700 ; www.nps.gov/ever ; State Rd 9336 ; ⏲9h-17h**). Après Homestead et Florida City, la campagne perd sa monotonie et le paysage devient plus sauvage, parsemé de pins et de cyprès. Au bout de quelques kilomètres, vous entrez dans l'Everglades National Park par cet accueillant centre des visiteurs. Jetez un coup d'œil à l'excellente exposition, qui comprend un diorama de Floridiens "typiques", tels des pêcheurs.

Royal Palm Visitor Center Parc
(**☎305-242-7700 ; State Rd 9336 ; ⏲8h-16h15**). À 6,4 km de l'Ernest Coe Visitor Center, Royal Palm offre l'accès le plus facile aux Glades dans ce secteur. Deux chemins de randonnée, l'**Anhinga** et le **Gumbo Limbo** (du nom du gommier rouge, également appelé "arbre du touriste" en raison de son tronc rouge et pelé), de 1 heure chacun, vous feront découvrir la faune des Everglades : alligators se chauffant au soleil sur le rivage, anhinga

embrochant leurs proies et échassiers arpentant majestueusement les roseaux. La nuit, un ranger vous escorte sur la promenade en planches et éclaire de sa torche la surface de l'eau, où brillent les yeux de dizaines d'alligators. Un spectacle inoubliable.

Flamingo Visitor Center — Parc

(☎239-695-3101, 239-695-2945 ; ⏲marina 7h-19h, 6h-19h sam-dim). La partie la plus isolée du parc abrite une **marina** (☎239-696-3101, 239-695-2591) où vous pourrez faire un circuit en bateau dans l'arrière-pays (jusqu'à la baie de Floride ou dans les marécages 32,25/16,13 $ par adulte/enfant) et louer des canoës (2 heures/4 heures/journée entière 16/22/40 $) ou des kayaks de mer (demi-journée/journée entière 35/45 $) pour explorer seul les chenaux et les îles de la baie de Floride. En raison de son isolement, la zone peut être fermée en cas de mauvais temps. Sinon, soyez prudent dans les secteurs côtiers, car un orage peut transformer en un instant une jolie plage en une dangereuse étendue détrempée.

Hell's Bay — Lac

(Royal Palm Visitor Center). Explorer en canoë cette partie du parc constitue sans doute le meilleur moyen de découvrir le marais. Parmi les nombreux embarcadères aux noms évocateurs figure Hell's Bay (baie de l'enfer), notre préférée.

"L'enfer pour y pénétrer et l'enfer pour en sortir", nous ont avertis les vieux habitants des Everglades, mais un paradis à l'intérieur : un réseau de cours d'eau bordés de mangrove, des îlots de marisques et des bancs de boue mouvants, où les ronces forment un tunnel de verdure, avec un air saturé d'effluves iodés et du souffle organique des marais. Trois *chickee* (plateformes sur pilotis) jalonnent l'itinéraire.

Pa-hay-okee Overlook — Point de vue

La Rte 9336 traverse le cœur du parc en passant par de longues prairies marécageuses, des forêts fantomatiques de cyprès chauves et de sombres bosquets d'acajous. Plus loin, Pa-hay-okee Overlook est une plateforme surélevée qui domine l'un des plus jolis méandres du Fleuve d'herbe.

Cyprès chauves, Pa-hay-okee Overlook

VICKI BEAVER/ALAMY ©

Vaut le détour
Big Cypress National Preserve

D'une superficie de 2 950 km², cette réserve est le fruit d'un compromis entre écologistes, éleveurs de bétail et exploitants d'hydrocarbures. Elle joue un rôle important dans l'écosystème : les pluies qui inondent les prairies et les marais de la réserve s'écoulent lentement dans les Everglades. Environ 45% du marécage de cyprès (un groupe d'îlots de mangrove, de feuillus, de pins, de prairies et de marais) sont protégés. Si l'exploitation forestière a presque fait disparaître le cyprès chauve, le cyprès nain des étangs, au charme discret, prospère dans la région depuis la création de la réserve. L'**Oasis Visitor Center** (941-695-1201 ; 8h-16h30 lun-ven ;), à environ 32 km à l'ouest de la Shark Valley, propose d'excellentes expositions pour les enfants, et compte un fossé rempli d'eau très apprécié des alligators.

Activités

Que ce soit à pied, en bateau ou à vélo, il existe quantité de moyens d'explorer les marais sauvages des Everglades.

RANDONNÉE

SHARK VALLEY

À l'entrée du parc, la **Bobcat Boardwalk Trail**, une promenade en planches, décrit une boucle à travers un épais taillis d'essences tropicales avant de revenir au parking de Shark Valley. Un peu plus loin, l'**Otter Cave Trail** grimpe sur une falaise calcaire, criblée de trous par l'eau de pluie. Des Amérindiens vivaient jadis au sommet de cette falaise où des animaux occupent les creux formés par l'érosion (vous aurez peu de chances de les apercevoir).

Un tronçon de 50 km de la **Florida National Scenic Trail** (www.nps.gov/bicy/planyourvisit/florida-trail.htm) traverse la Big Cypress National Preserve. De l'extrémité sud, accessible via Loop Rd, le chemin court sur 13 km vers le nord jusqu'à l'US 41. Bien que plat, il est difficile : vous devrez sans doute patauger dans l'eau et avancer avec précaution entre une série de *solution holes* (petites dolines) et d'îlots de feuillus, sans mentionner l'ombre rare et la multitude d'insectes ! Trois campings rudimentaires (gratuits) avec puits jalonnent l'itinéraire ; prenez une carte au centre des visiteurs. **Monument Lake** (mai-14 déc gratuit, 15 déc-avr 16 $) dispose d'eau courante et de toilettes.

D'ERNEST COE À FLAMINGO POINT

La State Rd 9336 traverse le cœur du parc. Tous les sentiers suivants s'étirent sur 800 m. Le **Mahogany Hammock** mène à un "îlot" de forêt flottant sur la prairie inondée, tandis que les **Pinelands** traversent un bois mêlant de rares pins des marais et des palmiers. Plus loin, vous arriverez au Pa-hay-okee Overlook (p. 252). La **West Lake Trail** court à travers la plus grande mangrove protégée de l'hémisphère Nord. Plus loin, une marche de 2 heures (2,9 km) conduit à **Christian Point** et se termine par une vue splendide sur les rives balayées par le vent de la baie de Floride.

KAYAK ET CANOË

GULF COAST

Les **Ten Thousand Islands** se composent de nombreux îlots (moins de 10 000, toutefois) et d'un marais de mangroves qui borde la frontière sud-ouest de la Floride. Le **Wilderness Waterway**, un

parcours de 160 km entre Everglades City et Flamingo, est le plus long circuit de canoë de la région, avec d'autres itinéraires plus courts près de Flamingo. La plupart des îles sont bordées d'étroites plages de sable blanc, baignées d'une eau saumâtre et souvent très peu profonde. Ce sont des endroits réellement fascinants. Vous pouvez camper sur une île jusqu'à une semaine.

Explorer les Ten Thousand Islands ne présente aucune difficulté, à condition de suivre scrupuleusement les cartes et les calendriers des marées de la National Oceanic & Atmospheric Administration (NOAA). Sachez que pagayer à contre-courant est sans doute le meilleur moyen de gâcher votre excursion. Le Gulf Coast Visitor Center vend des cartes nautiques et distribue gratuitement le très pratique calendrier des marées. Vous pourrez toutefois vous procurer tous ces documents avant votre passage dans la région – demandez les cartes (*charts*) 11430, 11432 et 11433.

D'ERNEST COE À FLAMINGO POINT

Quantité de sites intéressants sont à voir dans la partie sud-est du parc, tous avec des noms qui semblent sortis tout droit du *Seigneur des Anneaux*, notamment **Hell's Bay** (baie de l'enfer), **Nightmare** (cauchemar), **Snake Bight** (golfe aux serpents) et **Graveyard Creek** (crique du cimetière). Les employés de **North American Canoe Tours** (NACT ; ☎239-695-3299, 877-567-0679 ; www.evergladesadventures.com ; Ivey House Bed & Breakfast, 107 Camellia St ; circuits 99 $, locations à partir de 35 $; ⏲nov à mi-avr) louent du matériel de camping, ainsi que des canoës (demi-journée/journée entière 35 $) et des kayaks (45-99 $).

Où se loger

Si camper dans le parc ne vous tente pas, vous trouverez de bons hôtels à Everglades City (près du secteur Gulf Coast du parc) et à Homestead (près du secteur Homestead).

À gauche : Royal Palm Visitor Center (p. 251) ;
Ci-dessous : kayak, Big Cypress National Preserve (p. 253)
(À GAUCHE) JEFF GREENBERG/ALAMY ©; (CI-DESSOUS) FRANZ MARC FREI/GETTY IMAGES ©

DANS L'ENCEINTE DU PARC

National Park Service Campsites — Camping $

(NPS ; ✆800-365-2267 ; www.nps.gov/ever/planyourvisit/camping ; empl mai-oct gratuit, nov-avr 16 $). Le NPS gère dans le parc plusieurs campings rudimentaires, avec douche froide et sans borne de raccordement. Une carte des campings est disponible au bureau d'information du NPS à Royal Palm ou sur le site Internet du parc.

Swamp Cottage — Cottage $$

(✆239-695-2428 ; www.clydebutchers-bigcypressgallery.com/swamp-cottage ; cottage 275 $; P 📶). Ce cottage de 2 chambres, qui se trouve juste à l'arrière de la Big Cypress Gallery (p. 250) est parfait pour quiconque souhaite rester proche des marécages sans renoncer à son confort. Il a un côté balnéaire... hormis que la "plage" est l'un des plus vastes marécages d'Amérique. Bien meublé, il est confortable mais pas luxueux.

EVERGLADES CITY

Everglades City Motel — Motel $

(✆239-695-4224, 800-695-8353 ; www.evergladescitymotel.com ; 310 Collier Ave ; ch à partir de 80 $; P ❄ 📶). D'un excellent rapport qualité/prix, l'établissement possède de grandes chambres rénovées avec TV à écran plat et climatisation. Le personnel, charmant, s'efforcera de trouver un circuit répondant à vos attentes.

Ivey House Bed & Breakfast — B&B $$

(✆239-695-3299, 877-567-0679 ; www.iveyhouse.com ; 107 Camellia St ; lodge 89-120 $, auberge 99-219 $; P ❄ 📶). Tenue par une famille, cette auberge tropicale sert de bons petits-déjeuners dans son Ghost Orchid Grill et propose des circuits nature parmi les meilleurs via

Si vous aimez... Les curiosités en bord de route

Homestead abrite deux sites d'intérêt situés tous deux en bordure de route.

1 CORAL CASTLE
(☎305-248-6345 ; www.coralcastle.com ; 28655 S Dixie Hwy ; tarif plein/senior/enfant 15/12/7 $; ⌚8h-18h dim-jeu, 8h-20h ven et sam). "Vous allez découvrir une réalisation inhabituelle" promet l'inscription sur le mur grossièrement taillé. C'est peu dire. Il n'y a pas de plus grand hommage à tout ce que le sud de la Floride a d'excentrique que cette histoire : abandonné par sa fiancée la veille de leur mariage dans les années 1920, Edward Leedskalnin, un Letton, émigra aux États-Unis et gagna la Floride. Secrètement, durant plus de 20 ans, il sculpta un monument à l'amour sans retour, un domaine rocheux qui comprend une "salle du trône", un cadran solaire, une palissade en pierre et une porte pivotante dont aucun ingénieur n'a encore pu percer le mécanisme. Sur le site, des stations audio expliquent les réalisations de ce constructeur chevronné.

2 EVERGLADES OUTPOST
(☎305-247-8000 ; www.evergladesoutpost.org ; 35601 SW 192nd Ave ; don suggéré 20 $; ⌚10h-17h lun, mar et ven-dim, sur rendez-vous mer et jeu). L'Everglades Outpost recueille, soigne et nourrit des animaux sauvages capturés par des braconniers, maltraités, négligés ou donnés par des personnes qui ne peuvent pas s'en occuper. Parmi les pensionnaires figurent des gibbons, un lémurien, des loups, des cobras, des alligators et deux superbes tigres (dont l'un acheté par une danseuse exotique qui pensait pouvoir l'intégrer à son numéro). Les dons des visiteurs aident au fonctionnement du refuge.

North American Canoe Tours (p. 254). L'Ivy offre un choix complet de forfaits (voir le site Internet), de l'excursion d'une journée aux circuits de 6 jours, hébergement et certains repas compris (de 300 à 2 290 $).

Rod & Gun Club Lodge B&B **$$**
(☎239-695-2101 ; www.evergladesrodandgun.com ; 200 Riverside Dr ; ch juil à mi-oct 95 $, mi-oct à juin 110-140 $; P ❄). Occupant un pavillon de chasse construit dans les années 1920 par Barron Collier (qui venait s'y reposer après avoir supervisé les travaux du Tamiami Trail), ce lodge s'agrémente d'un joli porche et d'un bon restaurant de poisson.

HOMESTEAD

Everglades International Hostel Auberge de jeunesse **$**
(☎305-248-1122, 800-372-3874 ; www.evergladeshostel.com ; 20 SW 2nd Ave, Florida City ; camping 18 $, dort 28 $, d 61-75 $, ste 125-225 $; P ❄ 📶 🏊). Aménagée dans un pensionnat confortable et un peu surchargé des années 1930, cette sympathique auberge de jeunesse dispose de dortoirs et de chambres privées ou semi-privées (partageant la sdb avec les dortoirs) d'un bon rapport qualité/prix. Son jardin à l'arrière est un véritable paradis : cabane dans les arbres, piscine creusée dans la roche avec cascade, pavillon bédouin-salle de danse, belvédère, salle de repos sous tente, four. De plus, vous pouvez passer la nuit partout dans le jardin pour 18 $ (choisissez la cabane dans les arbres !). Des voyageurs du monde entier se retrouvent dans cette auberge exceptionnelle, qui organise d'excellentes excursions dans les Everglades.

Où se restaurer

Plats floridiens traditionnels, produits riches, poissons et fruits de mer frais et cuisine du Sud constituent le principal de la cuisine locale.

EVERGLADES CITY

Joannie's Blue Crab Café Américain **$$**
(☎239-695-2682 ; Tamiami Trail ; plats 9-17 $; ⌚9h-17h). À l'est d'Ochopee, cette gargote typique, avec tables de pique-nique et décor kitsch sur le thème de l'alligator, sert de délicieuses fritures dans des

assiettes en carton. Musique live presque tous les jours.

JT's Island Grill & Gallery Américain $

(238 Mamie St, Chokoloskee ; plats 5-16 $; 11h-15h fin oct-mai ;). À environ 1,5 km du bourg, ce superbe café-galerie d'art est installé dans une épicerie restaurée de 1890. Tous les éléments du décor – meubles rétro, piles de livres kitsch, poteries, vêtements et cartes – sont à vendre. La cuisine est succulente (déjeuner uniquement) : gâteaux de crabe, salades, assiettes de poisson et wraps de légumes bio locaux.

HOMESTEAD

Robert is Here Marché $

(www.robertishere.com ; 19200 SW 344th St, Homestead ; plats 3-8 $; 8h-19h nov-août). Ce petit marché est une véritable institution : la Floride traditionnelle au summum de son kitsch, un hommage aux Everglades et à l'agriculture locale. Il accueille des concerts en soirée et comprend un zoo où les enfants peuvent caresser les animaux. Vous y trouverez de nombreuses conserves et sauces maison ainsi que de fantastiques milk-shakes et jus d'orange frais.

Renseignements

Ernest Coe Visitor Center (305-242-7700 ; www.nps.gov/ever ; 40001 State Rd 9336 ; 8h-17h)

Depuis/vers l'Everglades National Park

La 8th St SW à Miami devient l'US 41/Tamiami Trail. Shark Valley se trouve à 1 heure environ à l'ouest de Miami. L'entrée Ernest Coe se trouve à 1 heure au sud de Miami. Aucun bus de pénètre à l'intérieur du parc.

Lamantin, Biscayne National Park

MICHAEL MELFORD/GETTY IMAGES ©

BISCAYNE NATIONAL PARK

À l'est des Everglades s'étend le Biscayne National Park, ou plutôt les 5% du parc qui ne sont pas sous l'eau. Une partie du troisième récif du monde se situe au large de la Floride, avec des forêts de mangrove et l'archipel des Keys septentrional. Vaste de 775 km², ce parc unique s'explore facilement en canoë ou en circuit dans un bateau à fond de verre, ou bien lors d'une sortie de snorkeling ou de plongée.

À voir

Biscayne National Park Parc

(786-335-3612, 305-230-7275 ; www.nps.gov/bisc ; 9700 SW 328th St). Le parc loue des canoës, organise le transport jusqu'aux îles, des sorties de snorkeling et de plongée et des promenades en bateau à fond de verre au-dessus des récifs. Tous les circuits nécessitent un minimum de 6 participants ; appelez pour réserver. Très prisée, la promenade de 3 heures en bateau à fond de verre (45 $) part à 10h ;

Camping en pleine nature

Il existe trois types d'emplacements de camping dans la nature : en bord de mer, sur les plages de coquillages ou dans les Ten Thousand Islands. Dans ces îles, vous trouverez des emplacement en hauteur (sur des monticules de terre construits au-dessus des mangroves) et sur les *chickees*, des plateformes sur pilotis où installer sa tente (sans piquets). Les *chickees*, dotées de toilettes, sont les plus confortables, et dormir sur une sorte de radeau est très apaisant.

Attention : si, en vous déplaçant en kayak, vous découvrez des îles qui semblent accueillantes mais ne sont pas répertoriées comme sites de camping, la prudence s'impose : elles risquent d'être submergées à marée haute.

De novembre à avril, les permis de camping coûtent 10 $, plus 2 $ par personne et par nuit. De mai à octobre, les emplacements sont gratuits, mais vous devrez vous enregistrer aux centres des visiteurs de Flamingo et de Gulf Coast, ou appeler le ☎239-695-2945.

Quelques conseils :

- Conservez la nourriture dans une boîte résistant aux ratons laveurs (en vente dans les magasins de sport).
- Creusez un trou d'au moins 25 cm pour enterrer vos déchets biodégradables, mais sachez que la terre est dure à certains emplacements.
- Utilisez un réchaud pour cuisiner. Les feux de camp ne sont autorisés que sur la plage, avec du bois mort ou flotté.

avec de la chance, vous verrez des dauphins et des lamantins. La location de canoë/kayak, disponible de 9h à 15h, revient à 12/16 $ l'heure. Les sorties de snorkeling (45 $) durent 3 heures, dont 1 heure 30 dans l'eau, et partent tous les jours à 13h15. Les sorties de plongée (99 $) commencent à 8h30 du vendredi au dimanche. Vous pourrez aussi louer un bateau pour faire le tour du parc (300 $).

Maritime Heritage Trail Site de plongée

Le Maritime Heritage Trail est un des rares itinéraires de ce genre aux États-Unis. Rêve de plongeurs, il compte six épaves : les visiteurs sont transportés en bateau jusqu'au site, où ils peuvent nager parmi les navires échoués et les nuées de poissons, en lisant des panneaux d'information étanches. Cinq bateaux sont réservés aux plongeurs, mais le *Mandalay*, un superbe deux-mâts coulé en 1966, est accessible en snorkeling.

Activités

La **excursions en bateau** et la **pêche** font bien entendu partie des activités pratiquées, souvent ensemble ; vous devrez néanmoins effectuer quelques formalités. Les navigateurs se procureront le calendrier des marées au parc (ou sur www.nps.gov/bisc/planyourvisit/tide-predictions.htm). Assurez-vous de respecter les limitations de vitesse, destinées à protéger le lamantin.

Ces limitations s'appliquent jusqu'à 300 m du rivage, de Black Point à Turkey Point, et comprennent les marinas de Black Point Park et de Homestead Bayfront Park. Une autre zone à vitesse limitée s'étend de Sands Cut à Coon Point. Les rangers fournissent les cartes de toutes ces zones, indispensables pour la navigation.

Biscayne Underwater (**www.biscayneunderwater.com**) vous renseignera sur les excursions en bateau et la location et peut se charger de la logistique.

Où se loger

Comptez 15 $ par tente et par nuit pour un emplacement de camping rudimentaire à Elliott Key ou à Boca Chita Key ; vous payez au port selon un système de confiance en faisant l'appoint (des rangers patrouillent dans les Keys pour vérifier les reçus). Il y a de l'eau potable sur l'île, mais il est toujours préférable d'être bien préparé. Amarrer votre bateau pour la nuit dans les ports d'Elliott ou de Boca Chita revient à 20 $, un prix qui comprend l'utilisation d'un emplacement de camping jusqu'à 6 personnes et 2 tentes.

Renseignements

Dante Fascell Visitor Center (**305-230-7275 ; www.nps.gov/bisc ; 9700 SW 328th St ; 8h30-17h**). À Convoy Point, ce centre des visiteurs projette un excellent film sur le parc, propose des cartes, des informations et des activités organisées par les rangers, et expose de l'art local. Le terrain alentour est un lieu de pique-nique prisé le week-end et pendant les vacances, en particulier des familles de Homestead.

Depuis/vers le Biscayne National Park

De Homestead, empruntez la SW 328th St (North Canal Dr) vers l'est sur environ 14 km (la route est bien indiquée) à travers une longue série de champs et de marais vert et or.

Tampa Bay et la côte du golfe du Mexique

La côte du golfe du Mexique (ou Golf Coast) offre des paysages en demi-teintes. Marées douces. Vents légers.

Le sud-ouest de la Floride ressemble à une aquarelle impressionniste. Il y a d'abord le sable blanc des plages des îles-barrières, léchées par des eaux bleu turquoise qui prennent une couleur indigo au coucher du soleil. Le soir venu, ces mêmes îles parsèment de taches phosphorescentes la nuit d'encre.

La splendeur de la côte du Golfe est son principal atout, mais c'est sans compter sur son chic urbain et sa divine cuisine, de Tampa à St Petersburg et de Sarasota à Naples, sans oublier les îles reculées, les *resorts* à l'ambiance familiale ou les fêtes pendant les vacances universitaires.

Le cirque de Ringling et le musée Dalí se fondent dans le paysage : tous deux offrant un tableau brillant et audacieux, parfaitement assorti aux étonnants lamantins, spatules rosées, alligators et... cigares d'Ybor City, à découvrir absolument !

Centre-ville de Tampa Bay (p. 270)
RIDDHISH CHAKRABORTY/GETTY IMAGES ©

Spatules en plein repas
STEVEN BLANDIN / BIRD-WILDLIFEPHOTOGRAPHY.COM/GETTY IMAGES ©

Tampa Bay et la côte du golfe du Mexique

Tampa Bay et la côte du golfe du Mexique À ne pas manquer

Sanibel Island et Captiva Island

Ces deux îles-barrières (p. 297), reliées à Fort Myers par une longue chaussée, sont l'exemple type d'une urbanisation bien menée. Commerces et résidences comportent un minimum d'étages afin de minimiser leur impact visuel, et la beauté naturelle des îles éblouit toujours autant. Sanibel Island

1

2 Weeki Wachee Springs

Weeki Wachee Springs (p. 296) entretient à merveille le mythe de la Floride d'antan. Les grands-parents y emmènent leurs petits enfants et les parents versent une petite larme en se rappelant la toute première fois où ils se sont émerveillés devant les acrobaties sous-marines des belles sirènes. Weeki Wachee est plus qu'un simple ballet, elle incarne le charme, la nostalgie et la fantaisie ludique de la Floride.

IMAGES-USA/ALAMY ©

3 Mote Marine Laboratory

Nous serions tentés de dire que le Mote Marine Laboratory (p. 291) est l'aquarium le plus fantastique de Floride, mais il ne s'agit pas uniquement d'un aquarium. Le Mote est un centre de recherche qui fait régulièrement de nouvelles découvertes dans le domaine de la biologie marine. Les visiteurs viennent nombreux y observer des raies pastenagues, des requins, des tortues marines, des lamantins et bien d'autres espèces encore.

ILENE MACDONALD/ALAMY ©

4 Fort DeSoto Park & Beach

Il y a tant de belles plages qui s'étirent au sud de St Petersburg qu'il nous est difficile d'élire notre préférée. Cela dit, la plage de Fort DeSoto (p. 289) sort du lot, non seulement parce que le sable et la mer y sont splendides, mais surtout parce que la plage borde un parc doté d'un parcours pour canoë, de sentiers nature, d'un parc pour chiens, et qui se distingue par l'interaction complexe des différents écosystèmes de la côte du golfe du Mexique.

5 Salvador Dalí Museum

Salvador Dalí était un artiste fascinant. Si vous voulez en savoir plus sur l'homme et son génie, ne manquez pas le musée (p. 281) qui lui est consacré à St Petersburg. Plus qu'une simple galerie d'art, c'est un bâtiment dont l'agencement, la conception et les expositions incitent à découvrir de façon originale l'esprit de l'un des fondateurs du surréalisme.

Tampa Bay et la côte du golfe du Mexique : le best of

Plages

- **Fort DeSoto Park & Beach** Splendeur naturelle et agréable sentiment d'isolement au sud de St Petersburg. (p. 289)
- **Bowman's Beach** Sable blanc et horizons ouverts sur Sanibel Island. (p. 298)
- **St Pete Beach** Non seulement magnifique, mais bordée de restaurants et de bars. (p. 289)
- **Caladesi Island State Park** Plage quasi sauvage d'une île-barrière située au nord de Tampa. (p. 287)

Arts et culture

- **Straz Center for the Performing Arts** Immense salle de concerts de Tampa qui accueille symphonies, spectacles de Broadway, ballets et opéras. (p. 279)
- **Salvador Dalí Museum** Le meilleur musée d'art moderne de Floride. (p. 281)
- **Arcade Theatre** Ce théâtre accueille le formidable Florida Repertory Theatre. (p. 297)
- **Ringling Museum Complex** Collection d'œuvres d'art, présentation de l'histoire locale et exposition sur le cirque américain. (p. 290)

Plaisirs insolites

- **Weeki Wachee Springs** Un ballet sous-marin dansé par des sirènes, à ne pas manquer ! (p. 296)
- **Ramasser des coquillages à Sanibel** Les plages sont parsemées d'une myriade de coquillages – qui donnent envie de commencer une collection ! (p. 297)
- **Coffee Pot Bayou et Old Northeast** Le plus ancien et le plus beau quartier de St Petersburg. (p. 281)
- **Mote Marine Laboratory** À la fois centre de recherche et aquarium exceptionnel de la côte du golfe du Mexique. (p. 291)

Ce qu'il faut savoir

Observation des animaux

- **Myakka River State Park** Des centaines d'alligators peuplent ces marais. (p. 292)
- **Homosassa Springs Wildlife State Park** Observez les superbes oiseaux, reptiles et mammifères qui constituent la faune floridienne. (p. 301)
- **Crystal River National Wildlife Refuge** Un lieu parfait pour apercevoir des lamantins. (p. 302)
- **JN 'Ding' Darling National Wildlife Refuge** Un "safari" en voiture vous amènera au milieu de nuées d'oiseaux. (p. 298)

À gauche : coquillages, Sanibel Island (p. 297) ;
-dessus : JN 'Ding' Darling National Wildlife Refuge (p. 298)

À PRÉVOIR

- **Locations** La côte du Golfe est jalonnée de maisons de vacances : consultez le site www.gulfcoastrentals.com pour des informations sur les locations à court terme.
- **Événements** Le calendrier culturel est bien rempli : tous les détails sur www.artstampabay.com.
- **Restaurants** Les restaurants sont généralement sans prétention, mais dans des villes comme Tampa Bay et St Petersburg, il est préférable de réserver.
- **Coquillages** Les plages des environs (notamment à Sanibel) sont émaillées de coquillages. Imprimez ce guide avant votre visite : www.sanibel-captiva.org/play/shelling_center.

SITES INTERNET

- **Lee County Visitor & Convention Bureau** Renseignements et adresses pour Fort Myers, Sanibel Island et la région : www.leevcb.com.
- **Visit St Petersburg & Clearwater** Site de l'office du tourisme de St Pete et de ses plages : www.visitstpeteclearwater.com.
- **Ybor.org** Chambre du Commerce d'Ybor City : des renseignements sur les galeries, la vie nocturne et les restaurants : www.ybor.org.
- **Visit Tampa Bay** Informations touristiques pour Tampa Bay : www.visittampabay.com.

COMMENT CIRCULER

- **Voiture** L'I-75 est la principale route nationale reliant cette région à la côte du golfe du Mexique.
- **Bus** Les bus Greyhound desservent Tampa Bay, St Petersburg, Bradenton (Sarasota) et Fort Myers.
- **Avion** Les principales compagnies aériennes ont des vols directs pour St Petersburg, Tampa Bay, Sarasota et Fort Myers.
- **Bateau** Vérifiez bien les horaires des ferries qui font la navette vers les différentes îles-barrières.

MISE EN GARDE

- **Criminalité** Tampa connaît les problèmes des grandes villes, avec son lot d'actes délictueux. Si le centre-ville et Ybor City sont des quartiers sûrs, ne vous aventurez pas au hasard dans les quartiers voisins, difficiles.

Suggestions d'itinéraires

La côte du golfe du Mexique est la réponse familiale et paisible de la Floride au glamour et à la vie nocturne trépidante de la côte atlantique. On peut y explorer de belles réserves naturelles, des musées et des kilomètres de plages sablonneuses.

4 JOURS

CIRCUIT DANS LA BAIE

WACHEE, ST PETERSBURG ET TAMPA

1 **Weeki Wachee Springs**, dont les spectacles de sirènes éblouissent petits et grands, est un peu l'âme de la Floride d'antan (de plus en plus rare). De là, allez aux 2 **Busch Gardens**, un parc à thème consacré à l'Afrique qui perfectionne ses montagnes russes et autres attractions tous les jours. Rendez-vous ensuite à 3 **Tampa Bay**, où vous découvrirez le 4 **Museum of Art** et d'excellents spectacles au 5 **Straz Center for the Performing Arts**.

Le jour suivant, partez alors pour 6 **St Petersburg** ; ne manquez pas le 7 **Salvador Dalí Museum**. Dans le quartier historique de 8 **Coffee Pot Bayou**, flânez dans les rues pavées ou passez votre journée au vert dans le 9 **Gizella Kopsick Palm Arboretum**. Le dernier jour, découvrez les plages qui s'étirent au sud de St Petersburg : nous vous recommandons 10 **Fort DeSoto Park & Beach**. Une fois que vous aurez profité du soleil, du sable et d'une mer calme, offrez-vous un dîner dans l'enclave artistique de 11 **Gulfport**.

En haut à gauche : Tampa Museum of Art (p. 271), conçu par l'architecte Stanley Saitowitz ; **En haut à droite** : loutre, Six Mile Cypress Slough Preserve (p. 294)

3 JOURS

LE MEILLEUR DU SUD-OUEST DE LA FLORIDE

DE SARASOTA À FORT MYERS

Sarasota abrite certains des sites les plus curieux de la Floride, notamment le ❶ **Mote Marine Laboratory**, l'un des plus grands centres de recherche marine du pays qui abrite un aquarium ouvert au public (vivement recommandé). Vous passerez sans doute une bonne partie de votre journée (et de la nuit) à vous promener autour du ❷ **St Armand's Circle**, un ravissant centre commercial en plein air. Faites aussi un saut au ❸ **Ringling Museum Complex**, sorte de musée qui offre un florilège d'expositions à thème, un étonnant mélange d'œuvres d'art, de design historique et d'architecture, ainsi que l'histoire du cirque.

Passez la journée suivante à rejoindre Fort Myers. Si vous voyagez entre novembre et mars, allez au ❹ **Lee County Manatee Park** et essayez d'apercevoir l'un des paisibles lamantins, de gros mammifères marins qui n'ont pas grand-chose à voir avec des sirènes, mais qui ont induit en erreur des générations de marins ! Vous pouvez aussi rejoindre la ❺ **Six Mile Slough Cypress Preserve** et suivre la promenade de planches qui pénètre en plein cœur des derniers marais sauvages de Floride. Le troisième jour, prenez un petit-déjeuner dans le centre historique de Ft Myers avant de repartir pour ❻ **Sanibel Island** pour participer à un "safari" dans le ❼ **JN 'Ding' Darling National Wildlife Refuge**.

Découvrir Tampa Bay et la côte du golfe du Mexique

Les incontournables

- **Tampa Bay** (ci-contre). Capitale culturelle et familiale de la côte.
- **St Petersburg** (p. 280). Une ville festive devenue enclave artistique.
- **Sarasota** (p. 291). Musée du cirque, vie marine et jolies plages.
- **Sanibel Island et Captiva Island** (p. 297). Des plages détendues et une urbanisation peu invasive.

Tampa Riverwalk

RÉGION DE TAMPA BAY

Tampa Bay

☎813 / 335 700 HABITANTS

Si Tampa est une ville très étendue et fonctionnelle, elle se révèle toutefois plus plaisante qu'elle ne le laisse paraître. De nouveaux musées, parcs et restaurants gastronomiques apparaissent tous les mois, à tel point que nous sommes ravis de dire que la capitale de la côte du Golfe a finalement gagné en raffinement.

À voir

En centre-ville, la jolie **Tampa Riverwalk (www.thetampariverwalk.com)** relie la plupart des sites. Des adresses pour déjeuner et des stands alimentaires émaillent Franklin St Mall, une rue piétonne entre Kennedy Blvd et Zack St.

Lowry Park Zoo Zoo

(**☎813-935-8552 ; www.lowryparkzoo.com ; 1101 W Sligh Ave ; adulte/enfant 25/20 $; 9h30-17h ; P**). Au nord du centre-ville, le zoo de Tampa privilégie la proximité avec les animaux : volières, promenade à dos de chameau, repas des girafes, enclos pour les wallabies et "rencontre" avec un rhinocéros.

Florida Aquarium Aquarium

(**☎813-273-4000 ; www.flaquarium.org ; 701 Channelside Dr ; adulte/enfant 24/19 $; 9h30-17h ;**). L'excellent aquarium de Tampa est l'un des meilleurs de l'État. De conception ingénieuse, le complexe est aménagé dans un marécage reconstitué et permet de se promener au milieu des hérons et des ibis qui arpentent la mangrove. Possibilité de nager avec les poissons (et les requins) ou de participer à un circuit écotouristique en catamaran dans la Tampa Bay.

Glazer Children's Museum — Musée

(☎813-443-3861 ; www.glazermuseum.org ; 110 W Gasparilla Plaza ; adulte/enfant 15/9,50 $; 🕒10h-17h lun-ven, 10h-18h sam, 13h-18h dim ; 👪). Ce musée interactif offre un espace de jeu créatif aux moins de 10 ans. Le personnel est aux petits soins, et l'amusement est garanti. Juste à côté, le Curtis Hixon Park, doté d'une aire de jeux, est idéal pour les pique-niques.

Tampa Museum of Art — Musée

(☎813-274-8130 ; www.tampamuseum.org ; 120 W Gasparilla Plaza ; tarif plein/étudiant 10/5 $; 🕒11h-19h lun-jeu, 11h-20h ven, 11h-17h sam-dim). Le spectaculaire musée construit en porte-à-faux par l'architecte Stanley Saitowitz semble flotter au-dessus du Curtis Hixon Park, en surplomb de la Hillsborough River. Ce bâtiment sculptural abrite 6 galeries où l'on peut voir, à côté de la collection permanente d'antiquités grecques et romaines, des expositions contemporaines de photos et nouveaux médias. L'exposition la plus récente a accueilli le travail du Graphicstudio, à la pointe de l'avant-garde à Tampa. On a ainsi pu admirer 110 œuvres graphiques de 45 artistes, dont Robert Rauschenberg, Louise Bourgeois, Chuck Close et Christian Marclay.

Manatee Viewing Center — Réserve naturelle

(☎813-228-4289 ; www.tampaelectric.com/manatee ; Big Bend Rd, Apollo Beach ; 🕒10h-17h 1er nov-15 avr). GRATUIT L'une des expériences les plus étonnantes de Floride consiste à observer des lamantins évoluant dans les eaux tièdes générées par les systèmes de refroidissement des centrales électriques. La régularité avec laquelle ces mammifères placides y apparaissent, entre novembre et avril, a fait de cet endroit une zone protégée où l'on peut aussi apercevoir des tarpons, des raies et des requins. Un café-bar, une modeste exposition, des toilettes et des tables de pique-nique complètent l'installation.

Ybor City — Q

Tel l'enfant illégitime de Key West et de Little Havana à Miami, Ybor City es un quartier multiethnique empreint de nostalgie, et le foyer des nuits les plus branchées de Tampa Bay. Avec ses rues pavées du XIXe siècle où se mélangent des balcons en fer forgé et des palmiers se balançant sous la brise, des lampadaires globe et des édifices en brique, le quartier conserve une forte identité cubaine, espagnole et italienne.

Pour une visite guidée de 1 heure 30 à pied, réservez auprès d'**Ybor City Historic Walking Tours** (☎813-505-6779 ; www.yborwalkingtours.com ; adulte/enfant 15/5 $). Il y en a généralement deux par jour.

Museum of Science & Industry — Musée

(MOSI ; ☎813-987-6000 ; www.mosi.org ; 4801 E Fowler Ave ; adulte/enfant 25/20 $; 🕒9h-17h lun-ven, 9h-18h sam-dim ; P 👪). Il y en a pour tous les âges dans ce musée des sciences interactif. Les plus petits se ruent sur Kids in Charge, une section comportant de nombreuses activités simples et ludiques pour les familiariser avec l'univers des sciences. La section sur le corps humain (fœtus dans du formol, avertissements sur la grossesse et la santé), un peu crue, est à réserver aux plus âgés. Ne manquez pas le film IMAX, inclus dans le tarif.

Du centre-ville, prendre l'I-275 vers le nord jusqu'à la sortie 51 puis Fowler Ave vers l'est.

Florida Museum of Photographic Arts — Musée

(FMoPA ; ☎813-221-2222 ; www.fmopa.org ; The Cube, 400 N Ashley Dr ; don suggéré 10 $; 🕒10h-17h mar-jeu et sam, 10h-20h ven, 12h-17h dim). Ce petit musée intimiste consacré aux arts photographiques occupe les 1er et 2e étages du Cube, un atrium de 5 étages au centre de Tampa. Outre la collection permanente montrant les œuvres de Harold Edgerton et Len Prince, des expositions temporaires sont organisées. On a pu voir ainsi le travail d'Ansel Adams, d'Andy Warhol et de photographes

Région de Tampa Bay

contemporains comme David Hilliard. Également : cours de photographie de 3 heures (55 $), d'une journée (60 $) et de plusieurs semaines.

Tampa Bay History Center Musée

(☎813-228-0097 ; www.tampabayhistorycenter.org ; 801 Old Water St ; adulte/enfant 13/8 $; ⏲10h-17h). Ce musée d'histoire de tout premier plan est consacré aux Séminoles et aux Miccosukee de la région, aux "Crackers" (premiers colons britanniques et américains de la région), aux éleveurs de bétail, à la communauté cubaine et à l'industrie du cigare de Tampa. La collection de cartes, couvrant six siècles, est éblouissante.

Ybor City Museum State Park Musée

(☎813-247-6323 ; www.ybormuseum.org ; 1818 E 9th Ave ; adulte/enfant 4 $/gratuit ; ⏲9h-17h). Ce musée d'histoire à l'ancienne, un peu poussiéreux, fait revivre une époque révolue à travers des habitations de cigariers et de superbes photos. Mention spéciale à la boutique du musée où vous aurez des conseils d'expert sur les cigares et pourrez vous inscrire à la **visite autoguidée** (☎813-428-0854 ; visite en ligne/audio-tour 10/20 $). Le circuit est commenté par 24 membres majeurs de la communauté, notamment Rafael Martinez-Ybor, arrière-petit-fils du fondateur d'Ybor City, et Casey Gonzmart, issu de la 4e génération du clan, qui tient le Columbia Restaurant.

Où se loger

Les touristes auront intérêt à se loger à Ybor City ou dans le centre-ville. On trouve aussi quantité de chaînes de catégorie intermédiaire au nord du centre-ville, près des Busch Gardens et de l'université de Floride du Sud.

Hilton Garden Inn Ybor City Hôtel $$

(☎813-769-9267 ; www.hiltongardeninn.com ; 1700 E 9th Ave ; ch 160-230 $; P❄📶🏊). Meilleure adresse de Tampa, ce bel hôtel, accueillant et efficace, appartient à la chaîne Hilton Garden. Il est situé à quelques rues de 7th Avenue. Chambres spacieuses et confortables, belle piscine privée et petit-déjeuner copieux cuisiné à la demande. Navette gratuite également à disposition pour se rendre en centre-ville.

Gram's Place Hostel Auberge de jeunesse $

(☎813-221 0596 ; www.grams-inn-tampa.com ; 3109 N Ola Ave ; dort 23 $, ch 25-60 $; ❄@📶). Aussi charismatique qu'une rock star vieillissante, cette minuscule et chaleureuse auberge de jeunesse plaît aux voyageurs étrangers qui préfèrent l'originalité à l'aspect impeccable du linge de lit. Profitez du Jacuzzi et des jam-sessions du samedi soir. Le petit-déjeuner n'est pas inclus, mais il y a deux cuisines tout équipées. Gram's Place se trouve à Tampa Heights, à 3,2 km au nord du Tampa Museum of Art.

Don Vicente de Ybor Historic Inn Hôtel historique $$

(☎813-241-4545 ; www.donvicenteinn.com ; 1915 Republica de Cuba ; ch petit-déj compris 139-219 $; P❄📶). Un peu défraîchi, cet hôtel de 1895 rappelle l'âge d'or d'Ybor City. Hélas, les chambres sont moins fastueuses et accueillantes que les parties communes, au cachet vieille Europe.

Epicurean Hotel Hôtel $$$

(☎813-999-8700 ; www.epicureanhotel.com ; 1207 S Howard Ave ; ch 180-280 $; P❄📶🏊). Le flambant neuf Épicurien de South Tampa vit de la collaboration de six entreprises. Chad Johnson, chef de la Bern's Steak House (p. 277), a conçu la carte du restaurant Élevage, et c'est Dean Hurst qui concocte les cocktails très originaux de l'Edge Social Drinkery, bar sur le toit en terrasse. La pâtisserie Pi, une cave-épicerie fine et une école de cuisine complètent le tableau. Aurez-vous encore le temps de profiter du club de remise en forme, de la piscine et du spa ?

Hampton Inn & Suites Ybor City Hôtel $$

(☎813-247-6700 ; www.hamptoninn.hilton.com ; 1301 E 7th Ave ; ch 130-180 $; P❄📶🏊).

Centre de Tampa

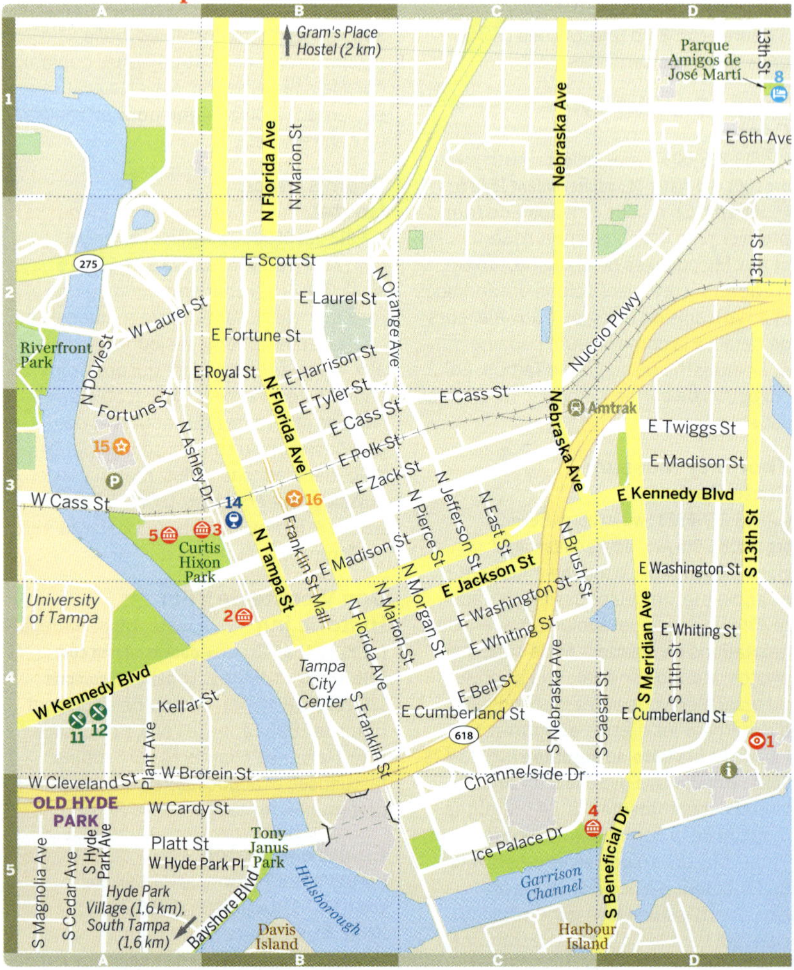

Hôtel en brique rouge proposant un bon niveau de confort, une navette gratuite pour le centre-ville et une minuscule piscine. Comme il se trouve sur 7th Avenue, les chambres en façade peuvent être bruyantes.

Où se restaurer

Tampa compte d'excellents restaurants (principalement en dehors du centre-ville), concoctant notamment des spécialités américaines et espagnoles.

CENTRE-VILLE

Oxford Exchange Américain **$$**

(☎813-253-0222 ; www.oxfordexchange.com ; 420 W Kennedy Blvd ; plats 17-32 $; ⏰7h30-17h lun-mer et ven, 7h30-21h jeu, 9h-17h sam, 9h-20h dim). Écurie construite en 1891 pour le Plant Hotel, ce lieu réinventé s'inspire du vénérable restaurant Wolseley de Londres. La carte américaine de la chef Erin Guggino est servie sous de splendides frondaisons de palmiers, dans une serre. Sur place également,

une minuscule librairie lambrissée, un café Buddy Brew et un bar TeBella. L'établissement propose une alléchante carte des vins et de cocktails à base de jus de fruits fraîchement pressés.

Mise en Place Américain moderne **$$$**
(**813-254-5373 ; www.miseonline.com ; 442 W Kennedy Blvd ; midi 10-15 $, soir 20-35 $; 11h30-14h30 et 17h30-22h mar-ven, 17h30-23h sam**). Ouvert depuis plus de 25 ans, ce restaurant est une référence à Tampa

Centre de Tampa

À voir
- 1 Florida Aquarium D4
- 2 Florida Museum of Photographic Arts B4
- 3 Glazer Children's Museum B3
- 4 Tampa Bay History Center C5
- 5 Tampa Museum of Art A3
- 6 Ybor City Museum State Park F1

Où se loger
- 7 Don Vicente de Ybor Historic Inn E1
- 8 Hampton Inn & Suites Ybor City D1
- 9 Hilton Garden Inn Ybor City E1

Où se restaurer
- 10 Columbia Restaurant F1
- 11 Mise en Place A4
- 12 Oxford Exchange A4
- 13 Tre Amici @ the Bunker F1

Où prendre un verre et faire la fête
- 14 Anise Global Gastrobar B3

Où sortir
- 15 Straz Center for the Performing Arts A3
- 16 Tampa Theatre B3

Achats
- 17 El Sol E1
- 18 King Corona Cigar Factory E1
- 19 La France E1
- 20 Metropolitan Cigars F1

si vous souhaitez vous offrir un repas à la fois romantique et sophistiqué. La carte fait la part belle à la cuisine contemporaine américaine mâtinée de touches floridiennes et caribéennes. Toujours en accord avec les dernières tendances culinaires, elle réussit pourtant à ne jamais être snob ou trop branchée. Faites-vous plaisir avec le menu dégustation "Get Blitzed" (55 $), d'un excellent rapport qualité/prix.

YBOR CITY

Columbia Restaurant Espagnol **$$$**
(**813-248-4961 ; www.columbiarestaurant.com ; 2117 E 7th Ave ; plats midi 9-15 $, soir 18-29 $; 11h-22h lun-jeu, 11h-23h ven-sam, 12h-21h dim**). Centenaire en 2015, ce restaurant hispano-cubain est le plus ancien de Floride. Occupant tout un pâté de maisons, il se compose de 13 salles élégantes et de cours romantiques avec

des fontaines en leur centre. Nombre des serveurs en gants blancs ont passé leur vie ici. Quant au propriétaire, Richard Gonzmart, il met un point d'honneur à servir une authentique cuisine espagnole et cubaine. Réservez pour un spectacle de flamenco (deux par soirée).

Tre Amici @ the Bunker Café $

(813-247-6964 ; www.yborbunker.com ; 1907 19th St N ; 3-8 $/pièce ; 8h-16h lun-mer, ven-sam, 8h-23h jeu). La population branchée d'Ybor City se réveille dans ce café de quartier à l'ambiance décontractée avec un bon choix de *burritos* au petit-déjeuner. On y sert aussi des soupes et des sandwichs toute la journée. Soirées *open mic* (scène artistique ouverte), films et même *speed dating* pour la communauté homosexuelle.

La Segunda Bakery Boulangerie $

(www.lasegundabakery.com ; 2512 N 15th St ; 1-8 $/pièce ; 6h30-17h lun-ven, 7h-15h sam, 7h-13h dim). Au niveau de 15th Ave et de 15th St, tout près de l'artère principale d'Ybor, cette authentique boulangerie espagnole propose de délicieux pains et pâtisseries, un riche café cubain et peut-être bien les meilleurs sandwichs cubains de tout Tampa. La maison a été fondée en 1915 et est fréquentée par une clientèle éclectique.

SOUTH TAMPA

Wright's Gourmet House Sandwichs $

(www.wrightsgourmet.com ; 1200 S Dale Mabry Hwy ; sandwichs et salades 5-10 $; 7h-18h lun-ven, 8h-16h sam). De l'extérieur, on dirait vaguement un magasin de peinture et de papier peint. L'intérieur n'est pas tellement mieux : nappes en plastique vert et murs blancs sans chichis. Mais le *red velvet cake*, la tarte aux noix de pécan et les gigantesques sandwichs (goûtez le *beef martini* au rosbif, avec des champignons marinés au vin et du bacon) expliquent à eux seuls le succès du lieu.

À gauche : lamantins ; **ci-dessous** : Glazer Children's Museum (p. 271)
(À GAUCHE) PETER PEARSON/GETTY IMAGES © ; (CI-DESSOUS) RICHARD CUMMINGS/GETTY IMAGES ©

Bern's Steak House Gril $$$
(☎813-251-2421 ; www.bernssteakhouse.com ; 1208 S Howard Ave ; plats 25-60 $; ⏲17h-22h dim-jeu, 17h-23h ven-sam). Ce restaurant mythique est une véritable institution connu dans tout le pays. Mettez-vous sur votre trente et un, commandez du caviar et de la viande de bœuf affinée sur place, demandez à visiter la cave et les cuisines, et ne manquez surtout pas le dessert, à savourer dans la Harry Waugh Dessert Room, une salle spécialement conçue à cette intention.

Restaurant BT Fusion $$$
(☎813-258-1916 ; www.restaurantbt.com ; 2507 S MacDill Ave, Palma Ceia ; plats midi 10-15 $, soir 23-32 $; ⏲11h30-14h30 et 17h30-22h lun-jeu, jusqu'à 23h ven-sam). La chef Trina Nguyen-Batley combine dans ce temple dédié à la cuisine asiatique et française (élaborée avec des produits locaux) son expérience de la mode et ses origines vietnamiennes, pour un résultat savoureux et ultrachic.

SEMINOLE HEIGHTS ET ENVIRONS

Rooster & the Till Fusion $$
(☎813-374-8940 ; www.roosterandthetill.com ; 6500 N Florida Ave ; assiettes 8-19 $; ⏲15h30-22h lun-jeu, 15h30-23h ven-sam). Forts d'un impressionnant pedigree culinaire, Ferrell Alvarez et Ty Rodriguez viennent de lancer à Seminole Heights le restaurant "de la ferme à la table" le plus ambitieux. On vient ici pour les petites assiettes pleines de saveurs. Goûtez à la poitrine de porc *mangalitza* accompagnée de pommes marinées au vinaigre et de miel au poivre, ou aux *shimeji* et pleurotes fumés avec tarte à la tomate verte et fromage bleu Point Reyes.

Refinery Américain moderne $$
(☎813-237-2000 ; www.thetamparefinery.com ; 5137 N Florida Ave ; plats 9-24 $; ⏲17h-22h dim-jeu, 17h-23h ven-sam, brunch 11h-14h30 dim ;). Restaurant de fine cuisine très

populaire, où les assiettes sont ébréchées et l'ambiance sans prétention. Au menu : une cuisine délicieuse à base de produits locaux, mariant astucieusement esprit éthique et punk attitude. Les propriétaires, Michelle et Greg Baker, sont parmi les rares restaurateurs de Floride connus ailleurs que dans l'État, grâce aux 3 nominations de Greg aux James Beard Awards (un prix dans le domaine de la restauration). De 17h à 19h, on propose des assiettes du chef à 5 $.

Ella's Americana Folk Art Cafe Américain **$$**
(**☎813-234-1000 ; www.ellasfolkartcafe.com ; 5119 N Nebraska Ave ; plats 11-22 $; ⌚17h-23h mar-jeu, 17h-minuit ven-sam, 11h-20h dim**). Après quelques cocktails Boozy Suzy, on commence vraiment à comprendre l'art visionnaire qui orne les murs de l'établissement. Mais si la clientèle d'habitués reste fidèle, ce n'est pas seulement pour ces œuvres excentriques et les cocktails. C'est aussi pour l'ambiance douillette, la réconfortante cuisine afro-américaine (*soul food*) et les manifestations hebdomadaires, qui vont des concerts aux soirées dégustation de *donuts* et de bière.

Où prendre un verre et sortir

La vie nocturne est concentrée principalement à Ybor City, mais SoHo et Seminole Heights se révèlent également tendances et festifs.

Ybor City constitue aussi le cœur de la communauté LGBT. Renseignez-vous auprès de la **GaYbor District Coalition** (www.gaybor.com) et de **Gay Tampa** (www.gaytampa.com).

Skipper's Smokehouse Concerts
(**☎813-971-0666 ; www.skipperssmokehouse.com ; 910 Skipper Rd ; 5-25 $; ⌚11h-minuit mar-ven, 12h-minuit sam, 13h-minuit dim**). Cette bonne vieille institution, très appréciée et sans prétention, accueille des concerts en plein air (blues, folk, reggae, *swamp music*). À 15 km au nord du centre-ville, par N Nebraska Avenue.

Tampa Theatre Cinéma
(**☎813-274-8981 ; www.tampatheatre.org ; 711 N Franklin St ; 11 $**). Cette salle historique de 1926, en centre-ville, fait un cadre magique pour assister à des projections de films indépendants. Un puissant orgue Wurlitzer joue avant la plupart des projections. Dommage qu'il n'y ait qu'une seule séance le soir en semaine et trois le week-end. En revanche, d'autres événements culturels s'y déroulent à l'occasion.

Independent Bar Bar
(**☎813-341-4883 ; www.independenttampa.com ; 5016 N Florida Ave ; ⌚12h-minuit dim-mer, 12h-1h jeu-sam**). Si vous aimez la

Enseigne, Tampa Theatre
BILL NOLL/GETTY IMAGES ©

bière artisanale, filez dans cette ancienne station-service de Seminole Heights, reconvertie en bar branché. Plusieurs variétés de bières locales de la Cigar City Brewing et bonne cuisine de pub.

Cigar City Brewing Brasserie

(☎813-348-6363 ; www.cigarcitybrewing.com ; 3924 West Spruce St ; ⏲11h-23h dim-jeu, 11h-1h ven-sam). C'est la meilleure brasserie artisanale de Tampa. Elle propose quantité de bières à la pression, dont certaines ne sont fabriquées que dans cette brasserie. Le vendredi soir, des *food trucks* s'installent sur le parking, et l'on peut visiter la brasserie pour 5 $ (une bière comprise). À l'ouest du centre-ville, au nord de l'I-275.

Anise Global Gastrobar Bar à cocktails

(☎813-225-4272 ; 777 N Ashley Dr ; ⏲16h-22h lun-jeu, 16h-minuit ven, 11h-minuit sam, 11h-22h dim). Au pied de l'immense building SkyPoint, l'Anise, et son long bar élégant, propose une carte de cocktails restreinte mais chic. On prend ici les mélanges très au sérieux, du Fever Tree Tonic au Mexican Coke (adouci avec du sucre de canne et non du sirop de maïs). Également : carte de vins internationaux et menu tapas d'inspiration asiatique (de 8 à 11 $).

Cinebistro Cinéma

(☎813-514-8300 ; www.cobbcinebistro.com ; 1609 W Swann Ave, Hyde Park Village). Croisement entre un club branché de South Beach et un luxueux cinéma d'art et d'essai, cette salle abrite un élégant bar à cocktails dans le hall et sert des en-cas haut de gamme (plats 10-20 $) à grignoter pendant la projection. Le cinéma avec du style.

Straz Center for the Performing Arts Arts de la scène

(☎813-229-7827 ; www.strazcenter.org ; 1010 MacInnes Pl). Cet immense complexe artistique de plusieurs salles accueille une programmation variée : spectacles de Broadway, concerts de musique pop, opéra, danse classique, pièces de théâtre, etc.

Si vous aimez... Les cigares

L'ancienne fabrique Tampa Sweethearts subsiste (1301 N 22nd St), mais les visites guidées organisées par l'Ybor City Museum (p. 273) offrent une expérience plus personnalisée. Elles sont commentées par l'universitaire Wallace Reyes, qui détient actuellement le record mondial du plus long cigare roulé (près de 60 m !).

Voici les adresses les plus fiables (et légitimes) pour acheter des cigares dans le quartier :

1 **METROPOLITAN CIGARS** (2014 E 7th Ave ; ⏲9h30-20h lun-ven, 10h30-17h30 sam). Cette cave à cigares est l'une des meilleures dans son genre à Tampa Bay.

2 **KING CORONA CIGAR FACTORY** (www.kingcoronacigars.com ; 1523 E 7th Ave ; ⏲8h-minuit lun-mer, 8h-1h jeu, 8h-2h ven, 10h-2h sam, 12h-minuit dim). Le plus grand magasin de cigares de la ville comporte aussi un bar-fumoir à l'ancienne.

3 **EL SOL** (www.elsolcigars.com ; Suite L, 10549 North Florida Avenue ; ⏲10h30-17h30 lun-sam). Fondée en 1929, c'est la plus vieille boutique de cigares d'Ybor City.

4 **GONZALES Y MARTINEZ CIGAR COMPANY** (2025 E 7th Ave ; ⏲11h-21h lun-jeu, 11h-23h ven-sam). Dans la boutique de souvenirs du Columbia Restaurant.

Achats

Sur 8th Ave, entre 15th St et 17th St, le **Centro Ybor** (www.centroybor.com) est un centre commercial plaisant doté d'un espace de restauration et de loisirs. L'**Ybor City Farmers Market** (www.ybormarket.com ; 8th Ave et 18th St, Centennial Park ; ⏲9h-15h sam) met, quant à lui, l'accent sur l'art et l'artisanat.

...od Books *Livres*

(...3-253-2638 ; www.inkwoodbooks.com ; ...s Armenia Ave ; 10h-21h lun-jeu, 10h-19h ...n-sam, 13h-17h dim). Installée dans une petite maison près de Hyde Park, la meilleure librairie indépendante de Tampa dispose d'une formidable sélection de littérature générale et d'essais sur la Floride, ainsi que de merveilleux livres pour la jeunesse. Elle accueille également de nombreuses lectures et signatures.

La France *Vintage*

(813-248-1381 ; 1612 E 7th Ave, Ybor City ; 11h-20h lun-jeu, 11h-22h ven-sam, 12h-19h dim). Grâce à l'afflux des *snowbirds*, la scène vintage de Tampa est des plus florissantes. Avec ses quatre devantures où se succèdent régulièrement robes à franges des années 1920, ombrelles, chapeaux à plumes et autres survêtements pour hommes, La France est une sorte de musée gratuit. À l'intérieur vous attendent des robes longues des années 1930, de splendides robes trapèzes des années 1940 et des costumes *mods* des années 1960. Certains articles sont de fabrication récente mais s'inspirent de motifs d'époque, d'autres proviennent de ventes de successions et de particuliers.

Renseignements

Offices du tourisme

Tampa Bay Convention & Visitors Bureau (813-223-1111 ; www.visittampabay.com ; 615 Channelside Dr ; 615 Channelside Dr ; 11h-17h30 lun-sam, 11h-17h dim). Une mine d'informations et des cartes gratuites bien faites. Réservez directement votre hôtel sur le site Internet.

Services médicaux

Tampa General Hospital (813-844-7000 ; www.tgh.org ; 1 Tampa General Circle, Davis Island ; 24h/24). Au sud du centre-ville, sur Davis Island.

Comment s'y rendre et circuler

Avion

L'aéroport principal de la région, et le troisième de l'État en terme de trafic, est le **Tampa International Airport** (TPA ; 813-870-8700 ; www.tampaairport.com ; 4100 George J Bean Pkwy), à une vingtaine de kilomètres à l'ouest du centre-ville, près de la Hwy 589. C'est un aéroport agréable, où l'on trouve facilement son chemin.

Les principales agences de location de voitures ont toutes un comptoir à l'aéroport. En voiture, prenez l'I-275 jusqu'à N Ashley Dr, puis tournez à droite pour arriver au centre-ville.

Trolleybus et tramway

In-Town Trolley (25 ¢ ; 6h-8h30 et 15h30-18h lun-ven). En centre-ville, le trolleybus (à prix modique) sillonne Florida Ave, Tampa St et Franklin St toutes les 15 minutes.

TECO Line Streetcars (www.tecolinestreetcar.org ; adulte/enfant 2,50/1,25 $; 12h-22h lun-jeu, 11h-2h ven-sam, 12h-20h dim). Les tramways électriques à l'ancienne HART assurent toutes les 20 minutes la liaison entre le Marion Transit Center en centre-ville et Ybor City.

St Petersburg

727 / 244 700 HABITANTS

St Petersburg a une réputation de lieu de fête débridée, mais en réalité, la ville présente plus de ressemblances avec Tampa que de différences. Toutes deux font des efforts louables pour rénover et redonner vie à leurs quartiers historiques et leur front de mer. Et toutes deux ont admirablement bien réussi et méritent amplement une visite.

À voir et à faire

Les touristes peuvent s'en tenir à pied à un circuit en forme de T, le long de Central Ave, principalement entre 8th St et Bayshore Dr, et de Bayshore Dr, entre le musée Dalí et les parcs du front de mer dans le quartier d'Old Northeast.

St Petersburg Museum of Fine Arts *Musée*

(727-896-2667 ; www.fine-arts.org ; 255 Beach Dr NE ; adulte/enfant 17/10 $; 10h-17h mer-sam, 13h-17h dim). La collection de ce musée des Beaux-Arts est aussi hétéroclite que celle du musée Dalí

JOHN COLETTI/GETTY IMAGES ©

À ne pas manquer
Le musée Salvador Dalí

Inauguré en 2011, le spectaculaire Salvador Dalí Museum, avec son dôme géodésique de près de 23 m baptisé Glass Enigma qui se détache d'un imposant parallélépipède blanc, a été réalisé par l'agence OAK. Véritable modèle de musée d'art moderne, il permet de comprendre la vie, l'œuvre et l'influence de cet artiste révolutionnaire.

Les 1 850 m² d'espace d'exposition du Dalí Museum ont été spécialement conçus pour accueillir les 96 huiles sur toile de la collection, ainsi que d'autres "œuvres clé de toutes les époques et sur tous supports" : dessins, estampes, sculptures, photos, manuscrits, et même films. Toutes sont présentées de façon chronologique et replacées dans leur contexte. Le musée va même jusqu'à proposer un "espace de contemplation" se résumant à des murs blancs et une fenêtre. Également propice à la détente, le petit jardin ne manque pas, comme le reste, d'ingéniosité.

Nous vous conseillons vivement les visites guidées gratuites organisées toutes les heures (à la demie) qui aident à saisir le riche symbolisme des œuvres de Dalí. Le musée compte un café espagnol et une boutique de souvenirs de bonne qualité.

INFOS PRATIQUES

727-823-3767 ; www.thedali.org ; 1 Dali Blvd ; adulte/enfant 6-12 ans 21/7 $, jeu après 17h 10 $; 10h-17h30 lun-sam, 10h-20h jeu, 12h-17h30 dim

est pointue. Elle expose les meubles anciens du monde entier et les mouvements artistiques de presque toutes les époques.

Old Northeast Quartier

Old Northeast, ou **Coffee Pot Bayou**, s'étend approximativement de 9th Ave NE à 30th Ave NE et de la baie à 4th St.

St Petersburg

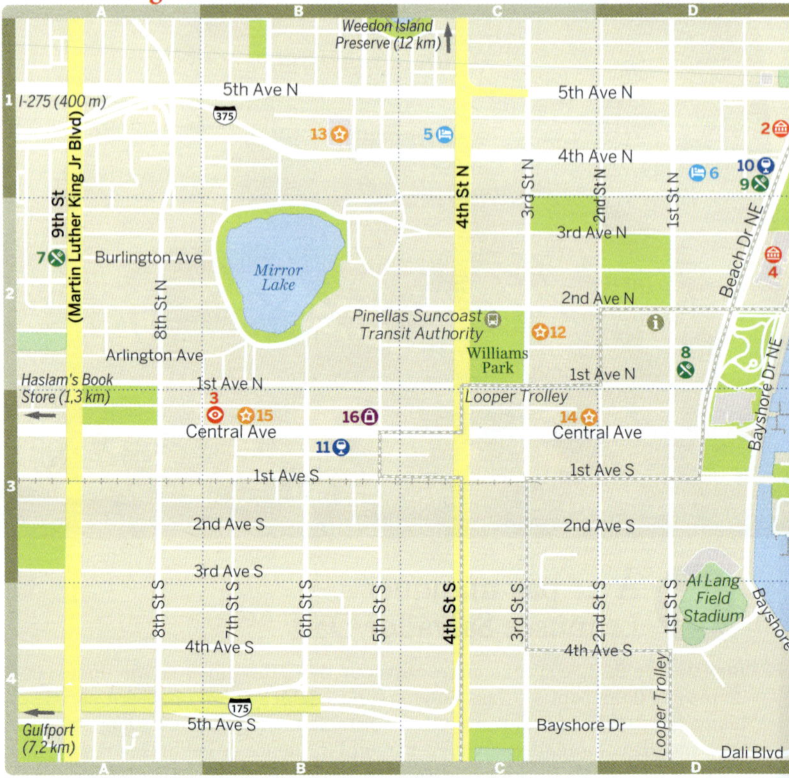

De 5th Ave NE, il suffit de continuer dans North Shore Dr NE. À peu près à hauteur de 10th Ave NE, le **North Shore Aquatic Complex** (**901 N Shore Dr NE ; adulte/enfant 5/4,50 $; 9h-16h lun-ven, 10h-16h sam, 13h-16h dim**) possède 3 superbes piscines, dont une avec toboggan réservée aux enfants. Les espaces verts publics attenants comprennent le **Gizella Kopsick Palm Arboretum** (**aube-crépuscule**), GRATUIT un jardin paysager de 8 000 m^2 planté de plus de 500 palmiers, tous avec leur nomenclature. Vous trouverez aussi de grands parkings, et une longue **plage** de sable blanc propice à la baignade. En continuant sur la promenade, on longe de jolies maisons et des docks privés, et l'on arrive tout au bout au petit **Coffee Pot Park**, où l'on aperçoit parfois des lamantins.

Morean Arts Center Centre artistique

(**727-822-7872 ; www.moreanartscenter.org ; 719 Central Ave ; 10h-17h lun-sam, 12h-17h dim**). GRATUIT Cet espace artistique vivant accueille d'intéressantes expositions temporaires de tout type. Les amateurs ne manqueront pas les démonstrations confidentielles des souffleurs de verre organisées toutes les demi-heures à la **Hot Shop** (**727-827-4527 ; adulte/enfant 9/5 $; 12h-17h lun-sam**), attenante au centre. On peut aussi réserver un cours particulier de soufflage du verre (75 $), et rapporter son œuvre chez soi.

Chihuly Collection Galerie d'art

(**727-896-4527 ; www.moreanartscenter.org ; 400 Beach Dr ; adulte/enfant 20/13 $;**

St Petersburg

Les incontournables
1 Salvador Dalí Museum E4

À voir
2 Chihuly Collection D1
3 Morean Arts Center B3
4 St Petersburg Museum of Fine Arts D2

Où se loger
5 Hollander Hotel C1
6 Watergarden Inn at the Bay D1

Où se restaurer
7 Coney Island Hot Dog A2
8 DeLucia Italian Bakery Café D2
9 Moon Under Water D1

Où prendre un verre et faire la fête
10 Canopy D1
11 Cycle Brewing B3

Où sortir
12 American Stage C2
13 Coliseum Ballroom B1
14 Jannus Live C3
15 State Theatre B3

Achats
16 Florida Craftsmen Gallery B3

10h-17h lun-sam, à partir de 12h dim). Les œuvres en verre de Dale Chihuly sont exposées au Metropolitan Museum of Art à New York, au Victoria and Albert Museum (V&A) à Londres, et au Louvre à Paris. Toutefois, la collection permanente se trouve ici, à St Petersburg, dans une modeste galerie en bois et marbre conçue pour mettre en valeur les installations, comme le *Ruby Red Icicle Chandelier* ou la série multicolore des *Persians*.

Weedon Island Preserve — Randonnée, kayak

(727-453-6500 ; www.weedonislandpreserve.org ; 1800 Weedon Dr NE ; 7h-crépuscule). Semblable à une couverture en patchwork que l'on aurait jetée par-dessus Tampa Bay, cette réserve de 1 500 ha protège un riche écosystème aquatique et de zones humides. Au cœur de la réserve, l'excellent **Cultural and Natural History Center** (ouvert de 9h à 16h) expose des collections sur l'environnement naturel et sur les premiers habitants de Weedon Island. Inscrivez-vous aux randonnées commentées sur les kilomètres de **promenade en planches**, ou partez en solo en vous fiant à la carte en ligne. Sinon, louez un kayak chez **Sweetwater Kayaks** (**727-570-4844 ; www.sweetwaterkayaks.wordpress.com ; 10000 Gandy Blvd N ; kayaks 1 heure/4 heures 17/40 $; 10h-18h lun-mar et jeu-sam, 9h-15h dim)** et naviguez sur le **South Trail**, boucle de près de 7 km sinuant au milieu de superbes îles de mangrove.

Où se loger

Pour une ville du sud-ouest de la Floride, St Petersburg possède une remarquable sélection de B&B. Contactez l'**Association of Bed & Breakfast Inns** (www.spaabbi.com).

ST. PETERSBURG TIMES/ZUMAPRESS.COM/ALAMY ©

À ne pas manquer
Gulfport

Gulfport est certainement la petite ville balnéaire la plus charmante en dehors des îles-barrières. S'étirant sur quatre pâtés de maisons, Beach Blvd est bordé de petits cafés, de très bons restaurants et de boutiques insolites fréquentées par de sympathiques habitants. Imprégnez-vous du sens de l'humour local durant l'Art Walk, une promenade artistique aux airs de fête de rue tranquille, qui est organisée le 1er vendredi et le 3e samedi du mois de 18h à 22h.

Peg's Cantina (727-328-2720 ; www.pegscantina.com ; 3038 Beach Blvd ; plats 10-16 $; 17h-21h mer-jeu, 12h-21h30 mar, ven-sam, 12h-21h dim) permet de s'imprégner de l'atmosphère typique de Gulfport. Ce bar à bières installé dans un bungalow au milieu des arbres associe à la perfection des plats mexicains créatifs à des bières artisanales mousseuses, à apprécier dans le joli jardin.

Côté hébergement, la **Peninsula Inn** (727-346-9800 ; www.innspa.net ; 2937 Beach Blvd ; ch 130-180 $;), chargée d'histoire, a été rénovée avec goût (voir ci-dessus). Son restaurant réputé sert une cuisine du Sud classique, et propose des concerts de jazz le week-end.

Dickens House B&B $$
(727-822-8622 ; www.dickenshouse.com ; 335 8th Ave NE ; ch 119-245 $;). Cinq chambres luxueuses vous attendent dans cette demeure de style Arts and Crafts restaurée avec passion. Très sociable, le propriétaire concocte un petit-déjeuner gourmand. Gays bienvenus.

Watergarden Inn at the Bay Auberge $$
(727-822-1700 ; www.innatthebay.com ; 126 4th Ave N ; ch 130-190 $, ste 175-290 $;). Cette fabuleuse auberge de 1910 créée à partir de deux vieilles maisons de quartier abrite 14 chambres et suites, et possède un beau jardin

de 2 000 m². À l'extérieur, l'ambiance tropicale et la piscine entourée de palmiers font penser à un hôtel de plage de Key West. À l'intérieur, place au romantisme avec lit à baldaquin, Jacuzzi 2 places et peignoirs moelleux.

Hollander Hotel Boutique-hôtel **$$**
(**727-873-7900 ; www.hollanderhotel.com ; 421 4th Ave N ; ch 98-140 $;** P ❄ 📶). S'avançant d'un pas assuré sur la scène hôtelière de St Pete, le Hollander ne commet pas de faute de goût : ambiance Art déco, véranda de 40 m, Tap Room (bar-brasserie) conviviale, spa et excellent café Brew D Licious. Les parties communes s'agrémentent de ravissants éléments d'époque et les chambres, avec leur parquet ciré, leur ventilateur au plafond et leur mobilier en rotin, sont un clin d'œil aux années 1930.

Où se restaurer

En bord de mer, de bonnes adresses de catégorie intermédiaire se succèdent le long de Beach Dr, à l'ambiance chaleureuse et conviviale. Flânez tranquillement devant le coucher du soleil et laissez votre palais vous guider.

Coney Island Hot Dog Restauration rapide **$**
(**250 9th St N ; en-cas 2-3 $; 10h-19h lun-ven, 10h-15h30 sam**). Fans de hot dogs, commandez donc deux délicieux *hot chili dogs* avec de la *coleslaw* et un milk-shake et savourez le charme des banquettes de vinyle de cette vieille institution authentique et sans fard de St Petersburg. Paiement en espèces uniquement. Près de 3rd Ave N.

DeLucia Italian Bakery Café Boulangerie **$**
(**727-824-2874 ; 119 1st Ave N ; pizza 10,50 $; 7h-21h lun-sam, 7h-14h dim**). Avec sur place un maître-boulanger pour veiller à ce que la pâte à pizza, le pain et les viennoiseries soient préparés exactement comme en Italie et les *baristas* formés chez Illy, cette nouvelle boulangerie du centre-ville, s'annonce prometteuse. Commandez une pizza à pâte très fine et croustillante à partager, ou contentez-vous de biscuits et d'un expresso.

Alésia Français, vietnamien **$$**
(**727-345-9701 ; alesiarestaurant.com ; 7204 Central Ave ; plats 7,50-18 $; 11h30-14h30 et 17h30-21h mar-ven, à partir de 10h sam**). Ce ravissant établissement avec grandes baies vitrées, musique douce en fond sonore et cour ombragée de parasols est né de l'imagination de Sandra Ly-Flores, Erika Ly et Paul Hsu, qui ont voulu recréer les cafés franco-vietnamiens de leur jeunesse parisienne. Un choix exquis de pâtisseries est présenté au comptoir, mais on peut aussi petit-déjeuner avec des crêpes ou un croque-monsieur, ou bien savourer une soupe *pho* et des assiettes de nems croustillants.

Moon Under Water Indien **$$**
(**727-896-6160 ; www.themoonunderwater.com ; 332 Beach Dr NE ; plats 9-17 $; 11h-23h, 11h-minuit ven-sam**). Une atmosphère très british flotte dans cet agréable restaurant servant des curries merveilleusement parfumés. Demandez du piment si vous souhaitez relever votre plat. Les *fish & chips*, la *shepherd's pie* (sorte de hachis parmentier) et les saucisses-purée font partie des spécialités anglaises de la carte, qui propose aussi des bières britanniques et locales (Cigar City) pression.

Où prendre un verre et faire la fête

Le premier vendredi du mois, Central Ave accueille le "First Friday", une soirée de quartier où l'on écume les bars en écoutant de la musique live.

Jannus Live Salle de concerts
(**727-565-0551 ; www.jannuslive.com ; 16 2nd St N**). Très appréciée pour des concerts en plein air, dans une petite cour intimiste. On entend la musique des groupes locaux et nationaux se propager dans le centre-ville.

Cycle Brewing Brasserie
(**727-320-7954 ; 534 Central Ave ; 15h-minuit lun-jeu, 15h-3h ven, 12h-3h sam, 12h-22h**

dim). Brasserie branchée avec tables en terrasse servant un choix renouvelé de 12 bières pression d'envergure internationale.

Canopy Bar à cocktails
(727-896-1080 ; www.thebirchwood.com ; The Birchwood, 340 Beach Dr NE ; 16h-2h). Le bar sur le toit-terrasse de l'hôtel The Birchwood, au 4e étage, est actuellement le lieu le plus tendance pour prendre un verre tard le soir – ce qu'il doit à son ambiance glamour et à sa vue panoramique sur Beach Dr. Les couples musardent dans l'espoir d'obtenir l'une des *cabañas* privatives, tandis que les fêtards s'installent sur les longs canapés réchauffés par des braseros.

State Theatre Salle de concerts
(727-895-3045 ; www.statetheatreconcerts.com ; 687 Central Ave ; 14-26 $). De jeunes groupes de tous bords et, de temps à autre, des artistes plus connus, se produisent dans ce théâtre Art déco construit en 1927 et restauré depuis.

Coliseum Ballroom Dancing
(727-892-5202 ; www.stpete.org/coliseum ; 535 4th Ave N ; thé dansant 7-10 $). Ce dancing à l'ancienne datant de 1924 accueille des événements ponctuels, et un thé dansant régulier (1er et 3e mercredi du mois).

American Stage Théâtre
(727-823-7529 ; www.americanstage.org ; 163 3rd St N ; billets 29-59 $). L'un des théâtres les plus réputés de la région de Tampa Bay propose des classiques américains et des pièces récentes primées aux Tony Awards. Ses programmes "In the Park" présentent des comédies musicales de Broadway.

Achats

La principale rue commerçante est Central Ave, surtout entre 5th St et 8th St et entre 10th St et 13th St.

Haslam's Book Store Livres
(727-822-8616 ; www.haslams.com ; 2025 Central Ave ; 10h-18h30 lun-sam, 12h-17h dim). Véritable curiosité en soi, Haslam's se targue d'être la plus grande librairie indépendante du Sud-Est américain. Occupant un demi-pâté de maisons, elle offre un choix exceptionnel de livres neufs et d'occasion, avec une formidable section sur la Floride.

Oiseaux, Fort DeSoto Park

DEBBIE FRILEY PHOTOGRAPHY/GETTY IMAGES ©

Florida Craftsmen Gallery Artisanat

(727-821-7391 ; www.floridacraftsmen.net ; 501 Central Ave ; 10h-17h30 lun-sam). Une association à but non lucratif gère cet espace d'exposition et de vente consacré à l'artisanat de Floride. Céramique, bijoux, verrerie, vêtements et objets d'art : originalité et qualité sont au rendez-vous.

Renseignements

All Children's Hospital (727-898-7451 ; www.allkids.org ; 501 6th St S ; 24h/24). Le plus grand hôpital du secteur.

Bayfront Medical Center (727-823-1234 ; www.bayfront.org ; 701 6th St S ; 24h/24). Adresse pratique en centre-ville.

St Pete Downtown Arts Association (www.stpetearts.org). Renseignements sur les galeries, les artisans et les artistes, et carte de localisation.

St Petersburg Area Chamber of Commerce (727-821-4069 ; www.stpete.com ; 100 2nd Ave N ; 9h-17h lun-ven). Bonnes cartes et guide pour les automobilistes fournis par un personnel serviable de la chambre de commerce.

Comment s'y rendre et circuler

Avion

St Petersburg-Clearwater International Airport (www.fly2pie.com ; Roosevelt Blvd-Hwy 686, Clearwater). Vols régionaux essentiellement. Deux vols pour le Canada à destination de Toronto, et de Halifax (Nouvelle-Écosse).

Bus

Pinellas Suncoast Transit Authority (PSTA ; www.psta.net ; 340 2nd Ave N ; tarif plein/étudiant 2/1,25 $). Les bus municipaux desservent les plages des îles-barrières et Clearwater. Forfaits illimités Go Cards à 4,50 $/jour.

Trolleybus

Downtown Looper (www.loopertrolley.com ; 50 ¢ ; 10h-17h dim-jeu, 10h-minuit ven-sam). Des trolleybus à l'ancienne suivent un circuit touristique en centre-ville toutes les 15 minutes.

Si vous aimez... Les îles

Deux des plus belles plages de Floride se cachent dans ces deux îles au nord de l'agglomération de Tampa : Honeymoon Island que l'on peut atteindre en voiture, et Caladesi Island, une île accessible uniquement en ferry.

1 HONEYMOON ISLAND STATE PARK (727-469-5942 ; www.floridastateparks.org/honeymoonisland ; 1 Dunedin Causeway ; voiture/cycliste 8/2 $; 8h-crépuscule ;). La **Honeymoon Island State Recreation Area** a été créée en 1940 grâce à un concours. La revue cinématographique de Paramount et le magazine *Life* offraient alors des voyages de noce tous frais payés à de jeunes couples qui acceptaient de loger dans des bungalows au toit de chaume en bord de plage. Une route reliant l'île au continent fut construite en 1964 et l'État racheta les terres au début des années 1970. Aujourd'hui, le parc abrite diverses espèces d'oiseaux et de bons lieux de baignade. On peut aussi y ramasser des coquillages. Des mangroves et de rares pins des marais bordent les grèves et les marais salants. Ne manquez pas les sentiers nature et les zones d'observation des oiseaux.

2 CALADESI ISLAND STATE PARK (727-469-5918 ; www.floridastateparks.org/caladesiisland ; bateau/kayak 6/2 $; 8h-crépuscule). Au sud d'Honeymoon Island, le **Caladesi Island State Park** abrite l'une des plus belles plages du pays. On peut s'y rendre en canoë ou prendre le ferry Caladesi Connection (727-734-1501 ; www.caladesiferry.org ; adulte/enfant 14/7 $) au départ de Honeymoon Island. Avec des sentiers nature et une plage préservée de 4,5 km bordée de palmiers, le parc est parfait pour un pique-nique, une baignade ou une séance de ramassage de coquillages. Vous y verrez peut-être des tatous, des tortues, des raton-laveurs et toutes sortes d'oiseaux. Ouvrez bien les yeux et faites attention où vous posez les pieds.

JAMES SCHWABEL/ALAMY ©

À ne pas manquer
Le Cayo Costa State Park

Intacte et naturelle, belle et élancée, Cayo Costa Island est presque entièrement occupée par le parc d'État de 1 000 ha. Muni d'un masque et d'un tuba, faites la chasse aux coquillages et aux conques (il est cependant interdit de ramasser ceux qui abritent encore leurs délicieux occupants). Vous pourrez aussi gagner à vélo par diverses pistes en terre des plages plus reculées, randonner sur les sentiers de l'intérieur de l'île, ainsi que faire du kayak dans les mangroves. Le poste de rangers près du quai peut vous approvisionner en eau et en bois (pour faire du feu), et loue des vélos et des kayaks. Tout le reste est à prévoir. Il y a un camping de 30 emplacements ainsi que 12 bungalows. Si vous préférez dormir sur la plage, sachez qu'à partir de mai, la chaleur et les insectes deviennent désagréables.

Le seul moyen de se rendre sur l'île est d'emprunter les navettes en bateau proposées par le concessionnaire officiel du parc, Tropic Star, qui offrent également l'occasion de voir des dauphins. L'aller prend une heure pour les excursions d'une journée (25 $). Différentes autres options s'offrent à vous, notamment un arrêt à Cabbage Key pour le déjeuner. Tropic Star assure aussi un service de bateau-taxi (150 $/heure), beaucoup plus rapide.

INFOS PRATIQUES

Cayo Costa State Park (☎941-964-0375 ; www.floridastateparks.org/cayocosta ; 2 $; ⏰8h-crépuscule) ; Tropic Star (☎239-283-0015 ; www.cayocostaferry.com ; Jug Creek Marina, Bokeelia)

St Pete Beach et plages des îles-barrières

727 / 9 300 HABITANTS

À tout juste 20 minutes du centre-ville de St Petersburg, les plages mythiques des îles-barrières constituent le cœur balnéaire de la péninsule. Les vacanciers accourent le long de ces 50 km de littoral urbanisé, dont les eaux miroitantes d'un bleu azur et les plages de sable fin deviennent l'antidote idéal à la vie urbaine.

À voir et à faire

Fort DeSoto Park Parc, plage

(727-552-1862 ; www.pinellascounty.org/park ; 3500 Pinellas Bayway S ; aube-crépuscule). GRATUIT Les 460 ha de paysage sauvage de Fort DeSoto forment sans conteste l'un des plus beaux parcs littoraux de Floride, et sont salués comme tels. Le parc comprend 11 km de plages, 2 pontons de pêche et un immense sentier nature permettant de découvrir 5 îles reliées entre elles. Sur les deux secteurs de baignade, **North Beach**, longue plage de sable fin, est la meilleure. Desservie par de vastes parkings, elle est dotée d'aires de pique-nique couvertes de gazon, d'un café et d'une boutique de souvenirs (ouverture 10h-16h en semaine, jusqu'à 17h le week-end). Le café loue des vélos (10 $ l'heure) et des kayaks (23 $ l'heure). **East Beach**, plus petite et au sable plus grossier, est par conséquent moins fréquentée.

Pass-a-Grille Beach Plage

(www.pass-a-grillebeach.com ; Gulf Blvd). Le superbe cordon de sable de Pass-a-Grille Beach est la plage la plus paradisiaque des îles-barrières. Elle est uniquement bordée de maisons de vacances, et d'un long parking public payant. Là, on peut voir les bateaux franchir le Pass-a-Grille Channel, embarquer à bord d'une **Shell Key Shuttle** (www.shellkeyshuttle.com ; Merry Pier, Pass-a-Grille ; adulte/enfant 25/12,50 $; navettes 10h, 12h et 14h) pour découvrir le paysage intact de **Shell Key**, ou se replier dans le petit centre villageois à l'ambiance décontractée pour grignoter un morceau ou manger des glaces.

Suncoast Seabird Sanctuary Réserve naturelle

(727-392-4291 ; www.seabirdsanctuary.com ; 18328 Gulf Blvd, Indian Shores ; don apprécié ; 9h-crépuscule). Le plus grand hôpital d'oiseaux sauvages d'Amérique du Nord permet de voir jusqu'à 600 oiseaux marins et terrestres à la fois. Des oiseaux blessés y vivent en permanence, et un millier d'autres sont soignés et relâchés dans la nature chaque année.

Où se loger

Inn on the Beach Motel $$

(727-360-8844 ; www.innonbeach.com ; 1401 Gulf Way, Pass-a-Grille ; ch 115-250 $, cottages 185-295 $; P). Les 12 chambres et 4 cottages de ce paisible refuge en bord de mer sont de véritables petits bijoux. Le soir, on prend plaisir à retrouver leurs tonalités corail et bleu canard, leurs kitchenettes fonctionnelles et leurs jolies sdb carrelées. Quelques-unes au 1er étage jouissent d'une superbe vue sur le golfe. Au dernier étage, la suite Ibis, pour les lunes de miel, est ravissante.

Fort DeSoto Park Campground Camping $

(727-582-2100 ; www.pinellascounty.org/park ; 3500 Pinellas Bayway S ; empl tente 34-36 $, empl camping-car 40-42 $; bureau 9h-18h sam-jeu, 9h-21h ven ; P). Pour planter sa tente sur la côte du Golfe, rien de vaut les 200 emplacements à l'ombre de palmiers de bonne taille et donnant souvent sur l'eau de ce terrain de camping bien équipé – douches chaudes, pelouse, supérette en plus des autres équipements du parc. Les réservations en ligne peuvent s'effectuer 3 mois à l'avance, mais chaque vendredi, quelques places sont attribuées sur la base du "premier arrivé, premier servi".

Où se restaurer

Walt'z Fish Shak Poisson, fruits de mer $

(727-395-0732 ; www.waltzfishshak.com ; 224 Boardwalk Pl E, Madeira Beach ; plats 4-12 $; 17h-21h mar-ven, 12h-15h dim). Dans le restaurant de poisson de Walter Gerbase, le modus operandi est simple : la pêche du

ICIMAGE/ALAMY©

À ne pas manquer
Le Ringling Museum Complex

La résidence d'hiver de 26 ha de John Ringling – magnat du rail, de l'immobilier et du cirque – et de son épouse Mable, figure parmi les curiosités les plus étonnantes de la côte du Golfe. Prévoyez une journée entière ou plusieurs courtes visites. Le jardin paysager et la roseraie sont ouverts gratuitement au public durant les heures d'ouverture. Le lundi, l'entrée au musée d'art (seul) est gratuite, tandis que le jeudi, de 17h à 20h, le tarif des musées d'art et du cirque est réduit (adulte/enfant 10/5 $).

Par ailleurs, l'Asolo Theater (p. 294) projette un film de 30 minutes sur la vie de Ringling, produit par PBS (compris dans le prix de l'entrée), à ne pas manquer. Le théâtre cache un intérieur italien très ornementé datant de 1798 que l'on peut voir lors de projections de films hollywoodiens ou d'événements spéciaux.

- **John & Mable Ringling Museum of Art** Les Ringling ont rassemblé une collection exceptionnelle de tapisseries et de tableaux européens allant du XIVe au XVIIIe siècle. L'une des ailes accueille des expositions temporaires d'art contemporain. En 2012, l'aile Searing a ouvert le "Sky Space", un éblouissant atrium conçu par James Turrell.
- **Cá d'Zan** Ringling était un homme de spectacle et sa résidence d'hiver, la Cá d'Zan (1924-1926), ou "maison de John", reflète une élégance toute théâtrale.
- **Circus Museum** De fait, ce sont plusieurs musées en un, tous intéressants. Un premier bâtiment réunit des roulottes sculptées à la main, des locomotives, des cannons argentés et d'autres éléments du cirque itinérant d'origine, le Ringling Bros.

INFOS PRATIQUES

941-359-5700 ; www.ringling.org ; 5401 Bay Shore Rd ; adulte/enfant 6-17 ans 25/5 $; 10h-17h tlj, 10h-20h jeu ;

jour (poissons locaux uniquement, dont du mérou, du cobia et de la sériole) est écrite à la craie sur le tableau noir. À vous de choisir ensuite le mode de préparation (grillé, frit ou à la cajun), et le poisson sera accompagné de *coleslaw*, de salade verte ou de légumes crus. Quand il n'y a plus de poisson, le restaurant ferme. Arrivez tôt pour obtenir une table et avoir le choix.

Guppy's Poisson, fruits de mer **$$**
(**☎727-593-2032 ; www.3bestchefs.com ; 1701 Gulf Blvd, Indian Rocks ; plats midi 9-14 $, soir 13-25 $; ⏲11h30-22h**). Difficile de battre Guppy's en matière de variété, de qualité et de prix, d'où l'affluence tous les soirs. Les plats s'adressent à tous les palais (et tous les budgets), entre le *cioppino* italien (ragoût de fruits de mer), le thon ahi saisi à la hawaïenne et le mérou épicé caribéen. Seul hic : le restaurant ne prend pas les réservations. Il faut s'inscrire sur la liste en arrivant et attendre qu'on vous appelle.

Fetishes Français **$$$**
(**☎727-363-3700 ; www.fetishesrestaurant.com ; 6305 Gulf Blvd, St Pete Beach ; plats 19-60 $; ⏲17h-22h mar-sam**). Sous l'œil acéré de Bruce Caplan, les délicieux classiques tels que le steak Diane, le canard à l'orange, les saint-jacques et la sole meunière sont sautés, flambés et parfumés au cognac à la table des convives. Cassez votre tirelire en optant pour un cabernet Silver Oak Alexander Valley, aux arômes de cerise noire, tiré de la cave à vins vitrée.

Renseignements

Tampa Bay Beaches Chamber of Commerce
(**☎727-360-6957 ; www.tampabaybeaches.com ; 6990 Gulf Blvd à hauteur de 70th Ave ; ⏲9h-17h lun-ven**). Personnel compétent fournissant d'excellents conseils et de bonnes cartes.

SUD DE TAMPA

Les inconditionnels de la côte du Golfe raffolent de ce littoral ensoleillé.

Sarasota

☎941 / 51 900 HABITANTS

On pourrait passer des vacances entières à la découverte des sites, de la culture et des magnifiques plages de cette ville pleine de charme. En outre, la majorité des centres d'intérêt de la région de Tampa Bay sont facilement accessibles depuis Sarasota.

À voir et à faire

Mote Marine Laboratory Aquarium
(**☎941-388-4441 ; www.mote.org ; 1600 Ken Thompson Pkwy, City Island ; adulte/enfant 20/15 $; ⏲10h-17h**). Ce centre de recherche, qui fait aussi office d'aquarium, est l'un des plus importants au monde voué à l'étude des requins. On peut y assister à **l'entraînement**

St Armands Circle
IMAGES-USA/ALAMY©

IMAC/ALAMY©

À ne pas manquer
Le Myakka River State Park

Plus ancien habitant de Floride puisqu'il y réside depuis 200 millions d'années, l'alligator américain est la star de cette réserve naturelle de 148 km². Entre 500 et 1 000 alligators évoluent dans les eaux stagnantes du parc et ses lacs peu profonds riches en nénuphars. Vous pourrez vous approcher de ces grands reptiles en canoë, en kayak et en hydroglisseur. À la saison des amours (avril-mai), le râle des mâles résonne à la surface de l'eau sur près de 62 km de sentiers fluviaux.

INFOS PRATIQUES

941-361-6511 ; www.myakkariver.org ; 13207 State Rd 72 ; 6 $/voiture ; 8h-crépuscule Myakka Outpost (941-923-1120 ; www.myakkaoutpost.com ; canoë/vélo 20/15 $; 9h30-17h lun-ven, 8h30-18h sam-dim)

des requins et voir un impressionnant spécimen, ou encore admirer un calamar géant naturalisé de 11 m de long et une raie pastenague, qu'il vous sera même possible de toucher. Un autre bâtiment abrite tortues de mer, lamantins et dauphins. Une présentation interactive ravira les enfants. N'oubliez pas cependant que, selon les groupes de défense des animaux, interagir de trop près avec les dauphins et autres mammifères marins en captivité génère chez eux du stress.

St Armands Circle Place

(www.starmandscircleassoc.com). Imaginé par John Ringling dans les années 1920, St Armands Circle consiste essentiellement aujourd'hui en un centre commercial haut de gamme à ciel ouvert entouré des résidences luxueuses de St Armands Key. Il concurrence pourtant le centre-ville même de Sarasota, tant le monde y afflue en début de soirée pour s'y promener, faire du lèche-vitrines et acheter des T-shirts souvenirs tout en dégustant une glace de chez Kilwin.

Une myriade de restaurants de toutes catégories restent ouverts en continu.

Anna Maria Island Île, plage

Parfait antidote à la festive Siesta Key, Anna Maria Island, avec ses maisons en bardeaux blanchies par le soleil, ses ados traînant devant les glaciers et ses bons restaurants de poisson et fruits de mer, semble en être resté aux années 1950. L'île se compose de trois stations balnéaires : Bradenton Beach à la pointe sud, Holmes Beach (considérée comme la principale) au milieu, et le village d'Anna Maria à la pointe nord.

Circuits organisés

Legacy Trail Vélo

(**www.scgov.net ; 6h-crépuscule**). Ce superbe parcours cyclable de 32 km va de Caspersen Beach, à Venice, jusqu'aux Palmer Ranches, immédiatement à l'est du centre-ville de Sarasota. Passant par des jardins de banlieue, un parc d'État boisé et traversant l'Intracoastal Waterway via 3 ponts sur chevalet : il offre à la vue des paysages variés, ponctués d'étapes bien conçues tous les kilomètres et demi. Le sentier traverse également l'Oscar Scherer State Park (près de 570 ha), qui comprend 24 km supplémentaires de pistes sablonneuses et un camping à mi-chemin du parcours.

Sarasota Bay Explorers Circuit en bateau

(**941-388-4200 ; www.sarasotabayexplorers.com ; 1600 Ken Thompson Pkwy, Mote Marine Laboratory**). Accompagné de marins biologistes, vous étudierez les éponges, les hippocampes et les poissons pris dans les filets du bateau. Le safari marin (adulte/enfant 45/40 $) conduit à Lido Key et aux bancs de sable situés à proximité, où les participants poursuivent l'aventure, épuisette en main. L'agence propose aussi des circuits guidés en kayak (adulte/enfant 55/45 $). Pour rejoindre le Mote Marine Laboratory, allez à St Armands Circle, et prenez le John Ringling Blvd direction nord jusqu'à la Ken Thompson Pkwy – suivez-la ensuite jusqu'au bout.

Où se loger et se restaurer

SARASOTA

Hotel Ranola Boutique-hôtel **$$**

(**941-951-0111 ; www.hotelranola.com ; 118 Indian Pl ; ch 109-155 $, ste 209-270 $; P**). Les 9 chambres de cet hôtel évoquent de petits appartements design, à l'élégance contemporaine audacieuse et dotés de cuisines fonctionnelles. Bref, l'originalité citadine à courte distance à pied du centre de Sarasota.

Jim's Small Batch Bakery Boulangerie, café **$**

(**941-922-2253 ; 2336 Gulf Gate Dr ; 1-10 $/pièce ; 8h-16h lun-ven, 9h-15h sam**). Tout est fabriqué maison à cette adresse qui est une étape de choix au petit-déjeuner et au déjeuner : croissants pur beurre, sandwichs bacon sucré-tomates-laitue, quiches crémeuses et bols de soupe à 1 dollar.

Indigenous Américain moderne **$$$**

(**941-706-4740 ; www.indigenoussarasota.com ; 239 S Links Ave ; plats 14-26 $; 17h30-21h mar-sam**). S'inscrivant dans la mouvance culinaire "du producteur au consommateur", le chef Steve Phelps concocte des créations innovantes, comme les crevettes américaines accompagnées de *grits* à la lyonnaise (gruau de maïs mélangé à des oignons caramélisés, du beurre, des œufs et du parmesan) et de l'esturgeon d'élevage du Mote aux patates douces. L'endroit est très plaisant, puisqu'il occupe un bungalow typique de la Floride d'antan avec une vaste terrasse, et un "cottage à vin" intimiste où l'on sert des crus de petits producteurs, issus de l'agriculture biodynamique.

SIESTA KEY

Beach Bistro Américain moderne **$$$**

(**941-778-6444 ; www.beachbistro.com ; 6600 Gulf Dr, Anna Maria Island ; plats 20-60 $; 17h-22h**). L'établissement de Sean Murphy est le meilleur rendez-vous romantique d'Anna Maria. Les plats floridiens sont préparés à la perfection avec les meilleurs produits du terroir, locaux et nationaux, dont des poissons et fruits de mer pêchés

ras de l'Hudson Valley
américain premier
ouillabaisse", avec
e, crevettes géantes,
mars cuits dans un
tomates fraîches,
est légendaire.

Où sortir

Asolo Repertory Theatre Théâtre
(941-351-8000 ; www.asolorep.org ; 5555 N Tamiami Trail ; billets 20-50 $; nov-juil). Ce théâtre régional réputé fait aussi office de conservatoire (en partenariat avec la Florida State University). Belle programmation. Le **ballet de Sarasota** (www.sarasotaballet.org) s'y produit.

Renseignements

Services médicaux

Sarasota Memorial Hospital (941-917-9000 ; www.smh.com ; 1700 S Tamiami Trail ; 24h/24). Le plus grand hôpital des environs.

Comment s'y rendre et circuler

Sarasota se situe à environ 96 km au sud de Tampa et 120 km au nord de Fort Myers. Les principaux axes routiers la desservant sont le Tamiami Trail/US 41 et l'I-75.

Sarasota-Bradenton International Airport (SRQ ; 941-359-2777 ; www.srq-airport.com ; 6000 Airport Circle). Aéroport desservi par de nombreuses grandes compagnies aériennes. Remonter la Hwy 41 vers le nord puis à droite dans University Ave.

Fort Myers

239 /62 300 HABITANTS

Nichée dans les terres le long de la Caloosahatchee et située à distance raisonnable des plus belles plages de la région, Fort Myers est parfaite pour des vacances en famille.

À voir et à faire

Le centre historique se déploie sur six rues le long de 1st St, entre Broadway St et Lee St.

Edison & Ford Winter Estates Musée
(239-334-7419 ; www.edisonfordwinterestates.org ; 2350 McGregor Blvd ; adulte/enfant 20/11 $; 9h-17h30). Thomas Edison fit construire sa résidence d'hiver en 1885 et y vécut périodiquement jusqu'à sa mort en 1931. Son ami Henry Ford fit bâtir juste à côté un cottage en 1916. Ensemble, et parfois côte à côte dans le **laboratoire d'Edison**, ces deux inventeurs, hommes d'affaires et voisins, ont révolutionné notre monde. Le **musée** propose une excellente présentation de leurs découvertes.

Six Mile Cypress Slough Preserve Réserve naturelle
(239-533-7550 ; www.sloughpreserve.org ; 7791 Penzance Blvd ; parking par heure/jour 1/5 $; aube-crépuscule). GRATUIT Réunissant plus de 800 ha de marécages (*slough*, prononcer "slou"), ce parc est idéal pour découvrir la faune et la flore du sud-ouest de la Floride. Le long d'une **promenade en planches** de 2 km, des bénévoles vous renseigneront sur les épiphytes, les pneumatophores, les oiseaux migrateurs et les nids d'alligators, et vous aideront à les localiser. Privilégiez la saison sèche (en hiver) pour l'observation des animaux. En pleine saison humide, un autre spectacle s'offre à vous, les marécages qui se transforment en cours d'eau boisés de près de 1 m de profondeur. Le **centre nature** (ouvert de 10h à 16h du mardi au dimanche) propose de belles expositions, ainsi que des marches guidées gratuites.

Great Calusa Blueway Kayak
(www.calusablueway.com). Avec près de 322 km d'itinéraires navigables en kayak, le Great Calusa Blueway a des airs de réseau de circulation aquatique sillonnant le comté de Lee. La majeure partie épouse la côte de Pine Island, puis s'étend plus loin jusqu'aux rivages de Cayo Costa, Captiva Island, Sanibel Island, Fort Myers Beach et enfin Bonita Springs. Il est délicieusement agréable de pagayer dans les eaux calmes et chaudes. En outre, quand on est sur l'eau, on voit quantité de choses qui passent inaperçues sur la terre

Fort Myers

ferme. Consultez le site Internet pour connaître les "sentiers" maritimes et le moyen d'y accéder.

Lee County Manatee Park Réserve naturelle

(☎239-690-5030 ; www.leeparks.org ; 10901 State Rd 80 ; parking par heure/jour 2/5 $; 🕗8h-crépuscule tlj). GRATUIT De novembre à mars, les lamantins remontent l'Orange River jusqu'au bassin de déversement aux eaux tièdes de l'usine hydroélectrique voisine. Autour du bassin, classé zone protégée, on a aménagé un parc paysager, une aire de jeux et des plateformes d'observation à fleur d'eau, où les lamantins nagent presque à portée de bras. **Calusa Blueway Outfitters** (☎239-481-4600 ; www.calusabluewayoutfitters.com ; 10901 Palm Beach Blvd) loue des kayaks.

Fort Myers

À voir

1 Edison & Ford Winter Estates A4

Où se restaurer

2 Spirits of Bacchus C1

Où sortir

3 Arcade Theatre C1

4 Davis Art Center C1

Où se restaurer

Le centre historique compte nombre d'adresses séduisantes, et d'autres sont nichées dans les petites rues alentour.

Cantina Laredo Mexicain $$

(☎239-415-4424 ; www.cantinalaredo.com ; 5200 Big Pine Way, Bell Tower Shops ; plats 12-23 $; 🕗11h-22h dim-jeu, 12h-23h ven-sam). Cette chaîne de restaurants mexicains pleine

PRISMA BILDAGENTUR AG/ALAMY©

À ne pas manquer Weeki Wachee Springs

Si la "Ville des Sirènes" venait à disparaître, ce serait un peu de l'âme de la Floride qui s'envolerait à jamais. De fait, la "ville" de Weeki Wachee se résume presque entièrement à un **parc d'État** (352-592-5656 ; www.weekiwachee.com ; 6131 Commercial Way, Spring Hill ; adulte/6-12 ans 13/8 $; 9h-17h30), lui-même presque exclusivement consacré à un spectacle aquatique de sirènes qui ravit un public familial depuis 1947. Esther Williams et Elvis Presley font partie des nombreux visiteurs qui ont pu admirer à travers les immenses vitres du théâtre sous-marin de gracieuses sirènes à la queue rose exécutant des pirouettes au milieu des tortues et des poissons. Les trois spectacles quotidiens de 30 minutes (11h, 12h30 et 14h30) sont d'un kitsch jubilatoire.

Des spectacles animaliers, une balade fluviale, un modeste **parc aquatique** ouvert uniquement le week-end (entrée combinée adulte/enfant 26/12 $) complètent le tableau des réjouissances pour passer un après-midi de détente. Parking gratuit.

La source se trouve être le point d'origine de la rivière Weeki Wachee, aux eaux cristallines. Les circuits en kayak ou en canoë sur cette rivière comptent parmi les plus beaux de la région. Depuis l'arrière du parking de Weeki Wachee, suivez les panneaux indiquant **Paddling Adventure** (352-597-8484 ; www.paddlingadventures.com ; kayaks $30-35 ; 8h-14h). Le parcours de 11 km est émaillé de balançoires et de plages propices à la baignade. Vous verrez quantité de poissons, voire des lamantins en hiver et au printemps. Weeki Wachee Springs se trouvent à environ 45 minutes de Tampa par l'I-75 vers le nord, puis par la Hwy 50 vers l'ouest.

INFOS PRATIQUES

352-592-5656 ; www.weekiwachee.com ; 6131 Commercial Way/US 19 angle Hwy 50 ; adulte/enfant 6-12 ans 13/5 ans ; 10h-15h mars, 10h-16h avr-août

charme réalise un sans-faute : service efficace, éclairage tamisé romantique, tequila de premier choix, bière mexicaine à la pression et guacamole préparé sous vos yeux. Le *poblano asado* (piment *poblano* enroulé dans un steak) est divin. Du centre-ville, comptez 15 minutes en voiture via S Cleveland Ave en direction du sud jusqu'à Bell Tower Shops.

Spirits of Bacchus Tapas **$$**
(☎239-689-2675 ; www.spiritsofbacchus.com ; 1406 Hendry St ; petites assiettes 7-12 $; ⏲16h-tard lun-ven, 18h-20h sam, 13h-20h dim). Cet élégant saloon aux murs de brique apparente est l'adresse favorite de Fort Myers. On y sert un choix de tapas, sandwichs et plats de bar raffinés, ainsi que du vin et des cocktails. Trouvez-vous une place pour grignoter en soirée dans le patio orné de vigne.

Où prendre un verre et sortir

La fête investit les rues du centre historique deux fois par mois : lors de l'**Art Walk** (www.fortmyersartwalk.com) le 1er vendredi du mois, et de la **Music Walk** (www.fortmyersmusicwalk.com), le 3e samedi du mois.

Arcade Theatre Théâtre
(☎239-332-4488 ; www.floridarep.org ; 2267 1st St ; billets 17-40 $; ⏲oct-mai). Ce théâtre datant de 1908 accueille le **Florida Repertory Theatre**, l'une des meilleures troupes de théâtre de Floride. Pièces comiques à succès, comédies musicales et lauréats récents des Tony Awards, tel *The Seafarer*, du dramaturge irlandais Conor McPherson.

Davis Art Center Salle de spectacle
(☎239-333-1933 ; www.sbdac.com ; 2301 1st St ; ⏲oct-juin). Cette salle du centre-ville assure une programmation éclectique (pièces de théâtre pour adultes et enfants, danse, musique et films).

SPORTS

En mars, Fort Myers accueille les entraînements de printemps de la Ligue majeure de base-ball. Les supporters des **Red Sox de Boston** (www.redsox.com) campent littéralement devant le **JetBlue Park** (www.leeparks.org ; 11500 Fenway S Dr), sur la Hwy 876, pour obtenir des places. Les **Minnesota Twins** (www.mntwins.com) évoluent au Hammond Stadium du **Lee County Sports Complex** (14100 Six Mile Cypress Pkwy), au sud-ouest du croisement entre Daniels Pkwy et Six Mile Cypress Pkwy. Pendant la saison, les Fort Myers Miracles (équipe de base-ball de Ligue mineure des Minnesota Twins) y jouent également.

Renseignements

Greater Fort Myers Chamber of Commerce (☎239-332-3624 ; www.fortmyers.org ; 2310 Edwards Dr ; ⏲9h-17h lun-ven). Nombreux renseignements, aide pour trouver une chambre.

Lee Memorial Hospital (☎239-343-2000 ; www.leememorial.org ; 2776 Cleveland Ave ; ⏲24h/24). Le plus grand hôpital du secteur.

Comment s'y rendre et circuler

Une voiture s'impose. L'US 41/S Cleveland Ave est l'axe principal nord-sud. Du centre-ville, Summerlin Rd/Hwy 869 et McGregor Blvd/ Hwy 867 finissent par se rejoindre et vont jusqu'à Sanibel Island. Elles débouchent aussi sur San Carlos Blvd/Hwy 865 pour Fort Myers Beach.

Southwest Florida International Airport (RSW ; ☎239-590-4800 ; flylcpa.com ; 11000 Terminal Access Rd). Au départ de Fort Myers, empruntez l'I-75 et prenez la sortie n°131/Daniels Pkwy. C'est aussi le principal aéroport desservant Naples, située à proximité.

Sanibel Island et Captiva Island

☎239 /SANIBEL 6 500 HABITANTS, CAPTIVA 580 HABITANTS

Si les magnifiques îles-barrières de Sanibel et Captiva sont majoritairement habitées par une population aisée, la vie sur ces îles est tout de même simple et décontractée. Que ce soit pour quelques jours ou quelques semaines, elles sont une destination d'escapade idéale pour oublier le travail et les soucis– sachez que les feux de signalisation sont inexistants ici.

Vaut le détour
Cabbage Key

Tous les fans de Jimmy Buffett vous le diront, sa chanson *Cheeseburger in Paradise* lui aurait été inspirée par un repas au **Cabbage Key Inn** (☎239-283-2278 ; www.cabbagekey.com ; ch 100-150 $, cottages 180-405 $; ⌚7h30-9h, 11h30-15h et 18h-20h30). À vrai dire, ledit hamburger n'a rien de spécial et ne mériterait pas qu'on lui consacre une chanson s'il n'était servi sur une île de 40 ha du golfe du Mexique bordée de mangrove. Construite au sommet d'un tumulus de coquillages calusa en 1938 par l'écrivaine Mary Roberts Rinehart, qui y vécut, l'auberge a l'attrait romantique d'un port semi-tropical isolé pour globe-trotters, mais un port où débarquent des centaines de touristes chaque midi. Le bar est une attraction en soi : quelque 80 000 billets de 1 $ en tapissent les murs, dont ceux, encadrés, laissés par l'ex-président Jimmy Carter et, bien entendu, Jimmy Buffett. La direction fait don des billets qui se détachent chaque jour à des associations caritatives pour un montant annuel de 10 000 $. Un séjour dans cette auberge, qui n'a ni TV, ni piscine, ni plage se prêtant à la baignade, mais qui dégage beaucoup de charme, ne vous décevra pas.

Pour vous y rendre, contactez Tropic Star et Captiva Cruises (p. 299).

À voir et à faire

Ramasser des **coquillages** fait partie intégrante de la vie de Sanibel, et les ramasseurs se reconnaissent à leur "Sanibel stoop" (bosse de Sanibel, en référence à leur posture...). Si vous souhaitez vous adonner sérieusement à cette activité, achetez une épuisette, procurez-vous un guide de ramassage au centre des visiteurs, et consultez le blog www.iloveshelling.com.

Plages — Plage

Le petit parking limite l'accès à **Tarpon Bay Beach** et le sable y est moins beau qu'à Bowman's Beach. Il en est de même pour le **Gulfside City Park**.

La plage principale de Captiva se trouve à l'extrémité nord de l'île. Le parking d'**Alison Hagerup Beach** est malheureusement très restreint ; arrivez tôt. La plage est agréable et bien orientée pour les amateurs de couchers de soleil.

JN 'Ding' Darling National Wildlife Refuge — Réserve naturelle

(☎239-472-1100 ; www.fws.gov/dingdarling ; 1 Wildlife Dr ; voiture/cycliste 5/1 $; ⌚7h-19h sam-jeu avr-oct, 7h-17h30 nov-mars). Jay Norwood "Ding" Darling, dessinateur de bandes dessinées et défenseur de l'environnement, contribua à la création de plus de 300 réserves naturelles aux États-Unis, dont ce refuge de 2 500 ha, qui porte son nom. Le refuge abrite une grande variété d'oiseaux et d'animaux : alligators, bihoreaux, buses à épaulettes, chevaliers grivelés, spatules rosées, pélicans et anhingas. Le **Wildlife Drive**, long de 8 km, offre un bon aperçu de la réserve, mais pensez à apporter des jumelles car les oiseaux se posent parfois assez loin. Quelques sentiers très courts traversent la mangrove. Une balade en canoë ou en kayak dans la Tarpon Bay permet une approche plus intimiste.

Bailey-Matthews Shell Museum — Musée

(☎239-395-2233 ; www.shellmuseum.org ; 3075 Sanibel-Captiva Rd, Sanibel ; adulte/5-16 ans 9/5 $; ⌚10h-17h). Telle la boîte à bijoux d'une sirène, ce musée du coquillage est aussi, et plus largement, un musée d'histoire naturelle dédié au monde de la mer. Il détaille ainsi les propriétés médicinales et culinaires des bivalves, des mollusques et des autres espèces à coquille, ainsi que leur rôle culturel. Des vidéos captivantes les montrent en mouvement. C'est une visite quasi incontournable après une journée passée à ramasser des coquillages sur la plage.

Tarpon Bay Explorers Kayak
(☎239-472-8900 ; www.tarponbayexplorers.com ; 900 Tarpon Bay Rd, Sanibel ; ⏲8h-18h). Situé au refuge Darling, ce prestataire loue des canoës et des kayaks (25 $/2 heures) pour explorer soi-même facilement Tarpon Bay, un lieu idéal pour les jeunes pagayeurs. Également : excellentes balades guidées en kayak (adultes à partir de 30-40 $, enfants à partir de 20-25 $), et tout un choix d'autres excursions. Réservez ou arrivez tôt, car les circuits affichent vite complet.

Circuits organisés

Sur Sanibel et Captiva, il y a presque autant de bateaux et de croisières que de coquillages. Dans la principale **marina de Sanibel** (☎239-472-2723 ; www.sanibelmarina.com ; 634 N Yachtsman Dr), vous trouverez quantité de bateaux à louer (à partir de 125 $) ; comptez au moins 350 $ pour des excursions en bateau. Sur Captiva, c'est de **McCarthy's Marina** (☎239-472-5200 ; www.mccarthysmarina.com ; 11401 Andy Rosse Lane, Captiva) que partent les **Captiva Cruises** (☎239-472-5300 ; www.captivacruises.com ; 11400 Andy Rosse Lane). L'agence propose toutes sortes de croisières : pour admirer les dauphins ou le coucher du soleil (à partir de 25 $), ou pour découvrir d'autres îles (à partir de 35 $), comme Cayo Costa, Cabbage Key, Boca Grande sur Gasparilla Island et Useppa Key. **Sanibel Thriller** (☎239-472-2328 ; www.sani belthriller.com ; adulte/enfant 43/35 $) programme des sorties en bateau qui font le tour des îles Sanibel et Captiva. La croisière s'accompagne d'explications sur l'écologie et la protection de l'environnement de l'île.

Où se loger

Pour des locations à la semaine, contactez **Sanibel & Captiva Accommodations** (☎800-656-9111 ; www.sanibelaccom.com).

Notre sélection

Sanibel Island et Captiva Island

LES CONSEILS DE RICHARD ET SARAH FORTUNE, PHOTOGRAPHES CHEZ THROUGH THE LENS NATURE PHOTOGRAPHY (WWW.THROUGHTHELENSGALLERY.COM)

1 JN "DING" DARLING NATIONAL WILDLIFE REFUGE

Le site favori des ornithologues et des amoureux de la nature. Le meilleur moment pour y venir est à marée basse et tôt le matin, afin de voir le ballet des oiseaux se nourrissant le long du Wildlife Drive (p. 298), notamment vers les lagons 2 et 3.

2 CAPTIVA CRUISES

Explorez les **îles-barrières** au large de la côte du Golfe. Le *Lady Chadwick* vous conduit à Cabbage Key (qui aurait inspiré la chanson *Cheeseburger in Paradise* de Jimmy Buffett) ou à Useppa Key dont la beauté naturelle reste inégalée. Aucune voiture n'est autorisée sur cette île privée, dont les sentiers sont les principaux axes. Cerise sur le gâteau : les grands dauphins qui suivent le bateau durant la croisière d'une heure.

3 COUCHERS DE SOLEIL SUR SANIBEL

Les **couchers de soleil** sur le golfe du Mexique sont absolument magnifiques. C'est un moment magique qui attire les visiteurs. Blind Pass (la plage située entre Sanibel et Captiva) et Mucky Duck, en retrait de Sandy Ross Lane sur Captiva, sont les meilleurs endroits pour profiter du spectacle. La chaussée située entre Fort Myers et Sanibel est également très prisée.

4 SANIBEL THRILLER

Un catamaran bimoteur à grande vitesse de 15 m (ci-contre) part de Sanibel Marina tous les jours pour faire le tour de Sanibel Island et de Captiva Island. La visite commentée, très instructive, traite de l'histoire de l'île et de son excellente politique de protection de l'environnement.

'Tween Waters Inn — Resort $$$

(239-472-5161 ; www.tween-waters.com ; 15951 Captiva Dr, Captiva ; ch 185-285 $, ste 270-410 $, cottages 265-460 $;). Ce complexe hôtelier de Captiva est d'un excellent rapport qualité/prix. Les jolies chambres s'agrémentent de mobilier en rotin, de meubles de sdb en granit, de douches à effet pluie et d'un décor des îles. Toutes ont un balcon. Celles qui donnent sur le golfe sont splendides, et les petits cottages soigneusement tenus sont très intimistes. La grande piscine, les courts de tennis, la marina équipée et le spa font le bonheur des familles. Réductions intéressantes pour plusieurs nuits.

Tarpon Tale Inn — Motel $$

(239-472-0939 ; www.tarpontale.com ; 367 Periwinkle Way, Sanibel ; ch 99-260 $;). Les 5 charmantes chambres au sol carrelé affichent une décoration lumineuse, blanc et bleu, typique des bords de mer. Elles jouissent d'un bon emplacement pour accéder à la vieille ville de Sanibel. Chacune possède sa propre véranda ombragée et un hamac suspendu aux arbres. Deux studios et 3 chambres avec cuisine tout équipée sont également proposés. Avec son Jacuzzi et le prêt de vélos, l'endroit a tout d'un B&B, le petit-déjeuner en moins.

Où se restaurer et prendre un verre

Mad Hatter Restaurant — Américain $$$

(239-472-0033 ; www.madhatterrestaurant.com ; 6467 Sanibel-Captiva Rd, Sanibel ; plats 29-45 $; 18h-21h). Les habitants de Manhattan et de Miami en vacances accourent au Mad Hatter, souvent considéré comme le meilleur restaurant gastronomique de Sanibel. La carte, axée sur une cuisine de la mer très actuelle, propose notamment des huîtres aux truffes, des fruits de mer servis dans un verre à martini, de la bouillabaisse, des croquettes au crabe, ou encore du mérou pané. Le restaurant n'a rien de guindé, mais s'adresse aux connaisseurs qui privilégient la qualité et ne regardent pas les prix.

Sweet Melissa's Cafe — Américain $$$

(239-472-1956 ; www.sweetmelissascafe.net ; 1625 Periwinkle Way, Sanibel ; tapas 9-16 $, plats 26-34 $; 11h30-14h30 et 17h-21h lun-ven, 17h-21h sam). De la carte, comme du décor, émanent une décontraction tout en raffinement. Les plats sont inventifs et la plupart des spécialités peuvent se commander sous forme de tapas, ce qui encourage les expériences gustatives. Citons les crevettes accompagnées de *grits* (gruau de maïs), les noix de Saint-Jacques poêlées sur un lit de chou-fleur au curry, la laitue au gril et la rafraîchissante salade à la pastèque. Service prévenant et bonne ambiance.

Mucky Duck — Pub $$

(www.muckyduck.com ; 11546 Andy Rosse Lane, Captiva ; plats 10-25 $; 11h30-15h et 17h-21h30 lun-sam). La longue carte, qui ne se limite pas à la cuisine de pub, propose des pâtes, des steaks, du poulet, du poisson et des fruits de mer. Mais l'on vient avant tout ici pour l'ambiance du bar, et la vue sur le golfe du Mexique les pieds dans le sable.

Renseignements

Sanibel & Captiva Islands Chamber of Commerce (239-472-1080 ; www.sanibel-captiva.org ; 1159 Causeway Rd, Sanibel ; 9h-17h ;). L'un des centres des visiteurs les plus compétents du coin. Liste actualisée des chambres d'hôtel disponibles et hotline.

Comment s'y rendre et circuler

Pour venir, il est impératif d'avoir une voiture. Un péage (voiture/moto 6/2 $) se trouve sur la Sanibel Causeway (Hwy 867).

Corkscrew Swamp Sanctuary

Joyau des réserves de la **National Audubon Society** (239-348-9151 ; www.corkscrew.audubon.org ; 375 Sanctuary Rd W ; adulte/6-18 ans 12/4 $; 7h-17h30 oct à mi-avr, 7h-19h30 mi-avri à sept), ce domaine permet

Vaut le détour
Bush Gardens et Adventure Island

Orlando n'a pas le monopole des parcs à thème en Floride. Tampa compte deux grandes attractions à sensation : les Busch Gardens à la thématique africaine et dont les montagnes russes comptent parmi les meilleures du pays, et Adventure Island, le parc aquatique attenant. Il existe des billets combinés.

Ces deux parcs se situent à 11 km au nord du centre-ville. Prenez l'I-275 vers le nord jusqu'à la sortie 50/Busch Blvd et suivez les indications.

BUSCH GARDENS

Ce **parc à thème** (☎888-800-5447 ; seaworldparks.com/en/buschgardens-tampa ; 10165 McKinley Dr ; adulte/3-9 ans 92/87 $, réductions en ligne ; ⏲10h-19h) se divise en 10 régions africaines, qui se répartissent sans frontières distinctes. Le parc peut se parcourir entièrement à pied. Dans la section **Égypte**, la Cheetah Hunt (de toutes nouvelles montagnes russes) est une descente vertigineuse jusqu'au sol censée mimer l'accélération d'un guépard. Hurlements garantis. L'espace de la **plaine du Serengeti**, de 32 ha, où évoluent librement des centaines d'animaux, reproduit l'habitat des plaines africaines. Parmi les autres attractions, citons le formidable grand huit Kumba et les **Safari of Fun et Bird Gardens**, qui raviront les enfants.

ADVENTURE ISLAND

Ce **parc aquatique** (☎888-800-5447 ; www.adventureisland.com ; 10001 McKinley Dr ; adulte/3-9 ans 42/38 $; ⏲10h-17h) de 12 ha possède toutes les caractéristiques modernes du genre : un long cours d'eau paisible, une immense piscine à vagues, des espaces avec seaux-arrosoirs, une piscine classique, des coins détente sablonneux, et suffisamment d'adrénaline sur les toboggans aquatiques pour que les ados fassent la queue jusqu'à la fermeture.

d'approcher de très près six habitats naturels endémiques (en particulier laîches, pins d'Elliott et marécages) dans leur état originel, le long d'une promenade en planches ombragée de 3,5 km. Pièce maîtresse de la réserve, la plus ancienne forêt vierge de cyprès chauves d'Amérique du Nord compte de magnifiques spécimens de plus de 600 ans s'élevant à une hauteur de 40 m.

NORD DE TAMPA

La partie de la côte du golfe du Mexique située au nord de Tampa (et au sud du Panhandle) est relativement calme et souvent ignorée. Aussi, le secteur a pu conserver cette atmosphère de la Floride d'antan que l'on retrouve difficilement ailleurs, malgré les nombreuses promesses.

Homosassa Springs

☎352 / 13 800 HABITANTS

Signalé sur la route US 19, **Homosassa Springs Wildlife State Park** (☎352-628-5343 ; www.floridastateparks.org/homosassasprings ; 4150 S Suncoast Blvd ; adulte/enfant 6-12 ans 13/5 ans ; ⏲9h-17h30) est un parc animalier à l'ancienne, où l'on peut voir les vedettes de la riche faune de Floride : alligators américains, ours noirs, lynx, grues blanches, panthères de Floride, petits cerfs à queue blanche, aigles, faucon et, surtout, des lamantins.

Le clou du parc est un observatoire sous-marin au-dessus des sources, où seule une paroi vitrée vous sépare de quelque 10 000 poissons évoluant en bancs serrés, et d'énormes lamantins mangeant de la laitue. Parmi les différentes présentations d'animaux programmées chaque jour, nous vous conseillons celle sur les lamantins (11h30, 13h30 et 15h30). Depuis le Visitor Center partent de courtes balades commentées en bateau dans le parc.

Le parc se situe à 32 km environ au nord de Weeki Wachee et à 120 km au nord de Tampa. L'US 19 part vers le nord jusqu'à l'entrée du parc.

Crystal River

☎352 /3 100 HABITANTS

Tous les hivers, environ 20% de la population de lamantins de la côte du Golfe peuplent les eaux à 22,5°C de Kings Bay, alimentées par des sources, près de la ville de Crystal River. C'est pour cette raison que le **Crystal River National Wildlife Refuge** (☎352-563-2088 ; www.fws.gov/crystalriver ; 1502 SE Kings Bay Dr ; 8h-17h3 lun-ven) protège la quasi-totalité de la baie. Jusqu'à 560 spécimens de ces animaux débonnaires, en voie de disparition, ont été comptabilisés en une seule journée de janvier, ce qui attire, comme tout spectacle de la nature, les foules. Une quarantaine de prestataires proposent des locations et des excursions commentées dans la Kings Bay en bateau et avec plusieurs autres moyens de transports aquatiques. Nager avec les lamantins sauvages constitue aussi une merveilleuse expérience à ne pas manquer. Toutefois, la question de savoir si les visiteurs devraient être autorisés à caresser les lamantins est sujette à controverse.

Il n'existe aucun espace public aménagé sur la terre ferme pour observer les lamantins. Le bateau est l'unique moyen d'accéder à la réserve. Une nouvelle promenade en planches est toutefois en construction.

Ailleurs en Floride : le best of

Daytona et ses environs (p. 304)

Courses automobiles, *Spring Break*, sable blanc, bronzage et tortues de mer.

St Augustine et Amelia Island (p. 305)

St Augustine est la colonie européenne la plus ancienne d'Amérique du Nord. Amelia Island, quant à elle, allie charme historique et plages de rêve.

Tallahassee et Apalachicola (p. 307)

Découvrez l'hospitalité et la beauté rustique de la Floride du Nord, ainsi que l'histoire de Tallahassee.

Destin (p. 309)

La splendeur de la côte du golfe du Mexique et une ambiance 100% américaine dans le Panhandle brûlant du sud de la Floride.

Ci-dessus : Daytona International Speedway (p. 304)
À gauche : phare de Ponce de Leon Inlet (p. 305)

Daytona et ses environs

À NE PAS MANQUER

1. **Daytona International Speedway**. Circuit légendaire du sud de la Floride.
2. **Daytona Beach**. Magnifique étendue de sable, idéale pour une balade en voiture ou à vélo.
3. **Marine Science Center**. Soins apportés aux tortues et aux oiseaux blessés.
4. **Boardwalk & Pier** (p. 305). Palmiers nains et sable ourlent l'océan.

Daytona Beach

À voir et à faire

Daytona Beach — Plage

(5 $/voiture ; ⏲course sur la plage 8h-19h mai-oct, aube-crépuscule nov-avr). Cette étendue de sable parfaitement plane servait autrefois de piste de course. Aujourd'hui, vous pourrez vous rendre en voiture sur certaines parties de la plage à une vitesse strictement limitée à 10 mph (16 km/h). La section la plus prisée est une piste à sens unique allant vers le sud entre International Speedway Blvd et Dunlawton Ave. En bordure de la plage, des prestataires louent des quads, des *beach cruisers* (vélos de plage) à grosses roues, des tricycles couchés et tout le matériel nécessaire aux différents sports nautiques. Il est également possible, pour qui veut s'éloigner de la piste, de simplement profiter du sable.

Daytona International Speedway — Circuit de vitesse

(☎800-748-7467 ; www.daytonainternationalspeedway.com ; 1801 W International Speedway Blvd ; billet à partir de 20 $). Ce circuit légendaire affiche un calendrier varié. Le prix des bonnes places peut flamber durant les grandes courses, dont la **Daytona 500**, en février. Les jours où aucun événement n'est programmé, vous pouvez vous promener gratuitement dans les tribunes. La **visite en tram** (sans réservation) passe par la piste, les stands de ravitaillement et les coulisses.

Le **Speedway Tour** **(adulte/enfant 16/10 $; ⏲11h30, 13h30, 15h30 et 16h)**, une visite de 30 minutes, inclut les attractions principales. Les inconditionnels des courses automobiles préféreront sans doute le **All Access Tour** **(adulte/enfant 23/17 $; ⏲toutes les heures 10h-15h)**, de 1 heure, ou le **VIP Tour** **(adulte/enfant 50 $; ⏲mar, jeu, sam 13h)**, de 3 heures. Ce dernier donne à découvrir tous les lieux importants de la NASCAR installé dans un confortable bus climatisé. Les vrais mordus pourront opter pour la **Richard Petty Driving Experience** **(☎800-237-3889 ; www.drivepetty.com)**, qui permet de faire un tour de piste à la vitesse d'un boulet de canon, voire de devenir – en y mettant le prix – un coureur le temps d'une journée.

Marine Science Center Aquarium

(☎386-304-5545 ; www.marinesciencecenter.com ; 100 Lighthouse Dr, Ponce Inlet ; adulte/enfant 5/2 $; 🕒10h-16h mar-sam, 12h-16h dim ; 👪). Nous avons été impressionnés par les programmes mis en œuvre par ce centre en matière de sauvetage, de soin et de remise en liberté des tortues marines et des oiseaux aquatiques qui nichent sur les plages de Daytona. C'est un lieu ludique, axé sur la sauvegarde de l'environnement, où les enfants comme les adultes en apprendront plus sur la faune sous-marine. Les visiteurs découvriont un aquarium récifal de quelque 20 000 litres, un bassin tactile où caresser des raies et une tour d'observation des oiseaux.

Boardwalk et Pier Front de mer, jetée

(entrée libre ; promenade en voiture 3-5 $). En suivant Main St E, vous traverserez la promenade en planches (*boardwalk*) de Daytona, laquelle, bordée de palmiers nains, longe l'océan. Elle est jalonnée de glaciers pratiquant des prix exorbitants, de salles d'arcade, de prestataires proposant des tours en voiture et de terrasses où sont servies des bières dans des gobelets en plastique. L'ambiance y est à la fois familiale et un brin interlope. En suivant Main St plus à l'est, vous tomberez sur la plus longue jetée (*pier*) des États-Unis. Couleur corail, elle avait jadis le statut d'icône balnéaire. Restaurée en 2012, elle donne toujours une impression de relatif délabrement… mais cela n'est peut-être pas surprenant pour une construction en bois de 85 ans qui avance dans l'océan Atlantique sur 237 m.

Ponce de Leon Inlet Lighthouse & Museum Phare

(☎386-761-1821 ; www.ponceinlet.org ; 4931 S Peninsula Dr, Ponce Inlet ; adulte/enfant 5/1,50 $; 🕒10h-18h sept-mai, 10h-21h août-sept). Si le vertige vous empêche de monter l'escalier en colimaçon de 203 marches jusqu'au sommet du plus haut phare de Floride (53 m), rendez-vous à l'intéressante exposition historique du musée. D'en haut, la vue sur l'océan Atlantique est époustouflante. Le phare, construit en 1887, et le musée se trouvent à 9,5 km au sud de Daytona Beach.

St Augustine et Amelia Island

À NE PAS MANQUER

1. **Colonial Quarter** (p. 306). Plongez dans l'histoire de la ville la plus ancienne des États-Unis.
2. **Lightner Museum** (p. 306). Un étonnant palais qui abrite une collection éclectique d'objets.
3. **Hotel Ponce de León** (p. 306). Hôtel de luxe de style espagnol – l'un des plus beaux édifices historiques de Floride.
4. **Amelia Island** (p. 306). Remontez le temps ou chassez les fantômes à St Augustine.

Salle des gardes, Fort Clinch State Park (p. 306)

À voir et à faire

ST AUGUSTINE

Colonial Quarter Édifices historiques

(Quartier colonial ; 904-342-2857 ; www.colonialquarter.com ; 33 St George St ; adulte/enfant 13/7 $; 10h-18h). Cette reconstitution du quartier espagnol de St Augustine, où officient des artisans présentant les techniques de l'époque, tient d'une immersion dans la vie locale au XVIIIe siècle.

Des billets combinés à tarif réduit, incluant l'entrée au Pirate & Treasure Museum et à l'exposition *First Colony* de la Government House sont disponibles (adulte/enfant 28/16 $).

Lightner Museum Musée

(904-824-2874 ; www.lightnermuseum.org ; 75 King St ; adulte/enfant 10/5 $; 9h-17h). L'ancien Hotel Alcazar de Henry Flagler abrite aujourd'hui un magnifique musée, fort d'une collection éclectique où voisinent, entre autres, du mobilier du XIXe siècle, des marbres et des étiquettes de boîtes de cigares. Construit en 1887 dans le style néo-Renaissance espagnole par les architectes new-yorkais Carrère et Hastings, le bâtiment, somptueux, est à voir absolument.

Hotel Ponce de León Édifice historique

(904-823-3378 ; legacy.flagler.edu/pages/tours ; 74 King St ; visites guidées adulte/enfant 10/1 $; visites ttes les heures 10h-15h en été, 10h et 14h durant l'année universitaire). Site phare de la ville, cet ancien hôtel de luxe construit dans les années 1880 tient désormais lieu de résidence universitaire aux étudiants du Flagler College, qui participa à sa sauvegarde en 1967 en l'annexant à son campus. Nous vous recommandons une visite guidée pour ressentir tout le poids de l'histoire de ce magnifique édifice de style Renaissance espagnole. Jetez au moins un coup d'œil dans le hall d'entrée (gratuit).

Castillo de San Marcos National Monument Fort

(904-829-6506 ; www.nps.gov/casa ; 1 S Castillo Dr ; adulte/enfant moins de 16 ans 7 $/gratuit ; 8h45-17h15 ;). Très photogénique, ce fort (achevé par les Espagnols en 1695) est la plus ancienne construction en maçonnerie de ce type aux États-Unis. Les guides conduisent des visites toutes les heures et font retentir les canons presque tous les week-ends.

Spanish Military Hospital Museum Musée

(904-342-7730 ; www.spanishmilitaryhospital.com ; 3 Aviles St ; adulte/enfant 7/5 $; 10h-18h). Âmes sensibles s'abstenir ! Les visites guidées de ce musée, installé dans une réplique d'un hôpital militaire espagnol, détaillent les techniques médicales des jours glorieux et sanglants de l'époque coloniale : amputations, poses de sangsues et autres redoutables pratiques. Tarifs réduits en ligne.

St Augustine Beach Plage

Il y a un kiosque d'information touristique au pied du **St Johns Pier**, où vous pourrez louer une canne à pêche et un moulinet (3 $/2 heures, 1 $/l'heure supplémentaire).

St Augustine City Walks Promenade à pied

(904-825-0087 ; www.staugcitywalks.com ; 4 Granada St ; circuits 12-49 $; 9h-20h30). Ces circuits pédestres divertissants abordent divers thèmes, des plus sérieux aux plus loufoques. Divers périples gratuits sont également organisés.

AMELIA ISLAND

À 21 km de la Géorgie, l'île allie parfaitement le charme du Vieux Sud à la culture balnéaire de la Floride.

Fort Clinch State Park Parc

(904-277-7274 ; www.floridastateparks.org/fortclinch ; 2601 Atlantic Ave ; parc piéton/voiture 2/6 $; parc 8h-crépuscule, fort 9h-17h). La construction du Fort Clinch débuta en 1847, mais ses murs de maçonnerie étaient déjà obsolètes en 1861, lorsqu'une milice confédérée s'empara sans effort de la place, pour l'évacuer peu après. Des troupes fédérales occupèrent à nouveau le fort pendant la Seconde Guerre mondiale. Aujourd'hui, le parc promet des activités plus paisibles. En plus d'une jetée de 800 m propice à la pêche, vous profiterez des plages paisibles pour la collecte de coquillages et de près de 10 km de sentiers tranquilles pour la randonnée ou le vélo.

Amelia Island Museum of History Musée

(☎904-261-7378 ; www.ameliamuseum.org ; 233 S 3rd St ; tarif plein/étudiant 7/4 $; ⏰10h-16h lun-sam, 13h-16h dim). Logé dans l'ancienne prison de la ville (1879-1975), le seul musée de Floride consacré à la tradition orale compte des salles minuscules, mais instructives, où sont traitées l'histoire amérindienne, l'époque de la colonisation espagnole, la guerre de Sécession et la conservation du patrimoine historique. Diverses visites sont organisées, dont le circuit des 8 drapeaux (11h et 14h lun-sam et 14h dim), consacré à la fascinante histoire de l'île, et des circuits architecturaux, des tournées des pubs et des promenades à pied audioguidées sur téléphone portable (5 $).

Pipeline Surf Shop Surf

(☎904-277-3717 ; www.pipelinesurfshop.com ; 2022 1st Ave ; location à partir de 35 $; ⏰9h-18h). De l'automne au printemps, quand souffle le vent du nord-est, de nombreuses plages se prêtent au surf, en particulier Main Beach. Pipeline loue divers types de planches et de combinaisons, et dispense des cours de surf du niveau débutant à avancé. Il organise même des cours de yoga sur des planches de stand-up paddle !

Où se restaurer

ST AUGUSTINE

Collage International **$$$**

(☎904-829-0055 ; www.collagestaug.com ; 60 Hypolita St ; plats 28-45 $; ⏰17h30-21h). Cet établissement haut de gamme ouvert uniquement en soirée est réputé pour son service irréprochable, son atmosphère intimiste et l'excellence de sa cuisine. La carte, qui fait la part belle aux produits de la mer et à ceux issus des fermes locales, affiche des salades composées, du poulet, de l'agneau, du veau, du porc, ainsi que de la langouste, des saint-jacques et du mérou. Le mélange subtil des saveurs ne fait que souligner la qualité des denrées.

Tallahassee et Apalachicola

À NE PAS MANQUER

1. **Museum of Florida History** (p. 308). Ce musée très complet traite de manière ludique l'histoire de la Floride.
2. **Apalachicola National Forest** (p. 308). Le plus bel espace naturel de la Floride du Nord.
3. **Mission San Luis** (p. 308). Une mission espagnole superbement restaurée.
4. **Tallahassee Museum of History & Natural Science** (p. 308). Excellent musée d'histoire naturelle centré sur la Floride.

Apalachicola National Forest (p. 308)
SCOTT J. FERRELL/CONGRESSIONAL QUARTERLY/ALAMY ©

À voir et à faire

Museum of Florida History Musée

(☎850-245-6400 ; www.museumoffloridahistory.com ; 500 S Bronough St ; ⌚9h-16h30 lun-ven, 10h-16h30 sam, 12h-16h30 dim). GRATUIT Ce musée réunit un squelette de mammouth et de belles collections évoquant aussi bien les Paléo-Indiens qui vivaient dans la région, que les naufrages espagnols de l'Atlantique ou la guerre de Sécession.

Tallahassee Museum of History & Natural Science Musée

(☎850-575-8684 ; www.tallahasseemuseum.org ; 3945 Museum Rd ; adulte/enfant 9/6 $; ⌚9h-17h lun-sam, 11h-17h dim). Sur 21 ha de jardin impeccable et d'espaces sauvages en lisière de Tallahassee, près de l'aéroport, cet étonnant Muséum d'histoire naturelle propose des expositions sur la flore et la faune de Floride avec des spécimens vivants depuis 50 ans. N'oubliez pas d'aller voir les loutres dans leur nouvel espace ou d'essayer la tyrolienne au-dessus de la canopée du Tree to Tree Adventures – différents parcours, à partir de 25 $.

Apalachicola National Forest Parc

(325 John Knox Rd ; aire d'utilisation diurne $5 ; ⌚8h-crépuscule). L'Apalachicola National Forest, la plus grande des trois forêts nationales de Floride, couvre 2 430 km^2 depuis le Panhandle, à l'ouest de Tallahassee, jusqu'au fleuve Apalachicola. Ce patchwork de basses terres, de pins, de bosquets de cyprès et de chênes, est habité par des visons, des renards gris et roux, des coyotes, six espèces de chauves-souris, des castors, des pics à face blanche, des alligators, des ours noirs endémiques et des panthères de Floride. Une partie des 110 km du Florida National Scenic Trail traverse aussi la forêt.

Mission San Luis Site historique

(☎850-245-6406 ; www.missionsanluis.org ; 2100 W Tennesse St ; adulte/enfant 5/2 $; ⌚10h-16h mar-dim). Cette mission espagnole et apalache du XVIIe siècle, occupant un domaine de près de 25 ha, a été magnifiquement restaurée, notamment la "maison du conseil".

Mary Brogan Museum of Art & Science Musée

(☎850-513-0700 ; www.thebrogan.org ; 350 S Duval St ; adulte/enfant 7,50/5 $; ⌚10h-17h lun-sam, à partir de 13h dim ; 👪). Partenaire du Smithsonian, ce musée présente des expositions scientifiques interactives pour les enfants et le Tallahassee Art Museum.

Florida Historic Capitol Museum Musée

(☎850-487-1902 ; www.flhistoriccapitol.gov ; 400 S Monroe St ; ⌚9h-16h30 lun-ven, 10h-16h30 sam, 12h-16h30 dim). GRATUIT Orné de marquises et surmonté d'un dôme de verre restauré, cet édifice de 1902 accueille un intéressant musée politique qui permet de voir une des salles de réception du gouverneur, de nombreux portraits, ainsi que des expositions sur l'immigration, le développement de l'État et l'élection présidentielle controversée de 2000.

Florida State Capitol Édifice historique

(www.myfloridacapitol.com ; angle S Duval St et W Pensacola St ; ⌚8h-17h lun-ven). GRATUIT Si l'allure de cet imposant bâtiment de 21 étages est plutôt sinistre, la plateforme panoramique balaie l'horizon à 360°.

Où se restaurer

Kool Beanz Café Fusion $$

(☎850-224-2466 ; www.koolbeanz-cafe.com ; 921 Thomasville Rd ; plats 17-24 $; ⌚11h-22h lun-ven, 17h30-22h sam, 10h30-14h dim). Un mélange d'ambiance chaleureuse et de grande créativité. Le menu change chaque jour, mais affichera du houmous, des saint-jacques sautées aux épices et du magret de canard avec une sauce aux myrtilles et au gingembre.

Andrew's Américain $$

(☎850-222-3444 ; www.andrewsdowntown.com ; 228 S Adams St ; plats 9-36 $; ⌚11h30-22h). L'endroit où l'on va pour voir et être vu, comme les politiciens dont c'est le repaire. Au rez-de-chaussée, le Capital Grill & Bar sert des burgers et des bières en salle ou en terrasse, tandis qu'à l'étage, l'Andrew's 228 propose une cuisine créative d'inspiration toscane dans un cadre haut de gamme.

Destin

À NE PAS MANQUER

1. **Indian Temple Mound & Museum**. Important site sacré des Amérindiens de Floride.
2. **Southern Star**. Excellentes croisières d'observation des dauphins dans les eaux calmes du golfe du Mexique.
3. **Grayton Beach State Park**. L'un des plus beaux parcs avec plage de l'État.

Tertre sacré des Amérindiens de Floride
TOM UHLMAN/ALAMY ©

À voir et à faire

Grayton Beach State Park — Parc

(**☎850-267-8300 ; www.floridastateparks.org/graytonbeach ; 357 Main Park Rd, Santa Rosa Beach ; véhicule 5 $; 🕗8h-crépuscule)**. Ce vaste ensemble (458 ha) de dunes claires qui ondoient vers la mer est d'une beauté à couper le souffle. Le parc se niche à côté du hameau cossu mais sans prétention de Grayton Beach, berceau du célèbre Red Bar et de l'insolite **Dog Wall** (une fresque murale exécutée par les résidents, qui y ont représenté leurs chiens). Dans le parc, le Grayton Beach Nature Trail traverse les dunes, des buissons de magnolias et des pinèdes, puis rejoint une promenade en planches qui conduit au chemin du retour, le long de la plage.

Indian Temple Mound & Museum — Site archéologique

(**☎850-833-9595 ; fwb.org/museums/indian-temple-mound-museum ; 139 Miracle Strip Pkwy SE, Fort Walton Beach ; 🕗10h-16h30 lun-sam juin-août, 12h-16h30 lun-ven, 10h-16h30 sam sept-mai)**. GRATUIT Site sacré des Amérindiens, ce tertre de 5 m de haut sur 68 m de large était à la fois un site cérémoniel et un lieu politique. Érigé entre l'an 800 et 1500, moyennant l'emploi de quelque 500 000 paniers de terre, c'est sans doute la plus grande construction de ce type sur la côte du Golfe. Au sommet, on a recréé un temple abritant un petit espace d'exposition. Le musée, qui accueille aussi une bibliothèque, retrace de façon très détaillée 12 000 ans d'histoire amérindienne. Vous y verrez des flûtes, des céramiques, des objets en pierre, en os et en coquillages.

Southern Star Dolphin Cruises — Croisières

(**☎850-837-7741 ; www.dolphin-sstar.com ; 100 Harbor Blvd, Suite A, Destin ; adulte/enfant 29/15,50 $; 🕗9h-18h lun-sam)**. Ce tour-opérateur sensibilisé à l'environnement propose depuis 20 ans des croisières d'observation des grands dauphins, qui ont élu domicile dans ces eaux tempérées. Des sorties de 2 heures sont proposées toute l'année dans un bateau à fond vitré de 24 m. Consultez le programme sur le site Internet.

Floride

En savoir plus

Voiture vintage, Ocean Drive (p. 188)

La Floride aujourd'hui

« La Floride a toujours été une terre où les pionniers ont essayé de modeler le monde à l'aune de leurs rêves »

Key West (p. 229)

Religion
(% de la population)

Sur 100 personnes en Floride

* Conformément au Bureau du recensement américain, la population d'origine hispanique peut faire partie de plusieurs groupes ethniques et n'est donc pas comprise dans ce tableau.

Population au km²

Protection de la péninsule

Le hiatus entre développement économique et protection de l'environnement est l'une des failles culturelles qui divisent le plus profondément la Floride. Des années durant, les promoteurs ont tenu le haut du pavé. Cet État, qui possède depuis longtemps l'un des marchés immobiliers les plus solides du pays, connaît une croissance démographique très rapide. Il est même sur le point de dépasser l'État de New York pour devenir le troisième État le plus peuplé du pays.

En Floride, les besoins en logements et en entreprises ont toujours eu la primauté sur l'environnement. Mais une nouvelle donne voit le jour. Zone de basse altitude, la Floride est en première ligne en matière de réchauffement climatique et d'altération de la nappe phréatique, et se retrouve au cœur des débats écologiques majeurs qui agitent le XXIe siècle.

Or, tandis que le niveau de l'océan monte, la péninsule floridienne (en grande partie située au-dessous du niveau de la mer) s'affaisse – la faute aux canaux artificiels et cours d'eau dragués au début du XXe siècle. Ces chantiers, qui ont

CRISTIAN LAZZARI/ALAMY ©

détourné l'eau de l'aquifère des Everglades et de la Floride du Sud, ont entraîné l'érosion des zones humides et épuisé les réserves d'eau douce. Le corps législatif floridien semble enfin prêt à réorienter le flux naturel de l'eau du lac Okeechobee.

Tandis qu'à l'intérieur des terres, on s'évertue à régénérer les ressources en eau, dans les zones côtières, il s'agit au contraire de se protéger de l'élévation du niveau des océans. De fortes averses à Miami entraînent à présent l'inondation de grands axes. Les gouvernements locaux se penchent donc sur des plans d'action climatique censés prévenir une catastrophe écologique potentielle.

Coupée en deux

La région est le théâtre de débats passionnés en matière de droits et de responsabilités individuels. La Floride a toujours été une terre où les pionniers ont essayé de modeler le monde à l'aune de leurs rêves, comme en témoignent Disney World bâti sur d'anciens marais, et la ville de Miami surgie d'un marécage. Cette optique du “tout est possible” va de pair avec un environnement propice aux entreprises, qui met en avant la dérégulation et les libertés individuelles plutôt que le bien-être collectif.

Toutefois, avec le développement de l'espace urbain, les priorités des citadins commencent à changer, notamment en matière d'infrastructures publiques et de transports. Ainsi, la décision du gouverneur Rick Scott d'annuler le projet de train à grande vitesse entre Orlando et Tampa a été reçue comme une mesure de prudence fiscale par ses partisans vivant à la campagne et en grande banlieue. Ses opposants, de milieux urbains, ont en revanche vu s'envoler une chance de lutter contre l'omniprésence des voitures.

Tandis que ces débats font rage, le fossé se creuse entre le nord de la Floride, rural, blanc et conservateur, et le Sud multiethnique. Alors qu'au niveau national, la Floride balance en permanence entre démocrates et républicains, au niveau local, les républicains ont su créer une myriade de petits districts grâce auxquels ils dominent le gouvernement de l'État.

Les Floridiens du Nord se sentent cependant éclipsés par la partie Sud, de plus en plus nombreuse et multiculturelle. Pourtant, les enfants des immigrants s'américanisent très vite. Certains penchent même en faveur des conservateurs malgré la rhétorique anti-immigration de la droite américaine. C'est d'ailleurs pour cette raison que Pablo Pantoja, leader républicain du programme Hispanic Outreach en Floride, a préféré se tourner vers le Parti démocrate en 2013.

De son côté, Marco Rubio, jeune sénateur républicain de Floride, d'origine cubano-américaine, connaît une ascension politique rapide. Candidat à l'élection présidentielle de 2016, ses partisans lui prédisent un brillant avenir.

Histoire

Statue de Pedro Menéndez de Avilés devant le Flagler College

DENNIS K JOHNSON/GETTY IMAGES

De tous les États-Unis d'Amérique, la Floride possède l'histoire écrite la plus ancienne. Les Amérindiens vivaient ici depuis des milliers d'années quand les premiers Européens ont planté leur drapeau à St Augustine. L'État est par la suite passé sous trois bannières européennes différentes et deux américaines, passant du statut de terre agricole fertile (avec la canne à sucre et les agrumes) à celui de locomotive touristique et de carrefour commercial international.

Des magnats à Disney

L'histoire de la Floride est particulièrement riche... mais elle est aussi singulière. Les explorateurs espagnols pensaient y trouver des cités d'or, des fontaines de jouvence et de mythiques sirènes. Ils n'ont, bien sûr, rien trouvé de tel, mais la Floride actuelle continue de faire rêver à sa manière : des spectacles de gracieuses sirènes s'y déroulent tous les jours, les seniors de toute l'Amérique affluent pour des cures de jouvence, Disney World est

10 000 av. J.-C.

Les descendants des premiers hommes venus de Sibérie par le détroit de Béring atteignent la Floride.

devenu un vrai royaume magique et, enfin, les promoteurs immobiliers ont depuis longtemps trouvé l'or des marécages : il suffisait de les drainer pour faire fortune.

L'histoire moderne de la Floride n'a véritablement commencé qu'avec les magnats du XIXe siècle, qui ont asséché les marécages pour y construire chemins de fer et stations touristiques. Or, ce "royaume d'émeraude des mers du Sud" voué à une spéculation sauvage a été marqué par des décennies générant de grandes vagues d'immigration (folie immobilière des années 1920, boom des oranges dans les années 1950, exode des Cubains dans les années 1960, arrivée de Latino-Américains dans les années 1980…), chacune suivie inévitablement par un crack boursier, une période de crise, des émeutes raciales, une guerre de narcotrafiquants… ou même l'ouragan Andrew en 1992.

Aujourd'hui, les cycles d'expansion et de récession se poursuivent, assurant à la Floride d'être, pour le moins, un État où l'on ne s'ennuie jamais.

Des premiers peuples de Floride aux Séminoles

Les premiers habitants de Floride n'ont jamais formé de grandes tribus unies. Pendant quelque 11 500 ans, ils se sont répartis en de nombreuses petites chefferies ou villages, plus sédentaires dans le Nord et tournés vers l'agriculture, plus nomades et belliqueux dans le Sud.

Les Apalachee du Panhandle furent ceux qui développèrent la société agricole la plus complexe. Les Timucua occupaient quant à eux le nord de la Floride et les Tequesta régnaient sur le centre de la côte atlantique. Les farouches Calusa dominaient le Sud – la légende rapporte d'ailleurs qu'une de leurs flèches empoisonnées causa la mort de l'explorateur Ponce de León.

Vestiges les plus frappants de ces cultures, les énormes monticules de coquillages appelés *middens*, qui peuvent atteindre une dizaine de mètres de hauteur, témoignent du régime alimentaire de ces populations. Autant de déchets coquilliers sur lesquels se sont construits les villages, comme à Mound Key.

À l'arrivée des Espagnols au XVIe siècle, on estime que la population indigène s'élevait à 250 000 âmes. En deux siècles, les maladies européennes, la guerre et l'esclavage en tuèrent 80%. Au cours du XVIIIe siècle, les Creeks et d'autres tribus amérindiennes fuyant les colonies européennes (puis, plus tard, les tout jeunes États-Unis) migrèrent en Floride. Ces différentes tribus s'entremêlèrent avant d'être rejointes, vers la fin de ce siècle, par de nombreux esclaves noirs en fuite.

Ces peuples indépendants, rebelles et fugitifs mêlés, qui occupaient l'intérieur de la Floride, furent baptisés "Séminoles", déformation de l'espagnol *cimarrones*, qui signifie "peuple libre" ou "sauvages". Défiant l'autorité européenne et les groupes ethniques, ils furent rapidement considérés comme des citoyens trop libres par les États-Unis fraîchement indépendants, qui ne tardèrent pas à leur déclarer la guerre.

500

Les Indiens se sédentarisent. C'est le début de l'agriculture, avec la culture du maïs, des haricots et de la courge.

1513

Ponce de León arrive près de cap Canaveral et nomme le territoire La Florida, "la fleurie".

1565

Pedro Menéndez de Avilés fonde St Augustine, première colonie européenne permanente du Nouveau Monde.

Indomptables Séminoles

De 1817 à 1858, les États-Unis ont mené la guerre à trois reprises contre les Séminoles de Floride, afin de conquérir leur territoire et de les punir parce qu'ils donnaient asile aux esclaves en fuite. Des trois conflits, la deuxième guerre séminole est la plus connue. Cette guérilla fut conduite dans les marais par quelque 2 000 Séminoles, menés par le célèbre chef Osceola, qui finit par être capturé sous couvert de trêve. À l'issue de la troisième guerre séminole, 200 à 300 Séminoles refusèrent de signer le traité de paix et retournèrent dans les Everglades. Techniquement, ces Séminoles ne se sont jamais rendus et demeurent donc la seule tribu amérindienne à n'avoir jamais été "conquise". En 1957, les États-Unis reconnurent officiellement la **tribu séminole** (www.semtribe.com) et, en 1962, la **tribu miccosukee** (www.miccosukee.com). Pour plus de renseignements sur cette histoire, visitez le **musée Ah-Tah-Thi-Ki** (www.ahtahthiki.com), au nord de la Big Cypress National Preserve.

La valse des drapeaux

L'Espagne revendiqua la Floride dès 1513, à l'arrivée de l'explorateur et conquistador Ponce de León. Cinq autres expéditions espagnoles suivirent (ainsi qu'une française, dont le drapeau flotta sur le fleuve St Johns), mais rien ne porta ses fruits avant 1565, date de fondation de la première colonie, St Augustine. Cet avant-poste peu rentable et impaludé ne parvint qu'à établir la religion catholique. Les missionnaires fondèrent 31 missions dans toute la Floride, convertissant et encadrant les Amérindiens, en faisant parfois montre d'une réelle humanité.

L'année 1698 marque l'établissement permanent d'un fort espagnol à Pensacola, lequel fut pris et repris au fil du XVIIIe siècle par les différents belligérants (Espagnols, Français, Britanniques, Nord-Américains). Pensacola annonça la tendance qu'allait suivre la Floride en tant qu'État : celui d'un morceau de territoire qui mérite que l'on se batte pour lui. Jusqu'en 1865, la Floride passa sous cinq bannières différentes : celle de l'Espagne, de la France, de l'Angleterre, des États-Unis et des États confédérés.

De la guerre civile aux droits civiques

En 1838, la Floride comptait environ 48 000 habitants, dont 21 000 esclaves afro-américains. En 1860, quinze ans après avoir accédé au statut d'État, le pays avait atteint les 140 000 âmes, dont 40% d'esclaves, la plupart dans les plantations de coton. Lorsqu'Abraham Lincoln fut élu président sur la promesse d'abolir l'esclavage, la Floride rejoignit la Confédération des États du Sud qui firent sécession de l'Union

1702
Les Britanniques réduisent en cendres St Augustine. Deux ans plus tard, ils détruisent 13 missions espagnoles.

1776
Début de la révolution américaine ; les deux colonies de Floride restent fidèles à la Couronne britannique.

1823
À mi-chemin de Pensacola et de St Augustine, Tallahassee est promue capitale de la Floride.

en 1861. Pendant la guerre civile, qui dura jusqu'en 1865, elle ne fut le théâtre que de rares combats.

Après la capitulation du Sud, le gouvernement fédéral imposa aux ex-États confédérés la "reconstruction" pour y protéger les droits des esclaves libérés. Au cours de cette période, 19 Noirs furent ainsi élus au congrès de Floride, un bouleversement politique et social tel qu'il provoqua un violent retour de bâton. Sitôt les troupes fédérales parties, la Floride se hâta de faire marche arrière en adoptant une série de lois dites "de Jim Crow", instaurant la ségrégation – dans les restaurants et les parcs, sur les plages et dans les bus –, tandis qu'une taxe électorale entravait les Noirs et les plus démunis dans l'exercice de leur droit de vote. Jusqu'aux années 1950, des travailleurs manuels noirs, dans des baraquements et les champs de canne à sucre, furent soumis à un système de "péonage" les obligeant à travailler pour tenter de payer (en vain, bien entendu) leurs dettes à qui les employait.

Le Ku Klux Klan sévit particulièrement dans les années 1920, époque où la Floride atteignit des records de lynchage. Les violences raciales étaient monnaie courante. Une foule d'émeutiers blancs rasa même entièrement la ville de Rosewood en 1923.

Les meilleures Demeures historiques

1 Flagler Museum (p. 144)

2 Vizcaya Museum & Gardens (p. 201)

3 Edison & Ford Winter Estates (p. 294)

4 Maison d'Hemingway (p. 231)

La Cour suprême des États-Unis mit, en 1954, un terme à la ségrégation légale avec la loi *Brown vs Board of Education*, mais la Cour suprême de Floride rejeta cette décision trois ans plus tard. Des protestations s'élevèrent régulièrement sans que beaucoup de changements interviennent avant 1964, date à laquelle une série d'émeutes raciales et de manifestations, certaines menées par Martin Luther King, ébranlèrent St Augustine, contribuant enfin à la promulgation de la loi sur les droits civiques de 1964. Les villes de Floride connurent d'autres émeutes raciales en 1967 et 1968, puis les conflits s'apaisèrent à mesure que l'État se résignait à mettre, à contrecœur, un terme à la ségrégation.

Les clivages de l'histoire floridienne se sont lentement estompés, comme en témoignent les nouvelles émeutes du début des années 1980. Aujourd'hui, malgré de grands progrès et même si la Floride est l'un des États les plus variés ethniquement, ces blessures ne sont pas totalement refermées.

Drainages et chemin de fer

Au milieu du XIXe siècle, la moitié nord de la péninsule avait fait l'objet d'une exploration assez poussée, tandis que le Sud demeurait un marécage. La première

1845
La Floride devient le 27e État de l'Union.

1861
Par un vote à 62 voix contre 7, la Floride se sépare des États-Unis et hisse le drapeau de la Confédération.

1912
La "folie de Flagler" – les 200 km de voies ferrées construites le long de la côte par Henry Flagler – atteint Key West.

Les meilleurs Livres sur les expéditions françaises

1 *À la découverte des Indiens d'Amérique* (Éditions de Conti, 2006), de Dominique Spiess. L'exploration de la Floride par Jean Ribaut, en 1562.

2 *Sur les traces des Huguenots de Floride. Expéditions en Charenta 1562-2007* (Le Croît Vif, 2008), de Gilles Fonteneau.

explosion immobilière date des années 1870. On la doit à une volonté économique hyperlibérale s'appuyant sur trois éléments : le libre développement privé, des taxes minimales et l'attribution de terres aux compagnies de chemin de fer.

Une décennie, de 1881 à 1891, suffit à faire passer le réseau ferroviaire de 900 à 4 100 km, circonscrit dans les régions majoritairement peuplées du nord et du centre de l'État, avec néanmoins une voie ferrée se dirigeant vers le sud, mais ne menant nulle part... 1886 est l'année où le magnat du chemin de fer Henry Flagler lança – pari insensé ? – la construction d'une ligne de chemin de fer le long de la côte. Les gens l'emprunteraient-ils ?

En 1896, la ligne de Flagler s'arrêtait à Fort Dallas, village boueux qui fut intégré à Miami, laquelle se constitua en municipalité cette même année. Et les gens affluèrent bel et bien. C'est ainsi qu'on attribue à Flagler la fondation de toutes les villes comprises entre West Palm Beach et Miami.

Au tout début des années 1900, le gouverneur Napoleon Bonaparte Broward, qui rêvait d'un "empire des Everglades", lança une vaste campagne de travaux fluviaux. Quelque 3 000 km de canaux et de digues furent taillés dans le calcaire de Floride. Ces réalisations asséchèrent avec succès environ la moitié des Everglades (soit 1,5 million d'acres ; plus de 600 000 ha) au sud du lac Okeechobee, qui se transformèrent bientôt en exploitations maraîchères, ranchs, orangeraies, champs de canne à sucre et faubourgs.

De 1920 à 1925, l'expansion immobilière en Floride atteignit une cadence frénétique. En 1915, Miami Beach n'était qu'une bande de sable ; dix ans plus tard, elle comptait 56 hôtels, 178 immeubles d'appartements et trois terrains de golf. Miami, qui ne comptait qu'un seul gratte-ciel en 1920, vit durant l'année 1925, trente autres tours sortir de terre, tandis que 2,5 millions de personnes s'installaient en Floride. Les spéculateurs immobiliers vendirent des terrains à bâtir, des terrains à assainir... puis n'eurent plus rien à proposer que la promesse de terrains.

Les deux ouragans de 1926 et de 1928 mirent un terme à cette folie. Coup de grâce, le krach boursier d'octobre 1929 plongea le pays dans la Grande Dépression, mais la Floride parvint à s'en tirer relativement bien grâce aux travaux publics du New Deal, au tourisme et au très rentable trafic d'alcool (la contrebande constituant une source de revenu illicite assez répandue dans cet État parcouru par des milliers de kilomètres de petites voies d'eau).

1926-1928
Les ouragans tuent 2 400 personnes en Floride.

1933-1940
Quelque 40 000 Floridiens prennent part aux travaux publics du New Deal, notamment pour construire l'Overseas Highway.

1935
Dick Pope inaugure Cypress Gardens, premier parc à thème des États-Unis.

Une souris, des touristes et des hommes

Officiellement, le tourisme est l'industrie numéro un de la Floride, et ce depuis les années 1890, époque où Flagler construisit le chemin de fer côtier et les luxueux complexes balnéaires de Miami Beach. Dans les années 1920, ce fut le tour des touristes de la classe moyenne appelés *tin-can* ("boîte de conserve"), qui arrivaient par la toute nouvelle Dixie Hwy au volant de leur Ford T, dormaient dans leur caravane et consommaient la nourriture en boîte qu'ils avaient apportée.

Dix ans plus tard, des promoteurs avisés créèrent les premiers parcs à thème, Cypress Gardens et Silver Springs. Mais le tourisme n'explosa vraiment qu'après la Seconde Guerre mondiale. Pendant le conflit, Miami fut en effet un important terrain d'entraînement militaire, et beaucoup de GI y retournèrent par la suite avec leur famille.

Après-guerre, grâce au renforcement du système d'aide sociale américain, la classe moyenne vieillissante migra vers le Sud pour goûter aux joies de la retraite. Beaucoup venaient de la côte est, et bon nombre étaient juifs : en 1960, la communauté juive de Miami Beach représentait 80%.

Maison d'Hemingway (p. 231), Key West

1946

Invention du jus d'orange concentré surgelé ; la Floride connaît alors un boom économique.

1947

Le parc national des Everglades voit le jour après 19 années de lutte pour protéger les Everglades.

1961

La Brigade 2506, composée de 1 300 volontaires cubains exilés, envahit la baie des Cochons à Cuba, mais est arrêtée par Castro.

Les meilleurs Hôtels historiques

1 Curry Mansion Inn (p. 235)

2 Hotel Ponce de León (p. 306)

3 Breakers (p. 145)

4 Biltmore Hotel (p. 203)

5 Cardozo Hotel (p. 210)

Puis un jour, en 1963, dit-on, Walt Disney survola le centre de la Floride. Repérant le croisement de l'autoroute I-4 et du Florida Turnpike, il se serait exclamé : "C'est là !" Il acquit ensuite en secret plus de 11 000 ha de zones humides autour d'Orlando. Exempté de toutes les lois et codes de construction régissant l'État, largement autogéré, le parc Disney World ouvrit en 1971 et atteignit vite des records de fréquentation. Ainsi, au bout de 30 ans, le nombre de touristes en Floride fut presque multiplié par dix, eu égard au seul chiffre de fréquentation du *Magic Kingdom*. Pour 4,5 millions de touristes venus en Floride en 1950 – soit un peu moins du double de la population –, on en comptait, dans les années 1980, 40 millions par an rien qu'à Disney World, soit quatre fois la population de la Floride.

Les parcs d'attractions à l'ancienne – Weeki Wachee, Seminole Village, Busch Gardens, tous rendus célèbres par des affiches publicitaires et des cartes postales – parurent vite insignifiants en comparaison. Le tourisme avait dicté sa loi.

Viva Cuba Libre !

Le sud de la Floride entretient une relation intime avec Cuba. Au XXe siècle, Miami accueillait un si grand nombre de réfugiés cubains qu'ils la surnommèrent la "capitale de l'exil", puis, avec la venue de nouvelles vagues d'immigration, la "capitale de l'Amérique latine".

Pendant la longue lutte de Cuba pour gagner son indépendance à l'égard de l'Espagne, de 1868 à 1902, les exilés cubains s'installèrent à Key West et à Tampa, donnant naissance à Ybor City. Lorsqu'en 1959 Fidel Castro lança la révolution populaire (partiellement fomentée dans les hôtels de Miami) qui renversa la dictature de Batista, ce fut le déclenchement d'un exode qui allait durer des années : plus de 600 000 Cubains, en majorité blancs, aisés et libéraux, vinrent vivre à Miami.

Le 16 avril 1961, nouveau basculement : Castro proclame le caractère socialiste de la révolution, scellant l'avenir des relations de Cuba avec les États-Unis. Le lendemain, le président Kennedy donna son aval au dramatique débarquement de la baie des Cochons, lequel échoua lamentablement à renverser le Lider Máximo. En octobre 1962, Kennedy organisa le blocus de Cuba pour protester contre la présence de missiles nucléaires soviétiques. Khrouchtchev retira finalement les missiles contre la promesse officieuse des États-Unis de ne plus jamais tenter d'envahir Cuba.

1969
Apollo 11 décolle de cap Canaveral et atterrit sur la Lune.

1971
Dès le premier jour de son ouverture, le Walt Disney World® Resort accueille 10 000 visiteurs.

1984
Début de *Deux flics à Miami*. Glamour et parfois crue, la série télévisée fait connaître South Beach dans le monde entier.

Les réfugiés cubains de Miami, qui militaient pour la libération de Cuba (entonnant le fameux *Viva Cuba libre !*), accusèrent le coup. Entre 1960 et 1980, un million de Cubains émigrèrent, soit 10% de la population de l'île ; en 1980, Miami était à 60% cubaine.

Dans les années 1980 et 1990, des immigrants pauvres déferlèrent à Miami de toute l'Amérique latine et des Caraïbes – notamment du Salvador, du Nicaragua, du Mexique, de Colombie, du Venezuela, de la République dominicaine et d'Haïti. Ces groupes, qui ne se mélangeaient pas toujours facilement aux autres, réussirent dans une ville dont la langue des affaires était souvent l'espagnol. Au milieu des années 1990, le sud de la Floride exportait 25 milliards de dollars de biens et produits en Amérique latine, et les Cubains de Miami étaient à eux seuls plus forts économiquement que toute l'île de Cuba.

Les Cubains de Miami sont aujourd'hui résolument ancrés dans la ville. Ceux de la jeune génération ne se considèrent pas comme des exilés, mais bien comme des résidents. Même si les jeunes Cubains restent farouchement anticastristes, certains appellent à une détente dans les relations avec Cuba ainsi qu'à des échanges, notamment commerciaux.

Grand héron, Everglades National Park
ALEX POTEMKIN/GETTY IMAGES ©

1999
Le petit Elián Gonzales (sa mère s'est noyée en essayant d'atteindre les côtes américaines) est renvoyé à son père à Cuba.

2000
George W. Bush bat Al Gore de 537 voix en Floride et devient président des États-Unis.

2004
La Floride connaît sa pire série d'ouragans et de tempêtes en 2 mois. Bilan : 130 morts et 22 milliards de dollars de dégâts.

Ouragans, politique et Everglades

En 1992, l'ouragan Andrew a mis en évidence l'équilibre précaire de ce paradis en dévastant le sud de la Floride, stupéfiant tout le pays par l'ampleur des destructions. En outre, les conséquences d'une pollution galopante – poissons morts, mangroves mourantes, baies troubles – présentèrent la facture d'un siècle de croissance incontrôlée et de boom démographique.

Entre 1930 et 1980, la croissance démographique de la Floride a atteint le taux record de 564%. La Floride est ainsi passée du rang d'État le moins peuplé du pays à celui de quatrième en termes de population, avec des infrastructures largement inadaptées.

Le sauvetage des Everglades, en particulier, est devenu une croisade autant morale qu'écologique. A-t-on le droit de dilapider une merveille naturelle pour quelques dollars hâtivement gagnés ? Le Florida Forever Act et le Comprehensive Everglades Restoration Plan ont tous deux été votés en 2000, mais leur mise en place effective est considérablement retardée par des questions bureaucratiques.

À l'aube du XXIe siècle, les tensions historiques de la Floride (entre sa soif de croissance et la pression afférente qu'elle impose à la société et à la nature, entre la partie nord de l'État, blanche, et le sud multiethnique, plus riche) semblaient plus marquées que jamais. En même temps, la Floride continue à attirer des millions de visiteurs, américains ou étrangers, et d'immigrés venus découvrir une vie meilleure que l'État leur promet depuis plus de 400 ans.

2010
Les plages du Panhandle sont touchées par la marée noire provoquée par la rupture d'une plateforme pétrolière ; le tourisme s'effondre en Floride.

2014
Les plans de sauvetage des Everglades obtiennent le feu vert de l'État, mais se voient ensuite retardés en raison d'impasses bureaucratiques.

2014
Ouverture du tunnel du port de Miami (plus de 1 km de long), reliant le MacArthur Causeway (chaussée qui franchit la baie de Biscayne) au port de Miami.

Voyager en famille

Surfeuses avec leur longboard

WILLIAM GOLDSMITH/GETTY IMAGES ©

La Floride se distingue des autres États d'Amérique dans au moins deux domaines : les plages et les parcs à thème. Si vous voyagez avec des enfants, ce chapitre peut suffire à préparer un programme bien rempli pour toute la durée de votre séjour. En outre, votre voyage en famille pourra frôler la perfection en passant simplement quelques appels téléphoniques aux bons endroits. C'est sûrement la raison pour laquelle tant de familles reviennent chaque année !

La Floride et les enfants

Il n'y a aucun doute, les villes touristiques de Floride ont toutes anticipé soigneusement les besoins de chacun des membres de votre famille, quel que soit son âge. Faisant preuve d'un grand professionnalisme et d'une efficacité à toute épreuve, la plupart des musées, zoos, sites d'intérêt, restaurants et hôtels de l'État s'attèlent à faire plaisir aux familles venant de tous horizons.

La Floride possède tant de destinations et d'activités susceptibles d'intéresser les enfants et les adultes que votre seul souci sera de bien planifier votre séjour. Ainsi, un simple itinéraire combinant plages et parcs à thème peut vite se transformer en une course effrénée ne laissant place à aucun temps mort. Malheureusement, nous ne pouvons rien faire pour vous... en fait, nous n'avons même pas pu tout répertorier dans ce guide.

Les meilleures Rencontres avec les animaux

1 Shark Valley, Everglades National Park (p. 249)

2 National Key Deer Refuge (p. 228)

3 Bill Baggs Cape Florida State Recreation Area (p. 199)

4 Myakka River State Park (p. 292)

Dans les restaurants

La plupart des restaurants de catégorie moyenne de Floride proposent un menu enfant, ainsi que des chaises hautes, des crayons de couleur et des tables à langer dans les toilettes. Par ailleurs, la grande majorité des restaurants, même les plus chics, préparera volontiers, sur demande, un repas pour les petits. En règle générale, les adultes accompagnés de jeunes enfants ou de bébés reçoivent un meilleur accueil en début de service (vers 18h). Seuls quelques établissements haut de gamme semblent désapprouver la présence d'enfants. Renseignez-vous au moment de faire votre réservation.

Parcs à thème

Walt Disney World® Resort, Universal Studios, SeaWorld, Discovery Cove, Busch Gardens : les plus grands parcs d'attractions de Floride sont de véritables mondes en soi. Vous pouvez vous contenter d'une seule journée sur place ou en faire votre unique destination pour une ou deux semaines.

Plages

Les plages familiales de Floride s'accompagnent généralement de centres commerciaux bondés, de boutiques touristiques, d'épiceries, ainsi que de restaurants et d'hôtels de catégorie moyenne. On peut y pratiquer de nombreuses activités et sports nautiques. Si certaines sont envahies par les *spring breakers*, ces étudiants fêtards qui arrivent aux vacances de Pâques, toutes ont des portions de plages adaptées aux familles et ne deviennent bruyantes qu'en fin de soirée.

Zoos, musées et attractions

Les rencontres rapprochées avec des animaux attirent depuis longtemps les touristes en Floride, et l'État se targue de posséder certains des meilleurs zoos et aquariums du pays. La nature est ici absolument grandiose, et elle est facile à découvrir. Dans les villes, vous trouverez également un grand nombre d'excellents musées interactifs pour les enfants, et, au bord des routes, il existe quantité de curiosités pour enfants moins courues, mais que les petits adorent.

Code de la route

En Floride, la loi exige que les enfants de moins de 3 ans soient installés dans un siège auto, et que les enfants de moins de 5 ans s'assoient au moins sur un rehausseur tant que la ceinture de sécurité ne s'ajuste pas correctement (plus de 36 kg et de 1,50 m). Les agences de location de voitures fournissent des sièges enfant, à condition de les réserver tôt. Elles facturent en général 10-15 $ pour le service. Évitez les surprises en apportant votre siège enfant.

En pratique

- **Espace pour le change** Dans la plupart des villes, des parcs à thème, des centres commerciaux et dans une grande majorité de restaurants de chaîne
- **Lits à barreaux** Disponibles dans les hôtels des catégories moyenne et supérieure
- **Santé** Voir la section *Santé* (p. 357)
- **Chaises hautes** Très communes dans les restaurants, tout comme les rehausseurs
- **Couches** Très répandues
- **Poussettes** Peuvent se louer dans beaucoup de parcs à thème et d'hôtels ; les gens n'hésiteront pas à vous aider dans les transports en commun
- **Transports** Les jeunes enfants sont bienvenus dans les transports publics

Dans la nature

Ne tournez pas le dos aux espaces sauvages. L'absence de relief de la Floride rend les rivières et les sentiers facilement accessibles aux enfants. Les promenades en planches, surélevées, sinuant à travers des marécages peuplés d'alligators sont de parfaits lieux d'aventures. Les cours d'eau et les baies intérieures paisibles semblent prévus spécialement pour les pagayeurs débutants. La Floride est aussi une destination idéale pour s'initier au surf ou au snorkeling. Réservez une croisière d'observation de la faune, une baignade avec des lamantins ou une sortie pour observer la nidification des tortues de mer.

Les meilleures régions

Orlando (p. 91). Trois mots : parcs à thème. Non, sept mots : la capitale mondiale des parcs à thème.

Miami (p. 187). Zoos et musées destinés aux enfants, plages spectaculaires, et Miami, l'une des villes multiculturelles les plus appréciées des États-Unis.

Archipel des Keys (p. 226). Les familles actives avec de grands enfants adoreront les nombreuses activités – snorkeling, plongée, pêche, bateau – dans une ambiance détendue.

Tampa Bay et la côte du golfe du Mexique (p. 270). Excellents zoos, aquariums et musées, ainsi que certaines des plus belles plages adaptées aux familles de l'État.

Daytona et la Space Coast (p. 99 et p. 304). Surf, châteaux de sable, balades en 4x4 sur la plage et kayak dans les mangroves : cette section du littoral atlantique plaît à tous les membres de la famille.

Plages du Panhandle (p. 348). Promenades en planches, stations balnéaires à l'ambiance familiale, superbes étendues de sable blanc : les plages de Panama City et de Pensacola ne décevront personne.

Organisation

Tous les parents savent qu'il est important de bien s'organiser. Mais en Floride, où les sites touristiques sont pris d'assaut durant la haute saison, une bonne préparation peut faire toute la différence. Ne laissez rien au hasard : emportez tout ce dont vous

Baby-sitting

Voyager avec ses enfants ne signifie pas forcément faire tout en famille. Plusieurs prestataires assurent un service de baby-sitting à l'hôtel par des nounous agréées. Certains tiennent des garderies où l'on peut déposer ses enfants. Pour plus de renseignements sur ces services à Walt Disney World® Resort, voir p. 88.

- **Kid's Nite Out** (www.kidsniteout.com)
- **Sittercity** (www.sittercity.com)
- **Sunshine Babysitting** (www.sunshinebabysitting.com). Dans toute la Floride.

pourriez avoir besoin, effectuez des réservations pour tous les lieux où vous pourriez vous rendre, établissez votre programme heure par heure. Et une fois sur place, vous pourrez enfin vous détendre.

Hébergement

La grande majorité des hôtels de Floride disposent de tout le nécessaire pour les familles : lits pour bébés, lits d'appoint (parfois en supplément), réfrigérateurs et fours à micro-ondes (mais mieux vaut en demander la confirmation), suites et chambres communicantes. Dans les stations balnéaires en particulier, les grands hôtels et complexes hôteliers offrent les mêmes équipements que les résidences en copropriété, et proposent tous des cuisines équipées, un service de blanchisserie, des piscines et des espaces barbecues, ainsi que diverses activités. Les établissements s'adressant aux familles sont signalés par l'icône (👪).

Les seules adresses qui n'encouragent pas la présence des enfants (mais qui n'ont tout de même pas le droit de les refuser) sont certains B&B de charme et boutique-hôtels très chics. Si vous avez un doute, posez la question à la réception en indiquant l'âge de vos enfants.

Conseils et matériel pour bébés

Si vous préférez voyager léger, plusieurs prestataires louent des équipements pour bébés (chaises hautes, poussettes, sièges auto, etc.) et proposent des produits de puériculture (couches, lingettes, lait maternisé, petits pots, etc.), livrés à votre hôtel ; réservez une à deux semaines à l'avance. Les sites suivants, parmi d'autres, donnent des conseils pour voyager aux familles. La plupart se concentrent sur Orlando, Miami et Tampa, mais quelques-uns sont implantés dans tout l'État.

Baby's Away (www.babysaway.com). Loue du matériel pour bébé.

Traveling Baby Company (www.travelingbabyco.com). Loue du matériel pour bébé.

Babies Travel Lite (www.babiestravellite.com). Vend et livre du matériel pour bébé. Fournit des conseils aux voyageurs.

Jet Set Babies (www.jetsetbabies.com). Vend du matériel pour bébé. Conseils aux voyageurs avec enfants en bas âge.

Travel For Kids (www.travelforkids.com). Destiné aux familles qui voyagent en Floride. Conseils efficaces sur la planification des voyages.

Family Vacation Critics (www.familyvacationcritics.com). Site de Trip Advisor tenu par des parents, avec critiques d'hôtels, de sites et de voyages.

Livres pour enfants sur la Floride

Et pourquoi ne pas mettre vos enfants dans l'ambiance en leur faisant découvrir des livres sur la Floride ? Nous vous conseillons les suivants :

Chouette (2002 ; Folio Junior, 2010) de Carl Hiaasen. Personnages loufoques, intrigue pleine de rebondissements et message écolo. À lire avec l'accord des parents. Si vous aimez, vous pouvez aussi lire *Comme un poison dans l'eau* (2005, Folio Junior, 2010) et *Panthère* (2009, Folio Junior, 2012).

Le chien qui souriait (2000 ; Livre de Poche Jeunesse, 2004) de Kate DiCamillo. Un récit initiatique chaleureux à propos d'une petite fille de 10 ans qui doit s'habituer à sa nouvelle vie en Floride.

Jody et le Faon (1938 ; Livre de Poche, 1980) de Marjorie Kinnan Rawlings. L'histoire d'un jeune garçon qui adopte un faon orphelin dans la forêt floridienne. Un classique récompensé par le prix Pulitzer.

Culture et arts

Quelques pas de tango en musique

DOUGLAS MENUEZ/GETTY IMAG

Population et culture produisent ici d'irrésistibles mélanges : accents, rythmes, teintes pastel et couleurs caribéennes forment une mosaïque bigarrée. Aussi inextricable que ses marais préhistoriques, la Floride fascine sans qu'on puisse toujours en définir la raison. C'est ce qui rend sa découverte si passionnante. Certes, le contexte n'est pas exempt de son lot de tensions, mais elles sont de nature à participer de la dynamique culturelle de la région, l'une des plus singulières du pays.

Portrait d'une péninsule

Les pessimistes prétendent que la Floride est trop divisée, socialement et culturellement, pour avoir un jour une identité cohérente. Vu la grande diversité de l'État, les optimistes tiennent, étonnamment, plus ou moins le même discours.

Géographiquement parlant, la Floride est un État méridional, mais du point de vue culturel, seul le nord de la Floride exprime un esprit sudiste. Dans le Panhandle, à Jacksonville et dans le Nord rural, les habitants ont cet accent traînant caractéristique du Sud, prennent le thé et parlent toujours de la guerre de Sécession.

Le centre de l'État et la région de Tampa Bay ont attiré bien des citoyens américains du Midwest. Directs, durs à la tâche, ils témoignent d'une sobriété toute protestante. En Floride du Sud, ce sont les Yankees de la côte est qui ont laissé leur empreinte, notamment dans les communautés juives de retraités, à Miami et le long de la côte méridionale du Golfe.

La Floride rurale, que ce soit au nord ou au sud de l'État, évoque toujours cette "frontière" de l'ouest des États-Unis. Au XIXe siècle, après la conquête de l'Ouest, la Floride fut l'une des dernières régions d'Amérique où les pionniers pouvaient arriver et s'inventer une vie. Aujourd'hui, même s'ils vivent dans des banlieues toutes conçues sur le même modèle, la plupart des Floridiens aiment penser qu'ils ont hérité de leur farouche esprit d'indépendance.

Dans certains coins de Miami et de Tampa, il est même difficile de se croire aux États-Unis. On y parle communément espagnol, la majorité de la population est catholique et la politique cubaine, haïtienne ou colombienne occupe toutes les conversations.

En fin de compte, la Floride comble et trompe à la fois toutes les attentes. Vous pourrez y rencontrer des avocats cubains politiquement conservateurs et des retraités aisés des plus progressistes. En politique, c'est l'une des raisons qui expliquent pourquoi il est si difficile de prévoir les résultats des élections, lesquelles se jouent souvent à une poignée de voix près.

La "capitale de l'Amérique latine"

La Floride d'aujourd'hui s'est vue remodelée par des vagues successives d'une immigration venue d'Amérique latine. Une population hispanique très diverse, autonome, économiquement influente et très investie dans la vie politique.

La langue espagnole est omniprésente. Un quart des Floridiens parlent à la maison une langue autre que l'anglais – dans 75% des cas l'espagnol (une bonne part de la population restante parle le créole haïtien). Ainsi, l'espagnol est la première langue pour plus de 90% de la population d'Hialeah, une banlieue de Miami.

Aujourd'hui, il n'est pas un pays d'Amérique latine qui ne soit représenté dans le sud de la Floride. Les Argentins sont installés à North Miami Beach, les Colombiens à Coral Gables et dans le centre-ville, et, bien sûr, les Cubains vivent dans toutes les parties de l'État. Les enfants d'exilés cubains sont désormais baptisés les Yuca, pour "*Young Urban Cuban Americans*" (jeunes Cubains-Américains urbains), tandis que la deuxième génération de Latinos a reçu le surnom de Generation Ñ (se prononce "énié").

L'immigration en chiffres

Avant la Seconde Guerre mondiale, la Floride était l'État le moins peuplé des États-Unis (moins de 2 millions d'habitants). Aujourd'hui, il se tient à la quatrième place avec 18,8 millions en 2010.

Dans les années 1970, le taux de croissance de la Floride atteignait 44%. S'il n'a cessé de baisser depuis, il était toujours de plus de 17% durant la première décennie du XXIe siècle, soit le double de la moyenne nationale.

La Floride est le quatrième État du pays par l'importance de sa population étrangère (environ 8,6 millions) : elle abrite le plus grand nombre et le plus important pourcentage de résidents nés à l'étranger (3,7 millions de personnes, soit 19,5% de la population). À Miami, plus de 60% des habitants sont nés à l'étranger, soit largement plus que dans les autres grandes villes des États-Unis.

Les meilleures Salles de spectacle

1 New World Center (p. 187)

2 Straz Center for the Performing Arts (p. 279)

3 Adrienne Arsht Center for the Performing Arts (p. 194)

4 Mad Cow Theatre (p. 104)

Entre eux, les jeunes Latinos passent très facilement de l'anglais à l'espagnol, y compris dans une même phrase, parlant anglais avec les Américains et espagnol avec leur famille.

Les loisirs des Floridiens

Les Floridiens sont fous de sport. Pour la majorité des Floridiens, le football (américain) universitaire est une religion. L'État regroupe d'ailleurs trois des meilleures équipes nationales : les University of Miami Hurricanes, les University of Florida Gators (à Gainesville) et les Florida State University Seminoles (à Tallahassee).

La Floride compte trois équipes professionnelles de football (les Miami Dolphins, les Tampa Bay Buccaneers et les Jacksonville Jaguars) et deux équipes de basket-ball pros (les Orlando Magic et les Miami Heat). Vainqueur de la coupe Stanley en 2004, le Tampa Bay Lightning fait partie de la poignée d'équipes professionnelles et semi-professionnelles de hockey que compte la Floride, avec les Florida Panthers, de Miami.

En mars, l'entraînement du printemps des équipes de base-ball de la Major League déclenche la frénésie, lorsque treize équipes professionnelles arrivent en Floride du Sud, dans des stades dédiés à des équipes de la Minor League. Deux équipes pros y sont toutefois basées à l'année : les Florida Marlins (à Miami) et les Tampa Bay Rays (à St Petersburg).

Les courses de voitures de la Nascar sont apparues dès la Prohibition, quand les contrebandiers avaient besoin de véhicules rapides pour échapper aux poursuites. Bien au-delà de leur Sud d'origine, ces courses sont extrêmement populaires en Floride et se déroulent régulièrement à Daytona.

D'autres sports rencontrent aussi un certain succès en Floride du Sud, tels la pelote basque (*jai alai*), appréciée des parieurs à Miami (les paris sont encore légaux pour ce sport), et le cricket, grâce à l'importante communauté jamaïcaine et caribéenne de la région.

Littérature

À partir des années 1930, la Floride gagna, avec trois écrivains majeurs, le rang d'authentique voix littéraire. Le plus célèbre d'entre eux fut Ernest Hemingway, qui s'installa à Key West en 1928. S'il a écrit ici *Pour qui sonne le glas* et *L'Adieu aux armes*, seul un de ses romans se déroule en Floride, *En avoir ou pas* (*To Have and Have Not*, 1937).

Toutefois, le titre d'"auteur le plus floridien" revient généralement à Marjorie Kinnan Rawlings, qui vécut à Cross Creek, entre Gainesville et Ocala. Elle porte un regard plein d'empathie sur les pionniers de Floride et la beauté brute des paysages sauvages et marécageux. Son roman *Jody et le Faon* (*The Yearling*, 1938) lui valut le prix Pulitzer, et *Cross Creek* (1942), son autobiographie, est très largement saluée par la critique.

L'Afro-Américaine Zora Neale Hurston grandit dans la ville noire d'Eatonville, près d'Orlando. Elle devint une personnalité clé du mouvement de renouveau de la culture afro-américaine à Harlem (*Renaissance Harlem*) dans les années 1930. Son roman le plus connu, *Une femme noire* (*Their Eyes Were Watching God*, 1937), évoque les souffrances de la communauté noire de la Floride rurale, en particulier des femmes.

La littérature floridienne se fait surtout remarquer sur la scène internationale par ses romans policiers excentriques. Carl Hiaasen incarne à lui seul ce genre. Dans ses récits désopilants à message écologique s'affrontent marginaux et assassins : les méchants sont les promoteurs et les vrais crimes sont perpétrés contre la nature. Par ailleurs, Randy Wayne White, John D. MacDonald, James Hall et Tim Dorsey sont aussi des écrivains très appréciés.

Les meilleurs Musées d'art

1 Morikami Museum & Japanese Gardens (p. 157)

2 Salvador Dalí Museum (p. 281)

3 Bass Museum of Art (p. 188)

4 Lowe Art Museum (p. 203)

5 Orlando Museum of Art (p. 92)

Peinture et arts plastiques

La Floride a un penchant pour l'art contemporain, et les artistes modernes la tiennent pour un lieu d'expression sans contrainte. En 1983, l'artiste Christo a connu un franc succès en drapant chacune des onze îles de Biscayne Bay d'une immense collerette de tissu rose vif (rose flamant !) : telles de gigantesques fleurs, elles flottaient dans l'océan et les gratte-ciel de Miami semblaient petits à côté.

Quelles qu'en soient les raisons, les grandes compositions exhibitionnistes aux couleurs flashy sont la marque de fabrique de Miami. Cela concerne notamment Romero Britto, artiste d'origine brésilienne, dont les œuvres aux allures de graffitis naïfs ornent plusieurs bâtiments, dont le Children's Museum (p. 205). La place de Miami dans l'art contemporain a été consacrée en 2002 avec l'arrivée d'une manifestation de grande envergure : l'Art Basel Festival. Seules les galeries de Los Angeles et de Manhattan peuvent rivaliser avec celles de Miami.

Le reste de l'État ne manque pas de musées d'excellente facture. Outre Miami, les courants artistiques sont fort bien représentés à Fort Lauderdale, West Palm Beach, St Petersburg, Tampa, Sarasota, Naples et Orlando.

Musique

Tom Petty, Lynyrd Skynyrd et les Allman Brothers forment la sainte trinité du rock sudiste de Floride. De leur côté, Matchbox Twenty et Dashboard Confessional ont eux aussi fait leurs débuts en Floride. Quant à Tampa, c'est le berceau du punk et du "death metal". Pourtant, c'est le très populaire Jimmy Buffett, dont le cœur reste toujours à Key West peu importe l'endroit où se produit son groupe, qui définit le mieux la Floride.

Le rap et le hip-hop sont bien présents à Tampa et à Miami, plus particulièrement grâce au groupe 2 Live Crew, tandis qu'Orlando – et le producteur Lou Pearlman, qui se trouve actuellement en prison pour fraude – ont donné au monde les *boys bands* N Sync et Backstreet Boys.

Miami voit également prospérer un savoureux mélange de salsa cubaine, de reggae jamaïcain, de mérengué dominicain et de flamenco espagnol, sans oublier le mambo, la rumba, le cha-cha-cha, le calypso et bien d'autres rythmes. Gloria Estefan et le Miami Sound Machine furent à l'origine de la renaissance de la musique cubaine dans les années 1970, mêlant sons latinos, disco et conga.

Cinéma et télévison

Parmi les films les plus connus tournés à Hollywood, citons *Noix de coco* (1928) des Marx Brothers, *L'Étrange Créature du lac Noir* (filmé par Jack Arnold à Wakulla Springs, 1954), *The Truman Show* (filmé à Seaside par Peter Weir, 1998), *L'Or de la vie* (Victor Nuñez, 1997), *Donnie Brasco* (Mike Newell, 1997), *Get Shorty* (Barry Sonnenfeld, 1995), *Chouette* (Wil Shriner, 2006) et *Miami Blues* (George Armitage, 1992).

La Floride sert de cadre (et de personnage clé) à nombre de séries télévisées, dont le récent *Dexter* qui met en scène la vie d'un serial killer de Miami et qui renouvelle le genre *vigilante* (justicier solitaire). Dans les années 1960, les séries les plus célèbres étaient *Flipper le dauphin* et *Jinny de mes rêves* (où un astronaute découvre une bouteille au fond de laquelle vit une authentique princesse).

Dans les années 1980, Miami ne fut plus perçue de la même manière après la diffusion de *Miami Vice* (*Deux flics à Miami*), une série policière sans concession, dont le succès participa à la rénovation du quartier historique de South Beach, alors délabré. Aujourd'hui, la série *Les Experts : Miami* témoigne, moyennant un traitement plutôt clinquant, de l'évolution de la cité.

La cuisine de la Floride

Crevettes grillées dans un restaurant de Key West (p. 235)

DANA HOFF/GETTY IMAGES ©

La scène culinaire floridienne brille par son audace et son excellence. Tirant parti de très bons produits, provenant aussi bien de la terre que de l'océan, les chefs proposent des plats qui mêlent des influences du monde entier : cuisine sudiste, créole, cubaine, caribéenne, latino-américaine, mais également juive, asiatique, espagnole, etc. Les gastronomes avertis rendront hommage aux chefs les plus réputés, tandis que les simples gourmands resteront à l'affût des saveurs insolites, comme les cacahuètes bouillies, le crabe caillou ou l'alligator grillé.

Tables du Sud, tables du Nord

Si riche soit l'héritage culinaire de la Floride, sa réputation de destination gastronomique ne date que des années 1990, époque où le paysage culinaire de Miami fut transformé par une vague de grands chefs. Pour flatter le palais raffiné des citadins, ils agrémentèrent leur carte d'un mélange unique d'influences cubaines, caribéennes et latino-américaines, que l'on désigne désormais sous le nom de cuisine "floribéenne".

Épicentre de la cuisine de Floride, Miami possède le plus large choix de tables multiethniques, mais fait des émules dans tout l'État. Dans les grandes villes et partout où les touristes et les *snowbirds* (retraités "migrateurs") se rendent, vous trouverez des chefs talentueux à la tête de restaurants de haute volée, souvent dans des salles au décor contemporain, avec vue sur l'océan.

Au nord de Miami, à Miami Beach, Fort Lauderdale, Palm Beach et West Palm Beach, les gastronomes éclairés trouvent leur content de tables originales. Key West se distingue par une cuisine fusion créative.

La côte sud du golfe du Mexique est tout aussi remarquable : Tampa surfe sur la vague de la renaissance culinaire et sert un large choix de plats, des spécialités espagnoles à la cuisine moderne de style locavore (personne ne consommant que des fruits et des légumes locaux et de saison pour contribuer au développement durable). Un saut jusqu'aux opulentes villes balnéaires de Sarasota, Sanibel Island et Naples offrent l'occasion d'un repas mémorable.

En allant vers le nord, la robuste cuisine sudiste prédomine et les grandes tables jouent la carte poisson et fruits de mer conjugués à la fine cuisine française ou italienne. Sans nécessairement jouer dans la cour des grands, Orlando et ses parcs à thème affichent quelques bonnes adresses. Sur la côte atlantique, Amelia Island et St Augustine sont des paradis des gourmets.

Richesses de l'océan

Depuis toujours, la Floride se nourrit de la mer, qui ne se trouve qu'à un jet de pierre de presque toutes les localités de l'État. Tout ce qui vit dans l'océan a de bonnes chances de se retrouver bientôt écaillé ou décortiqué, enrobé de pâte et plongé dans une friteuse, avant d'être posé sur une assiette.

Les Floridiens ont un faible pour le mérou (*grouper*). Le sandwich au mérou est à la Floride ce qu'est la pizza à Manhattan, une spécialité emblématique et le mètre étalon auquel on peut mesurer un restaurant. La quête du parfait sandwich au mérou (grillé ou frit) tient d'une obsession locale, tout comme celle du plus savoureux *chowder* (chaudrée de palourdes).

Naturellement, il existe un grand nombre d'autres poissons à déguster, en particulier le vivaneau (*snapper* ; sous toutes ses variétés), la dorade coryphène (ou *mahi-mahi*) et le poisson-chat.

Les amateurs de crustacés seront à la fête, à savourer crevettes roses et grises, et à faire l'expérience inédite du crabe bleu à carapace molle – la Floride est en effet le seul endroit où l'on trouve des élevages de crabe bleu, ce qui explique qu'ils y soient proposés toute l'année. L'hiver (d'octobre à avril) est la saison de la langouste et du crabe caillou (hors saison, ces produits sont surgelés). La langouste de Floride a une longue queue et le crabe caillou est le plus souvent bouilli et servi avec du beurre ou une sauce à la moutarde.

Enfin, les Keys ont popularisé le *conch* (conque ; une sorte d'escargot de mer géant), lequel provient désormais des Bahamas. Ce mollusque est particulièrement apprécié pané, accompagné de diverses sauces, ou servi en curry épicé avec du riz. Cette dernière recette est très prisée dans les restaurants caribéens.

Cuisine cubaine et latino-américaine

Considérée jadis comme "exotique", la cuisine cubaine, qui mêle influences caribéennes, africaines et latino-américaines, fait aujourd'hui partie intégrante du quotidien à Tampa et Miami. Installez-vous dans une *lonchería* (snack-bar cubain) et commandez un *pan cubano* : du pain grillé et beurré, avec jambon, porc rôti, fromage, moutarde et pickles.

De nombreux plats cubains sont à base de *mojo* (vinaigrette aillée pour les sandwichs), d'*adobo* (marinade pour viande à base d'ail, de sel, de cumin, d'origan et de jus d'orange amère) ou de *sofrito* (mélange d'ail, d'oignon et de piment pour faire revenir le ragoût). On sert les plats de viande agrémentés de riz, de haricots et de bananes plantains frites.

Miami compte une multitude de petits établissements tenus par des habitants originaires des pays d'Amérique centrale et du Sud. Ainsi, on y mange du *griot* haïtien (porc mariné et frit), du *jerk chicken* jamaïcain (poulet mariné et grillé), des grillades brésiliennes, du *gallo pinto* d'Amérique centrale (riz aux haricots rouges) et du *tres leches* nicaraguayen (gâteau "aux trois laits").

Le matin, ne manquez pas le café cubain (*café cubano* ou *cortadito*). Cet excellent expresso sucré aux reflets d'or est emblématique de Miami. En commandant un *café con leche*, vous boirez 50% de café et 50% de lait.

Autre délice cubain, le *guarapo* est du jus de canne à sucre frais. Les snack-bars cubains servent ce liquide verdâtre pur ou sur de la glace pilée, et c'est le principal ingrédient du *mojito* authentique. On le retrouve aussi parfois dans le *batido*, un rafraîchissant milk-shake latino aux fruits.

Les meilleurs Restaurants cubains

1 Versailles (p. 218)

2 Islas Canarias (p. 218)

3 La Segunda Bakery (p. 276)

4 Exquisito Ristorante (p. 217)

Cuisine du Sud

Plus on remonte vers le nord de la Floride, plus la cuisine prend des accents du Sud – avec des plats goûteux, mais perdant en raffinement et gagnant en graisses. Typiquement sudiste, la formule *meat and three* désigne un plat de viande – poulet frit, poisson-chat, côtelettes grillées, escalope de poulet panée ou *chitlins* (intestins de porc) – accompagné de trois garnitures, telles que *hush puppies* (galettes de maïs frites), *cheese grits* (gruau de maïs au fromage), *cornbread*, *coleslaw*, purée de pommes de terre, cornilles, chou et *buttery corn* (maïs au beurre). On terminera par une tarte aux noix de pécan, un dessert authentiquement sudiste. Enfin, la version sudiste du *hoagie* de la côte est américaine, le *Po'boy* est un morceau de baguette fourré d'une garniture frite variée (nuggets de poulet, etc.)

La cuisine des *crackers* (terme péjoratif désignant les populations blanches et pauvres du sud rural des États-Unis) de Floride ressemble beaucoup aux autres cuisines du Sud, avec l'utilisation occasionnelle de reptiles et d'amphibiens. Les cuisines créole et cajun sont aussi bien présentes, avec leurs *gombos* (ragoûts ou soupes épicés comprenant viandes, crustacés et légumes, accompagnés de riz) et leurs bisques provenant des marécages louisianais tout proches. Les saveurs sudistes de la Floride sont à l'honneur dans le livre de recettes *Cross Creek Cookery*, de l'écrivaine Marjorie Kinnan Rawlings, un best-seller régulièrement réédité mais jamais traduit en français.

Le thé glacé, omniprésent, est surnommé le "vin du Sud". Méfiez-vous toutefois du *sweet tea*, autre boisson du Sud radicalement différente, un thé très (très !) sucré.

Spécialités de la Floride

Du nord au sud, voici quelques plats singuliers, mais 100% floridien : ne partez pas sans y avoir goûté !

Cacahuètes bouillies. Dans le nord rural de la Floride, les cacahuètes encore vertes sont bouillies jusqu'à devenir moelleuses et savoureuses, et sont parfois agrémentées d'un mélange d'épices cajuns ou autres. La sensation dans la bouche est étrange, mais on y prend vite goût.

Alligator. La viande d'alligator possède un goût subtil, au croisement entre le poisson et le porc. Préférez-la grillée plutôt qu'en nuggets frits, qui en masquent la saveur et la rendent un peu élastique. Très répandue, elle provient d'élevages légaux et s'achète même à l'épicerie. Contenant autant de protéines que le poulet, la viande d'alligator est deux fois moins grasse.

Les meilleurs Blogs sur la cuisine de la Floride

1 Jan Norris (www.jannorris.com)

2 Jeff's Eats (www.jeffeats.com)

3 Meatless Miami (www.meatlessmiami.com)

4 Mega Yummo (www.megayummo.com)

5 Food for Thought (www.foodforthoughtmiami.com)

Cuisses de grenouille. Les Everglades produisent d'excellentes cuisses de grenouille ; renseignez-vous, car il est conseillé d'éviter celles qui sont importées d'Inde, plus petites et jugées "fades".

Crabe caillou. Le premier crustacé recyclable : on prélève une pince au crabe caillou (*stone crab*), qui est ensuite relâché en mer (la pince repousse en 12 à 18 mois ; les crabes prélevés plusieurs fois sont dit *retreads*, "rechapés"). Les pinces sont des denrées très vite périssables, toujours vendues cuites. La pleine saison, d'octobre à avril, est l'occasion de véritables orgies de crabe caillou.

Tarte au citron vert. Le citron vert (*lime*) des Keys n'est pas vert, mais jaune, comme doit l'être l'authentique *Key lime pie* : de la crème à base de jus de citron vert, de lait concentré sucré et de jaunes d'œuf, une pâte croustillante, le tout surmonté de meringue ou de crème fouettée. Si on vous sert une tarte verte ou pas du tout croustillante une fois coupée, abstenez-vous. L'alliance de l'acidité du citron vert avec le goût très sucré du lait illustre parfaitement la personnalité des "Conchs" de Key West.

Libations

À l'exception de quelques villes prônant l'abstinence, la Floride fait montre d'un intérêt prodigieux pour l'alcool. Quand on se penche sur cette tradition – des contrebandiers de la Prohibition aux étudiants en goguette, en passant par les boutiques d'alcool avec service au volant, Ernest Hemingway et Jimmy Buffet –, on constate toutefois que la quantité prime le plus souvent sur la qualité.

À coup sûr, le grand brasseur Anheuser-Busch de Jacksonville n'est pas près de manquer de clients, tout comme les microbrasseries artisanales de Tampa. Si les plages de Daytona peuvent être jonchées de verres à cocktail appellés *hurricane glasses* (en raison de leur ressemblance avec les lampes-tempête), les barmen de Miami n'en soignent pas moins leur réputation en revisitant avec brio martinis et mojitos.

Les barmen cubains ont acquis leur notoriété dans les années 1920 du fait de leurs créations à base de sucre de canne et d'agrumes. Les deux classiques sont le *Cuba libre* (rhum, citron vert et cola) et le mojito (rhum, sucre, menthe, citron vert, eau gazeuse), traditionnellement accompagnés de *chicharrónes* (couenne de porc frite).

Hemingway, lui, préférait la *piña colada*, surtout au pluriel. Depuis que Jimmy Buffett a immortalisé la margarita dans sa chanson *Margaritaville*, il n'est plus un bar de la plage sur la péninsule qui ne revendique de concocter la meilleure version du cocktail.

Activités de plein air

Plongée (p. 339) dans l'océan Atlantique

STEPHEN FRINK/GETTY IMAGES ©

Les plages de la Floride font, à juste titre, la renommée de l'État, mais les eaux qui les bordent apportent aussi leur lot de merveilles. De fait, l'océan cache le plus grand récif corallien d'Amérique du Nord, et la péninsule est sillonnée de cours d'eau s'étirant sur près de 18 000 km. La région compte en outre de nombreux sentiers de randonnée, et l'absence de relief la rend propice au cyclisme.

Randonnée

Si l'altitude n'est jamais un souci en Floride, les randonneurs devront tenir compte du climat. Dans le sud de l'État, la meilleure période pour faire de la randonnée et du camping s'étend de novembre à mars, durant la "saison sèche" – quand la pluie, la température, l'humidité et les moustiques diminuent pour atteindre des niveaux supportables. En été, marchez avant midi pour éviter la chaleur de la mi-journée et les orages de l'après-midi.

Le **Florida National Scenic Trail** (FSNT ; www.fs.usda.gov/fnst), l'un des 11 chemins de randonnée nationaux, couvre 2 250 km en discontinu. Il file vers le nord des marais de la **Big Cypress National Preserve** (p. 253), fait le tour du lac Okeechobee, traverse l'**Ocala National Forest** (fs.usda.gov/ocala), puis court vers l'ouest jusqu'au **Gulf Islands National Seashore** (www.nps.gov/guis),

Les meilleurs Circuits en canoë et en kayak

1 Hell's Bay (p. 252)

2 JN "Ding" Darling National Wildlife Refuge (p. 298)

3 Bill Baggs Cape Florida State Recreation Area (p. 199)

4 Indian Key Historic State Park (p. 226)

5 Ten Thousand Islands (p. 253)

près de Pensacola. Tous ces parcs s'ouvrent à de superbes randonnées.

Parmi les autres secteurs propices à la randonnée figurent les forêts de pins, les régions karstiques et les dolines de l'**Apalachicola National Forest** (p. 308). Le **Wekiwa Springs State Park** (p. 93) est idéal pour la marche, le canoë-kayak et le snorkeling.

Les marais de la Floride du Sud sont sillonnés d'excellentes promenades en planches longues de 1,5 à 3 km, presque toujours accessibles en fauteuil roulant. Mais pour une exploration en bonne et due forme, procurez-vous un kayak.

Canoë et kayak

Pour réellement découvrir les marais, rivières, estuaires, criques, lagunes et îles-barrières de la Floride, vous aurez besoin d'un bateau, de préférence à rames. Surprendre des alligators et des ibis dans les profondeurs paisibles des mangroves constitue une expérience exceptionnelle.

Tout comme pour la randonnée, la saison "sèche", en hiver, est la meilleure période pour canoter. En été, mieux vaut explorer les environs des sources fraîches et des plages ouvertes à la baignade.

Certains cours d'eau sont incontournables, tels la **Wekiva River** (p. 93), à Orlando, classée "Wild and Scenic" (sauvage et pittoresque), et la **Myakka River** (p. 292), dans la région de Tampa, regorgeant d'alligators.

Explorer en kayak l'**Everglades National Park** (p. 248) vous laissera des souvenirs impérissables ; le **circuit en canoë de Hell's Bay** (p. 252) est un circuit idyllique. Tout près, les **Ten Thousand Islands** (10 000 Islands ; p. 253) sont tout aussi extraordinaires, et rien ne surpasse une nuit dans un *chickee* (plateforme sur pilotis ; p. 258) au cœur des Everglades. Profitez de la sérénité de la partie sud de la côte du Golfe en pagayant sur la **Great Calusa Blueway** bleu azur.

N'oubliez pas les côtes. Vous regretteriez de ne pas avoir découvert en kayak le **Bill Baggs Cape Florida State Recreation Area** (p. 199), la **Caladesi Island** (p. 287) de Tampa Bay, et le **JN "Ding" Darling National Wildlife Refuge** (p. 298) de Sanibel Island. Par ailleurs, sur la côte atlantique, mangroves, oiseaux aquatiques, dauphins et lamantins vous attendent au **Canaveral National Seashore** (**www.nps.gov/cana**), en particulier au Mosquito Lagoon ou à l'**Indian River Lagoon** (**www.indianriverlagoon.org**). Les **Big Talbot Island et Little Talbot Island** (☎**904-251-2320; www.floridastateparks.org/bigtalbotisland**) sont aussi des lieux magiques.

Vous trouverez des adresses d'agences de canoë et de kayak p. 350.

Surf

Le surfeur Kelly Slater, dix fois champion du monde, est originaire de Cocoa Beach. Lisa Anderson, qui a remporté le titre féminin à quatre reprises, vient d'Ormond Beach. Tous deux ont appris le surf sur la Space Coast, à l'ombre des fusées du cap Canaveral, et Slater a peaufiné ses figures à Sebastian Inlet.

Si les rouleaux de Floride n'ont pas l'ampleur de ceux de Californie et d'Hawaii, l'histoire du surf dans la région est tout aussi légendaire. De plus, l'abondance des vagues compense leur taille modeste.

Il est possible de surfer presque tout le long de la côte atlantique, mais les meilleurs spots se regroupent sur la Space Coast : mettez le cap sur **Cocoa Beach** (p. 99). Vous trouverez aussi de petits spots qui se prêtent à la pratique du longboard entre **Fort Lauderdale** (p. 163) et **South Beach** (p. 183), à Miami.

La côte atlantique nord est moins engageante, en partie à cause de la froidure de l'eau en hiver. Cependant, des vagues régulières de 0,6 m à 1 m déferlent à **Daytona Beach** (p. 304) et **St Augustine** (p. 306), et autour d'**Amelia Island** (p. 306).

Les meilleurs Spots de plongée et de snorkeling

1 John Pennekamp Coral Reef State Park (p. 224)

2 Biscayne National Park (p. 257)

3 Dry Tortugas National Park (p. 233)

Plongée et snorkeling

Les récifs coralliens et les épaves de Floride font la joie des plongeurs, mais le nord de l'État est considéré comme le paradis de la plongée-spéléo des États-Unis. Le soubassement calcaire de la péninsule est criblé de trous, pour la plupart remplis d'une eau cristalline.

Si vous préférez les coraux peuplés de poissons tropicaux multicolores, ne cherchez pas plus loin... La Floride possède également le plus grand récif corallien du continent. Le **John Pennekamp Coral Reef State Park** (p. 224) et le **Biscayne National Park** (p. 257) sont les deux meilleurs sites de plongée, mais vous ne serez pas déçu si vous plongez au **Bahia Honda State Park** (p. 228). Tirant leur nom des nombreuses tortues marines que l'on peut y observer, les **Dry Tortugas** (p. 233) sont des îles qui méritent largement les efforts nécessaires pour les rejoindre.

La plongée sur des épaves est tout aussi exaltante, et certaines sites sont accessibles en snorkeling. Ne manquez pas **Fort Lauderdale** (p. 165) ni le **Biscayne National Park** (p. 257).

De nombreux sites de plongée longent la Suwannee River, tels le **Peacock Springs State Park** (www.floridastateparks.org/peacocksprings), l'un des plus grands réseaux de grottes subaquatiques du continent, le **Troy Spring State Park** (www.floridastateparks.org/troyspring). Signalons aussi le **Blue Spring State Park** (☎386-775-3663 ; www.floridastateparks.org/bluespring), près d'Orlando. Vous aurez besoin d'un brevet de plongée-spéléo pour plonger dans une source (un brevet Open Water ne suffit pas) et la plongée en solo n'est généralement pas autorisée. Les centres de plongée locaux vous aideront (pour des associations de plongée et des informations, voir p. 350).

Vélo

Si le terrain de la Floride est trop plat pour le VTT, elle recèle d'innombrables possibilités hors-route, ainsi que des centaines de kilomètres de pistes asphaltées. Comme pour la randonnée, mieux vaut pratiquer le cyclotourisme en hiver.

Parmi les meilleurs itinéraires hors-route, citons le **Big Shoals State Park** (www.floridastateparks.org/bigshoals), avec 40 km de piste le long de la Suwannee River, l'**Ocala National Forest** (fs.udsa.gov/ocala) et l'**Apalachicola National Forest** (p. 308), notamment le Munson Hills Loop, une boucle sablonneuse.

L'abondance des pistes cyclables asphaltées rend le choix difficile. La **Lake Trail** (☎561-966-6600 ; www.pbcgov.com/parks) de Palm Beach, bordée de demeures et des yachts somptueux, et le **Shark Valley Tram Road Trail** (p. 249), qui fait 24 km et traverse le "Fleuve d'herbe" infesté d'alligators des Everglades, comptent parmi les plus belles pistes cyclables asphaltées.

Ne laissez pas de trace et soyez prévoyant

Il va sans dire que toute étendue sauvage, même un marais, est un écosystème fragile. À pied, à vélo, en canoë ou avec palmes et tuba, adoptez la conduite "Leave No Trace" (Ne pas laisser de trace ; consultez le site www.lnt.org), qui consiste à rester sur les chemins tracés, de remporter ses détritus et d'observer la nature plutôt que de cueillir des plantes ou de nourrir les animaux.

N'oubliez pas d'emporter beaucoup d'eau (jusqu'à 3,5 litres par personne et par jour) et soyez équipé pour la pluie. Entourez votre sac à dos d'un sac en plastique, prévoyez des vêtements imperméables et des tenues de rechange (vous serez forcément mouillé). Le site **Florida Adventuring** (www.floridaadventuring.com, en anglais) fournit des conseils utiles.

Pour un plus long parcours, empruntez le **Florida Keys Overseas Heritage Trail** (p. 228), qui longe la Keys Hwy sur 112 km discontinus, et le **Pinellas Trail** (☎727-549-6099 ; www.pinellascounty.org/trailgd), à la fois urbain et côtier, qui court sur 69 km entre St Petersburg et Tarpon Springs. Pour plus de conseils sur le cyclisme, voir p. 350.

Pêche

La Floride est l'une des capitales mondiales de la pêche sportive. On y trouve les meilleures possibilités aux États-Unis ; la variété et l'abondance des poissons sont inouïes.

L'achigan à grande bouche est la prise de choix dans les nombreux lacs et rivières. Les sites privilégiés, bien équipés et faciles d'accès, sont le **Lake Manatee State Park** (www.floridastateparks.org/lakemanatee), au sud de St Petersburg, le **Myakka River State Park** (p. 292) pour la pêche à la mouche, et **Jacksonville** (www.jacksonvillefishing.com) pour des sorties de pêche dans le St Johns River, le lac George et l'océan, ainsi que la pêche en kayak.

Près du rivage, le sébaste, le tarpon, le brochet de mer et l'acoupa pintade font partie des prises les plus courantes le long des deux côtes. Dans les Keys, **Bahia Honda** (p. 227) est un haut lieu pour la pêche du rivage.

Toutefois, comme le dirait Hemingway, la vraie pêche se déroule en mer, où se côtoient marlins, tassergals et autres dorades coryphènes. Pour des sorties de pêche hauturière, rendez-vous à **Fort Lauderdale** (p. 163), **Lauderdale-by-the-Sea** (p. 161), **Destin** (p. 309), et **Key West** (p. 229). Le mieux consiste à se promener sur le port et à bavarder avec les capitaines pour trouver celui qui correspond le mieux à vos attentes.

Un permis de pêche est indispensable et il existe de nombreuses réglementations sur les prises autorisées. Une liste des sociétés de pêche se trouve p. 350.

Voile

Si vous aimez la voile, vous aimerez la Floride. Miami compte de multiples marinas où louer un bateau ou bien amarrer le sien ; **Key Biscayne** (p. 197) est un véritable joyau. **Fort Lauderdale** (p. 163) recèle abondance de possibilités. À **Key West** (p. 229), vous pourrez naviguer sur une goélette armée de vrais canons. Les tour-opérateurs sont légion dans les Keys.

Vie animale

Tortue d'eau douce, Lakeland

STEVEN BLANDIN/BIRD-WILDLIFEPHOTOGRAPHY.COM/GETTY IMAGES ©

Avec des marais remplis d'alligators, des rivières peuplées de serpents, des mangroves où prospèrent les lamantins, des tortues nidifiant sur les plages et des volées d'oiseaux survolant la mer, comment la petite souris de Disney a-t-elle pu devenir la vedette de la Floride (en particulier lorsque l'État compte un chat sauvage comme fleuron) ? Dépêchez-vous, de vénérables amphibiens, des oiseaux plongeurs et toutes sortes d'animaux à poil et à plumes vous attendent...

Oiseaux

Près de 500 espèces ont été répertoriées en Floride, dont certains des plus spectaculaires oiseaux aquatiques migrateurs : ibis, aigrette, grand héron, pélican d'Amérique et grue blanche.

Environ 350 espèces séjournent dans les Everglades, mais vous n'avez pas besoin d'arpenter les marais pour les observer. Achevé en 2006, le **Great Florida Birding Trail** (www.floridabirdingtrail.com), un itinéraire de 3 200 km, comprend près de 500 sites d'observation des oiseaux. Neuf d'entre eux sont des sites "portails"comprenant un centre des visiteurs et le prêt gratuit de jumelles ; téléchargez les guides sur le site Internet, et repérez les panneaux marron le long de la route.

Parmi les plus grands représentants de l'espèce aviaire, le pélican blanc arrive en hiver (octobre-avril), tandis que le pélican brun, le seul à plonger pour pêcher, réside en Floride toute l'année. Pour admirer la superbe spatule rosée (de la famille des ibis), visitez le **JN 'Ding' Darling National Wildlife Refuge** (p. 298), le site d'hivernage pour le tiers de sa population américaine.

Chaque hiver, quelque 5 000 grues du Canada sédentaires sont rejointes par 25 000 cousins migrateurs. Quant aux grues blanches, qui mesurent plus de 1,50 m de haut, ce sont les plus grands oiseaux d'Amérique du Nord. Menacées d'extinction, une centaine d'entre elles passent l'hiver sur la côte du golfe du Mexique, près de Homosassa.

Oiseaux chanteurs et rapaces évoluent aussi dans les cieux de la Floride. L'État compte un millier de couples d'aigles chauves (aucun autre État du sud des États-Unis n'en abrite autant), ainsi que des faucons pèlerins, qui migrent au printemps et en automne.

Les meilleures Réserves naturelles

1 Suncoast Seabird Sanctuary (p. 289)

2 JN 'Ding' Darling National Wildlife Refuge (p. 298)

3 Turtle Hospital (p. 227)

4 Florida Keys Wild Bird Rehabilitation Center (p. 224)

Mammifères terrestres

La panthère de Floride est le mammifère le plus menacé de l'État. Lors de l'interdiction de la chasse en 1958, les panthères ne parvenaient déjà plus à survivre. Sans un programme d'élevage en captivité lancé en 1991, la panthère de Floride aurait aujourd'hui disparu. Avec environ 120 individus répertoriés, l'espèce n'est toutefois pas encore sauvée.

Si la panthère reste rare, la population d'ours noirs est remontée à 3 000 individus. Avec la diminution des forêts, des ours s'aventurent parfois dans les faubourgs du nord de la Floride.

Facile à observer, le cerf de Virginie fait souvent partie du paysage. Le cerf des Keys, une espèce endémique, est un cerf nain de moins de 1 m, pesant moins de 30 kg, qui vit principalement sur **Big Pine Key** (p. 227).

Mammifères marins

Les eaux côtières de Floride abritent 21 espèces de dauphins et de baleines. De loin le plus commun, le grand dauphin se rencontre fréquemment tout autour de la péninsule. Les dauphins en captivité font souvent partie de cette espèce.

L'hiver est aussi la saison des lamantins, qui recherchent les eaux tièdes des estuaires et des canaux de délestage des centrales hydro-électriques à partir de novembre. Ces lourdes créatures placides sont une autre espèce emblématique de la Floride, dont la protection passionne et divise les habitants.

Reptiles et amphibiens

Avec 184 espèces estimées, la Floride compte la plus grande variété de reptiles et d'amphibiens du pays. À cela s'ajoutent régulièrement des hôtes indésirables, souvent relâchés par des propriétaires inconscients. Parmi les espèces les plus dangereuses et invasives figurent le python molure, les iguanes noir et vert, et le varan du Nil.

L'alligator, un des symboles de la Floride, est omniprésent dans le centre et le sud de l'État. Le Sud abrite aussi la seule population de crocodiles d'Amérique du Nord, soit environ 1 500 spécimens. Ils préfèrent l'eau salée et se distinguent des alligators par un museau plus pointu et des dents qui sortent de leur gueule.

Tortues, grenouilles et serpents prolifèrent en Floride. Rien n'est plus mignon qu'un scinque ou un anolis (des lézards) qui se faufile sur un porche ou un trottoir. Sur les 44 espèces de serpents, six sont venimeuses, et seules quatre d'entre elles sont communes. Parmi les serpents venimeux figurent trois crotales (Diamantin, Pygmée, Bois), le mocassin à tête cuivrée, le mocassin d'eau et le serpent corail. Si le mocassin d'eau vit dans l'eau et à proximité, la grande majorité des serpents d'eau de Floride sont inoffensifs.

Tortues marines

Les trois espèces prédominantes en Floride creusent chaque année plus de 80 000 nids, principalement sur les plages de la côte atlantique sud, mais aussi sur celles du golfe du Mexique. La tortue caouanne est majoritaire, loin devant la tortue verte et la tortue luth, suivies de la tortue imbriquée et de la tortue de Kemp ; toutes sont en danger ou menacées.

Durant la saison de la ponte, de mai à octobre, les tortues déposent de 80 à 120 œufs dans chaque nid. Les petits peuvent être désorientés par la lumière artificielle et le bruit. Pour les observer sans les perturber, contactez un organisme agréé ; une liste figure sur www.myfwc.com/seaturtle (cliquez sur "Sea Turtle", "Educational Information" puis sur "Where to View Sea Turtles").

Les meilleurs Parcs d'État

1 Cayo Costa State Park (p. 288)

2 John Pennekamp Coral Reef State Park (p. 224)

3 Wekiwa Springs State Park (p. 93)

4 Homosassa Springs Wildlife State Park (p. 301)

5 Indian Key Historic State Park (p. 226)

Parcs nationaux, d'État et régionaux

Environ 26% du territoire floridien relèvent du domaine public, réparti en trois forêts nationales, 11 parcs nationaux, 28 réserves animalières (Pelican Island fut la première) et 160 parcs d'État. La fréquentation de ces parcs d'État est en augmentation constante, avec plus de 20 millions de visiteurs chaque année. Les parcs d'État de Floride ont été à deux reprises élus les meilleurs parcs du pays.

Pour plus d'informations sur les parcs :

Florida State Parks (www.floridastateparks.org)

National Forests, Florida (www.fs.usda.gov/florida)

National Park Service (NPS ; www.nps.gov)

National Wildlife Refuges, Florida (NWR ; www.fws.gov/southeast/maps/fl.html)

Recreation.gov (www.recreation.gov). Réservation dans les campings nationaux.

La **Florida Fish & Wildlife Commission** (www.myfwc.com) gère les Wildlife Management Areas (WMA), des zones non construites pour la plupart ; son site Internet est une excellente source d'informations sur l'observation de la faune, la navigation de plaisance, la chasse, la pêche et les permis.

Découvrir et préserver la nature

Trouver le meilleur moyen de découvrir la nature sans lui nuire n'est pas toujours aisé. Pour la plupart des activités, il n'existe pas de réponse unique et les impacts sur la faune et la flore font débat. Voici néanmoins quelques conseils.

Aéroglisseurs et buggies des marais Si les aéroglisseurs laissent une empreinte bien plus légère que les buggies à grosses roues, tous deux sont motorisés et bruyants, et leur impact est largement supérieur à celui des canoës dans les marais. Les activités non motorisées sont toujours préférables.

Nager avec les lamantins Si vous nagez près des lamantins, une espèce menacée et protégée, veillez à ne pas les toucher. L'observation passive est la norme.

Nourrir les animaux sauvages Jamais ! Des animaux inoffensifs comme le cerf ou le lamantin peuvent prendre la mauvaise habitude d'être nourris par l'homme, tandis que nourrir l'ours ou l'alligator peut l'inciter à... vous chasser !

Préserver les récifs coralliens Ne touchez jamais les récifs. Les polypes coralliens sont des organismes vivants ; les toucher ou les casser favorise l'émergence des infections et des maladies.

Rencontre avec les dauphins Les dauphins en captivité sont généralement des rescapés, habitués aux humains. Pour réfléchir au bien fondé de nager avec les dauphins, voir p. 234. En revanche, si vous rencontrez des dauphins dans l'océan, sachez qu'il est interdit, par loi fédérale, de les nourrir, de les poursuivre ou de les toucher. Habituer un animal sauvage à l'homme peut lui être fatal, car la proximité des humains est souvent source de conflit ou d'accident (avec des bateaux notamment).

Sites de ponte des tortues de mer Il est interdit par la loi d'approcher les sites de ponte ou d'observer de trop près les petits qui rejoignent la mer. La plupart des plages de ponte comportent des panneaux d'avertissement et respectent un couvre-feu en soirée. Si vous croisez des tortues sur la plage, restez à bonne distance et ne prenez pas de photo au flash.

Plages

Smathers Beach, Key West (p. 229)

FRANZ MARC FREI/GETTY IMAGES ©

Les statistiques sont révélatrices : 80% de la population de Floride vit le long du littoral. En outre, les plages floridiennes attirent autant les visiteurs que les résidents. La Floride se partage entre deux côtes – la côte atlantique et la côte du golfe du Mexique – bordées par des plages variées, à l'image d'un littoral qui change fréquemment. Quelle que soit votre destination, la plage de vos rêves vous attend !

Les plages de Floride sont sans doute les plus belles du pays, après celles d'Hawaii, et d'une très grande diversité. Pour fixer votre choix, définissez vos préférences : le lever ou le coucher du soleil ? Le surf et le bodyboard ou le farniente au soleil et les jeux sur le sable ? Si vous êtes matinal et sportif, mettez le cap vers les grosses vagues de la côte atlantique, sinon optez pour des eaux plus calmes donnant sur le golfe du Mexique.

À quelques exceptions près, les plages de la Floride sont sûres et se prêtent bien à la baignade. Avant et après une tempête cependant, la mer est démontée et peut être particulièrement dangereuse. En été, les raies pastenagues et, plus rarement, les méduses peuvent gêner les nageurs (observez bien les panneaux d'avertissement).

Faites attention également à ne pas rouler sur une vieille route qui mènerait à un chemin de sable : vous pourriez arriver sur une

Les meilleures Plages de la côte atlantique

1 Bahia Honda (p. 227)

2 Bill Baggs Cape Florida State Recreation Area (p. 199)

3 Fort Lauderdale (p. 163)

4 Lake Worth (p. 155)

5 Hollywood Beach & Broadwalk (p. 170)

propriété privée et les résidents n'aiment pas trop être dérangés. Les plages publiques et leurs parkings sont toujours bien indiqués. Comptez 1 ou 2 dollars par heure de stationnement.

La plus belle plage de Floride ? Impossible de vous répondre ! Vous devrez trouver vous-même votre plage préférée. Consultez aussi le Dr Beach (www.drbeach.org), qui établit des listes des meilleures plages américaines.

Côte atlantique

Si l'on trouve sur la côte atlantique des parties de littoral qui conviennent aux familles, les plages s'adressent, d'un point de vue marketing, plutôt à une clientèle adulte. Les vagues de l'océan Atlantique ne sont pas trop fortes, mais la houle et les courants sous-marins surviennent parfois de manière imprévisible. En raison de la proximité des Bahamas, l'eau qui arrive au sud de Jupiter (dans le comté de Palm Beach) est plutôt calme.

Archipel des Keys

Les Keys sont constituées d'îles bordées de mangrove plutôt que de sable, ce qui n'en fait pas une destination idéale pour lézarder sur la plage. Quelques exceptions notables : **Sombrero Beach**, à Marathon, et **Bahia Honda State Park**.

South Beach

Connue pour ses célébrités, ses fêtes et ses tout petits bikinis, South Beach n'attire pas que les jet-setteurs, les Latino-Américains fortunés et les fashionistas européennes – on y rencontre aussi de nombreux Américains de la classe moyenne –, mais il y a un fond de vérité dans ce stéréotype. **South Pointe Park**, à l'extrémité de South Beach, fait figure d'exception puisque le parc a été conçu pour accueillir les familles.

Autres plages de Miami

Plus au nord, s'étire les paisibles **Mid-Beach** et **North Miami Beach**. Haulover Beach Park, à North Miami Beach, est une plage naturiste ! Les habitants de Miami aiment aussi faire la fête sur le sable de North Miami Beach, principalement la nuit. Les jolies

Prenez le large

Véritable centre de navigation de plaisance, Miami compte de nombreuses marinas où louer un bateau ou amarrer le sien – **Key Biscayne** (p. 197) est un petit paradis. Fort Lauderdale propose une myriade de possibilités. À **Key West** (p. 229), vous pourrez naviguer sur une goélette armée de vrais canons. Les tour-opérateurs sont légion dans les Keys. Il existe des écoles de voile dans les principales villes côtières de la Floride, notamment à Tampa, St Petersburg, Fort Lauderdale, Fort Myers et Sarasota.

plages de **Key Biscayne** sont prisées par des familles et des amateurs de sports nautiques.

Fort Lauderdale

La plage principale est une magnifique étendue de sable, tout comme la **promenade** qui la longe. L'extrémité nord de la plage de Fort Lauderdale est appréciée des gays, tandis que l'extrémité sud est plutôt destinée aux familles. **Hollywood Beach & Broadwalk** est une superbe plage, sans prétention, qui accueille tout le monde.

Gold Coast

Sur le chemin de Palm Beach, le littoral est ponctué de plages spectaculaires. Parmi les plus belles, citons **Lake Worth Beach**, une splendide portion de côte, toutes les étendues sablonneuses proches de **Delray Beach** et la coquette **Palm Beach Municipal Beach**.

Space Coast

Cocoa Beach est très prisée des lycéens, des surfeurs et autres fans de sports nautiques, tandis qu'**Apollo Beach** est une étendue d'une dizaine de kilomètres qui attire les familles. **Vero Beach** est idéale pour profiter d'un peu de calme et de tranquillité, avec des zones piétonnes et une petite scène artistique très appréciables.

Les meilleures Plages du golfe du Mexique

1 Fort DeSoto Park (p. 289)

2 Caladesi Island State Park (p. 287)

3 Sanibel Island (p. 297)

4 Pass-a-Grille Beach (p. 289)

Nord-est de la Floride

Amelia Island est un lieu d'escapade charmant pour les familles et les passionnés d'histoire. **Daytona Beach** est un peu moins sophistiquée (comprenez : promenade en bois animée et T-shirts à gogo).

Côte du golfe du Mexique

Les eaux qui baignent la côte du Golfe sont chaudes et calmes. On y rencontre nombre de familles avec enfants. Les *spring breakers*, ces étudiants qui viennent aux vacances de Pâques, ont tendance eux aussi à envahir le secteur, mais en général, les plages sont paisibles.

Naples

Fait exceptionnel, Naples a su préserver **Naples City Beach**, totalement dénuée de stands commerciaux. Et ses superbes plages de sable immaculé ne gâtent rien.

Fort Myers

Bordée de bars et de restaurants, **Fort Myers Beach** plaît à la jeunesse en quête de divertissements, mais elle est aussi appréciée des parents et de leurs enfants. Les îles **Sanibel** et **Captiva** possèdent de jolies plages sablonneuses ; elles sont exceptionnelles pour qui veut ramasser des coquillages. Au large, **Cayo Costa State Park** est un refuge naturel et paisible, à mille lieues du train-train quotidien.

Sarasota

Sarasota compte de nombreuses plages, notamment la très populaire **Bradenton Beach**, destinée aux familles, la magnifique **Lido Beach** et la paisible **Turtle Beach**, où les tortues viennent pondre leurs œufs de mai à novembre.

St Petersburg

Les plages de "St Pete" figurent parmi les plus belles de la côte du golfe du Mexique. La beauté naturelle de **Fort DeSoto Park & Beach**, idéale en famille, le charme vintage de **Pass-a-Grille** et les lumières scintillantes de **St Pete Beach** sont particulièrement appréciés. À 30 minutes au nord de St Petersburg se trouve **Clearwater Beach**, lieu de rendez-vous des fêtards. Un peu plus loin, **Sand Key Park** est plus discrète.

Panhandle

La "Redneck Riviera" de **Destin** offre une exquise tranche de vie du Vieux Sud, tandis que la tapageuse **Panama City** est connue pour attirer quantité de *spring breakers*. **Pensacola** et les plages voisines s'adressent particulièrement aux familles du Sud en week-end.

Carnet pratique

Jupiter, North Palm Beach, Gold Coast
RICHARD CUMMINS/GETTY IMAGES ©

A-Z

Infos utiles

Activités de plein air

Canoë et kayak

Des renseignements sur les parcours sont fournis par les sites Internet des parcs d'État de Floride (Florida State Parks) et de Florida Greenways & Trails. Essayez aussi :

American Canoe Association (ACA ; www.americancanoe.org). *Newsletter*, liste à jour des "sentiers" maritimes et cours.

Florida Professional Paddlesports Association (www.paddleflausa.com). Liste des magasins de kayak affiliés.

Kayak Online (www.kayakonline.com). Spécialiste du matériel de kayak. Renvoie à des boutiques en Floride.

Pêche

Les non-résidents de Floride âgés de plus de 16 ans doivent se procurer un permis de pêche (tout autant pour le poisson que pour les crustacés). La Floride délivre divers types de permis de courte durée. La pêche est soumise à de nombreuses réglementations relatives aux espèces, aux quantités et aux lieux autorisés. Certes, les gens du coin peuvent vous renseigner, mais recherchez les dernières informations sur le site Internet de la Florida Fish & Wildlife Conservation Commission, ci-dessous.

Florida Fish & Wildlife Conservation Commission (FWC ; www.myfwc.com). Source officielle pour la réglementation et les permis (en vente en ligne ou par téléphone). Renseigne également sur la navigation de plaisance et la chasse.

Florida Fishing Capital of the World (www.visitflorida.com/fishing). Site géré par l'État de Floride, donnant des conseils et des renseignements sur la pêche.

Florida Sportsman (www.floridasportsman.com). Renseignements et conseils sur la pêche sportive, les tournois et le matériel.

Plongée

Un certificat Open Water I est obligatoire pour plonger au large de la Floride. De nombreux cours permettent de l'obtenir sur place (3 jours sont nécessaires, s'il fait beau temps). Pour plonger en eau douce, vous aurez besoin d'un certificat de plongée dans les grottes. Il est également aisé de l'obtenir partout dans l'État.

National Association for Underwater Instruction (NAUI ; www.naui.org). Donne des informations sur les brevets de plongée et la liste des moniteurs de plongée certifiés NAUI.

Professional Diving Instructors Corporation (PDIC ; www.pdic-intl.com). Identique à la NAUI. Possède aussi une liste de moniteurs de plongée certifiés PDIC.

Surf

Certains sites Internet informent sur les possibilités de cours et indiquent l'agenda des compétitions :

Florida Surfing (www.floridasurfing.com). Moniteurs, compétitions, webcams, conditions météorologiques, matériel, histoire...

Florida Surfing Association (FSA ; www.floridasurfing.org). Gère les compétitions de surf en Floride. C'est également le site de l'école de surf de Jacksonville Beach.

Surf Guru (www.surfguru.com). Bulletins d'information sur la côte est de la Floride.

Surfer (www.surfermag.com). Les récits de voyages de Surfer traitent de tous les spots de surf des États-Unis.

Vélo

Notez que les organismes d'État s'occupent aussi des itinéraires cyclistes. La loi impose le port du casque pour tous les cyclistes de moins de 16 ans (moins de 18 ans dans les parcs nationaux).

Bike Florida (www.bikeflorida.org). Organisme à but non lucratif qui promeut la sécurité à vélo et les sorties organisées, et propose des liens intéressants.

Florida Bicycle Association (www.floridabicycle.org). Fournit quantité de renseignements, dont la liste des clubs de cyclisme de Floride, des liens vers le cyclisme hors piste (VTT) ou encore un calendrier des randonnées.

Alimentation

Les catégories de prix ci-après correspondent à un plat principal au dîner. L'État de Floride applique une taxe de 6%, qui sera ajoutée à l'addition. Certains comtés et municipalités facturent parfois une taxe supplémentaire, mais ce n'est pas très courant. Quand le service est bon, voire très bon, on laisse toujours un pourboire d'un montant de 15% à 25% de la note.

À Miami et Orlando :

- **$** moins de 15 $
- **$$** de 15 à 30 $
- **$$$** plus de 30 $

Ailleurs :

- **$** moins de 10 $
- **$$** de 10 à 20 $
- **$$$** plus de 20 $

Ambassades et consulats

Ambassades et consulats des États-Unis

Pour trouver une ambassade des États-Unis à l'étranger, consultez le site du **US Department of State** (www.usembassy.gov). Quelques représentations diplomatiques :

- **France** Ambassade américaine (01 43 12 22 22 ; france.usembassy.gov ; 2 avenue Gabriel, 75008 Paris). Consulats américains à Bordeaux, Lyon, Rennes, Toulouse, Marseille et Strasbourg.
- **Belgique** Ambassade américaine (32-2 811-4000 ; french.belgium.usembassy.gov ; 27 boulevard du Régent, B-1000 Bruxelles)
- **Suisse** Ambassade américaine (031 357 70 11 ; bern.usembassy.gov ; Sulgeneckstrasse 19, CH-3007 Bern)
- **Canada** Consulat américain (514 398-9695 ; montreal.usconsulate.gov ; 315 place d'Youville, Suite 500, Montréal, Québec, H2Y 0A4). Représentations diplomatiques américaines à Ottawa, Toronto, Vancouver, Winnipeg, Calgary, Québec et Halifax.

Ambassades et consulats étrangers

Les ambassades sont situées à Washington, la capitale des États-Unis. Les consulats suivants se trouvent à Miami.

- **France** Consulat (305-403-4150 ; www.consulfrance-miami.org ; 1395 Brickell Ave, Suite 1050, Miami)
- **Belgique** Consulat (1 305 600 09 82 ; consulmiami@gmail.

La Floride pratique

- **Électricité** 110/120 V, 60 Hz.
- **Poids et mesures** Les distances sont mesurées en pied (ft), yard et mile ; les poids en once (oz), livre (lb) et tonne. Conversion sur le site www.metric-conversions.org/fr.
- **Journaux** Les trois principaux quotidiens de Floride sont le *Miami Herald* (en espagnol : *El Nuevo Herald*), l'*Orlando Sentinel* et le *St Petersburg Times*.
- **Tabac** Il est interdit de fumer en Floride sur tous les lieux de travail fermés, notamment dans les restaurants et les boutiques, mais pas dans les bars sans restauration. Il existe des chambres fumeurs.
- **Heure locale** La Floride est située dans le fuseau horaire de l'est. Quand il est midi à Miami, il est 18h à Paris. À l'ouest du fleuve Apalachicola, le Panhandle fait cependant partie du fuseau horaire central – soit une heure de retard sur le reste de l'État. On avance d'une heure en mars (heure d'été) et l'on retarde d'une heure en novembre (heure d'hiver).
- **Télévision** La Floride reçoit toutes les grandes chaînes américaines de la télévision et du câble. **Florida Smart** (www.floridasmart.com/news) en fournit la liste par région. Le standard de télévision couleur est le NTSC, qui n'est compatible ni avec le PAL (propre à la France) ni avec le Secam.

com ; 100 N. Biscayne Blvd, Suite 500, Miami)

- **Suisse** Consulat (☎305 377 6700 ; The Four Ambassadors, 825 Brickell Bay Drive, Suite 1450, Miami)
- **Canada** Consulat (☎305-579-1600 ; can-am.gc.ca/miami/menu.aspx ; 200 S Biscayne Blvd, Suite 1600, Miami)

Argent

Les prix indiqués dans ce guide sont en dollars ($).

Rendus inutiles par l'omniprésence des DAB, les chèques de voyage en dollars américains sont néanmoins acceptés comme des espèces dans la plupart des commerces de catégories moyenne ou supérieure (mais rarement dans les enseignes petits budgets). On peut changer des espèces dans les aéroports internationaux et la plupart des grandes banques de Miami, d'Orlando, de Tampa et d'autres grandes villes de Floride.

Les principales cartes bancaires sont acceptées partout ; elles sont indispensables pour louer une voiture. Un surcoût de 2 $ environ est appliqué sur la plupart des retraits DAB effectués avec des cartes émises hors de Floride. Informez-vous auprès de votre banque sur le montant exact des frais de retrait ainsi que des frais de paiement lorsque vous utilisez votre carte bancaire aux États-Unis.

Pourboire

Le pourboire fait partie du quotidien des Américains. Au restaurant, un service satisfaisant ou excellent se paie d'un pourboire de 15% à 25% de la note, moins dans les établissements informels. On laisse aux barmen 1 $ par boisson et aux serveurs de café un peu de monnaie dans un bocal. Dans un taxi ou chez le coiffeur, le pourboire est de 10 à 15%. On donne 1 $ par bagage aux porteurs dans les aéroports et les hôtels chics. Si vous passez plusieurs nuits dans un hôtel, il est d'usage de laisser quelques dollars à l'équipe d'entretien.

Assurance

Tomber malade, avoir un accident de voiture ou se faire voler coûte très cher aux États-Unis. Assurez-vous d'être correctement couvert avant le départ (voir p. 357). Concernant l'assurance des biens qui pourraient vous être volés dans votre voiture, vérifiez les clauses de votre assurance habitation, de votre loueur de voiture ou souscrivez une assurance voyage.

Cartes de réduction

Il n'existe pas de cartes de réduction spécifiques à la Floride. Toutefois, la concurrence dans le tourisme étant acharnée, on obtient généralement

Climat

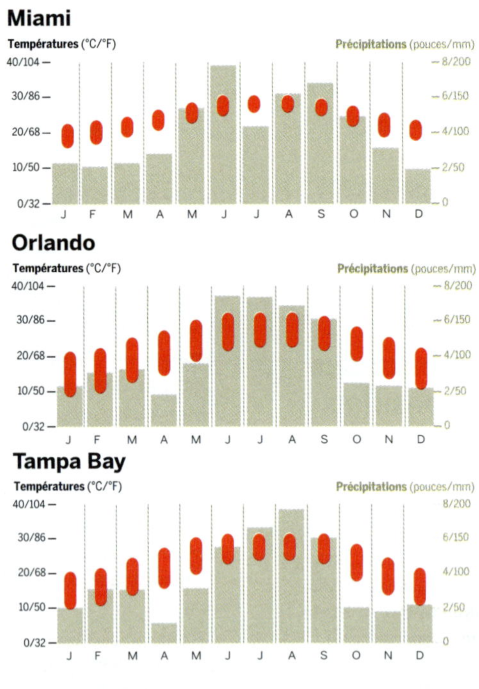

des remises en faisant preuve de persévérance et en se documentant soigneusement.

Les membres de certaines associations ont droit à des réductions (environ 10%) dans de nombreux hôtels, musées et attractions. Ayez votre carte sur vous.

Étudiants Toute carte d'étudiant donne droit à une réduction ; les étudiants étrangers auront intérêt à se procurer une **carte d'étudiant internationale** (ISIC ; www.isic.fr).

Seniors Cette catégorie débute à 65 ans, parfois à 60 ans. Il suffira de présenter une carte d'identité pour bénéficier de tarifs réduits dans les musées et autres sites touristiques.

Douanes

Le site de l'**US Customs & Border Protection** (www.cbp.gov) comprend une liste complète et à jour des règles douanières. Chaque visiteur peut apporter en duty free 1 l d'alcool (il faut avoir 21 ans minimum), 200 cigarettes (il faut avoir 18 ans minimum) et des cadeaux et achats d'une valeur totale de 100 $ maximum.

Si vous voyagez avec votre téléphone, ordinateur, tablette ou autre appareil électronique munis de batterie, veillez à ce qu'il/elle soit chargé(e) lors de votre passage au filtre de sécurité des aéroports. On pourra vous demander de l'allumer et d'apporter la preuve qu'il fonctionne.

Électricité

120 V/60 Hz

120 V/60 Hz

Formalités et visas

Tout visiteur étranger doit posséder un passeport. Le visa touristique n'est obligatoire que pour les ressortissants de pays non inclus dans le Visa Waiver Program (voir ci-dessous).

Pour conduire ou louer une voiture, les visiteurs de pays non anglophones doivent se procurer un permis de conduire international (voir p. 367).

En arrivant aux États-Unis, le visiteur doit se soumettre à la procédure de l'Office of Biometric Identity Management (OBIM ; anciennement US-VISIT), qui comprend un relevé d'empreintes digitales et une photo numérique. Pour des renseignements, consultez le site du **Dept of Homeland Security** (www.dhs.gov/us-visit).

Visa Waiver Program

Un programme d'**exemption de visa** (Visa Waiver Program ; VWP) permet aux ressortissants de 36 pays – dont la France, la Belgique, le Luxembourg et la Suisse – de séjourner aux États-Unis jusqu'à 90 jours sans visa, à condition de posséder un passeport sécurisé à lecture optique. Pour connaître les dernières dispositions, consultez le site du **Département américain de l'État** (travel.state.gov/visa).

Les citoyens des pays concernés par le VWP sont également tenus d'obtenir une autorisation électronique de voyage : l'**ESTA** (Electronic System for Travel Authorization), un formulaire à remplir en ligne en prévision d'un séjour aux États-Unis. Parmi les renseignements demandés figurent les noms et prénoms, numéro de passeport, ville de naissance, personnes à contacter en cas d'urgence... Pour obtenir des renseignements, connectez-vous sur le site de l'**USA ESTA Agency** (www.esta-formulaire.us), en français. Les frais de dossier s'élèvent à 14 $; une fois acceptée, l'inscription est valable 2 ans.

Les Français peuvent également s'informer auprès du site de l'**ambassade américaine** (french.france.usembassy.gov) ou regarder les pages consacrées à la préparation du voyage sur l'excellent site de l'**Office du tourisme américain** (www.office-tourisme-usa.com).

Les Canadiens n'ont aucune formalité spécifique à effectuer ; ils doivent juste se munir d'un passeport valide pour séjourner jusqu'à 6 mois aux États-Unis.

Les coordonnées des ambassades et consulats se trouvent p. 351.

Handicapés

En raison du grand nombre de seniors en Floride, la plupart des bâtiments publics sont accessibles aux fauteuils roulants et disposent de salles d'attente adaptées. Les transports sont généralement accessibles à tous, et les opérateurs téléphoniques proposent les services de standardistes pour les malentendants. Quantité de banques possèdent des DAB avec des instructions en braille. Par ailleurs, les rampes d'accès sont courantes et, à de nombreuses intersections, des signaux sonores indiquent quand on peut traverser.

Consultez la rubrique “Handicap” dans la rubrique “Préparez votre voyage” du site de l'**Office du tourisme américain** (www.office-tourisme-usa.com).

Vous pouvez également consulter ces sites :

Access-Able Travel Source (www.access-able.com). Excellent site Internet avec de nombreux liens.

Flying Wheels Travel (☎ 507-451-5005 ; flyingwheelstravel.com). Une agence de voyages spécialisée dans les voyages pour handicapés.

Mobility International USA (www.miusa.org). Conseille les voyageurs handicapés et organise des programmes éducatifs.

Travelin' Talk Network (www.travelintalk.net). Géré par la même équipe que Access-Able Travel Source. Réseau mondial de prestataires.

En France, l'**APF** (Association des paralysés de France ; ☎ 01 40 78 69 00 ; www.apf.asso.fr ; 17 bd Auguste-Blanqui, 75013 Paris) et l'association **Handi Voyages** (handivoyages.free.fr) peuvent fournir des informations utiles sur les voyages accessibles. L'association **Ailleurs & Autrement** (www.ailleursetautrement.fr) organise des voyages adaptés aux personnes à mobilité réduite. **Yanous** (www.yanous.com) et **handicap.fr** (www.handicap.fr) constituent aussi de bonnes sources d'information.

Hébergement

Les tarifs indiqués dans ce guide correspondent à :

- une personne (s)
- deux personnes (d)
- chambre (ch), même tarif pour une ou deux personnes
- dortoir (dort)
- suite (ste)
- appartement (app)

Nombre d'établissements proposent certaines chambres au-dessus ou au-dessous de leur prix moyen et les tarifs peuvent fluctuer en fonction de la saison ou des jours fériés, notamment à Orlando et dans les villes balnéaires touristiques. Des conseils pour obtenir les meilleurs prix selon les destinations sont donnés tout au long de ce guide. Réserver tôt en haute saison pour les destinations très touristiques (comme les plages et les *resorts* d'Orlando) est parfois nécessaire. À l'inverse, se renseigner à la dernière minute, voire le jour même, permet parfois d'obtenir des remises surprenantes sur les chambres encore disponibles.

Les catégories de prix ci-après s'entendent pour une chambre double standard en haute saison, à moins que les prix soient affichés en fonction de la distinction hiver/été ou haute saison/basse saison. Attention, selon la région, “saison haute” peut vouloir dire été ou hiver. Sauf mention contraire, le prix ne comprend pas le petit-déjeuner, la sdb est privative, et les hébergements sont ouverts toute l'année.

Les prix ne prennent pas en compte les taxes, qui varient considérablement d'une ville à l'autre ; à vrai dire, les hôtels n'incluent presque jamais les taxes et charges diverses dans leurs tarifs et il faut donc toujours demander le *total rate with tax* (prix TTC). La Floride applique une taxe à l'achat de 6% à laquelle certaines localités ajoutent un pourcentage. Les États et les villes appliquent généralement une taxe sur les chambres d'hôtel qui peut augmenter la note de 10 à 12%.

- **$** moins de 100 $
- **$$** 100-200 $
- **$$$** plus de 200 $

Hôtels

Nous avons essayé dans ce guide de mettre en valeur les hôtels indépendants, mais dans de nombreuses villes, les hôtels de chaîne offrent le meilleur rapport qualité/prix en termes de confort, d'emplacement et de tarifs. La fiabilité est le grand atout des hôtels de chaîne : on peut compter sur une propreté correcte, une décoration quelconque mais basique, une literie confortable et une douche de qualité. Climatisation, mini-frigo, micro-ondes, sèche-cheveux, coffre-fort, et, de plus en plus, TV à écran plat et Wi-Fi gratuit sont désormais la norme dans les chaînes de catégorie moyenne. La tendance récente, particulièrement à Miami et dans les stations balnéaires, est aux nouvelles enseignes originales du type **Aloft** (www.starwoodhotels.com/alofthotels). Ces établissements sont détenus par des chaînes hôtelières qui tentent de se faire une place dans la catégorie des boutique-hôtels.

Les hôtels haut de gamme de chaînes comme le Four Seasons et le Ritz-Carlton assurent une multitude de services grand luxe : concierges affiliés aux Clefs d'Or, voiturier, room service 24h/24, pressing, clubs de remise en forme et spas ultraluxueux. Tout cela se reflète bien sûr dans le prix des chambres. Si vous payez pour des prestations cinq-étoiles mais que l'établissement ne tient pas ses promesses, ne manquez pas d'en informer poliment la réception.

Les boutique-hôtels et enseignes élégantes sont légion à South Beach et Palm Beach, à Miami. Les grandes chaînes disposent de numéros de réservation gratuits, mais vous ferez peut-être plus d'économies en appelant directement l'hôtel de votre choix, en payant à l'avance sur le site Internet de l'hôtel, ou en passant par un site intermédiaire.

Attention : aux États-Unis, il est d'usage de laisser un pourboire dans les hôtels, quelle que soit la catégorie. Une somme entre 1 $ et 5 $ convient très bien pour le groom qui porte vos bagages et pour le chauffeur de la navette "gratuite" depuis/vers l'aéroport. Certains laissent aussi un ou deux billets verts sur l'oreiller à l'intention des femmes de chambre. Inversement, si le service vous semble laisser à désirer, n'hésitez pas à garder vos dollars.

Parmi les principales chaînes, citons :

Four Seasons (☎ 800-819-5053 ; www.fourseasons.com)

Hilton (☎ 800-445-8667 ; www.hilton.com)

Holiday Inn (☎ 888-465-4329 ; www.holidayinn.com)

Marriott (☎ 888-236-2427 ; www.marriott.com)

Radisson (☎ 888-201-1718 ; www.radisson.com)

Ritz-Carlton (☎ 800-542-8680 ; www.ritzcarlton.com)

Sheraton (☎ 800-325-3535 ; www.starwoodhotels.com/sheraton)

Wyndham (☎ 877-999-3223 ; www.wyndham.com)

Resorts

À l'instar de Disney World, les *resorts* (complexes hôteliers) de Floride proposent une offre vraiment complète : équipements de fitness et de sport variés, piscines, spas, restaurants, bars, etc. Beaucoup proposent aussi un service de baby-sitting. Certains appliquent une taxe "*resort*" – renseignez-vous.

Réservation en ligne

Trouvez un vol, un séjour ou un hôtel en quelques clics dans la rubrique "Réserver" de www.lonelyplanet.fr.

Heures d'ouverture

Les heures d'ouverture standards sont les suivantes :

Banques 8h30-16h30 du lundi au jeudi, 8h30-17h30 le vendredi ; parfois le samedi, 9h-12h30.

Bars La plupart des bars de 17h à minuit ; jusqu'à 2h vendredi et samedi.

Bureaux de poste 9h-17h, du lundi au vendredi ; parfois le samedi, 9h-12h.

Commerces 10h-18h, du lundi au samedi, 12h-17h le dimanche ; les centres commerciaux ont des horaires plus étendus.

Entreprises, bureaux 9h-17h, du lundi au vendredi.

Restaurants Petit-déjeuner 7h-10h30, du lundi au vendredi ; brunch 9h-14h samedi et dimanche ; déjeuner 11h30-14h30, du lundi au vendredi ; dîner 17h-21h30, plus tard vendredi et samedi.

Homosexualité

En Floride, l'homosexualité est perçue de diverses façons. Une grande tolérance est de mise dans les principales destinations touristiques, les villes et sur le bord de mer. Dans les zones rurales, ainsi que dans certaines parties du sud et du nord de la Floride, il n'en va pas de même. Miami et South Beach sont aussi *gay friendly* qu'il est possible de l'être, avec d'importants festivals gays. Fort Lauderdale, West Palm Beach et Key West, où sont établies de longue date de dynamiques communautés homosexuelles, sont maintenant considérées comme des destinations parmi les plus "gays" au monde. La communauté et la scène homosexuelles sont également représentées à Orlando, Jacksonville, Pensacola, et, dans une bien moindre mesure, à Daytona Beach, Tampa et Sarasota.

Quelques bonnes sources d'information spécialisées :

Damron (https://damron.com). L'expert du voyage LGBT met à disposition une banque de données d'adresses spécialisées. Publie aussi des guides, comme *Women's Traveller, Men's Travel Guide* et *Damron Accommodations.*

Gay Cities (www.gaycities.com). Le "gay" dans tous ses états dans les grandes villes des États-Unis et d'ailleurs.

Gay Yellow Network (www.glyp.com). Pages jaunes gays, incluant six villes de Floride.

Gayosphere (www.gayosphere.com). Ce nouveau site Internet détaille tous les lieux gays coquins, ou sympas, des grandes villes de Floride et d'ailleurs.

Out Traveler (www.outtraveler.com). Magazine de voyages spécialisé.

Purple Roofs (www.purpleroofs.com). Hébergement, agences de voyages et circuits gays.

Internet (accès)

Aux États-Unis et en Floride, pratiquement tous les hôtels et de nombreux restaurants et services ont un accès haut débit. À quelques exceptions près, les chambres d'hôtel et de motel ont une connexion Wi-Fi, généralement gratuite, mais vérifiez tout de même le coût de la connexion.

Beaucoup de cafés, tous les McDonald's et les Starbucks offrent le Wi-Fi gratuit, et la plupart des grands lieux de transit ont des spots Wi-Fi. Les bibliothèques publiques proposent des ordinateurs avec accès gratuit à Internet, mais il faut parfois se procurer une carte de bibliothèque temporaire pour non-résident (10 $).

Pour connaître la liste des spots Wi-Fi (ainsi que des renseignements techniques et des infos sur l'accès), consultez **Wi-Fi Alliance** (www.wi-fi.org) et **Wi-Fi Free Spot** (www.wififreespot.com).

Jours fériés

Pour connaître les dates des fêtes et festivals, reportez-vous au chapitre *L'agenda* (p. 42). Lors des jours fériés nationaux répertoriés ci-dessous, les banques, les écoles et les services de la fonction publique sont fermés. Transports publics, musées et autres services fonctionnent le dimanche et de nombreux magasins maintiennent leurs horaires habituels. Quand un jour férié tombe un dimanche, le lundi suivant est chômé.

Nouvel An 1er janvier

Martin Luther King Jr Day Troisième lundi de janvier

Presidents Day Troisième lundi de février

Pâques Mars ou avril

Memorial Day Dernier lundi de mai

Independence Day 4 juillet

Labor Day (fête du Travail) Premier lundi de septembre

Columbus Day Deuxième lundi d'octobre

Veterans Day 11 novembre

Thanksgiving (Action de grâces) Quatrième jeudi de novembre

Noël 25 décembre

Offices du tourisme

Les informations touristiques sur les États-Unis sont données via Internet par l'**Office du tourisme américain** (www.office-tourisme-usa.com ; infos@office-tourisme-usa.com) à Paris, ou par téléphone par le **Point d'information du Visit USA Committee/France** (☎ 0 899 70 24 70, 1,35 €/appel puis 0,34 €/min, 9h30-13h et 14h-17h30 lun-ven). Le site Internet de l'office du tourisme mentionne des liens vers divers offices du tourisme de Floride et fournit en français une multitude d'autres renseignements.

La plupart des villes de Floride ont un office du tourisme qui fournit aux visiteurs des informations locales. Parfois, ce sont les *Chambers of Commerce* qui assurent le rôle de bureau d'accueil des visiteurs. Toutefois, leurs listes d'hébergements (et de commerces) concernent uniquement les sociétés qui ont adhéré à leur charte.

Si vous souhaitez des informations sur la Floride avant le départ, consultez également **Visit Florida** (www.visitflorida.com), en français.

Problèmes juridiques

Si vous vous faites arrêter sur la route, sachez qu'il n'y a pas de dispositif permettant de régler sur-le-champ une contravention. Le fonctionnaire qui verbalise vous expliquera les procédures légales. Vous disposez généralement de 30 jours pour vous acquitter de l'amende.

En cas d'arrestation, vous avez le droit de garder le silence : vous n'êtes donc pas obligé de répondre à un officier de police si vous ne le voulez pas, mais ne tentez jamais de vous éloigner sans y avoir été autorisé. Toute personne arrêtée a le droit à un avocat et est autorisée à passer un appel téléphonique. Si vous n'avez ni avocat, ni ami, ni famille pour vous aider, appelez votre ambassade. La police vous donnera le numéro sur demande. La justice américaine postule que toute personne est innocente tant que la preuve de sa culpabilité n'est pas établie.

Alcool et conduite

Pour acheter de l'alcool, il faut présenter une pièce d'identité afin de prouver son âge (au moins 21 ans). Il est officiellement interdit de marcher dans la rue avec une bouteille d'alcool ouverte (même une bière). Pas de bouteille d'alcool ouverte non plus en voiture, la police étant en droit de considérer que vous étiez en train de boire au volant, même si la bouteille est dans les mains d'un autre passager. Refuser un alcootest, une analyse d'urine ou une prise de sang équivaut à un test positif. Le délit de "conduite en état d'ivresse" (DUI, *driving under the influence*) est sévèrement puni et peut conduire à une peine de prison.

Santé

En Floride comme dans tous les États-Unis, le niveau d'hygiène est élevé et le voyageur n'a pas à craindre de maladies contagieuses particulières. Aucun vaccin n'est obligatoire et l'eau du robinet est sûre. Malgré l'intimidante faune locale, les coups de soleil et les piqûres de moustiques sont les principaux dangers à redouter.

Avant de partir

Assurance

Si le système de santé américain est excellent, il est aussi l'un des plus chers du monde. Il est donc vivement conseillé de souscrire une assurance qui vous couvrira en cas d'annulation de votre voyage, de vol, de perte de vos affaires, de maladie ou encore d'accident.

Vérifiez notamment que les "sports à risques", comme la plongée, la moto ou même la randonnée ne sont pas exclus de votre contrat, ou encore que le rapatriement médical d'urgence, en ambulance ou en avion, est couvert. De même, le fait d'acquérir un véhicule dans un autre pays ne signifie pas nécessairement que vous serez protégé par votre propre assurance.

Vous pouvez contracter une assurance qui réglera directement les hôpitaux et les médecins, vous évitant ainsi d'avancer des sommes qui ne vous seront remboursées qu'à votre retour. Dans ce cas, conservez avec vous tous les documents nécessaires (demandez un reçu pour le remboursement).

Attention ! Avant de souscrire une police d'assurance, vérifiez bien que vous ne bénéficiez pas déjà d'une assistance par votre carte bancaire, votre mutuelle ou votre assurance automobile.

N'oubliez pas de prendre avec vous les documents relatifs à l'assurance ainsi que les numéros à appeler en cas d'urgence.

Les citoyens de certaines provinces canadiennes peuvent bénéficier d'accords de réciprocité de soins avec les États-Unis : renseignez-vous avant le départ.

QUELQUES CONSEILS

Assurez-vous que vous êtes en bonne santé avant de partir. Si vous suivez un traitement de façon régulière, n'oubliez pas votre ordonnance (avec le nom du principe actif).

Santé sur Internet

Il existe de très bons sites Internet consacrés à la santé en voyage. Avant de partir, vous pouvez consulter des conseils en ligne :

- **Ministère des Affaires étrangères** (www.diplomatie.gouv.fr)
- **Organisation mondiale de la santé** (OMS ; www.who.int/fr)
- **Ministère de la Santé** (www.sante.gouv.fr). Site très complet.
- **Lonely Planet** (www.lonelyplanet.fr). Plusieurs liens.

Pendant le voyage

Vols long-courriers

Les trajets en avion, principalement du fait d'une immobilité prolongée, peuvent favoriser la formation de caillots sanguins dans les jambes (par exemple une phlébite). Le risque est d'autant plus élevé que le vol est long.

Généralement, l'un des premiers symptômes est un gonflement ou une douleur du pied, de la cheville ou du mollet.

En prévention, buvez en abondance des boissons non alcoolisées, faites jouer les muscles de vos jambes lorsque vous êtes assis et levez-vous de temps à autre pour marcher dans la cabine.

Décalage horaire et mal des transports

Le décalage horaire est fréquent dans le cas de trajet traversant plus de trois fuseaux horaires. Il se manifeste par des insomnies, de la fatigue, des malaises ou des nausées. En prévention, buvez abondamment (des boissons non alcoolisées) et mangez léger. En arrivant, exposez-vous à la lumière naturelle et adoptez les horaires locaux aussi vite que possible (pour les repas, le coucher et le lever).

Pour réduire les risques d'avoir le mal des transports, mangez légèrement avant et pendant le voyage. Si vous êtes sujet à ces malaises, essayez de trouver un siège où les oscillations sont moindres, par exemple près de l'aile dans un avion. Les antihistaminiques préviennent efficacement le mal des transports, qui se caractérise principalement par une envie de vomir, mais ils peuvent provoquer une somnolence.

En Floride

Soins médicaux

Comme le reste du pays, la Floride est très bien équipée en matière d'hôpitaux. En général, en cas de problème médical sérieux, mieux vaut se rendre au service des urgences de l'hôpital le plus proche. Si vous ne souffrez ni de maux ni de blessures graves, appelez l'hôpital le plus proche ou le consulat et faites-vous recommander un médecin local : cela vous reviendra moins cher qu'une consultation aux urgences, car si leur accès est facile, leur coût est exorbitant. Veillez à être correctement couvert par une assurance santé (voir p. 357).

Les pharmacies (appelées drugstores) sont nombreuses et bien garnies, mais les médicaments, avec ou sans ordonnance, peuvent coûter très cher sans assurance ou mutelle.

Maladies infectieuses

Certaines maladies infectieuses sont peu ou pas répandues en dehors de l'Amérique du Nord. La plupart sont transmises par les moustiques ou les tiques.

- **Giardiase** Cette diarrhée provoquée par un parasite de l'intestin grêle se contracte généralement en ingérant de l'eau souillée par des excréments. Ne buvez pas d'eau non traitée dans une rivière, un lac ou un étang. Cette maladie se soigne facilement grâce aux antibiotiques.

- **Maladie de Lyme** Plus courante dans le nord-est des États-Unis, la maladie de Lyme est aussi présente en Floride. Transmise par les tiques des cervidés porteurs, elle se reconnaît à une rougeur à l'endroit de la morsure et à des symptômes grippaux. Prenez rapidement des antibiotiques. L'infection peut être évitée si les tiques sont retirées dans les 36 heures.

- **Rage** Bien que rare, le virus de la rage peut être transmis par la morsure d'un animal infecté ; les morsures de chauves-souris, animal très répandu, ne se décèlent pas toujours. En cas de morsure d'animal, consultez un médecin, la rage étant mortelle si elle n'est pas traitée.

- **Virus du Nil occidental** Extrêmement rare en Floride, ce virus est transmis par les moustiques. La plupart des cas sont sans gravité, mais des symptômes graves et même des décès peuvent se produire. Il n'existe pas de traitement. Consultez la carte épidémiologique de cette maladie sur le site du **US Geological Survey** (diseasemaps.usgs.gov).

- **VIH/Sida** Les infections à VIH et les maladies sexuellement transmissibles sont présentes aux États-Unis, comme ailleurs dans le monde. On note d'ailleurs une recrudescence des cas de syphilis. Il faut donc avoir des rapports protégés pour s'en prémunir.

Piqûres et morsures

Méfiez-vous des animaux et petites bêtes suivantes :

- **Alligators et serpents** Les alligators et les serpents n'attaquent l'homme que si celui-ci les surprend ou les menace. Si vous en rencontrez un, il suffit de reculer calmement. Il y a plusieurs espèces de serpents venimeux en Floride. En cas de morsure, faites-vous soigner immédiatement.

- **Araignées** Deux espèces venimeuses vivent en Floride : la veuve noire et l'araignée violoniste. Faites-vous soigner immédiatement en cas de morsure.

- **Méduses et raies** Évitez de nager en leur présence (signalée par les maîtres nageurs ou des panneaux sur les plages). Soignez immédiatement les piqûres ; elles sont douloureuses, mais sans danger.

- **Ours et félins** La Floride abrite une petite population d'ours noirs et de félins prédateurs, comme le lynx et la panthère de Floride – l'une des espèces les plus rares et les plus menacées de la planète. De manière générale, ces animaux sont très difficiles à apercevoir et vivent dans des contrées sauvages reculées. Si vous avez la chance (ou la malchance) d'en croiser un dans la nature, gardez votre calme, ne faites rien qui pourrait effrayer l'animal et n'hésitez pas à faire un peu de bruit (en parlant, en agitant des clés), de sorte à ce qu'il soit averti de votre présence.

Sécurité en voyage

En matière de criminalité, il y a "Miami" et le reste de la Floride. En règle générale, Miami souffre des mêmes problèmes que les autres grandes villes américaines, sans être nécessairement plus dangereuse. Ailleurs, la Floride enregistre un taux de criminalité plus bas que le reste du pays. Cela dit, toute ville touristique attire comme un aimant les voleurs à la tire et les cambrioleurs de voiture.

En cas d'urgence (police, ambulance, pompiers), appelez le ☎911. Le numéro est gratuit.

Ouragans

La saison des ouragans de Floride va de juin à novembre, avec un pic en septembre-octobre. Rares sont les tempêtes de l'Atlantique et du golfe du Mexique qui se transforment en ouragan, et plus rares encore sont celles qui touchent la Floride, mais leurs dégâts peuvent être impressionnants. Respectez toutes les alertes, ainsi que tous les avertissements et ordres d'évacuation.

Les ouragans sont généralement repérés bien à l'avance et laissent le temps de se préparer. En cas de menace, écoutez la radio et la télévision. Pour plus de renseignements sur ces phénomènes et les mesures à prendre, contactez :

Florida Division of Emergency Management (www.floridadisaster.org). Mesures à prendre en cas d'alerte.

Florida Emergency Hotline (☎ 800-342-3557). Informations mises à jour en cas d'alerte.

National Weather Service (www.nws.gov). Prévisions météo.

Téléphone

Pour appeler les États-Unis depuis l'étranger, composez le ☎00, suivi du ☎1 (code du pays). Composez uniquement le ☎1 depuis le Canada.

Pour appeler l'étranger depuis les États-Unis, composez le code d'accès international ☎011, puis le code du pays (33 pour la France, 32 pour la Belgique et 41 pour la Suisse) suivi du numéro (sans le 0 initial). Ainsi, pour appeler en France, faites le ☎011-33 puis les neuf derniers chiffres du numéro de votre correspondant. Pour avoir l'assistance d'un opérateur international, appelez le ☎0. L'opérateur vous fournira des informations sur les tarifs et vous indiquera les périodes les moins chères pour appeler.

Tous les numéros américains comptent dix chiffres ; les trois premiers correspondant à la zone d'appel (il n'est normalement pas nécessaire de les composer lorsqu'on appelle à l'intérieur d'une même zone). Composez le "1" avant les appels non surtaxés (☎800, 888 etc.) et les appels longue distance aux États-Unis. Pour les renseignements téléphoniques locaux, composez le ☎411.

Présents dans les grandes villes, les téléphones publics se raréfient. Un appel local coûte 50 ¢. On trouve des cartes prépayées dans les épiceries, les supermarchés et les drugstores.

La majeure partie du réseau téléphonique mobile américain est incompatible avec la norme GSM 900/1800 en vigueur en Europe et en Asie. Demandez à votre opérateur si vous pourrez utiliser votre appareil aux États-Unis. Le réseau Verizon offre la plus vaste couverture mais AT&T, Sprint et T-Mobile sont corrects. La couverture est moins bonne dans les Everglades et certaines zones rurales du nord de la Floride.

Travailler en Floride

On trouve facilement des emplois saisonniers dans les villes balnéaires touristiques et les parcs à thème, mais ils sont mal rémunérés.

Il est formellement interdit aux étrangers entrés aux États-Unis avec un visa standard (de non-immigrant) d'occuper un emploi rémunéré dans le pays. Les personnes prises à travailler illégalement sont expulsées. En outre, les employeurs sont tenus de prouver la bonne foi de leurs employés. La Floride connaissant un nombre important de travailleurs étrangers en situation irrégulière, les officiers de l'immigration sont particulièrement vigilants.

Pour travailler légalement, les étrangers doivent demander un visa de travail avant leur départ. En dehors des jobs d'étudiant, il faut pour obtenir un emploi, provisoire ou non, être parrainé par un employeur américain, qui doit vous procurer un visa de catégorie H. Ces visas ne sont pas faciles à obtenir.

Les étudiants participant à un programme d'échange doivent se procurer un visa J1, que les organismes ci-après les aideront à obtenir :

American Institute for Foreign Study (AIFS ; ☎ 866-906-2437 ; www.aifs.com)

BUNAC (☎ 203-264-0901 ; www.bunac.org). British Universities North American Club.

Camp America (☎ 800-727-8233 ; www.campamerica.aifs.com)

Centre EducationUSA de la Commission franco-américaine (www.fulbright-france.org). Renseigne les Français sur les études supérieures aux États-Unis en proposant des ateliers, salons et sessions d'informations.

Council on International Educational Exchange (CIEE ; ☎ 800-407-8839 ; www.ciee.org)

InterExchange (☎ 212-924-0446 ; www.interexchange.org). "Summer camps" et programmes "au pair".

Transports

Depuis/vers la Floride

Si les visiteurs européens arrivent en Floride par avion, les ressortissants du Canada ont pour options supplémentaires la voiture, le bus ou le train. Les aéroports d'Orlando, de Miami, de Tampa et de Fort Lauderdale sont les plus fréquentés.

Entrer aux États-Unis

Les voyageurs qui arrivent en Floride depuis l'étranger doivent remplir les formalités douanières dans le premier aéroport dans lequel ils atterrissent dans le pays. Il se peut que les bagages soient alors inspectés. La **Transportation Security Administration** (TSA ; www.tsa.gov) tient à jour une liste (qui change fréquemment) d'objets interdits aux contrôles de sécurité dans les aéroports. Pour plus d'informations, voir p. 353.

Passeport et visas

Reportez-vous p. 353 pour les informations concernant les formalités d'entrée sur le territoire américain.

Voie aérienne

Depuis/vers la France

Plusieurs compagnies européennes et nord-américaines desservent Miami depuis Paris. De nombreuses compagnies, dont Air France, proposent des vols directs. Les prix s'envolent très vite : selon la période, comptez un minimum de 450 à 900 € (XL Airways, Air Europa et United Airlines, notamment, proposent des tarifs avantageux). La durée de vol depuis Paris est d'environ 9 heures 15 pour un vol direct et de 12 à 13 heures pour un vol avec une escale.

Pour atterrir à Tampa ou à Orlando depuis Paris, il vous faudra forcément faire une escale. Les tarifs s'échelonnent de 550 à 950 €, selon la période de l'année.

Les transporteurs suivants sont susceptibles d'obtenir des vols secs intéressants (pour une liste des comparateurs de vols, voir l'encadré p. 362) :

- **Air France** (www.airfrance.fr)
- **Air Europa** www.aireuropa.com)
- **American Airlines** (www.americanairlines.fr)
- **United Airlines** (www.united.fr)
- **XL Airways** (www.xl.com)

Les voyagistes ci-dessous peuvent être utiles pour l'oganisation d'un voyage en Floride.

- **Authentik USA** (☎ 0 805 080 055 ; www.authentikusa.com)
- **Bourse des voyages** (☎ 0 892 888 949, 1,35 € plus 0,34 €/min ; www.bourse-des-vols.com)
- **Comptoir des voyages** (☎ 01 53 10 30 15 ou 01 53 10 47 70 ; www.comptoir.fr ; 2 au 18 rue Saint-Victor, 75005 Paris). Autres agences à Lyon, Toulouse et Marseille.
- **Nouvelles Frontières** (☎ 0825 000 747, 0,15 €/min ; www.nouvelles-frontieres.fr). Nombreuses agences en France.

Voyages et changement climatique

Tous les moyens de transport fonctionnant à l'énergie fossile génèrent du CO_2 – la principale cause du changement climatique induit par l'homme. L'industrie du voyage est aujourd'hui dépendante des avions. Si ceux-ci ne consomment pas nécessairement plus de carburant par kilomètre et par personne que la plupart des voitures, ils parcourent en revanche des distances bien plus grandes et relâchent quantité de particules et de gaz à effet de serre dans les couches supérieures de l'atmosphère. De nombreux sites Internet utilisent des "compteurs de carbone" permettant aux voyageurs de compenser le niveau des gaz à effet de serre dont ils sont responsables par une contribution financière à des projets respectueux de l'environnement. Lonely Planet "compense" les émissions de tout son personnel et de ses auteurs.

Agences en ligne

Vous pouvez réserver votre vol via une agence en ligne ou vous renseigner auprès d'un comparateur de vols :

- www.bourse-des-vols.com
- www.ebookers.fr
- www.expedia.fr
- www.govoyages.com
- www.illicotravel.com
- www.kayak.fr
- www.opodo.fr
- www.skyscanner.fr
- http://voyages.kelkoo.fr
- www.voyages-sncf.com

- **Voyageurs du Monde** (01 42 86 16 00 ; www.voyageursdumonde.fr ; 55 rue Saint-Anne, 75002 Paris). Douze autres agences en France.

Depuis/vers la Belgique

Il n'existe pas de vols directs vers la Floride depuis la Belgique. Toutefois, de nombreuses compagnies, y compris Brussels Airlines, proposent des vols avec escale(s). Pour un aller-retour Bruxelles-Miami ou Orlando en basse saison, il vous faudra débourser au minimum 475 €, contre 800 € en moyenne en haute saison.

Quelques adresses utiles :

- **SN Brussels Airlines** (0 826 10 18 18 ou 070/351 111 ; www.flysn.com)
- **Airstop** (070 233 188 ; www.airstop.be). Agences à Anvers, Gand et Louvain.
- **Connections** (070/23 33 13 ; www.connections.be ; rue du Midi 19-21, 1000 Bruxelles). Nombreuses autres agences en Belgique .
- **Éole Gigatour** (02/672 35 03 ; www.gigatour.be ; place Keym 3, 1170 Bruxelles). Plusieurs autres agences Éole et Gigatour en Belgique.

Depuis/vers la Suisse

Swiss et American Airlines proposent des vols directs vers Miami depuis Zurich, à des tarifs oscillant entre 750 CHF et 1 100 CHF, selon la saison. Des vols avec une ou deux escales sont également proposés au départ de Genève et de Zurich à destination de Miami et d'Orlando (entre 600 CHF et 1 000 CHF selon la période).

Quelques transporteurs et agences utiles :

- **Swiss International Air Lines** (848 700 700 ; www.swiss.com)
- **Lufthansa** (0 900 900 922/933 ; www.lufthansa.com)
- **Jerrycan** (022/346 92 82 ; www.jerrycan-travel.ch ; 11 rue Sautter, 1205 Genève)
- **STA Travel** (058 450 49 49 ; fr.statravel.ch). Nombreuses agences dans toute la Suisse.

Depuis/vers le Canada

American Airlines, Delta et plusieurs autres compagnies opèrent quotidiennement des vols directs entre Montréal et Miami, pour un coût moyen de 600 $C. Air Canada, notamment, dessert Fort Lauderdale en vol direct depuis Montréal, et Miami en vol direct au départ de Toronto. Des vols partent de nombreuses autres villes canadiennes, telles Québec ou Halifax. À certaines périodes de l'année, un billet aller-retour peut revenir à moins de 400 $C. Les tarifs des vols avec escale sont souvent très compétitifs.

Quelques adresses utiles :

- **Air Canada** (1 888 247 2262 au Canada et aux États-Unis ; www.aircanada.com)
- **Expedia** (1 877 332 3560 ou 1 866 904 8766 ; www.expedia.ca). Agence représentée au Québec par Vacances Tour Est.
- **Flight Hub** (1 800 900 1431 ; www.airticketsdirect.com/fr)
- **Travel Cuts – Voyage Campus** (1 800 667 2887 ; www.travelcuts.com)

Bateau

La Floride étant presque entièrement entourée par l'océan, c'est un haut lieu de la plaisance mondiale. Pour plus de détails sur les croisières

Tarifs des bus

Quelques tarifs aller-retour et temps de trajet pour aller en Floride :

DESTINATION	TARIF (ACHAT À L'AVANCE/ TARIF NORMAL)	DURÉE	FRÉQUENCE (PAR JOUR)
Atlanta	82/148 $	16-18 heures	4-6
La Nouvelle-Orléans	139/154 $	23-24 heures	3-4
New York	166/184 $	33-35 heures	4-6
Washington	154/178 $	27-29 heures	4-6

voir p. 365. Fort Lauderdale est le plus grand port transatlantique des États-Unis. Les personnes ayant le goût du large pourront être tentées de se faire engager comme membre d'équipage à bord d'un yacht.

Bus

Greyhound (**800-231-2222 ; www.greyhound.com**) est la principale compagnie de bus longue distance aux États-Unis. Elle dessert la Floride à partir des villes principales des États-Unis et est la seule à proposer un service régulier dans toute la Floride. Pour plus de renseignements, consultez la rubrique *Comment circuler* (p. 364).

Greyhound Canada (**800-661-8747 ; www.greyhound.ca**) permet de rallier Miami en bus depuis les principales villes du Canada. Comptez 43 heures pour faire le voyage Montréal-Miami (2 630 km ; tarif réduit 109 $), avec correspondance à New York.

Les trajets longue distance sont parfois plus onéreux que les billets d'avion à tarif réduit. Sur des distances plus courtes, la location d'un véhicule peut être plus avantageuse. On peut obtenir des remises (jusqu'à 50%) sur les trajets de bus longue distance en achetant son billet en ligne 1 à 2 semaines à l'avance.

Train

Si vous arrivez par la côte est, **Amtrak** (**800-872-7245 ; www.amtrak.com**) constitue un moyen certes très lent, mais confortable et abordable de se rendre en Floride. Le *Silver Service* d'Amtrak (qui inclut les trains *Silver Meteor* et *Silver Star*) relie New York à Miami, avec arrêts à Jacksonville, Orlando, Tampa, West Palm Beach et Fort Lauderdale, ainsi que plusieurs autres petites villes de Floride.

Depuis Montréal, vous prendrez l'*Adirondak* qui se rend à New York, puis une correspondance pour Miami. Il n'y a malheureusement plus de service direct pour la Floride depuis Los Angeles, La Nouvelle-Orléans, Chicago ou le Midwest. Il faut aller chercher la correspondance avec les lignes du *Silver Service*, ce qui allonge sensiblement le trajet.

Il existe un service d'Auto Train quotidien entre Washington, DC, et Orlando, qui permet de déposer sa voiture dans le train pour le trajet (environ 18 heures). Vous payez pour la place, la cabine et la voiture séparément.

Les enfants et les seniors bénéficient de réductions.

Tarifs des trains

Quelques allers simples (basse saison/haute saison) et temps de trajet entre New York et la Floride :

DÉPART	ARRIVÉE	TARIF	DURÉE
New York	Jacksonville	172-291 $	18-20 heures
New York	Miami	185-314 $	28-31 heures
New York	Orlando	175-297 $	22-23 heures
New York	Tampa	176-299 $	26 heures

Trajets en voiture

Quelques distances et temps de trajets entre Miami et d'autres grandes villes américaines :

DESTINATION	DISTANCE	DURÉE
Atlanta	660 miles/1 060 km	10 heures 30
Chicago	1 380 miles/2 220 km	23 heures
Los Angeles	2 750 miles/4 425 km	44 heures
New York	1 280 miles/2 060 km	22 heures
Washington	1 050 miles/1 690 km	17 heures

Voiture et moto

Une fois arrivé en Floride, il est préférable de louer une voiture pour circuler. Renseignez-vous sur les forfaits de plusieurs jours. Voir aussi p. 367 pour la location d'une voiture.

Si vous arrivez du Canada en voiture (il y a environ 2 630 km entre Montréal et Miami), n'oubliez pas les papiers d'immatriculation du véhicule, une attestation d'assurance et votre permis de conduire.

Les distances à parcourir sont importantes et certains des sites et des parcs nationaux les plus intéressants ne sont accessibles qu'en voiture.

Comment circuler

Le moyen le plus adapté pour se déplacer en Floride reste la voiture, qui vous permettra en outre de rejoindre des endroits non desservis par les transports publics.

Avion

L'avion est pratique lorsqu'on dispose de peu de temps, mais nécessite un budget plus important que la location d'une voiture. Des problèmes financiers récurrents ont conduit de grandes compagnies à fusionner ces dernières années : Midwest avec Frontier, AirTran (basé à Orlando) avec Southwest, et Continental avec United. La fusion en 2014 entre American Airlines et US Airways a donné naissance à la plus importante compagnie aérienne au monde.

Il en résulte généralement des suppressions d'itinéraires, des vols moins nombreux, des avions souvent pleins, moins d'aménités, plus de taxes et des tarifs plus élevés. Les mesures de sécurité dans les aéroports ayant tendance à s'étoffer, prévoyez aussi un peu plus de temps.

Les vols entre les quatre principaux aéroports de Floride – Fort Lauderdale, Miami, Orlando et Tampa – sont fréquents et directs. Le service vers des destinations moins importantes comme Key West, Fort Myers, Pensacola, Jacksonville, Tallahassee et West Palm Beach est parfois moins fréquent, moins direct ou plus coûteux.

Compagnies aériennes

Ces compagnes intérieures opèrent en Floride :

American (AA ; ☎ 800-433-7300 ; www.aa.com). Desserte de Miami ; liaisons vers et entre les principales villes de la Floride.

Cape Air (9K ; www.flycapeair.com). Commode entre Fort Myers et Key West.

Delta (DL ; ☎ 800-455-2720 ; www.delta.com). Liaisons internationales avec les principales villes de Floride, vols de Miami vers Orlando et Tampa International.

Frontier (F9 ; ☎ 800-432-1359 ; www.frontierairlines.com). Vols pour Tampa, Orlando et Fort Lauderdale au départ de Denver, Minneapolis et le Midwest.

JetBlue (JB ; ☎ 800-538-2583 ; www.jetblue.com). Desserte d'Orlando, Fort Myers et de villes moins importantes de Floride depuis les côtes est et ouest.

Southwest (WN ; ☎ 800-435-9792 ; www.southwest.com). Grande compagnie *low cost*. Transport gratuit des bagages et, parfois, tarifs très avantageux.

Spirit (NK ; ☎ 801-401-2220 ; www.spiritair.com). Compagnie *low cost* basée en Floride desservant la côte est, les Caraïbes, l'Amérique centrale et l'Amérique du Sud.

United (UA ; ☎ 800-824-6400 ; www.united.com). Vols internationaux pour Orlando et Miami, vols domestiques depuis/vers les principales villes de Floride.

Pass aériens

Si vous prévoyez de prendre souvent l'avion à l'intérieur et à l'extérieur de la Floride, vous pouvez envisager l'achat d'un abonnement (*air pass*). Ces cartes réservées aux ressortissants étrangers s'achètent avec un billet pour un vol international.

Les conditions et la tarification sont parfois compliquées, mais toutes les cartes comprennent un certain nombre de vols domestiques (de 3 à 10), à effectuer dans les 30 à 60 jours. La plupart obligent à définir son itinéraire à l'avance, mais les dates (et même les destinations) peuvent parfois rester *open*. Parlez-en avec une agence de voyages afin de déterminer si un abonnement est avantageux dans votre cas.

Les deux principaux groupements aériens proposant ces abonnements sont **Star Alliance** (www.staralliance.com) et **One World** (www.oneworld.com).

Bateau

La Floride est un centre important pour deux types de transports maritimes : les yachts de luxe et les bateaux de croisière.

Dans toutes les villes côtières, il y a toujours au moins un bateau proposant une visite du port et du littoral. Généralemente, cela vaut vraiment la peine. Des bateaux-taxis desservant les canaux existent à Fort Lauderdale et dans le golfe, autour de Sanibel Island et Pine Island.

Croisières

La Floride est la destination et le point de départ de croisières très variées. Miami se targue d'être "la capitale mondiale de la croisière". Disney World possède sa propre **Disney Cruise Line** (☎800-951-3532 ; www.disneycruise.disney.go.com), qui propose des croisières de 3 à 7 nuits dans les Caraïbes, notamment jusqu'à Castaway Cay, l'île privée de Disney.

Offres spéciales sur des croisières de plusieurs jours :

Cruise.com (www.cruise.com)

CruiseWeb (www.cruiseweb.com)

Vacations to Go (www.vacationstogo.com)

CruisesOnly (www.cruisesonly.com)

Principaux ports de Floride :

Port Canaveral (www.portcanaveral.com). Sérieux concurrent du port de Miami, sur la côte atlantique.

Port Everglades (www.porteverglades.net). Troisième port de Floride, près de Fort Lauderdale.

Port of Miami (☎ 305-347-4800 ; www.miami dade.gov/portofmiami). Le plus grand port de croisières du monde. Parmi les destinations : les Bahamas, les Caraïbes, Key West et le Mexique.

Port of Tampa (www.tampaport.com). Sur le golfe du Mexique, un port qui monte.

Principales compagnies de croisières :

Carnival Cruise Lines (☎ 800-764-7419 ; www.carnival.com)

Norwegian Cruise Line (☎ 866-234-7350 ; www.ncl.com)

Royal Caribbean (☎ 866-562-7625 ; www.royalcaribbean.com)

Bus

Greyhound (p. 363) est la seule compagnie de bus à desservir tout l'État de Floride. Elle relie toutes les grandes et moyennes villes, mais pas toujours les petites (même si ce sont des stations balnéaires fréquentées). Les services de bus gérés par la région ou les municipalités couvrent mieux le territoire qui leur correspond. Ensemble, ces différents réseaux rendent une grande combinaison de déplacements en bus possible, mais les trajets peuvent être longs.

Les tarifs Greyhound sont toujours moins élevés en semaine que le week-end. Les enfants paient généralement demi-tarif.

Tarif des bus Greyhound

Quelques tarifs aller-retour et temps de trajet

DÉPART	ARRIVÉE	TARIF	DURÉE
Daytona Beach	St Augustine	29 $	1 heure
Fort Lauderdale	Melbourne	58 $	4 heures
Jacksonville	Tallahassee	54 $	3 heures
Melbourne	Daytona Beach	34 $	3 heures 30
Miami	Key West	58 $	4 heures 30
Miami	Naples	46 $	3 heures
Panama City	Pensacola	49 $	3 heures
St Augustine	Jacksonville	24 $	1 heure
Naples	Tampa	59 $	5 heures
Tampa	Orlando	38 $	2 heures
Tallahassee	Panama City	39 $	2 heures 30

Vélo

Le cyclotourisme est très prisé dans la région. L'absence de relief et la beauté de la côte offrent l'occasion de belles balades. Pédalez plutôt en hiver ou au printemps, l'été chaud et moite ne se prêtant pas aux longs trajets à vélo.

Certaines associations cyclotouristes de Floride organisent des circuits. On peut facilement louer des vélos dans tout l'État.

Quelques précisions :

Port du casque Le casque est obligatoire pour les cyclistes de 16 ans et moins. Il est recommandé aux adultes.

Code de la route Les cyclistes doivent respecter le code de la route et rouler à droite avec les autres véhicules, pas sur les trottoirs.

Apporter son vélo en Floride Les vélos font partie des bagages enregistrés. Ils doivent souvent être emballés et leur transport peut être onéreux (plus de 200 $).

Vol Munissez-vous d'un solide antivol (en U). Les vols sont courants, surtout à Miami Beach.

Pour plus de renseignements ou une assistance, consultez les organismes suivants :

Better World Club (☎ 866-238-1137 ; www.betterworldclub.com). Programme d'assistance routière aux cyclistes.

International Bicycle Fund (www.ibike.org). Information sur le transport aérien des vélos et nombreux conseils.

League of American Bicyclists (www.bikeleague.org). Conseils, listes des clubs cyclotouristes et des ateliers de réparation de vélos.

Voiture et moto

La voiture est de loin le moyen de transport le plus commode pour visiter la Floride. On peut s'en passer si on se limite à une destination – Miami, les parcs thématiques d'Orlando ou une station balnéaire touristique –, mais les transports publics ne sont pas pratiques pour visiter un tant soit peu la région. Même dans des petites villes prisées des touristes comme Naples, Sarasota ou St Augustine, circuler sans voiture peut devenir rapidement frustrant. La moto est aussi un moyen de locomotion très utilisé en Floride, où les routes sont plates et les températures agréables (à éviter pendant les pluies d'été).

Automobile clubs

L'**American Automobile Association** (AAA ; ☎ 800-874-7532 ; www.aaa.com) a des accords réciproques avec plusieurs automobile clubs internationaux – dont l'**Automobile Club de France** (A.C.F. ; ☎ 01 43 12 43 12 ; www.automobileclubdefrance.fr). L'AAA met à disposition des membres de ces clubs une assurance voyage, des guides touristiques, des centres de diagnostic pour voitures d'occasion et de nombreuses agences régionales. Elle dispose également d'un calculateur d'itinéraire en ligne très commode, qui détermine la distance exacte du trajet prévu et une estimation de la consommation d'essence.

Le Better World Club (p. 366), son concurrent écologique, verse 1% de ses gains pour le nettoyage de la nature, en plus de proposer des solutions écologiques et de militer pour l'environnement.

Les membres de ces clubs bénéficient d'une assistance routière 24/24h partout aux États-Unis. Les deux clubs proposent aussi l'organisation d'itinéraire, des cartes gratuites, un service d'agence de voyages, une assurance automobile et un éventail de remises (location de voiture, hôtels, etc.).

Permis de conduire

Aux États-Unis, les visiteurs étrangers peuvent légalement conduire avec leur permis d'origine pendant 12 mois. Toutefois, la législation diffère selon les États américains. En Floride, en plus de leur permis national, il est conseillé aux conducteurs étrangers de pays non anglophones de disposer d'un permis de conduire international (à demander à la préfecture ou à la sous-préfecture de votre domicile).

Pour conduire une moto, il faut posséder un permis moto états-unien en cours de validité ou un permis moto international.

Assurance

Ne conduisez pas sans assurance : elle est obligatoire et, en cas d'accident, vous risquez de vous retrouver ruiné. Si vous êtes déjà assuré (même à l'étranger) ou si vous contractez une assurance voyages, vérifiez que votre contrat couvre bien la location d'un véhicule en Floride.

Les sociétés de location proposent une assurance responsabilité civile, souvent en supplément. Renseignez-vous : les contrats de location standards comprennent rarement une assurance contre les dégâts matériels. Par pallier cela, ces sociétés proposent l'option Collision Damage Waiver (CDW ; couverture des dégâts matériels) ou Loss Damage Waiver (LDW ; couverture de la perte du véhicule), généralement assortie d'une franchise initiale de 100 $ à 500 $. On peut généralement supprimer cette franchise moyennant un supplément.

La plupart des cartes bancaires procurent une assurance contre les dégâts matériels pour les locations de voiture (15 jours maximum) réglées intégralement à l'aide de la carte. Cela évite de payer une assurance supplémentaire mais, en cas d'accident, il faut parfois avancer l'argent à la société de location. Renseignez-vous auprès de votre banque sur les avantages liés à votre carte bancaire. Les assurances supplémentaires peuvent coûter 10 $, voire 30 $ par jour.

Une assurance voyage, qu'il s'agisse d'une police souscrite ou d'une assurance dont vous bénéficiez grâce à votre carte bancaire (si vous avez, par exemple, réglé vos préparatifs de voyage avec celle-ci), intègre généralement une assurance de location de véhicule, à concurrence d'une éventuelle franchise. Si vous prévoyez de louer un véhicule sur une période assez longue, il est souvent plus économique de prendre une assurance voyage qui couvre la voiture de location, plutôt que de souscrire une assurance directement auprès du prestataire. Renseignez-vous au préalable pour éviter toute mauvaise surprise au moment de signer le contrat de location.

Location

La location de voiture est un secteur très concurrentiel. Il faut posséder une carte bancaire, être âgé d'au moins 25 ans et avoir un permis de conduire valide. Certaines sociétés louent à des conducteurs âgés de 21 à 24 ans avec supplément, mais jamais en dessous de 21 ans.

Les conducteurs supplémentaires ne sont généralement pas couverts par le tarif de base et un forfait journalier sera alors appliqué. Si une personne non prévue au contrat conduit le véhicule et provoque un accident, l'assurance devient caduque. De plus, si vous savez qu'un tiers sera amené à conduire le véhicule, celui-ci doit être présent au moment de la récupération du véhicule de location. Cette personne devra présenter son permis de conduire et s'acquitter des frais en sus. Si le conducteur supplémentaire ne peut être présent au moment de la récupération du véhicule, il est possible de se rendre ultérieurement dans une antenne de la compagnie de location et de faire ajouter son nom au contrat de location. Des frais rétroactifs peuvent alors être appliqués à partir de la date de location.

Vous trouverez une liste de sociétés indépendantes auprès de **Car Rental Express** (www.carrentalexpress.com), qui note et compare les loueurs indépendants aux États-Unis (particulièrement utile pour trouver une location de longue durée pas chère).

Principales sociétés de location :

Alamo (☎ 877-222-9075 ; www.alamo.com)

Avis (☎ 800-331-2112 ; www.avis.com)

Budget (☎ 800-527-0700 ; www.budget.com)

Dollar (☎ 800-800-4000 ; www.dollar.com)

Enterprise (☎ 800-261-7331 ; www.enterprise.com)

Hertz (☎ 800-654-3131 ; www.hertz.com)

National (☎ 800-468-3334 ; www.nationalcar.com)

Rent-a-Wreck (☎ 877-877-0700 ; www.rentawreck.com)

Thrifty (☎ 800-367-2277 ; www.thrifty.com)

Des agences de location sont présentes dans tous les aéroports et en de nombreux endroits du centre-ville. En réservant pour une petite voiture, le tarif quotidien avec kilométrage illimité est d'environ 35 à 55 $. À la semaine, le tarif est généralement de 200 à 400 $, avec une myriade de taxes et de frais divers. Si possible, évitez les agences de location des aéroports en raison des frais d'aéroport exorbitants.

À Miami, **Zipcar** (www.zipcar.com) propose une formule différente : le prêt de voiture à l'heure ou à la journée, carburant, assurance et kilométrage limité compris, payable d'avance.

Sachez que les locations "one-way", consistant à louer un véhicule dans une ville et à le rendre dans une autre, implique souvent des frais importants. Vous pourrez peut-être éviter ce surcoût en expérimentant un autre itinéraire, ou en restituant votre véhicule dans la même ville ou dans une ville voisine. Vérifiez également si l'agence de location appartient à une franchise ou s'il s'agit d'un établissement indépendant : ces derniers sont parfois plus enclins à supprimer ces frais "one-way".

Moto

Pour visiter la Floride en Harley, contactez **EagleRider** (☎ 888-900-9901 ; www.eaglerider.com). Ses agences de Daytona Beach, Fort Lauderdale, Miami, St Augustine et Orlando proposent une large gamme de modèles à partir de 150 $/jour, assurance responsabilité en sus. En Floride, le port du casque n'est pas obligatoire pour les conducteurs de plus de 21 ans, mais il est fortement recommandé.

Camping-car

Pour visiter la Floride en *recreational vehicle* (RV), tous les niveaux de confort sont disponibles. Après avoir choisi la taille du véhicule, pensez au prix du carburant, à la consommation, au coût du dépassement de kilométrage, à l'assurance et au dépôt de garantie : ils font vite grimper la note. Le kilométrage étant rarement illimité, estimez d'emblée les kilomètres que vous allez parcourir pour calculer le coût réel de la location.

Renseignez-vous sur les transports de camping-cars : on peut parfois obtenir un tarif très avantageux, et même être rémunéré, pour déplacer un véhicule d'une ville à l'autre pour le compte de son propriétaire. Il faut cependant faire preuve d'une grande souplesse sur les dates et les itinéraires.

Adventures On Wheels (☎ 800-943-3579 ; www.wheels9.com). Agence à Miami.

CruiseAmerica (☎ 800-671-8042 ; www.cruiseamerica.com). Le plus gros loueur de *recreational vehicle* (RV) a des agences dans tout le sud de la Floride.

Recreational Vehicle Rental Association (☎ 703-591-7130 ; www.rvda.org). Fourmille de renseignements et de conseils, et vous aide à trouver des agences de location.

Code de la route

Si vous conduisez pour la première fois aux États-unis ou en Floride, voici quelques conseils de base.

- La vitesse maximum est de 75 mph (120 km/h) sur les routes *interstates* et de 65 mph (104 km/h) et 55 mph (80 km/h) en zone urbaine. Guettez les panneaux de signalisation. En ville, la vitesse va de 15 mph (24 km/h) à 45 mph (72 km/h).
- La police de Floride est stricte sur le respect de la vitesse et les amendes sont chères. un dépassement de 10 mph coûte 155 $. Sachez que vous pouvez également être sanctionné si vous roulez trop lentement sur l'autoroute.
- Tous les passagers du véhicule doivent porter la ceinture. Le non-respect de cette règle coûte 30 $. Les enfants de moins de 3 ans doivent voyager dans un siège pour bébé.
- Comme partout aux États-unis, on conduit à droite. Sur les autoroutes, on double sur la voie de gauche.
- On peut tourner à droite au feu rouge après avoir marqué l'arrêt. Aux carrefours à quatre stops, le véhicule parvenu le premier à l'intersection a la priorité. Sinon, on applique la priorité à droite.

Transports locaux

Bus

La plupart des villes ont un service de bus. Le long de la côte, ces bus relient souvent le centre d'une ville à au moins une ou deux stations balnéaires. Dans certaines villes (comme Tampa et Jacksonsville), des tramways très fréquents desservent le centre-ville. En saison, des tramways circulent entre certaines plages et la ville voisine (entre St Pete Beach et Clearwater, par exemple).

Le ticket coûte entre 1 et 2 $. Il est souvent demandé de faire l'appoint en montant dans le bus (parfois avec des billets, mais le plus souvent avec de la monnaie). Les *transfers* (bouts de papier vous autorisant à prendre une correspondance) peuvent coûter jusqu'à 25 ¢ lorsqu'ils ne sont pas gratuits. Les horaires diffèrent d'une ville à l'autre, mais, en règle générale, les bus fonctionnent de 6h à 22h.

Métro

Walt Disney World® Resort possède un monorail et Tampa une vieille ligne de tramwvay, mais seuls Miami et ses environs sont équipés d'un vrai métro, le Metromover. Sans chauffeur, il dessert le centre-ville avec une correspondance avec le Metrorail, qui relie le centre-ville à Hialeah, au nord, et Kendall, au sud.

Au nord de Miami, Hollywood, Fort Lauderdale et West Palm Beach (et les villes intermédiaires) sont bien desservies par les trains de banlieue à étage Tri-Rail. Ces trains vont jusqu'à Miami, mais le trajet complet est plus long qu'en voiture.

Train

Les trains Amtrak (p. 363) rallient un certain nombre de villes de Floride. Si vous comptez sillonner l'État à bord de ces trains, sachez que les liaisons sont très restreintes, même si, sur certains itinéraires spécifiques, il peut s'agir d'une solution simple et bon marché. Des trains desservent quotidiennement Jacksonville, Orlando et Miami, et une ligne assure la connexion jusqu'à Tampa. La compagnie de bus Thruway Motorcoach transporte les passagers de l'Amtrak jusqu'à Daytona Beach, St Petersburg et Fort Myers.

Langue

Pour aller plus loin

Indispensable pour mieux communiquer sur place : le *Guide de conversation Anglais*, de Lonely Planet. Pour réserver une chambre, lire un menu ou simplement faire connaissance, ce manuel permet d'acquérir les rudiments de l'anglais. Inclus : un minidictionnaire bilingue.

En raison de leur histoire – les colonisations et les vagues d'immigration successives – et de la diversité de leurs populations, les Américains pratiquent souvent deux langues, voire plus. L'anglais, qui n'est pas la langue officielle fédérale des États-Unis, est la langue officielle de l'État de Floride.

Généralités

Dans les zones touristiques, on rencontre peu de gens parlant une autre langue que l'anglais. Cependant, dans les parcs nationaux en particulier, les visiteurs trouveront des brochures en espagnol, allemand ou français.

Les langues étrangères sont pratiquées surtout dans les communautés ethniques des grandes villes de Floride. Du fait de l'importance de la population hispanique, l'espagnol est devenue la seconde langue officielle.

L'anglais américain a emprunté des mots aux langues des populations immigrantes, que celles-ci soient originaires d'Allemagne, d'Europe centrale (notamment les juifs parlant le yiddish) ou d'Irlande.

Par ailleurs, quelques communautés amérindiennes parlent encore leur propre langue, même si certains de ces idiomes ne comptent plus qu'une dizaine de locuteurs.

Plusieurs termes amérindiens, tels que *mockasin*, *moose* (élan), toboggan et kayak, ont enrichi le vocabulaire anglais. D'autres proviennent des langues européennes et furent importés par les immigrants. Ainsi, *loafer* (flemmard), *hoodlum* (truand) et *kindergarten* (jardin d'enfants) sont issus de l'allemand ; *boss*, *stoop* (perron) et *nitwit* (idiot) du néerlandais ; *schmuck* (connard), *schmock* (idiot) et *schmaltz* (saindoux ou mièvre, selon les cas) du yiddish ; prairie et saloon du français ; *pasta*, pizza et d'autres termes culinaires, de l'italien.

Les mots canyon, ranch et rodéo sont tirés de l'espagnol, tout comme les noms de nombreuses localités.

Néanmoins, la plupart des américanismes ont été créés par les Américains eux-mêmes. C'est de cette façon que sont nées des expressions comme *soda pop*, *root beer* et *sarsaparilla* (toutes d'origine américaine). Des noms de marques, tels que Coca-Cola, Coke et Pepsi, sont également passés dans le langage courant, de même que certains slogans publicitaires comme "the Pepsi Generation", ou de nouveaux concepts imaginatifs comme la "Coca-Colonization". Quantité de termes proviennent des entreprises, des nouvelles technologies, de l'industrie automobile, du cinéma, de l'armée et du sport.

En Floride

Un habitant de Floride sur quatre parle une autre langue que l'anglais. Il s'agit en général de l'espagnol et, beaucoup plus rarement, du créole. Du fait de l'importance de la population hispanique, les affiches bilingues anglais/espagnol sont fréquentes à Miami et dans la moitié sud de l'État. Comme dans d'autres lieux des États-Unis où la population bilingue est importante, on assiste à l'émergence d'un hybride hispano-anglais, le "spanglish" (contraction des mots spanish et english). Il se caractérise par la création d'idiomes mélangeant l'anglais et l'espagnol, et l'on peut entendre des phrases mêlant l'une et l'autre langue.

On trouve également en Floride une importante population canadienne francophone, présente surtout en hiver. Si vous voyez un drapeau canadien affiché devant certains lieux (notamment les cliniques médicales), cela signifie que le français y est parlé.

Formules de politesse

Les formules d'accueil sont des plus simples, avec les standards "hello", "hi", "good morning", "good afternoon", "how are you ?". Plus familièrement, on s'interpelle par "hey", "hey there" ou "howdy". Les formules d'adieu sont, en comparaison plus variées, avec "bye", "goodbye", "see-ya", "take it easy", "later", "take care", "don't work too hard" et l'éternel "have a nice day".

Si les Américains sont avares de "please", ils distribuent généreusement leurs "thank you". Vous entendrez souvent "excuse me" à la place de "sorry".

Certains locuteurs émaillent leur discours de "y'know" ou de "you hear what I'm saying ?". Ces expressions n'appellent pas forcément de réponse.

Termes et expressions utiles

Tout le monde peut parler une langue étrangère, le tout est d'oser. La grammaire, au final, n'est pas essentielle pour se débrouiller sur place. Pour réserver une chambre, commander un plat ou simplement engager une conversation, voici quelques phrases essentielles qui vous aideront à ne pas rester muet, en toutes circonstances !

PREMIER CONTACT

Bonjour.	*Hi.*
Au revoir.	*Bye.*
Enchanté(e).	*Nice to meet you.*

Comment allez-vous ?/Comment vas-tu ?
How are you?

Bien, merci. Et vous ?/Et toi ?
Fine, thanks, and you?

D'où venez-vous ?
Where are you from?

Je viens de...
I'm from...

Quel est votre/ton métier ?
What do you do for a living?

Je suis employé(e) de bureau/.
I'm an office worker.

Je suis marié(e)/célibataire.
I'm married/single.

Quel âge avez-vous ?/Quel âge as-tu ?
How old are you?

J'ai (25) ans.
I'm (25) years old.

SENSATIONS

J'ai faim.	*I'm hungry.*
J'ai froid.	*I'm cold.*
J'ai chaud.	*I'm hot.*
J'ai soif.	*I'm thirsty.*
Comment te sens-tu ?	*You okay?*

TRANSPORTS

Est-ce le bus (pour Tampa) ?
Is this the bus (to Tampa)?

Est-ce l'avion (pour Miami) ?
Is this the plane (to Miami)?

Est-ce le train (pour Orlando), sur quel quai ?
Is this the train (to Orlando), which platform?

C'est combien pour aller à... ?
How much is it to ...?

Ce taxi est-il libre ?
Is this taxi free?

À quelle heure part-il ?
What time does it leave?

Où se tient le marché de producteurs ?
Where is a farmers' market?

HÉBERGEMENT

Où puis-je trouver un terrain de camping ?
Where is a camp ground?

Pouvez-vous me recommander une chambre pas chère ?
Can you recommend a cheap room?

Pouvez-vous me recommander un logement de qualité ?
Can you recommend somewhere good?

Quel est le prix par nuit ?
How much is it per night?

Je voudrais réserver une chambre, s'il vous plaît.
I'd like to book a room, please.

ACHATS

Où puis-je acheter... ?
Where can I buy . . . ?

Est-ce que je peux le voir ?
Can I look at it?

Quel est votre meilleur prix ?
What's your lowest price?

Pouvez-vous écrire le prix ?
Can you write down the price?

Puis-je avoir un reçu, s'il vous plaît.
I'd like a receipt, please.

PHOTOGRAPHIE

Je voudrais une carte mémoire pour mon appareil.
I'd like a memoray card for my camera.

Où puis-je trouver une batterie pour cet appareil ?
Where can I find a battery for this camera?

Je voudrais graver mes photos sur un CD.
I'd like to put my photos on a CD.

Quand cela sera-t-il prêt ?
When will it be ready?

SORTIR

J'aimerais aller au cinéma/à un concert.
I feel like going to the movies/to a concert.

Où y a-t-il des pub/discothèques ?
Where can I find pubs/clubs?

VISITES TOURISTIQUES

Quand a lieu la prochaine excursion à la journée ?
When's the next day trip?

L'excursion dure combien de temps ?
How long is the tour?

L'entrée est-elle comprise dans le prix ?
Is the admission charge included?

À quelle heure doit-on rentrer ?
What time should we be back?

OÙ SE RESTAURER ET PRENDRE UN VERRE

Pouvez-vous me conseiller un restaurant/bar ?
Can you recommend a restaurant/bar?

Servez-vous des plats végétariens ?
Do you have vegetarian food?

Je voudrais une table pour (4) personnes, s'il vous plaît.
I'd like a table for (four), please.

Y a-t-il un espace fumeur ?
Is there a smoking area?

Puis-je avoir la carte des boissons, s'il vous plaît.
I'd like to see the drinks list, please.

Qu'est-ce que vous me conseillez ?
What would you recommend?

Un café (avec du lait, sans sucre).
Coffee (with milk, no sugar).

Un thé (sans lait).
Tea (without milk).

Je vous offre un verre.
I'll buy you a drink.

Un verre de vin blanc/rouge.
A glass of white/red wine.

Santé!
Cheers!

L'addition, s'il vous plaît.
The check, please.

FAIRE SES COURSES

Combien coûte (un kilo) ?
How much is (two pounds)?

J'en voudrais (250) grammes.
I'd like half a pound.

J'en voudrais (6) tranches.
I'd like (six) slices.

Quelle est la spécialité locale ?
What's the local speciality?

SANTÉ

Au secours ! *Help!*

J'ai besoin d'un médecin qui parle français.
I need a doctor who speaks French.

Je n'ai plus de médicaments.
I've run out of my medicine.

Où y a-t-il un dentiste par ici ?
Where's the nearest dentist?

Où est l'hôpital le plus proche ?
Where's the nearest hospital?

Où est la pharmacie de garde ?
Where's a 24-hour pharmacy/drugstore?

Glossaire

4WD – Four Wheel Drive ; véhicule 4x4

24/7 – 24h/24, 7 jours/7

AAA – American Automobile Association, également appelée "Triple A"

Amtrak – compagnie nationale de chemins de fer consacrée au transport de voyageurs

ATM – Automated Teller Machine ; distributeur automatique de billets (DAB)

ATV – All-Terrain Vehicles ; véhicules tout-terrain, utilisés sur des routes non goudronnées ; *voir aussi* OHV

backpacker – randonneur partant camper pour plusieurs jours ; plus rarement, un jeune voyageur à petit budget

BYOB – "Bring Your Own Booze", amenez votre propre alcool

camper – un type de caravane

carded – le fait de présenter sa carte d'identité pour entrer dans un bar, acheter de l'alcool ou des cigarettes

carpetbaggers – opportunistes du Nord venus s'installer dans le Sud après la guerre de Sécession

CDW – Collision Damage Waiver ; assurances proposées avec la location d'une voiture

cell – téléphone portable

Chamber of Commerce – COC, chambre de commerce ; association d'entreprises locales qui fournit souvent des renseignements touristiques

Civil War – guerre civile (ou guerre de Sécession) opposant, de 1861 à 1865, les États confédérés du Sud aux États du Nord et qui aboutit à l'abolition de l'esclavage en 1865

coach class – classe économique dans les trains et les avions

coed – coeducational ; terme désignant un endroit ouvert aux femmes et aux hommes (les dortoirs des auberges de jeunesse, par exemple).

Conch (prononcer conque, comme en français) – mollusque rosé, fruit de mer ; surnom des habitants historiques de Key West (les nouveaux arrivés sont appelés "Freshwater Conchs")

Confederation – ensemble regroupant les 11 États du Sud (États confédérés) qui firent sécession en 1860 puis en 1861, entraînant la guerre civile

coquina – calcaire coquillé de la Floride ayant servi notamment à l'édification de nombreux bâtiments de St Augustine

coral Reef – récif corallien

cot – lit de camp

cracker – dans le sud des États-Unis, terme péjoratif désignant un Blanc sans le sou

CVB – Convention and Visitors Bureau ; bureau instauré par de nombreuses municipalités afin de promouvoir le tourisme et d'assister les visiteurs

DEA – Drug Enforcement Agency ; instance fédérale chargée de l'application des lois anti-drogues

Deep South – désigne généralement les États de Louisiane, du Mississippi et de l'Alabama

Deer Refuge– réserve naturelle de cerfs

diner – restaurant typique des États-Unis proposant des plats bon marché (œufs, pancakes, burgers, salades, sandwichs...)

DIY – "Do It Yourself", bricolage, pratique d'amateur

DMV – Dept of Motor Vehicles ; agence fédérale responsable de l'immatriculation des véhicules et de l'attribution des permis

dog, to ride the – voyager dans les bus de la société Greyhound

DUI – Driving Under the Influence of alcohol ; conduite en état d'ivresse (et/ou sous l'influence de drogues)

efficiency – petit appartement meublé doté d'une cuisine, souvent proposé pour des locations de courte durée

Emancipation – en référence à l'Emancipation Proclamation, par laquelle Abraham Lincoln, en 1863, déclarait libres tous les esclaves de la Confédération ; en 1865, le 13e amendement de la Constitution des États-Unis abolissait officiellement l'esclavage

express bus/train – bus ou train qui ne marque que les arrêts principaux et non les arrêts "locaux"

flag stop – endroit où les bus ne s'arrêtent que si vous leur faites signe

foldaway – lit de camp dans un hôtel

general delivery – poste restante

Generation X – la jeunesse désœuvrée des années 1980, à laquelle ont succédé les Générations Y et Z

GLBT – Gay, Lesbien, Bisexuel, Transgenre

GOP – Grand Old Party ; surnom donné au Parti républicain

graduate study – études postuniversitaires effectuées après le bachelor's degree (équivalent de la licence)

green card – carte attribuée aux détenteurs d'un visa d'immigrant. Elle permet à son possesseur de vivre et de travailler en toute légalité aux États-Unis

HI-USA – Hostelling International USA ; auberges de jeunesse américaines membres de Hostelling International, une association faisant elle-même partie de l'IYHF (International Youth Hostel Federation)

Interstate – autoroute commune à plusieurs États, qui fait partie du réseau national des autoroutes

Intracoastal Waterway – voie navigable de la côte est de la Floride, permettant la navigation de plaisance en toute sécurité, notamment pendant la période des ouragans (automne)

Jim Crow laws – lois instaurées dans le Sud, après la guerre de Sécession, qui visaient à limiter le droit de vote et les droits civiques des Noirs

Joshua tree – type de yucca géant, très répandu dans les régions arides du Sud-Ouest

Key – île, notamment dans l'archipel des Keys

KOA – Kampgrounds of America ; chaîne privée de terrains de camping présente dans tout le pays

LDW – Loss Damage Waiver (couverture de la perte du véhicule) ; assurance proposée avec la location d'une voiture

live oak – chêne vert à feuilles pérennes originaire du Sud.

local – un bus ou un train qui marque tous les arrêts ; voir aussi express bus/train

lower 48 states – Les 48 États contigus du territoire continental des États-Unis ; tous les États à l'exception de l'Alaska et de Hawaii

Marine Sanctuary – réserve sous-marine

NAACP – National Association for the Advancement of Colored People ; organisation de défense et de promotion des droits des Noirs, fondée en 1910 et qui a joué un rôle majeur dans le mouvement des droits civiques dans les années 1960

National Recreation Area (NRA) – zones géographiques gérées par le National Park Service et présentant un intérêt écologique important.

National Register of Historic Places – liste de sites historiques établie par le National Park Service ; l'altération de ces sites est étroitement surveillée

New Deal– ensemble de mesures et de grands travaux entrepris par le président Roosevelt pour sortir de la Grande Dépression

NHS – National Historic Site

NM – National Monument

NPS – National Park Service ; division du département de l'Environnement chargée de l'administration des parcs nationaux et de leurs monuments

NWR – National Wildlife Refuge ; réserve naturelle (faune et flore)

OHV/ORV – Off-Highway Vehicle/Off-Road Vehicle ; véhicule tout-terrain

outfitter – société fournissant des équipements divers, assurant le transport ou employant des guides pour des activités sportives, telles que la pêche, le canoë ou la randonnée

Panhandle – bande de terre étroite se dégageant du territoire principal d'un État. Également, l'action de faire l'aumône.

parking lot/garage – place de stationnement

PBS – Public Broadcasting System, réseau télévisuel non commercial ; l'équivalent télé de la NPR

PC – politiquement correct ; ordinateur

pick-up – camionnette ouverte à l'arrière

po'boy – gros sandwich

raw bar – comptoir de restaurant où l'on sert des fruits de mer crus

Reconstruction – période qui suivit la guerre civile, durant laquelle les États sécessionnistes ont été placés sous contrôle fédéral avant d'être à nouveau admis dans l'Union

redneck – terme péjoratif désignant la classe populaire du sud des États-Unis, souvent conservatrice

Refuge – réserve naturelle

RV – Recreational Vehicle ; camping-car ou caravane

scalawags – terme péjoratif désignant les sudistes blancs ayant soutenu les États du Nord durant la guerre de Sécession et ayant tenté de s'enrichir sur les ruines du Sud au moment de la Reconstruction

snowbirds – terme désignant les retraités aisés (de la côte est, notamment) qui passent leurs hivers dans le sud des États-Unis

soul food – cuisine traditionnelle des Afro-Américains du Sud (l'andouille, le jarret de porc ou le chou vert)

spring breakers – groupes d'étudiants qui viennent sur les plages de Floride prendre du bon temps pendant les vacances de Pâques

State Park – parc régional (ici parc de l'État de Floride)

SSN – Social Security Number ; code à 9 chiffres sans lequel il est impossible de travailler

stick, stick shift – boîte de vitesses manuelle/voiture à transmission manuelle

Surfside – petite localité des environs de Miami

SUV – Sports Utility Vehicle ; 4x4 citadin

Swamp Sanctuary – marais protégé

Union, the – les États-Unis ; dans le contexte de la guerre civile, l'Union désignait les États du Nord en guerre avec la confédération des États du Sud

Wasp – White Anglo-Saxon Protestant ; terme souvent utilisé pour désigner la classe moyenne blanche américaine

Wildlife Refuge – réserve naturelle relative à la faune

zip code – code postal de cinq ou neuf chiffres, instauré dans le cadre du Zone Improvement Program

En coulisses

Un mot de l'auteur
Adam Karlin

Je remercie mon équipe, constituée de Paula, Benedict et Jennifer, pour m'avoir facilité les choses dans mon rôle d'auteur-coordinateur, ainsi que mes éditeurs, Jo et Dora, pour leur professionnalisme et leur patience à toute épreuve. Merci également à Jaime Levenshon et Bethany Martinez, à Miami, pour leur cours accéléré en sciences culinaires, à mes parents pour leur soutien inébranlable, à Eggy et Gizmo, qui remplissent mes journées d'écriture à la maison de pitreries et de câlins, à Rachel Houge, mon adorable épouse pour son humour et ses éclats de rire, et pour m'avoir surveillé quand je m'approchais trop des crocodiles, et à Sanda, ma fille chérie, à qui je souhaite d'innombrables voyages pleins d'aventures, et en toute sécurité.

Remerciements

Données des cartes du climat adaptées de Peel MC, Finlayson BL & McMahon TA (2007) "Updated World Map of the Köppen-Geiger Climate Classification", Hydrology and Earth System Sciences, 11, 1633-44.

Photographie de première de couverture : Poste de sauveteurs, South Beach, Miami © Marco Simoni/John Warburton-Lee/ Photononstop.

Photographie de quatrième de couverture : Charles Deering Estate, Palmetto Bay, sud de Miami © Susanna Kremer/4Corners.

À propos de cet ouvrage

Cette première édition en français du guide *L'essentiel de la Floride* est la traduction de la 2e édition en anglais du guide de Lonely Planet *Discover Florida* écrite et mise à jour par Adam Karlin, Jennifer Rasin Denniston, Paula Hardy et Benedict Walker. L'édition précédente avait été rédigée par Adam Karlin et Jennifer Rasin Denniston, accompagnés par Jeff Campbell et Emily Matchar. Ce guide est une commande du bureau londonien de Lonely Planet.

Traduction Charles Ameline, Nathalie Berthet, Virginie Bordeaux, Christine Bouard-Schwartz, Florence Delahoche, Florence Guillemat-Szarvas, Jeanne Robert
Direction éditoriale Didier Férat
Adaptation française Carole Haché
Responsable prépresse Jean-Noël Doan
Maquette Denis Montagner
Cartographie Cartes originales de James Leversha, adaptées en français par Martine Marmouget
Couverture Adaptée par Annabelle Henry pour la version française

Remerciements à Christiane Mouttet pour sa relecture attentive, à Charlotte Bories pour la préparation du texte, à Dominique Spaety pour son soutien et à toute l'équipe du bureau de Paris. Merci à Clare Mercer, Joe Revill et Luan Angel du bureau de Londres, et à Darren O' Connell, Chris Love, Sasha Baskett, Angela Tinson, Jacqui Saunders, Ruth Cosgrave et Glenn van der Knijff du bureau australien.

VOS RÉACTIONS ?

Vos commentaires nous sont très précieux et nous permettent d'améliorer constamment nos guides. Notre équipe lit toutes vos lettres avec la plus grande attention. Nous ne pouvons pas répondre individuellement à tous ceux qui nous écrivent, mais vos commentaires sont transmis aux auteurs concernés. Tous les lecteurs qui prennent la peine de nous communiquer des informations sont remerciés dans l'édition suivante, et ceux qui nous fournissent les renseignements les plus utiles se voient offrir un guide.

Pour nous faire part de vos réactions, prendre connaissance de notre catalogue et vous abonner à notre newsletter, consultez notre site Internet : **www.lonelyplanet.fr**

Nous reprenons parfois des extraits de notre courrier pour les publier dans nos produits, guides ou sites Web. Si vous ne souhaitez pas que vos commentaires soient repris ou que votre nom apparaisse, merci de nous le préciser. Notre politique en matière de confidentialité est disponible sur notre site Internet.

Index

Référence des cartes en **gras**

D

E

F

Référence des cartes en **gras**

K

L

M

Q

R

S

T

U

V

Référence des cartes en **gras**

W

Y

Z

Comment utiliser ce guide

Ces symboles vous aideront à identifier les différentes rubriques :

- À voir
- Activités
- Cours
- Circuits organisés
- Fêtes et festivals
- Où se loger
- Où se restaurer
- Où prendre un verre
- Où sortir
- Achats
- Renseignements/transports

Ces symboles vous donneront des informations essentielles au sein de chaque rubrique :

- Numéro de téléphone
- Horaires d'ouverture
- Parking
- Non-fumeurs
- Climatisation
- Accès Internet
- Wi-Fi
- Piscine
- Végétarien
- Menu en anglais
- Familles bienvenues
- Animaux acceptés
- Bus
- Ferry
- Métro
- Subway
- Tube (Londres)
- Tramway
- Train

La sélection apparaît dans l'ordre de préférence de l'auteur.

Les pictos pour se repérer :

GRATUIT Des sites libre d'accès

Les adresses écoresponsables

Nos auteurs ont sélectionné ces adresses pour leur engagement dans le développement durable – par leur soutien envers des communautés ou des producteurs locaux, leur fonctionnement écologique ou leur investissement dans des projets de protection de l'environnement.

Légende des cartes

À voir
- Plage
- Temple bouddhiste
- Château
- Église/cathédrale
- Temple hindou
- Mosquée
- Synagogue
- Monument
- Musée/galerie
- Ruines
- Vignoble
- Zoo
- Centre d'intérêt

Activités
- Plongée/snorkeling
- Canoë/kayak
- Ski
- Surf
- Piscine/baignade
- Randonnée
- Planche à voile
- Autres activités

Où se loger
- Hébergement
- Camping

Où se restaurer
- Restauration

Où prendre un verre
- Bar
- Café

Où sortir
- Spectacle

Achats
- Magasin

Renseignements
- Poste
- Point d'information

Transports
- Aéroport/aérodrome
- Poste frontière
- Bus
- Téléphérique/funiculaire
- Piste cyclable
- Ferry
- Métro
- Monorail
- Parking
- S-Bahn
- Taxi
- Train/rail
- Tramway
- Tube
- U-Bahn
- Autre moyen de transport

Routes
- Autoroute à péage
- Autoroute
- Nationale
- Départementale
- Cantonale
- Chemin
- Route non goudronnée
- Rue piétonne
- Escalier
- Tunnel
- Passerelle
- Promenade à pied
- Promenade à pied (variante)
- Sentier

Géographie
- Refuge/gîte
- Phare
- Point de vue
- Montagne/volcan
- Oasis
- Parc
- Col
- Aire de pique-nique
- Cascade

Population
- Capitale (pays)
- Capitale (État/province)
- Grande ville
- Petite ville/village

Limites et frontières
- Pays
- Province/État
- Contestée
- Région/banlieue
- Parc maritime
- Falaise/escarpement
- Rempart

Hydrographie
- Rivière
- Rivière intermittente
- Marais/mangrove
- Récif
- Canal
- Eau
- Lac asséché/salé/intermittent
- Glacier

Topographie
- Plage/désert
- Cimetière (chrétien)
- Cimetière (autre religion)
- Parc/forêt
- Terrain de sport
- Site (édifice)
- Site incontournable (édifice)

Les guides Lonely Planet

Une vieille voiture déglinguée, quelques dollars en poche et le goût de l'aventure, c'est tout ce dont Tony et Maureen Wheeler eurent besoin pour réaliser, en 1972, le voyage d'une vie : rallier l'Australie par voie terrestre via l'Europe et l'Asie. De retour après un périple harassant de plusieurs mois, et forts de cette expérience formatrice, ils rédigèrent sur un coin de table leur premier guide, *Across Asia on the Cheap*, qui se vendit à 1 500 exemplaires en l'espace d'une semaine. Ainsi naquit Lonely Planet, dont les guides sont aujourd'hui traduits en 12 langues.

Nos auteurs

ADAM KARLIN

Auteur-coordinateur, Miami et les Keys, Les Everglades Quand Adam était enfant, il se réfugiait chez sa grand-mère, à West Palm Beach, pour se protéger du froid hivernal. Plus tard, il a travaillé comme reporter pour le *Key West Citizen,* où il a écrit divers articles sur des exilés cubains, des programmes de démoustification et des expulsions de caravanes. Il était aussi DJ à la radio locale tout en passant pas mal de soirées dans les bars des Keys. Adam, puis rejoint l'équipe de Lonely Planet, pour qui il a rédigé et contribué à plus d'une quarantaine de titres, dont trois éditions des guides *Floride* et *Miami & the Keys.*

JENNIFER RASIN DENNISTON

Walt Disney World® Resort et Orlando, Universal Orlando Resort Jennifer, Rhawn, son mari géologue, et leurs deux filles Anna et Harper prennent le temps de partir 3 à 4 mois chaque année pour aller à la découverte d'autres contrées, à l'étranger ou aux États-Unis. Et ils n'oublient pas d'inclure dans leur périple un séjour de plusieurs jours en Floride. Ils ont exploré les plages de tout l'État, du Panhandle aux Keys, ont fait du kayak dans les estuaires de la Space Coast, ont fouillé la côte du golfe du Mexique à la recherche de fossiles et se sont fait des frayeurs dans de vertigineuses montagnes russes.

PAULA HARDY

Palm Beach et la Gold Coast, Tampa Bay et la côte du golfe du Mexique Née au Kenya, installée à Londres et mariée à un homme qui a vécu la moitié de son existence sur les îles de la côte du golfe du Mexique, Paula a passé un nombre d'heures incalculable sur la plage ! Quand elle ne se chamaille pas avec sa moitié sur le nom de tel ou tel coquillage ou sur les mérites d'un sandwich au mérou, elle écrit des guides pour Lonely Planet. Paula compte plus de 30 titres à son actif, dont des contributions aux guides *USA* et *Est des États-Unis.* Paula écrit également des articles sur la culture, les voyages et la gastronomie pour divers sites Internet et publications. Suivez-la sur tweeter@paula6hardy.

BENEDICT WALKER

Ailleurs en Floride : le best of, Carnet pratique Né à Newcastle, en Australie, Ben vit son rêve en explorant des régions sauvages et en visitant des pays aux quatre coins du monde. C'est à l'âge de 14 ans que Ben a eu entre les mains son premier guide Lonely Planet, le *Japon*. Devenu grand, il a participé à la rédaction de ce même titre. Diplômé en communication, puis agent de voyages, Ben parle le japonais couramment. Il a coécrit et dirigé une pièce de théâtre, a accompagné des rock stars en tournée et aime aussi jouer les photographes. En écrivant pour Lonely Planet, il ne défait jamais vraiment ses valises entre deux voyages en Australie, au Canada, au Japon ou aux États-Unis... mais c'est une façon de vivre qu'il n'échangerait pour rien au monde.

L'essentiel de la Floride
2e édition
Traduit et adapté de l'ouvrage *Discover California, 3rd edition, April 2015*

Dépôt légal Septembre 2015
ISBN 978-2-81614-857-2

Imprimé par IME by ESTIMPRIM, Baume-les-Dames, France
Réimpression 02, avril 2016

En Voyage Éditions | un département place des éditeurs